외식창업 컨설팅

Food Service Start-up Consulting

이강일 저

Food Service

기문사
www.kimoonsa.co.kr

머리말

제4차 산업혁명에 따른 산업 환경 변화와 대응 방안 식품 · 외식트렌드 및 글로벌 환경의 빠른 변화에 점차 현존하는 직업의 50%를 AI가 대체한다고 한다. 이는 외식산업도 소비자의 식생활 패턴을 급속도로 변화시킬 것으로 생각한다. 사회의 다변화 즉 고령화, 1인 가구의 증가 등으로 다양하고 전문화된 외식산업이 더욱더 성장할 것으로 전망된다. 그 이유는 음식을 선택함에 있어서 아직까지는 맛을 최우선으로 하고 있지만 AI가 대체할 수 없는 인간만이 가지고 있는 효용가치 즉 분위기의 감성화에 금액지불에 있어서도 아끼지 않는 소비성향을 보일 것으로 생각된다.

드럭커(P. F. Drucker)에 의하면 경영이란 "환경에 순응하는 일이 아니라 환경을 변혁하는 창조적인 행위"라고 규정짓고 있다. 즉 경영인은 부단한 경제조건을 창조하거나 변혁해 나아가야 하며, 그럼으로써 참된 경영을 할 수 있다고 설명하고 있다. 경영(management)에 대한 정의는 국내외학자들 간의 견해 차이로 개념이 통일되어 있지 않지만, 광의의 의미는 "모든 조직이 각각의 목표달성을 위하여 조직의 활동을 계획하고 그 계획을 집행하며, 집행결과를 차후의 계획에 피드백(feedback)시켜 다시 반영하는 일련의 순환과정"으로 표현하고 있다. 또 혹자는 "경영이란 경제적 가치를 창조하기 위하여 인격적 인간이 주체가 되어 여러 가지 창조의 요소들을 상호 유기적으로 결합시키는 독립적 영역을 가지는 사회공동체이다"라고 말하고 있다.

경영의 개념규정상 혼란과 논란이 아직까지도 계속되고 있는 이유는 독일경영 학계의 경우 경영을 경제적 · 기술적 · 사회적 개념으로 파악하면서 복잡 다양한 이론을 전개해 온 반면, 미국의 경우 제도적 및 사회적 개념, 일본의 경우 경영체의 이론이 지배하고 있기 때문에 학자간의 개념정립이 다르다고 볼 수 있는 것이다.

하지만 경영이란 개념은 기업을 중심으로 사회 · 경제에서 국가에 이르기까지 일상적으로 사용하는 용어이지만, 그 의미는 성장과 발전을 뜻하고 있으며, 경영관리의 의미를 함축하고 있다.

또 경영관리(business administration or management)란 '경영목적을 달성하기 위해서

수행되는 모든 활동이 합리적으로 수행되도록 계획 · 조직 · 충원 · 지휘 · 통제하는 과정'을 의미한다.

외식 산업의 전망은 단기적으로 매출의 감소와 함께 지난해와 마찬가지로 업체수가 감소될 것으로 예상된다. 지난 해 12월 기준으로 국내 외식업체 중 순수 음식점의 폐업 점포는 총 5만 6226개, 휴업 점포는 18만 680개로 휴 · 폐업 점포는 모두 23만 6906개로 집계되었다. 반대로 신규 점포는 6만 2076개, 명의변경 점포는 9만 1424개로 집계되었다. 또 명의 변경한 점포 가운데 80%는 폐업하거나 업종변경을 한 업체이며 20%는 순수 명의 변경을 한 것으로 보면 사실 폐업 업체는 순수 폐업 업체와 명의 변경 업체 중 80%를 합산해야 한다. 따라서 새로 생기는 점포에 비해 폐업 점포 수가 해마다 크게 늘어나고 있는 실정이다. 이는 곧 국내 외식업체 수가 줄어든다는 결론이다.

규모, 매출, 시설과 분위기 등 양극화가 심화되면서 국내 외식업체 수에서 지속적으로 감소할 것으로 보인다. 업체 수의 감소는 당분간 지속될 것으로 보이며 동시에 수년 후에는 국내 외식업계의 전체 매출 역시 감소할 것으로 전망되며 기존 외식업체는 보다 치열한 경쟁이 지속되면서 타 업체와의 차별화 전략으로 위기를 기회로 삼아 21세기 소비자의 다양화 전문화에 맞는 차별화전략으로 그중 우선 건강음식과 전통음식이 강세를 보일 것으로 생각되는데, 최근 수년간 선진국의 식문화 패턴은 웰빙과 퓨전(fusion)으로 흘러가고 있다. 미국의 외식업계에서 그동안 일반화되었던 정크 푸드가 사라지고 일본 음식과 태국을 비롯한 아시안 음식이 각광을 받고 있는 것이나 일본에서 친환경 뷔페와 두부를 이용한 음식점이 장기 불황에서도 호황을 누리는 것 역시 같은 맥락에서 이해할 수 있다.

과거 먹고살기 위한 수단(food-life)에서 잘 먹고 잘살자 웰빙으로, 그리고 최근에는 '품위 있게 살자'는 로하스(Lohas)에 이르기까지 음식의 패턴도 슬로우 푸드(slow food)로 최근에는 푸드 마일리지(food mileage)를 중요시 여기는 경향으로 변하고 있다. 지금까지 불황기에는 외식을 할 때 어려서부터 즐겨 먹었던 음식이나 친근감 있는 음식을 선호하게 된다. 하지만 건강식과 토속적인 음식을 선호하는 외식 소비자의 변화가 더 큰 영향을 미쳤다고 볼 수 있다.

또한 '양도 많고 질도 좋으면서 싸야 한다.'는 것이 최근 외식소비자들의 공통된 욕구이다. 이는 불황기의 당연한 요구일 것이다.

외식 선진국에서는 이미 오래 전부터 외식업에 하이 콘셉트의 개념이 도입되어 다른 차원의 외식업 경영을 하고 있다. 미래학자들 대다수가 주장하듯 하이 콘셉트란 감성을 자극하는 것으로 외식업 경영에서도 마찬가지로 소비자들의 감성을 자극하며, 외식업에서 말하는 기본 요소인 맛과 서비스 그리고 청결이나 분위기만을 가지고는 고객의 만족감을 채워

줄 수 없다. 그저 '참 맛있게 먹었다'는 등의 찬사가 있을 뿐이다. 그러나 하이콘셉트의 개념을 도입하여 고객에게 새롭고 놀라운 경험이나 즐겁고 감동적인 충격을 줄 수 있는 기회를 제공한다면 고객의 반응은 달라질 수 있다. '기쁘다, 즐거웠다' 혹은 '행복하다' 좀 더 발전한다면 '잊지 못할 추억을 만들었다' 혹은 '아름다운 경험을 할 수 있다' 등 고객이 그동안 익숙해 있던 서비스와는 완전히 차원이 다른 평가를 할 수 있다.

그리고 외식 트랜드는 친환경, 유기농, 자연 등 건강 중심으로 옮겨간 지 오랜 전의 일이다. 그래서 슬로우 푸드, 로컬 푸드, 푸드 마일리지 등 안전하고 안심할 수 있는 식자재를 선호하고 있다. 최근에는 더욱 진화되어 자연식 중심으로 발전하고 있으며, 외식업계에서 신토불이, 지산지소(地産地消) 등을 이용한 외식기업들이 성장하는 것도 이런 맥락에서 이해 할 수 있을 것이다. 이 때문에 많은 외식기업들은 좋은 식자재를 선정하기 위해서 무던한 노력을 기울이고 있다. 따라서 향후에는 좋은 식자재를 얼마나 빨리 그리고 지속적이면서 충분히 구매할 수 있느냐가 외식기업의 성공 여부를 가늠할 수 있는 척도가 될 수 있다고 전문가들은 애기하고 있다.

최근에는 세계적으로 화두가 되고 있는 친환경, 에코(Eco), 저탄소 녹색성장 등에 대한 관심이 높아지면서 국내 외식업계에서도 깊은 관심을 가져야 할 시기이다. 특히 세계적으로 환경오염이 극심해지면서 먹을거리에 대한 위생을 넘어 안전, 안심이 화두로 되고 있다.

외식업계에서 식자재 문제는 소비자들의 먹을거리에 대한 깊은 관심으로 인해 외식업계에서도 가능한 국내산을 사용하면 나아가서는 친환경 식자재를 이용하려 노력하고 있다. 이미 한발 앞선 외식기업들은 직영농장을 운영하기도 하고, 농장이나 영농법인과 계약재배를 통해 친환경 식자재를 확보하는 한편 이를 통해 양질의 식자재를 사용하여 장기불황에 맞게 소비자의 효용가치를 높이는 쪽으로 발전하고 있다.

외식산업은 1997년 외환위기 이후 지금까지 국내 외식기업은 내적으로 비용절감과 외적으로는 매출증대 그리고 새로운 사업을 전개할 때 과거에 비해 좀 더 신중하고 섬세한 검토를 하는 등의 전략을 통해 성장해 왔다. 특히 대중고객을 타깃으로 하는 외식기업은 절대적인 비용절감의 노하우를 만들어 고품질 · 저가격 전략으로 성장을 가져왔다.

장기불황 속에서 비용절감이라는 강력한 노하우를 만들어 낸 신흥 외식기업들은 살아남을 수 있는 방법에 하나로 디테일에 충실하며 시대적 흐름을 감지할 수 있는 조기 정보 시스템을 갖추고 대거 등장하였다.

이에 외식창업에 도전해보고 싶은 분들에게 조그마한 지침서가 되기를 희망해본다.

저자 씀

차례

제9장 식음료 매장의 식재료 원가관리 • 231

제12장 외식창업 시 점포(매장)의 개발과정 심층분석 • 327

제13장 호텔레스토랑 메뉴관리 • 351

제1장 외식산업의 이해

1. 외식산업의 역사

1) 고대의 외식산업

BC 1만 년 전 덴마크에 살던 종족들과 오크니(Orkney) 섬에서는 많은 사람들이 주방에서 조리와 식사를 함께 했다는 증거가 있으며, BC 5,000년경 스위스 호수에 살던 사람들이 단체로 식사를 하였던 기록이 남아있다. 또한 고대 이집트의 무덤과 사원에서 발견된 벽화에는 많은 사람들을 위해 어떻게 음식을 준비하고 서비스를 했는지 잘 묘사되어 있다. 터버나(Tavernas)는 고대 로마의 작은 레스토랑으로 포도주와 음식을 얻을 수 있었으며, 로마사람들은 음식판매와 음식점 운영에 관한 법률을 만들기도 하였다. 고대 폴페이 유적에서는 커다란 포도주 항아리, 서비스 카운터, 오븐, 기타 여러 조리기구 등을 사용하던 레스토랑 흔적이 발견되었다.

세계 최초의 조리책은 아피스우스(Apicius)라는 로마인에 의해 쓰여 졌으며, 그 책에 수록된 조리법 중의 몇 가지는 지금도 사용되고 있다. 고대 페르사아는 화려한 연회나 축제를 즐긴 것으로 유명하다. 그들이 만든 고대의 음식들은 오늘날에도 세계적으로 널리 알려져 전해지고 있다. 특히 그리스인은 페르시안인 식생활을 계승받았으며, 연회와 대중적 축제를 즐겼다고 한다. 그리스 시대의 많은 조리법들이 로마인과 프랑스인을 통해서 후세에 전해지고 있다.

공화정 시대의 로마인들은 평소에 Prandium 이라 불리는 식사와 저녁 등 하루에 두 끼만 먹는 검소한 식사를 하는 사람들이었다. 그러다가 곡물류, 꿀, 포도, 올리브, 계란, 치즈, 와인에 적신 빵 등으로 된 아침식사의 관습이 도입되었다. 점심식사인 Prandium은 가볍게 먹을수 있는 찬 요리였고, 저녁식사는 정찬이었다.

저녁식사는 돼지고기, 송아지고기, 염소고기, 가금류, 생선과 수렵에서 잡은 혼합해산물이 있는 화려한 것으로, 꿀을 바른 과자와 신선한 과일, 말린 과일 등이 곁들여졌다. 이러한 식사 순서에는 향기로운 와인이 곁들여졌으며 종종 공연을 관람하며 그 막간에 먹기도 하였다. 부와 기품의 상징이었던 이러한 식사 문화는 후일 파티나 연회의 기초가 된다.

물론 위의 이야기는 로마 시대에서도 특권층의 이야기로 로마의 일반인들이 오래도록 광범위하게 소모한 음식은 죽과 같은 오트밀, 콩, 다양한 종류의 채소, 빵 그리고 계란이었다. 일상적인 식사에서는 생선과 우유, 치즈, 과일 등을 기본으로 하여 사냥에서 잡은 동물의 고기를 먹기도 하였다.

2) 중세시대의 외식산업

1,200년경에 봉건제도가 완전히 자리를 잡는다. 당시에는 상업과 사회적 활동이 재개되고 봉건 영주들의 생활은 풍족해지는데 봉건 영주들은 자주 연회와 파티 그리고 마상시합을 열었다고 한다. 이 시기로부터 음식문화가 차츰 세련되고 화려한 조리법이 개발되기 시작했다. 마늘소스로 맛을 낸 구운 고기의 종류가 수도 없이 많아졌으며, 동양으로부터 향신료가 다양하게 수입되어 음식에 다양한 향을 사용하기 시작했다.

중세 소스의 주 성분은 식초처럼 신맛을 내는 것이었는데, 때때로 신 오렌지즙이나 레몬즙을 사용하기도 하였으며, 여기에 향신료를 많이 첨가하여 신맛과 향신료의 맛이 매우 강했다.

중세의 요리는 재료의 맛과 외관을 그대로 유지하지 않았다. '곰고기처럼 보이는 소고기', '송아지 고기같이 만든 철갑 상어고기'처럼 음식의 모양이 내용과 다르게 만들어졌으며, 천연, 인공 재료를 첨가하여 빨강, 보라, 파랑 등 요리에 다양한 색을 입혔다.

향신료 무역은 중세 초기부터 이미 거래가 있었으나, 십자군 원정과 의약품, 요리를 통해 수요가 많아지며 이 시기에 매우 활발해진다. 진기함과 높은 가격의 매력, 육류 및 생선류의 장기 보존, 그리고 음식의 맛을 다양하게 해주는 향신료들의 특성은 귀족들에게 매우 사랑받았다.

♣ 가장 많이 사용된 향신료 열매

▶ 정향

▶ 카르다몸

▶ 갈랑가

▶ 육두구

다양한 열매가 향신료로 사용되었으며, 고대에 다량으로 소비되던 후추는 별로 사용되지 않게 된다. 후추는 양에 있어서 베네치아 수입 향신료의 3/4를 차지했다. 가격이 싼데다가 쉽게 구할 수 있어서 대중화된 향신료로 사용되었다 반면, 귀하고 값비싼 향신료인 정향, 육두구 등은 귀족들만이 사용했다.

A.D 5세기에는 게르만 민족의 대이동과 함께 지중해 세계를 장악하던 서로마 제국이 멸망하고, 중세 유럽은 암흑기로 돌입한다. 이 시기에 유럽 음식들은 매우 빈약해져서 곡물, 우유, 치즈, 그리고 야채가 주식이 된다.

이 시기에 요리는 수도원이나 교회 근방의 주요 농업 생산지를 통해 근근히 명맥을 이어오다가 1,000년 이후 수도사들로부터 평민들에게 전수되어 그 지방 특유의 요리들로 발전하게 된다.

이 시기 요리 기술의 일반적인 경향은 몸에 좋고, 입맛을 돋우고, 소화가 잘 되는 음식의 개발이었으며, 준비에 들어가는 수고를 줄이고 과일과 야채의 신선함을 살린 것이었다. 빵은 갓 구운 말랑한 것이 아니라, 굳은 채로 먹기도 하고, 영양이 풍부한 수프를 만들어 베이컨을 띄워 먹기도 하였다.

중세시대의 훌륭한 식음료 서비스는 귀족들만의 특권이었다. 귀족들은 연회에는 곡예사, 마술사들이 묘기를 보였고, 음유시인들은 시를 지어 잔치의 흥을 돋우었다. 참석자들은 향수물에 손을 씻고 큰 접시 위에 놓인 공작·소·돼지·양고기·요리를 즐겼다. 현재 우리가 매고 있는 넥타이는 원래 연회에 참석한 사람들이 손으로 음식을 집어 먹기 위해서는 깨끗하고 색채가 화려한 넥타이에 손을 턱받이용 도구에서 유래되었다.

중세시대에는 길드(Guilds)들이 대량으로 음식을 준비하였으며 빵 굽는(roaster) 길드의 하나인 'The Chaine Rotissieres'는 오늘날 미식가 단체와 같은 사람들이 모임으로써 12세기 파리에서 허가를 받아 독점적으로 상품을 생산하였다. 이러한 길드는 특정 제품에 대해서 독점 생산을 하였고, 그 제품에 대한 다른 사람의 생산을 금할 수 있는 막강한 조직이었다. 또한 길드는 조리장이 몇몇 조리사들을 전임으로 맡아 가르치는 오늘날의 전문적인 조리 교육의 발전을 가져오기도 하였다. 현재까지 전해 내려오는 조리에 관한 표준기술의 대부분은 바로 이때 시작된 것이다.

3) 르네상스 시대의 외식산업

15, 16세기의 식탁은 매우 풍요로웠으며, 이 시기의 음식에는 수프와 굽고 튀기고 삶은 다양한 육류 요리와 고기를 다져넣은 만두류, 생선, 샐러드, 다진 아몬드가 들어간 과자류, 설탕에 절인 과일류가 있었으며, 당시에는 매우 비쌌던 사탕수수 설탕이 꿀을 대신하여 호사스런 귀족들의 식탁에 오르게 되었다. 그러나 이 시기 일반 대중들의 음식은 다양한 종류의 콩과 스프, 오트밀의 주재료인 메밀과 계란, 치즈, 양고기 등으로

여전히 소박하였다. 채소나 구근류는 가난한 이들의 전유물로, 귀족들의 식단이나 장부에서는 찾아보기 어려웠다. 채소는 품위있는 귀족들의 요리를 만드는데 넣기에는 너무나 서민적이라고 여겨졌다. 평민들은 귀족들에 비해 동물성 음식을 먹을 기회가 드물었으며, 그들이 먹을 수 있는 동물성 음식으로는 치즈와 돼지비계가 으뜸이었다.

설탕은 14세기까지는 약품으로 사용되었으나 차츰 귀족들의 식도락과 과시욕에 한자리를 차지하게 된다. 물론 설탕은 매우 비쌌으므로 단맛의 포도주나 말린 과일은 갈색 혹은 검은 색 요리에 쓰였으며, 설탕은 흰 음식에 뿌려 음식 색을 더욱 하얗게 보이도록 하는데 사용되었다. 차츰 설탕이 보급됨에 따라 입맛은 신맛이 덜한 소스와 향신료를 찾게 된다. 15세기에는 유채소스가 개발된다. 뜨거운 색, 혹은 낙타 색이라 불린 이 소스의 색은 생강에서 만들어진 것으로 이전 세기의 소스들에 비해 맛이 한결 순해졌다.

중세 말부터 17세기까지의 이탈리아 요리는 최고의 위치를 점하고 있었으며 외국에 현저한 영향을 끼쳤다. 이 시기에 처음으로 메뉴와 식사 규칙이 정립되었고, 식탁 예절이 발전하기 시작하였다. 이 시기의 중요한 혁명이라 할 수 있는 것은 개인 식도(食刀)의 사용이었다.

재미있는 것은 포크의 발명이다. 포크의 발명지는 이탈리아로, 뜨거운 라자니아를 먹을 때 손을 데지 않도록 사용하던 끝이 뾰족한 나무 꼬챙이에 그 기원을 두고 있다. 귀족들조차 포크를 사용하기 시작한 것은 17세기 말부터이다. 앙리 2세와 결혼하여 과자류와 아이스크림 등을 프랑스에 대중화시킨 카트리느 드 메디치 조차도 고기를 손으로 집어들고 먹었던 것이다. 포크가 개발된 이후, 이탈리아의 귀족들은 곧잘 외국인들을 연회에 초청하여 포크와 나이프를 써서 식사하는 자신의 모습을 구경시켰다고 한다.

1553년에 있었던 카트리느 드 메디치와 헨리 2세와의 결혼을 통해 향신료의 풍미로 유명했던 메디치가의 조리법이 프랑스 궁중 요리사에게로 전수된다. 이후 파리에는 요리학교가 생겨났으며 많은 요리사들이 배출된다.

수많은 봉건 영지와 교회의 축일은 대향연의 구실이 되었다. 과도하게 먹고 마시는 전통은 16세기 초의 종교개혁의 각성에서 수그러들 줄 몰랐으며, 인쇄술의 발전으로 인해 요리에 관한 저서들이 출판되게 되었다.

이 르네상스 시대에 신대륙이 발견되고, 아메리카의 야채들이 유럽에 건너오게 된다. 전분질이 주를 이루는 강낭콩, 감자, 옥수수가 수입되기 시작하고, '인도의 수탉'이라 불리는 칠면조가 16세기 말부터 폭발적인 인기 식품이 된다.

르네상스 시대는 문화의 부흥뿐만 아니라 음식에 있어서도 고급 프랑스요리의 발전이 눈부시게 발전하는 시기였다. 우리가 일반적으로 알고 있듯이 르네상스시대의 요리는 예술의 발달만큼이나 고급 요리로 유명하다. 이러한 푸드 서비스의 르네상스는 이탈리아에서 씨를 뿌리며 시작되었고, 곧 프랑스로 옮겨가 화려한 꽃을 피우게 되었다.

4) 우리나라 외식산업 역사

우리나라의 외식산업 발달은 한국 고유의 전통음식에 기반을 두면서 현대문명의 발달과 더불어 변천을 거듭해 왔다. 그러므로 한국 외식산업의 성장 배경을 논할 때 사회·문화·경제·기술적인 요인을 언급된다. 그리고 각 요인들이 함축하고 있는 구체적인 변수들은 언급하면서 외식산업의 발달 과정은 다음과 같다.

(1) 제1기(고조선~삼국시대 : 주부식 분리형의 식문화)

쌀·보리·조 등을 주식으로 하였으며, 콩을 이용하여 장을 만들어 채소류를 이용한 절임식품, 고기와 생선으로 포를 만들거나 구이나 국을 만들어 먹는 주부식 분리형의 식문화였으며, 떡·술·식혜·장류·무짠지·장아찌 등이 출현하였다.

(2) 제2기(통일신라~고려시대 : 숭불사상의 식문화)

다류와 한과류가 발달하였고, 채소류를 이용한 김치류의 개발과 일상식과는 다른 제례·연회 등의 식문화가 출현되었으며, 고기숭상과 요리법의 재현되었다.

(3) 제3기(조선시대 : 유교사상의 식문화)

유교의 이념을 근본정신으로 한 대가족제도의 형성과 가족·친지·이웃 등과 함께 모여 식사함으로써 공동체 의식이 형성되었으며, 식사의 형식을 중시한 식생활의 규범정착 시대였다. 특히 조식으로 사용하는 필수식품으로서 김치가 발달되어 세계특유의 김치문화 형성의 시발점이 되었으며, 주거 양식에 맞춰 계층에 상관없이 좌석으로 일원화되는 식문화였다.

(4) 1950년대

1945년 해방과 함께 미군정시대를 거쳐 1948년 임시정부가 수립되었다. 이어 발달한 한국전쟁은 먹는다는 것이 삶의 최고의 가치가 되어버렸던 시대였다. 전쟁 중에는 꿀꿀이 죽, 부대찌개가 등장했으며, 전쟁이 끝나고 식생활에는 설탕, 밀가루, 미원, 껌, 연탄 등이 등장하기 시작했다. 특히 연탄의 등장은 식생활의 혁명이었다.

(5) 1960년대

1960년대는 전쟁으로 인한 식생활의 궁핍과 침체로 외식산업은 아직 본격적으로 나타나지 못했다. 그러나 미국 원조품인 밀가루 위주의 분식장려운동과 쌀의 소비를 줄이는 절미운동의 일환으로 식생활 개선운동 등으로 제과·제빵·과자·국수 등의 업소들이 출현하였다. 이때 가장 일반적이며 대중적인 음식점은 자장면으로 대변되는 중국음식점이었다. 또한 1960년대 들어서 눈에 띄게 늘어난 것은 요정이었다. 요정은 대부분 한정식과 함께 주류를 판매하고 여흥을 제공하는 곳으로 이용하는 사람들은 한정되어 있었다.

1960년대의 외식산업은 대부분 소자본·저기술의 영세성을 벗어나지 못한 시기였다. 그러나 1960년대 후반 경제개발계획이 착실히 진행되어 경제성장과 산업화가 이루어지기 시작하였다. 이에 따라 서구식 소비패턴이 서서히 확대되면서 우리나라 외식업도 점진적으로 산업화가 되기 시작한 시기였다.

(6) 1970년대

1970년대에는 경제개발계획의 성공으로 인한 물질적인 풍요로 인간적인 삶의 추구하는데 국민의 관심과 의식이 높아져 식생활에 있어서 구조적인 변화가 일어나기 시작하였다. 1960년대의 제과·제빵·제분 등의 밀가루 중심으로 유가공·육가공 가공으로 발전되면서 소비 패턴의 고급화·다양화를 추구하였다. 1975년 우리나라에서는 최초로 림스치킨이 프랜차이즈 형태를 도입하여 외식산업에 다점포화를 추구하였으며, 1979년에는 난다랑이 고급커피 전문점으로 프랜차이즈를 시도하였다.

그러나 현대적 의미에서 시스템(system)화된 프랜차이즈는 1979년 롯데리아가 일본 롯데리아 합작으로 설립한 것으로 이제까지의 음식업 형태와는 다른 외식업 시발점이 되었다.

1970년대에는 배고픈 60년대를 지나온 사람들이 서양문화에 조금씩 눈을 뜨는 시기였다. 통키다와 생맥주로 대변되는 70년대는 생맥주를 파는 '비어 홀'이 크게 유행하였다. 이와 함께 DJ가 있는 음악다방도 늘어나는데 이 두 가지 모두 대학문화가 태동하면서 생겨난 결과물이었다.

1970년대 후반에는 치킨, 삼계탕, 보신탕, 낙지점, 불고기, 갈비 등의 특정메뉴를 중점적으로 판매하는 전문식당도 늘어났다. 그러나 1970년대 전반으로는 한식과 중식을 중심으로 한 기업형이 아닌 자영업 형태의 음식점이 주종을 이루었다.

(7) 1980년대

1980년대는 제2차 오일 쇼크, 국내 정국의 불안 등으로 한때 외식산업이 위축되었지만 경제 성장의 가속화로 국민의 의식구조는 물질 충족의 단계에서 질적인 생활수준 향상으로 그 비중이 높아갔다. 따라서 기존의 요식업·음식업·식당업의 명칭이 퇴조하고 외식산업으로 변화되면서 다양한 업종과 출현이 가속화되었다.

1980년대는 다양한 서구식 브랜드가 도입되었는데, 1982년 버커킹이 국내기업과의 제휴로 체인점을 개설한 것을 필두로 1984년 웬디스 데일리 퀸, KFC 1985년 피자헛,

1986년 맥도날드, 1987년 피자인 데니스, 1988년 시카코 피자, 1989년 도미노 피자 등이 속속 우리나라로 진출하였다. 1980년대에 진출한 대부분의 외국계 레스토랑은 패스트푸드와 피자점이었다.

이에 대항하여 우리나라 자생 브랜드로 프랜차이즈 형태로 전개되기 시작하였는데, 1980년 신라당, 1981년 독일빵집, 1982년 다림방(국수), 1983년 장터국수, 1984년 신라명과, 1986년 만리장성, 크라운 베이커리, 놀부보쌈, 1989년 쟈뎅(커피전문점) 등이 출현하였다.

1980년대에는 경양식집, 치킨, 원두커피 전문점, 등 다양한 업종과 업태가 나타나 국내시장에 외식산업이 도입되어 적용해 나가는 시기였고, 특히 1986년 아시안게임과 1988년 올림픽의 계기로 양적·질적으로 성장한 시기였다.

(8) 1990년대

1990년대에는 국민소득의 꾸준한 증가와 더불어 여가생활의 급격한 증가는 외식산업은 대기업의 외식산업에 본격적 진출, 중고등학교의 학교급식에 따른 단체급식의 급격한 증가, 그리고 새로운 업종과 업태의 계속적인 출점, 그리고 프랜차이즈의 난립으로 인해 도산과 패밀리 레스토랑의 출점 등 역동적인 시기였다.

1980년대와 1990년대 초의 양념치킨 체인점의 성공 영향으로 영세 프랜차이즈가 난립하게 되었고 그로 인해 커피전문점, 철판볶음밥, 꼬치구이 전문점, 초밥, 닭갈비, 김밥, 탕수육 전문점 등 다양한 프랜차이즈가 생겨나게 됐다. 프랜차이즈는 전국적으로 동시다발적으로 매장을 확대하기 때문에 양적 성장은 빠르게 진행됐다. 또한 브랜드가 성공하면 모방 브랜드가 따라오기 때문에 브랜드가 난립되어 도산업체가 양산되기도 했다.

1990년대에는 패밀리 레스토랑 중심으로 서구식 브랜드가 도입되었다. 1991년 TGI 프라이데이, 1992년 판다로사, 1993년 시즐러, 데니스, 1994년 플레닛 할리우드, 스카이락, 1995년 베니건스, 토니로마스, 1996년 마르쉐 등이 도입되었고, 또한 과자점과 치킨점도 지속적으로 해외브랜드를 도입하였다. 1990년 라운드 테이블 피자를 비롯하여 1992년 도미노 피자, 1993년 파파이스, 1995년 케니로저스, 1996년 우노피자, 스바로 피자 등이 도입되었다.

이에 대항하여 국내 브랜드로 본격적으로 나타나기 시작하였는데, 동가(sea food), 피자몰 등이 출점하게 되며 나이스 데이, 빕스(vips), 우리들 이야기, 정글짐 등 국내 브랜드의 패밀리 레스토랑도 대거 등장하였다.

특히 서울 강남을 중심으로 퓨전 음식이 유행하였으며 고급 원두커피 전문점들의 수가 늘어나는 시기였다. 그리고 건강 지향적인 음식과 향수를 유발하는 향토 전문 음식점들이 늘어나는데 이러한 추세는 식당 간판에도 옛날, 할머니, 고향 같은 말을 많이 볼 수 있었다. 또한 1980년 4월 서울프라자호텔이 여의도 전경련빌딩 프라자(한식당), 도원(중식당), 연회장 등 3개 점포를 오픈하면서 호텔의 외부매장 진출을 처음 실현하였다. 서울 프라자호텔을 중심으로 국내 특급호텔(신라, 워커힐, 조선)의 외식산업 진출이 활발했던 시기이기도 하였다.

1990년대 후반부터 가처분소득이 높아져 생활에 여유를 찾아 인생을 즐길 줄 알게 되면서 음식에 대한 관심은 차츰 증폭되었다. 시간과 돈에 구애 받지 않고 더 새롭고 더 고급스러운 분위기와 음식들 찾아 나섰고, 건강식을 선호하게 되므로 인공조미료 보다는 천연조미료를, 가공된 음식보다는 자연 그대로의 음식을 즐기게 되었다.

5) 미국의 외식산업

미국의 외식산업 발전사는 1920년대에 태동되어 1930년대에 요식업이 외식산업으로 전환되고, 1940년대는 제2차 세계대전으로 인해서 기내식과 군대식이 발전되면서 일반 대중을 대상으로 한 마케팅이 중요시되었다. 1950년대는 패스트푸드업이 테이크아웃과 퀵서비스(quick service) 기법 등 새로운 서비스 방식이 출현되고, 1960년대는 프랜차이즈 시스템을 활용한 체인기업이 활성화되었다.

1970년대는 제1차, 제2차 오일 쇼크로 인해 기업 경영 측면에서 변혁이 일어나면서 경영 체질의 강화와 해외 진출 등 외식기업의 국제화가 이루어졌으며, 1980년대는 외식 기업 간 매수·매각·합병 등 경쟁이 치열해지면서 계열화가 이루어지기 시작했다.

1990년대의 미국의 외식산업은 국제적인 다각화를 전략적 차원에서 추구해가고 있으며, 감성형, 테마 콘셉트형, 에스닉 요리, 신규 고객 창출을 위한 고객만족과 감동경영 등 새롭고 창의적인 아이디어 중심의 음식점이 출현되고 있으며, 고객가치 창조경영에 몰두하고 있다. 한편 미국의 외식산업 발전 배경을 보면 그림과 같이 미국 외식산업의 성장과정을 나타내고 있다.

(1) 다민족의 복합국가 형성

미국은 다양한 인종으로 구성된 복합국가라는 데서 외식산업의 발전을 찾아 볼 수가 있다. 이러한 다민족 국가에서의 사회특성은 개인 간에 신뢰감, 인정, 혈연, 지연으로 관리한다는 것은 불가능하기 때문에 개인의 권리나 의무를 일정한 통제와 규범 속에 넣어 관리해야만 능률 향상을 기대할 수 있는 것이다. 즉 통제와 규범을 통한 성문화(成文化)된 기술된 제반영역을 음식점 경영기법에 도입하여 적용시키면서, 한편으로는 이를 응용하고 개발된 것이 패스트푸드 산업이다.

(2) 관용성 중시의 습관

미국인은 식습관상 라틴계가 즐기는 식사를 취하면서 영양 공급 및 실용성이 중시된 식사를 많이 한다는 사실이다. 즉 미국인의 평균 식사범위는 소액지불 위주의 저가원칙 주의를 택하게 되면서 패스트푸드의 핵심인 신속성, 저렴성의 식습관을 추구하게 되고 이것이 패스트푸드를 급성장시키는 계기가 된 것이다.

(3) 프론티어 정신

미국 건국의 굳건한 개척정신(frontier spirit)은 대륙을 동부에서 서부로 개척해 나가게 되는데, 음식점에 있어서도 이러한 개척정신을 도입한 것이다. 즉 가정에서의 식사를 가정 밖에서 산업화로 발전시키고 다양한 기업군을 출현시키게 되는데, 이것의 바탕은 개척정신이었으며, 자본주의 경제체제를 가속화시키는 원동력이 되었다.

(4) 스피드와 편의성 추구

미국의 사회적 현상의 변화로 독신자의 발생, 이혼자의 증가, 핵가족화 및 전후세대의 증가 등은 사회활동에 있어서 스피드를 요구하게 되었고, 이러한 스피드화는 식사형태와 음식점에 있어서도 외식화 경향과 신속한 편의성의 음식 등장을 필요로 하게 되었다.

(5) 식생활 측면에서의 적합화

미국의 식생활과 식습관은 국물문화인 한식에 비해 물기가 거의 없는 식문화로 이루어져 있으며, 특히 육류와 빵 등은 패스트푸드의 생성과 발전을 촉진시키게 된 것이다.

(6) 발전 과정

♣ 1800년대~외식산업 태동기

1800년대에는 얼음냉장고(1803)와 가스스토브(1825), 그리고 식기세척기(1860)가 개발되면서 외식산업 발전에 기여하였다. 미국 최초의 레스토랑은 1827년 Union oyster house사가 보스톤에서 운영하였다고 알려지고 있다. 이어 1827년 등장한 델모니코(Delmonico's) 레스토랑은 9개의 레스토랑을 개점하였다. 또한 영국에서 이민 온 후렛 하베이(fred harvey)가 1876년부터 65개로 체인 레스토랑과 60개의 다이닝카(dining car)를 운영하면서 대규모 체인 레스토랑의 효시가 되었다.

1855년 'parker house 레스토랑'에서 최초로 일품요리(a la cart)메뉴를 제공함으로써 인기를 끓었다. 또한 'restaurant'라는 용어는 종교 문제로 망명(1874) 한 장 밥티스트(jane baptiste gilbert paypalt)에 의하여 프랑스로부터 유입되었다. 그는 버섯요리의 퐁듀, 그리고 와인을 주로 메뉴로 하는 '쥬리앙 레스토랑(zulien's restaurant)'을 운영하였다.

♣ 1910~1920(프랜차이징 시작, 샌드위치 유행)

로리-알랜과 프랭크-라이트는 'A&W'라는 상호로 1919년에 풀뿌리로 만든 'root beer'라는 청량음료를 판매하는 프랜차이즈 사업을 시작하면서 최초로 외식산업에 프랜차이징 경영기법을 접목하게 되었다.

Pig-Stand(1921)가 최초로 드라이브 인 레스토랑을 개점한 이 시기에는 샌드위치가 대유행하였다. 화이트 케슬(white castle) 레스토랑은 빠르고 신속하게 먹을 수 있는 햄버거를 상품으로 대형화, 체인화된 패스트푸드 프랜차이즈 시스템을 예고하고 있었다. 이 체인은 저렴하고 신속한 서비스를 모토로 닭요리 메뉴와 박리다매의 경영전략으로 대 성공을 거두었다. ARA 단체급식 서비스를 시작(1926), 식자재의 중앙집중식 경영(central kitchen), 원가관리 제도를 도입하는 등 외식산업의 과학적 관리 경영을 시도함으로써 점포를 126개로 확장하는 등 대성공을 거두었다.

♣ 1930~1940(단체급식발달)

'Marriott'이 최초로 기내식을 시작(1937)한 1930년대는 생산자 중심으로 외식산업이 발전하였다. 1942년에 스카이 쉐이프 사는 학교급식, 항공기내식 사업을 시작하였으며, 이어서 SAGA와ARA 서비스도 학교급식, 병원급식, 군대급식으로 사업영역을 확장하였다. 이처럼 학교를 중심으로 단체급식산업이 팽창하자 1946년 학교 급식법을 제정하면서 외식산업은 대 전환기를 맞게 된다. 2차 세계대전이 종전하면서 미국 경제의 활성화로 급격한 핵가족화, 가처분 잉여 소득 증대, 여가시간의 증가로 레저 생활 촉진, 여성의 사회 진출 기회 등의 사회적 변화를 맞게 된다.

♣ 1950년대(프랜차이즈 본격 도입)

햄버거 전문점 맥도날드 사는 1955년 레이크 크락(Ray kroc)이 맥도날드 형제로부터 인수하여 QSC(quality, service, cleanliness)를 모토로 프랜차이징 사업을 전개하면서 셀프 서비스, 단순화, 표준화, 매뉴얼화로 대량 생산체제를 갖춤으로써 원가를 절감할 수 있었다. 이러한 경영기법을 계기로 외식산업 부문에서 세계 최대의 다국적 기업으로 성장할 수 있는 초석을 마련하였다.

이 시기에 샌드위치 전문 프랜차이즈 데니스(1953), 버거킹(1954), 웬디스(1959)가 출현하였고, 닭고기를 전문으로 하는 KFC(1952), 피자전문점의 피자 헛(1953) 등이 출현함으로써 패스트푸드는 미국의 외식산업을 대표하는 업종으로 성장하였다.

♣ 1960년대(프랜차이즈 확산)

1960년대는 프랜차이즈 시스템이 KFC와 맥도널드를 중심으로 급속하게 확산되는 시기로 다점포로 전개됨으로써 대기업으로 성장하였고 많은 외식프랜차이즈 기업이 증권에 상장되었다. 한편, 부진을 면치 못하던 버거킹을 필스베리 식품제조업체가 인수하였고, Taco bell, arby's, long john, red lobster 등이 새로이 탄생하였다. 또한 가공과 저장 및 유통기술의 발달로 가공식품과 냉동식품의 이용이 급속도로 확산되었다. 미국 내에 프랜차이즈가 확산되던 이 시기에 많은 프랜차이즈 외식기업이 해외로 눈을 돌려 일본에 진출하기 시작하였다.

♣ 1970년대(성숙기)

미국의 1970대는 외식산업의 성숙기라고 할 수 있다. 1, 2차 오일 쇼크의 영향으로 외식사업이 경영체질이 강화되었으며, 미국 외식산업의 최대 번영기를 맞이하였으나 한편으로는 패스트푸드의 소형화와 대형화로 양극화 현상이 나타나기도 하는 등 도태와 성장이 공존하는 시기이기도 하였다.

국내의 외식산업 시장은 확대되었으며, 국내에서 대성공을 거둔 맥도널드와 같은 기업을 중심으로 해외에 진출하여 외식사업체를 다국적 기업으로 크게 변모시켰다. 치열한 경쟁 속에서도 성숙기를 맞이한 미국의 외식산업은 마케팅활동의 차별화 전략이 대성공을 거둔 결과였다. 성공한 기업의 자금력을 바탕으로 인수합병이 치열하였으며, 자동차 문화의 발달로 드라이브스루 레스토랑이 유행하기 시작했다.

♣ 1980년대(둔화기)

1980년대는 미국의 장기 경기침체가 계속되었으며, 레이건 정부에서는 강력한 구조조정을 시도함으로써 경제 체질을 개선하려고 노력하였다. 이미 외식산업은 포화상태였으며 경제 성장을 둔화로 치열한 외식시장 쟁탈전이 벌어지는 외식산업의 성장 둔화기이기도 했다. 패스트푸드를 중심으로 이 시기에 개척한 한국의 외식시장개척도 이러한 국내사정과 무관하지 않다.

♣ 1990년대(재도약기)

1990년대는 전례 없는 미국 경제의 대호황으로 외식산업의 재도약기를 맞이하였다. 소비자들의 외식기회는 폭발적으로 증가하였으며, 외식산업이 미국의 4대 산업으로 부상할 만큼 거대산업으로 자리 잡기 시작했다. 퓨전요리와 퓨전 레스토랑이 관심을 끌기 시작하였으며, 각국의 민속 요리도 외식소비자와 미식가들의 인기를 끌기 시작하였다. 또한 업종과 업태로 구분이 모호해지는 복잡화 현상이 대두되기 시작하였다.

♣ **2000년대**(정체기)

2000년대는 이미 시장이 포화상태이기 때문에 성장이 정체하고 있는 것으로 보인다. 최근에 소비자들은 다양한 라이프스타일을 가지며, 다른 사람과 차별화된 개성을 표현하고자하는 추세다. 다시 말해서 최근의 외식소비 패턴은 소비자의 대량개별화 현상이 뚜렷하기 때문에 그들의 소비취향을 만족시키기 위한 감성마케팅을 적용한 외식기업들이 다수 출현하고 있다.

외식업체별로 음식 상품과 서비스 품질의 차이가 극심하기 때문에 이에 따라 나타나는 결과도 성공과 실패로 극명하게 나타나고 있다. 또한 소비계층의 소득불균형과 양극화 현상에 기인하여 소비의 가격 양극화 현상도 뚜렷하게 나타나고 있다. 또 한편으로는 테이크아웃, 옥외 레스토랑, 저렴한 선술집, 출장요리가 증가하는 추세에 있다.

6) 일본 외식산업역사

(1) 일본 요식업 시대(1960년대 이전)

1960년 이전에는 요식업 시대로 1660년 우동을 판매하는 식당이 출현하였다. 막부시대에 국수집, 튀김집, 장어 요리집 등이 생겨났으며, 그 이후에 김밥집이 출현하여 요식업이 전개되었다. 이어서 소고기 덮밥집, 중화요리집이 출현하였고, 백화점에 식당가가 등장하였고, 레스토랑이 성업하였다.

(2) 일본 외식산업 태동기(1960년대)

1964년의 동경 올림픽은 일본 경제를 비약적으로 발전시키는 계기가 되었으며, 소매업으로 분류되어 관심 밖이었던 외식산업이 식당업이라는 용어에서 외식산업이라는 용어로 대치하여 사용하는 등 발전의 토대를 마련할 수 있었던 시기였다. 세이부 백화점에서 처음으로 입지한 서구형 카페테리아가 개점은 고객들에게 새로운 이미지로 긍정적인 영향을 미쳤으며, 운전자를 위한 드라이브인 레스토랑이 교외에 입지하는 등 변화하는 조짐이 나타났다. 이 시기에 초밥집, 요정 등 생업적이고 전통적인 음식점을 퇴조하고 서양식 요리, 중화요리, 찻집 등이 신장하였다.

(3) 일본 외식산업의 발전과 도약기(1970년대)

1970년대는 전반기에 KFC, 맥도날드, 데니스, 웬디시, 미스터 도너츠, 던킨 도넛 등 패스트푸드와 도넛, 그리고 키친 전문점을 중심으로 미국계 프랜차이즈 외식업체가 대거 일본시장에 상륙하여 대성공을 거둔 시기이다. 그래서 이 시기를 일본 외식산업의 발전기 또는 도약기라고 한다. 중앙공급 시스템의 하나로 중앙집중식 조리방법이 등장하였고, 서비스 방법의 매뉴얼화, 시스템화로 외식경영의 혁신을 가져왔으며, 시간제(part time) 고용으로 인건비 절감을 시도하였다. 또한 다점포화를 조기에 실현할 수 있는 프랜차이즈 기법을 도입하여 일본의 국내 자생외식기업으로 롯데리아가 햄버거 체인을, 스카이락(1970)은 패밀리 레스토랑을 전개하여 현재 대규모 체인기업으로 성장하였다.

(4) 일본 외식산업의 안정 성장기(1980년대)

70년대 후반기와 80년대 전반기에 들어와서 일본의 외식프랜차이즈는 패스트푸드를 중심으로 출점 수가 증가되고 확산속도가 빨라지는 도약성장기를 맞이하였다. 1980년대를 일본 외식산업의 안정 성장기라고 하는 연유가 여기에 있는지도 모른다.

석유 등의 영향으로 장기 경기침체 면의 경제 불황임에도 불구하고 대량판매와 저원가 실현 등으로 외식산업은 오히려 성장하였다. 또한 GNP 1만 달러를 달성하여 선진국형 경제구조를 갖게 되면서 일본의 외식산업은 안정적으로 성장 할 수 있었다. 대기업이 외식사업에 참여하고 패스트푸드를 중심으로 프랜차이즈는 점포는 확산되었으며, 데니스, 스카이락 등 일본 국내 자생 외식업체가 중심이 되어 증권시장에 상장되어 큰 관심을 받게 된다. 해물요리 전문점의 RED LOBSTER, stone crab, 스테이크 전문의 시즐러, 배달을 전문으로 하는 도미노피자가 일본 외식시장에 신규 진입하여 성공을 거두는 등 일본의 외식산업은 안정적으로 성장하였다.

(5) 일본 외식산업의 침체회복기(1990년대 이후)

90년대에 들어 일본 버블경제의 붕괴로 외식은 마이너스 유지하였으며, 그 결과 수많은 점포가 도산하였고 판매가격이 대폭 하락이 뒤를 이어가고 있다. 그럼에도 불구하고 일본의 외식기업들은 고감도 외식기업이 등장하고 민속요리가 출점하고 있으며, 해외로 진출하는 등 불경기에 생존을 위한 경량 경영혁신에 박차를 가하고 있다.

7) 우리나라 외식산업의 발전 배경

(1) 외식산업 발전 요인

우리나라 외식산업은 1950년대 식생활 빈곤과 궁핍, 1960년대에 여명기를 맞이하고, 1970년대는 식생활 개선과 함께 영세적으로 발전하였으며, 1980년대에 외식산업의 태동을 보이면서 해외 브랜드가 패스트푸드를 중심으로 선도하여 성장하고, 1990년대 근대화를 향한 전환기 시대에 접어들어 패밀리레스토랑과 단체급식을 중심축으로 하여 21세기를 역동적으로 진행되고 있는 것이다.

♣ 식생활의 국제화지향

6·25전쟁 전까지의 식생활은 생존과 생리적인 욕구만을 충족시키기에 부족한 반면, 1960년대에 들어와서 시작된 분식장려운동은 우리 전통 식생활인 주식의 일부를 곡류와 서류 중심에서 밀가루 중심의 빵·국수·라면 등으로 전환시켰으며, 된장·간장·고추장의 조미료 기능을 케첩·마요네즈 등 서구식으로 대체되어 우리의 음식문화 영역을 확대시키는 계기가 되었다.

♣ 가공식품의 발전

전쟁 후 밀가루 구호물에 의한 제면·제빵·제과와 식품 관련 산업의 발전으로 기업군이 탄생되고, 나아가 인스턴트식품·냉동식품·편의식품이 개발되어 식생활 소비패턴이 변화되었다. 식품 관련 산업의 생산은 소비의 증대를 가져 왔고, 가정 내에서는 가스, 전자레인지, 냉동냉장고 등의 보급으로 조리·가공이 간편하게 되면서 소비 확대 및 외식 확대로 이어진 것이다.

♣ 레저화의 추구

식생활이 생리적인 욕구단계인 공복과 욕구를 넘어서게 되면 질과 가치, 즉 즐기면서 식도을 추구하기 위하여 외출하게 되고, 나아가 생활영역의 확대인 레저화를 지향함으로써 외식기회의 폭은 더욱 넓어지게 되는 것이다.

♣ 외식화 현상

다양한 식생활은 외식산업의 업종 및 업태를 다각화시키면서 다변화를 요구하게 된다. 간편화, 편리성, 새로운 맛, 질 좋은 식사, 새로운 형태는 외식욕구충동을 일으키게 하고, 가정 내에서의 식생활과 다른 외식화 소비 패턴을 추구하게 되는 것이다.

♣ 경제·사회적인 영향

국민 1인당 소득 증가는 소비 지출을 조장하게 되고, 여성의 사회 진출, 핵가족화, 도시형 생활의 확대, 노령화, 과학 및 의료기술의 발달, 해외기술 도입, 글로벌화 등에 의해 소비 형태는 더욱 다양해지면서 외식활동을 추구하게 된 것이다.

8) 외식산업의 메가 트렌드

외식업계도 현재 경제불황 및 신규 콘셉트의 레스토랑 등 외식업의 증가, 치열한 경쟁 상황, 고객의 서비스 기대수준 향상 등 많은 위기 변수에 노출되어 있다. 한국 식품연구원이 발표한 '외식사업의 구조와 전망' 보고서에 의하면 작년 한 해 우리나라의 외식산업의 규모는 전체 식료품 비중 30%를 넘은 것으로 나타났다. 패스트푸드를 비롯한 대부분의 업계들이 매출 급락의 위기를 맞고 있는 반면 패밀리레스토랑과 피자업계는 2003년 동기 대비 미미한 10%의 매출 상승을 기록하는 등 선전을 하고 있다. 그러나 이는 평균 15~20% 이상을 기록했던 2001년 대비 2002년 매출 성장률에 비하면 현저히 낮은 수치로 타 업계와 비교하면 상대적으로 좋은 성과로 평가되지만 패밀리 레스토랑 업계 자체적으로만 보면 성장세가 급격히 둔화, 최근의 경기 불황을 실감케 하고 있다. 향후 외식전망은 다음과 같은 문제점이 있다.

(1) 양극화 현상

불황이 지속되면서 두드러지게 나타나고 있는 양극화 현상은 외식점포의 규모, 매출, 가격 면에서 양극 대비로 향하는 모습이 지속될 전망이다. 이는 실속형의 고객과 남과 차별화되길 바라는 업스케일(up scale)을 추구하는 고객을 겨냥한 사업 형태의 변화에서 찾을 수 있다.

(2) 웰빙과 건강식 메뉴 증가

과거 간편하게 먹을 수 있어 큰 인기를 끓던 패스트푸드는 이제 다이어트와 성인병을 유발시키는 인식이 고객들에게 주입되면서 성장률 또한 뒷거름치고 있다. 이 와중에도 잘 먹고 잘살기로 대표되는 웰빙 바람은 패밀리 레스토랑 업계에게 반사적인 이익으로 업계의 점포 수를 늘리는 전략이 먹혀들고 있다. 더불어 미래의 식단에 대한 궁금증이 커지면서 조리문화에도 큰 변화가 예상된다. 그리고 각종 기능성 식품들이 늘어나고 기능성 메뉴들이 서서히 영역을 넓혀가고 있다.

(3) 기능성 식품 선호현상

건강에는 신토불이 음식관련 업종들이 꾸준한 인기와 함께 유기농을 이용한 외식업종이 유망 업종으로 떠오르고 있다. 실제로 일반 식재료보다 훨씬 높은 가격임에도 유기농 식품의 매출이 점차 증가하고 있는 것은 유기농 제품에 대한 소비자들의 관심과 시장이 커지면서 점차 그 범위가 확장되어 가고 있기 때문이다. 국내에서도 친환경 농산물 표시인증 제도를 실시해 유기농산물, 전환기 유기농산물, 무약 농산물, 저농약 농산물 등 4종으로 나눠 인증마크를 발급하고 있다.

(4) 가정대용식(Home Meal Replacement) 출현

핵가족과 여성들의 사회진출기회가 늘어남에 따라 일반 가정에서도 도시락 차원을 넘어서 집에서 먹는 음식과 동일한 식단으로 구성된 음식을 만드는 식당도 예견된다. 물론 가정에서 조리에 드는 시간과 비용을 대폭 줄일 수 있어 인기를 끌 것으로 보이며, 도시락 전문점보다는 보다 고급화된 형태의 테이크아웃 전문점으로 신세대 가정이 늘어나면서 인기를 끌 전망이다.

(5) 전문화와 복합화 현상

전문성을 추구하면서도 서소 보완적인 제품을 함께 취급하는 커피+스파게티, 커피+제과, 커피+도자기류, 커피+서점 등 복합점 같은 것들이 고객의 다양한 욕구를 충족시키고 있다. 또한 샵인샵(shop in shop) 형태의 칼국수와 떡볶이, 선물가게와 포장센터, 제과점과 아이스크림점, 패밀리레스토랑의 캐릭터 상품코너 등도 여기에 속한다.

(6) 식생활 새로운 트랜드 출현

새로운 식생활 트랜드의 출현으로 영상시대, 인터넷 문화 속에서 속도감을 체험한 젊은 세대들에게 '시간'을 상품화한 인스턴트식품이나 편의식품, 홈 딜리버리(Home Dlivery; (배달)서비스), 정해진 장소가 없는 식사 형태인 모바일 푸드(mobile food)의 등장은 우리의 먹는 모습을 참으로 다양하게 바꾸어 놓고 있다.

(7) 고객관리의 중요성

외식업계가 불투명한 경기와 함께 일본과 같은 장기 불황에 예상됨에 따라 고객관리에 대한 중요성이 새삼 강조되고 있다. 이러한 경영전략은 외식업계에서도 신규고객을 유치하기보다는 기존고객 특히 단골고객을 철저히 관리하려는 데에 있다. 신규고객을 유치하는 것은 기존고객을 유치하는 것보다 5배 비용과 어려움이 따른다는 점에서 단골고객 관리는 외식업계에 이미 도입되었어야 할 전략이다. 물론 일부 패밀리 레스토랑 업체들은 수년 전부터 고객관리(CRM: Customer Relationship Management)에 대해 깊은 관심을 갖고 이를 판촉 전략에 이용하고 있다.

2. 외식산업의 정의

외식산업은 가정 이외의 장소에서 행하는 식사행위의 총칭으로 볼 수 있다. 이러한 소비자의 외식 행동에 일정한 시설과 식음료 상품을 갖추고 고객의 욕구를 충족시키면서 경제적 이익을 추구하는 영업행위를 외식산업이라 볼 수 있는데, 여기에서는 상품으로 제공되는 식음료와 인적 서비스 및 공간 연출 등을 골격으로 하고 있다.

외식산업 관련 영자 표기는 약간의 차이는 있으나 보편적으로 외식(eating out), 내식

(eating in), 음식점 혹은 식당(restaurant), 외식산업(food service) 혹은(dining out industry)로 표기하고 있다.

외식산업의 근간을 이루는 것은 식당업, 요식업, 음식점영업이 오늘날 외식산업으로 발전한 것은 전체적인 시장규모의 확대와 단순히 음식을 만들어 제공하는 역할에서 탈피한 음식과 서비스의 제공, 분위기 연출, 가치의 창출 등을 상품으로 제공하는 진보된 개념으로 성장·발전해 나갔기 때문이다.

광의의 외식산업이란 "가정 밖에서 이루어지는 상업적인 식생활 전체를 총칭한다"고 정의할 수 있다. 또 협의의 외식산업이란 "일반적으로 일정한 장소에서 조리·가공된 음식물을 상품화(요리, 인적 서비스, 물적 서비스, 분위기, 편익성, 가치 등의 복합서비스)하여 금액지불을 통해 소비자에게 제공되는 가정 밖의 식생활 전체를 총칭한다"라고 규정지을 수 있다.

외식산업은 서비스가 주된 상품으로 그 명칭을 외식 서비스 산업으로 부르고 있으며, 식사를 조리해서 제공한다는 측면에서 식품제조업에 가까우며, 최종 소비자와 직결되어 판매한다는 측면에서는 소매업의 특성을 갖추고 있다. 바꾸어 말하면 외식산업은 식품제조업, 소매업, 서비스업의 세 가지 산업적 성격을 합한 산업이라 정의할 수 있다.

따라서, 외식산업이란 "식사와 관련된 음식·음료·주류 등을 제공할 수 있는 장소에서 직·간접으로 생산 및 서비스 경영 활동을 하는 모든 업소들의 군(群)"이라고 정의할 수 있다. 또한 해외학자들은 외식산업을 다음과 같이 정의하고 있다. Keister는 "집을 떠난 사람들에게 식료와 음료를 판매하는 모든 업소로 구성되어 있다"(The food and beverage service industry consists of every establishment that sells food and beverage to people outside their own homes)라고 정의하고 있다.

Khan은 "가정 밖에서 준비되어 판매하는 산업"(The foodservice industry as encompassing all meals and snacks prepared outside the home. This definition therefore includes all take-out meals and beverage) 이라고 정의하고 있다.

1) 내식·중식, 외식의 개념

외식을 조리 주체, 조리 장소, 식사 장소의 3가지 요소를 통해 살펴보면 다음과 같다.

- 내식은 조리 주체가 세대 내의 사람으로 조리장소와 식사장소가 원칙적으로 가정 내에 있는 식사를 말한다.
- 중식은 조리의 주체가 세대 외의 사람으로 조리 장소는 원칙적으로 가정 외에 있으며, 식사 장소는 가정 내의 식사를 말한다(catering, take-out, 편의점(레토르트 식품), delivery) 등이다.

• 외식은 조리 주체가 세대 외의 사람으로 조리 장소는 원칙적으로 가정 외에 있으며, 식사 장소는 가정 외의 식사를 말한다.

2) 외식 및 내식·중식·외식의 범위

외식산업은 크게 상업적 외식산업과 비상업적 외식산업으로 구분된다. 상업적 외식산업은 영리를 목적으로 하며 비상업적 외식산업은 국가나 공공단체로부터 보조를 받거나 기업에서 직원들의 복리후생 차원에서 비영리 목적으로 운영하고 있다.

일반적 외식산업은 일반 식당, 호텔 식음료 영업장, 편의음식점, 음료전문점, 주류전문점 등이 있다. 일반 식당은 대중음식점, 분식점 등을 말하며 최근에는 테이크아웃, 배달업 등도 포함된다. 제한적 외식산업은 불특정 다수를 대상이 아니라 승객이나 회원 등 특정인을 대상으로 영업하는 외식업인 운송음식점과 클럽 외식업이 있으며, 출장연회 등이 있다.

비상업적 외식산업은 주로 단체급식 형태로 식사를 제공하는 학교·병원·경찰·군대·교도소 등이 있으며 위탁급식업체도 포함된다.

조리 주체의 여하에 따라 조리된 식품의 성격과 특징이 범위의 커다란 영향을 주며, 취식의 장소는 최종 소비자로서의 취식자의 선택이나 행동과 깊은 관계가 있으므로 조리 주체와 취식의 장소를 중심으로 내식·중식·외식의 범위를 구분한다.

편의상 조리 주체가 세대 내에 있을 때를 내식적, 취식의 장소가 가정 내에 있을 때를 내식이라 하고, 또 조리 주체가 세대 외에 있을 때를 외식적, 취식의 장소가 가정 외에 있을 때를 외식이라는 말로 표현하기로 한다. 예를 들면, 조리의 주체가 세대 내에 있고, 취식의 장소가 가정 외에 있을 때를 내식적 외식이라 하는 것이다.

1950년대 미국은 공업화단계로 진입하면서 "Food Service industry or Dining- out Industry"로 불리기 시작했다. 이를 일본에서 1970년대 이후 "미스코미"지가 외식산업으로 번역하여 사용하기 시작하면서 일본에서도 외식산업으로 불리어지기 시작했다. 그 이후 1978년 일본 정부의 공식문서인 "경제백서"에 이 용어가 정식으로 포함되어 공식화되었다.

우리나라에서 처음으로 사용되기 시작한 것은 외국브랜드 체인업체인 롯데리아가 개점한 1979년 전후로 추정된다. 이후 1980년대 중반부터 1990년대를 지나면서 고도의 경제성장과 더불어 각종 규제의 완화, 지방자치제의 실시와 더불어 지역축제의 발달 등과 같은 호조건 속에서 2015년 기준 국내 외식산업의 시장규모는 108조를 넘어서고 총 외식업체 수만도 65만 7천개 업체나 되는 거대 산업으로 성장했다.

이에 따라 많은 국내의 중·대기업들이 외식사업에 투자하기 시작하면서 많은 자본금이 유입되었다. 또한 선진 외국의 유명 브랜드들이 국내에 속속 진출하면서 대형화·고급화의 추세로 바뀌고 있는 실정이다. 호텔과 같은 훌륭한 시설과 분위기, 친절한 서비스, 다양한 메뉴, 좋은 위치 등으로 고객들을 외식시장으로 유인하고 있다.

외식이라는 용어는 이제 보편화되어 "자기 집이 아닌 밖에서 식사함, 또는 그 식사"라고 국어사전에 기술하고 있다. 국내·외의 대부분 학자들은 "가정 밖에서의 행사는 식사행위의 총칭"으로 개념을 정리하고 있다. 즉 가정 내에서 이루어지는 식사를 내식이라고 하고, 후자를 외식으로 규정하고 있다.

일본의 도이토시오는 식생활을 내식과 외식으로 구분하여 구체적으로 설명하고 있다. 그는 식생활 중에서 가정 내의 식생활인 내식과 가정 밖의 식생활인 외식으로 구분하고 있는데, 내식인 경우, 내식적인 내식과 외식적인 내식이 있으며 외식적 내식과 내식적인 외식을 가정의 연장이라고 보고 있는데, 외식적인 외식에 대해서는 가정의 연장이 아니라고 말한다.

그리고 내식적인 내식을 제외한 나머지를 현대적 외식의 범위로 보고 있는데, 정리하면 아래의 표와 같다. 아래의 표를 살펴볼 때 우리 현대인들이 일반적으로 인식하고 있는 외식적인 외식을 외식산업이라고 인식하고 있다.

식생활 중 내/외식의 구분

구 분	주요내용	특 성
내식적 내식	가정 내의 일상적 식사, 가정 내에서 조리 · 가공	순수 내식
외식적 내식	원제품이나 반품을 구입하여 가정 내에서 식사	가정의 연장선상의 식사형태
내식적 외식	가정 내의 조리품을 가지고 가정 밖에서 식사	
외식적 외식	가정 밖의 음식점 등에서 식사를 하고 대금을 지불하는 형태	순수 외식

따라서 외식산업을 다음과 같이 정의하고자 한다.

"일정한 장소에서 조리 및 가공된 음식물을 상품화하여 금전지불을 통해 고객에게 제공되는 가정 밖의 식생활 전체"를 총칭한다.

3. 외식산업의 특성

외식산업은 경영자, 종업원, 고객 등 삼위일체가 되어 전문성을 바탕으로 사업경영이 이루어지기 때문에 서비스산업에 대한 업종 및 업태 마인드 공감대, 동질성, 소속감 고취가 무엇보다도 중요하며, 동시에 고객최우선주의가 중심이 된 Q(quality), S(service), C(cleanliness)를 갖춘 토탈 서비스를 제공한다.

이 같이 외식산업은 생산과 판매라는 일반적인 상업행위의 과정 속에 서비스업의 특성을 지니고 있는, 타 산업과 구별되는 생산 활동과 운영체계를 지니고 있다. 특히 경제, 사회, 문화, 기술적인 변화가 가져온 소비자의 소비패턴 변화가 가속화되면서 외식사업도 환경변화에 적응하기 위해 다양한 형태로 발전되고 있다.

외식산업이 타 산업과 구별되는 차이점을 보면 다음과 같다.

1) 외식산업은 서비스산업의 한 부분으로서 고객에 대한 서비스의 의존도가 높은 산업이다. 일반적인 제조업은 기술 · 자본 집약적인 산업임에 반해, 외식산업은 요구하는 인적 의존도가 높은 노동집약적 산업이다. 즉 기계화하는 데 한계가 있다. 따라서 높은 인적의존도에 의해 타 산업에 비해 단품 생산적인 요소가 강하고 인건비가 높은 특징을 가지고 있다.
2) 외식산업은 생산과 판매, 소비가 동시에 이루어지는 동시성 사업이다. 외식산업은 고객이 상품을 생산·판매하는 곳을 방문하여 소비하는 산업으로서 일정장소에서 생산과 소비가 이루어지는 산업이다. 배달 서비스는 생산과 소비가 동시에 이루어지지 않지만, 생산된 상품은 일정한 서비스를 통하여 짧은 시간 내에 고객에게 판매된다. 따라서 외식산업은 생산이 완료된 상품은 장기저장이 불가능한 특징을 가지고 있다.
3) 외식산업은 타 산업에 비해 시간과 공간의 제약을 크게 받으며 수요 예측이 불확실한 산업이다. 인간이 식사하는 시간이 아침, 점심, 저녁시간으로 한정되어 있어 이 한정된 시간에 대부분의 매출이 일어나므로 인력관리 및 공간이용에 큰 문제가 있으며, 또한 각종 행사 및 계절, 일기 등의 변화로 정확한 고객의 수를 예측하기 어려운 산업으로 식자재의 적정 구입량을 결정하기 어려운 산업이다.
4) 타 상품의 자재는 어느 정도 보존 가능하다. 그러나 외식산업의 식자재는 상품의 보존 및 기간이 까다롭고 짧아서 부패의 위험성이 매우 높은 특성을 지니고 있다. 따라서 높은 비용지출과 부패한 식자재를 사용할 때 위생에 따른 문제점이 야기된다.
5) 외식산업은 타 산업에 비해 다품종 소량생산의 특성을 지니고 있다. 한두 가지의 음식만 전문적으로 취급하는 점포도 있지만, 대부분이 여러 종류의 음식을 주문에 의하여 생산하여 판매한다.
6) 외식산업의 원자재가격이 타 산업의 원자재가격보다 낮은 편으로 통상 식자채비는 매출액의 30~35% 정도를 평균으로 유지되고 있다. 따라서 상품구매가 현금으로 이루어질 경우 운영자금의 회전속도가 타 산업에 비해 매우 빠른 편이다.
7) 외식산업은 타 산업에 비하여 적은 자본과 특별한 기술적 노하우 없이 누구나 쉽게 참여할 수 있는 산업이라고 생각한다. 그래서 과포화상태에 있다. 우리나라 식품접객업소 수는 68만 개이지만 20만 개 정도가 적당하다.
8) 외식산업은 높은 인적자원에 대한 의존도로 인하여 높은 이직률을 보이는 산업이다. 외식산업이 3D업종으로 불리면서 근무하기 힘든 업종의 하나로 인식되어 타 산업에 비해 종사자들의 높은 이직률을 보이는 특성을 지니고 있다.

9) 표준화(standardization), 단순화(simplification), 전문화(specialization)를 통한 시스템 사업, 전문성 및 운영기법의 노하우를 이용한 프랜차이즈 사업 등의 특성을 가지고 있다. 마지막으로, 입지여건에 따라 영업실적의 차이가 나는 입지의존성이 높은 산업이다.

♣ 높은 외식산업에서 서비스 개념과 개발 방향

▶ S(Sincerity, Speed, Smile)

서비스에는 성의(진실), 속도감, 미소가 있어야 한다.

▶ E(Energy)

서비스에는 활기찬 힘이 있어야 한다.

▶ R(Revolutionary)

서비스는 신선하고 혁신적이어야 한다.

▶ V(Valuable)

서비스는 가치가 있어야 한다.

▶ I(Impressive)

서비스는 감명 깊어야 한다. 기쁨·감동·감명이 없으면 서비스라고 할 수 없다.

▶ C(Communication)

서비스는 커뮤니케이션이 있어야 한다. 일방적으로 하는 것은 허용되지 않고 상호 커뮤니케이션이 필요하다.

▶ E(Entertainment)

고객을 환대하는 것이어야 한다. 이는 겉으로만 치르는 인사치레나 예절 준수가 아니라 언제나 진심으로 고객을 환대해야 한다.

4. 20세기의 외식산업

20세기의 외식산업을 발전·유지시켜 온 소비주체는 미국, 일본, 유럽, 한국 등 어느 나라 구분할 것 없이 전후의 출산형태인 베이비붐 세대들이다. 이들은 20세기말에 와서 40-50대의 중장년층이 되었지만, 이들이 소비성향이 강한 20대였을 때는 국가구분 없이 전체 인구의 35%에 이르는 거대한 소비군을 형성하여 왔다. 이 시기에는 상품의 다양성과 품질보다는 대량생산, 대량소비로 고객의 만족도를 지향했다. 따라서 이들에게 필요한 대중적이며 획일적인 대량생산, 대량소비성향은 그에 가장 적합할 수 있었던 시스템을 보유한 F. F.(Fast Food)나 F. R.(Family Restaurant)산업을 발전시킬 수 있었다.

1970년대와 1980년대에 걸쳐 비교적 고도성장을 이룩했던 F.F.나 F.R.은 Q(Quality), C(Clearnliness), S(Service)라는 Service Manual 시스템으로 경영기법을 활용하여 체인점을 확장하여 고도성장을 할 수 있었다. 산업사회의 발달로 젊은 노동층 인구의 도시집중이 이루어지고 이들 집단의 대량소비는 대량생산을 촉진시켰고 이와 관련된 산업분야는 급속도로 성장하는 사회구조였다. 개성을 추구하기보다는 통일성을, 특별성보다는 기본적인 욕구만족단계에서 모든 산업이 성장을 해 왔기 때문에 외식업도 예외 없이 특화된 메뉴보다는 획일화된 빠르고 간편한 메뉴가 성장의 핵심이었기에 짧은 기간에 체인점을 전개하는 등 성장전략을 구사할 수 있었다.

현재 우리나라에서 영업하고 있는 외국계 기업 중 햄버거 F. F. 로 대표되는 맥도날드, 롯데리아, 버거킹, KFC 등과 F. R. 로 대표되는 T. G. I Friday, Out-Back, SkyLark, VIPS, 베니건스 등이 20세기 고도성장한 외식산업이 될 수 있었던 요인도 위에 설명한 사회적 여건과 부합되었기 때문이었다. 그러나 이제 이런 사회적 여건이 변화되고 있던 국민소득 향상으로 소비의 패턴과 개성을 중시하는 소비자 집단의 변화는 F. R.의 마케팅 전략에 많은 것을 암시할 것으로 보인다.

5. 21세기 외식산업

21세기를 맞이하면서 외식산업환경은 여러 부문에서 변화가 시작된다고 할 수 있다.

1) 과거의 소비계층의 핵심을 이루었던 전후 세대가 중장년층이 되었고, 이들의 2세들이 성년이 됨으로써 이를 주니어 세대가 소비주체를 형성하게 된 점이다. 이들은 추구하는 가치관, 생활양식, 취미생활, 삶의 방식 등 모든 부문에서 이들은 부모와 전혀 다른 모습을 추구하고 있다.

2) 의학의 발달로 우리나라도 노령화 사회로 접어들고 있다. 인구 대비 9%이면 고령화 사회라고 하는데, 이미 노인문제를 걱정하고 있을 만큼 평균 수명이 길어지고 있어 외식업에도 소비자의 균형이 변화되고 있다.

3) 외식산업에 중요한 영향을 주게 되는 DINK(Double Income No Kids)족의 증가현상으로 인해 외식의 주체였던 가족중심의 단란한 식사모습이 점점 줄어들게 되고 개인화, 특화된 삶의 방식을 추구하게 되므로 F. F(Fast Food)나 F. R(Family Restaurant) 산업의 장래를 반드시 밝게 볼 수만은 없다.

4) 인구분포율의 심각한 편중현상이 문제가 된다. 우리나라 인구분포도를 보면 0~9세 14.7%, 10~19세 13.8%, 20~29세 15.6%, 30~39세 21.1%, 40~49세 17%로 인구의 비율이 급속하게 변하고 있다. 이러한 이유는 정부가 예측을 잘못한 출산정책이라 할 수 있다. 출산율을 보면 60년대 6명, 70년대 4명, 83년 2.08명, 84년 1.76명, 2003년 1,12명으로 우리나라는 저 출산국가 1위임을 알 수 있다. 이것은 소비자의 변화를 한 눈으로 볼 수 있는 것이다. 참고적으로 세계출산율을 보면 미국 2.01명, 프랑스 1.90명, 일본 1.32명, 독일 1.29명, 이탈리아 1.24명이다.

다섯째, 이들 신세대들은 그들의 부모와 전혀 다른 의식과 생활 패턴을 갖고 있다. 외국의 경우 심지어 이들은 신인류고 불리기도 한다. 이들은 개성화, 개인화, 탈일상화, 탈획일화를 주장한다.

새로운 메뉴, 자기만을 느끼고 즐기는 레스토랑을 선호하며, 쉽게 싫증을 느끼고, 무엇인가 새로운 것만 추구하는 경향이 매우 많다. 고전적인 외식 레스토랑이 이들에게 외면당하는 것은 당연한 귀결이다.

우리나라 패밀리 레스토랑 소비자 집단을 보면 잘 알 수 있다. 패밀리 레스토랑 소비자는 10~30대의 연령층이 고객의 90% 정도이다. 이들이 추구하는 분위기와 메뉴가 잘 반영되고 있기 때문이다.

하지만 소비자는 항시 변하고 인구분포도를 보면 알 수 있듯이 20대는 항시 20대가 아니라는 것을 예측한다면 소비자의 변화를 알 수 있을 것이다.

여섯째, 21세기의 성장업종으로 꼽을 수 있는 것은 Brand를 추구하는 젊은 소비자 집단이 강하다는 것이다. 현재 영업 중인 패스트푸드, 패밀리 레스토랑, 아이스크림 전문점 등 여러 가지를 보면 잘 알 수 있다. 이들이 추구하는 것은 맛보다는 브랜드나 이미지이다. 따라서 국내 외식업계는 양분화되어야 한다고 생각한다. 즉 대규모의 전문경영인이 운영하는 외식업과 가족중심으로 구성되는 생계형으로 양분된다고 생각한다. 경영진은 전문성 면에선 외국계의 브랜드와 경쟁할 수 있어야 하며, 소규모의 점포는 새로운 시장 개척과 신 메뉴로 소비자의 만족을 추구할 수 있어야 한다고 생각한다. 즉 Takeout, Delivery와 같은 Niche 전략을 세워야 할 것이다.

✿ 창업지침서 ✿

외식산업의 특성과 창업환경

제1절. 외식산업의 주변 환경

1. 외식산업의 개요와 특성

2. 외식산업의 변천과정과 새로운 환경

제 1장. 외식산업의 특성과 창업환경

제1절. 외식산업의 주변 환경
1. 외식산업의 개요와 특성
2. 외식산업의 변천과정과 새로운 환경

제2절. 외식사업의 창업
1. 외식업 창업의 개요
2. 창업 준비와 경영자의 조건

1.외식산업의 개요와 특징

(1) 외식산업의 정의

요식업	→	외식산업
• 경영자의 개성 중심 • 점포 분위기 중시 • 경험과 감에 의존 • 지역 소상권 지향 • 육감적 외관 중시		• 시스템화/신속화/서비스화 • 작업의 효율성 중시 • 매뉴얼(시스템)에 의한 관리 • 균일한 품질유지 • 최신 기기 및 시스템 도입

외식사업	새로운 고객창출과 재 내점이라는 단골고객 확보로, 이들이 즐겁게 먹고 그 만족에 따른 비용지불로 이익을 남기는 사업
외식산업	사람이 음식에 대한 욕구(식욕)를 요리나 음료, 주류를 통해서 직접 충족시켜 주기 위한 인적 서비스가(주방의 조리사, 홀의 서빙 등) 연출되어지고 때로는 분위기가 있는 휴식 공간(장소)까지 제공되어 생활에 새로운 활력을 얻게 해 주는것

1) 식품위생법 상 식품접객업에 의한 분류

식품접객업	분 류 내 용
휴게음식점영업	음식류를 조리·판매하는 영업으로서 음주행위가 허용되지 아니하는 영업
일반음식점영업	음식류를 조리·판매하는 영업으로서 식사와 함께 부수적으로 음주행위가 허용되는 영업
단란주점영업	주로 주류를 조리·판매하는 영업으로서 손님이 노래를 부르는 행위가 허용되는 영업
유흥주점영업	주로 주류를 조리·판매하는 영업으로서 유흥종사자를 두거나 유흥시설을 설치할 수 있고 손님이 노래를 부르거나 춤을 추는 행위가 허용되는 영업
위탁급식영업	집단급식소를 설치·운영하는 자와의 계약에 의하여 그 집단급식소 내에서 음식류를 조리하여 제공하는 영업
제과점영업	주로 빵, 떡, 과자 등을 제조·판매하는 영업으로서 음주행위가 허용되지 아니하는 영업

(1) 외식산업의 정의

외식사업의 특성

- 시간적, 공간적 제약을 받는다.
- 수요의 편차가 심하다.
- 유형의 상품과 무형의 서비스가 결합된 형태이다.
- 인적 서비스에 대한 의존도가 높다.
- 모방이 용이하다
- 메뉴의 규격화, 표준화가 어렵다.

2. 외식산업의 변천과정과 새로운 환경

(1) 외식산업의 문제점과 발전 배경

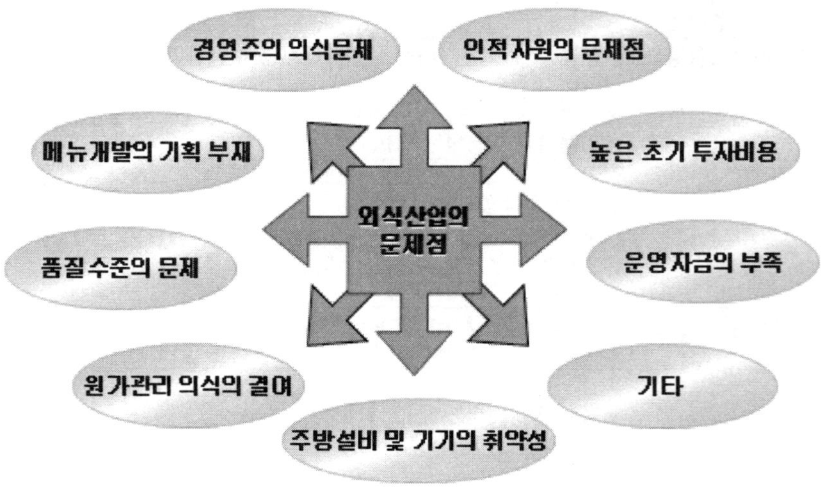

(2) 외식산업의 분류

업종·업태의 구분

업 종	업 태
판매할 메뉴의 대분류상의 종류 → 한식, 일식, 양식, 중식, 단란주점, 유흥주점 등의 분류	업종에 대한 소분류로 취급하는 상품의 분류 및 가격, 질, 운영매뉴얼, 특정의 영업방법, 서비스를 제공하는 방법, 점포분위기 등에 차별을 둔 것.

(3) 외식산업의 특성

- 생산과 판매가 함께 이루어지는 서비스산업
- 사람중심의 인재(people)산업
- 점포의 입지에 의존하는 입지산업
- 시스템을 체계적으로 기본화 하는 메뉴얼 산업
- 표준화가 가능한 프랜차이즈 산업
- 고객 만족의 가치를 추구하는 가치판매 산업
- 복합산업의 최종 산물인 종합예술첨단산업

2) 외식산업의 성장요인

(2) 외식산업의 변천과정과 향후 전망

1) 우리나라 외식산업의 변천과정

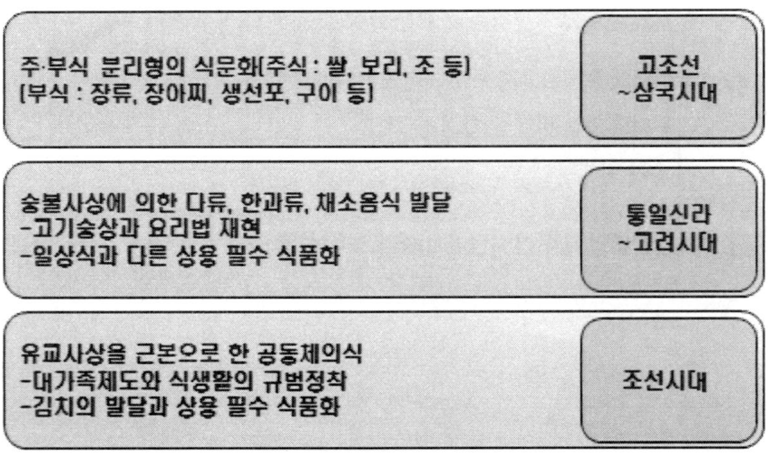

1) 우리나라 외식산업의 변천과정

내용	시기
-전통 음식점 중심의 요식업 태동 -식품 소비형태의 침체화 -식량부족과 빈곤으로 인한 식문화 침체(1945년 166점포)	해방이전
-식생활의 궁핍 및 침체기 -밀가루 위주의 식생활이 유입(UN 원조품) -개인업소와 노점상의 출현 -분식의 장려운동과 서구식 식생활의 유입	해방 후 1960년대
-영세성 요식업의 출현 -경제발전과 핵가족화로 인한 식생활 수준향상 -영양가와 맛의 추구 -한식, 분식, 중식중심의 대중음식점 우후죽순 출현 -해외 브랜드도입 및 프랜차이즈의 태동	1970년대

1) 우리나라 외식산업의 변천과정

내용	시기
-음식에 대한 가치관의 변화 -외식산업의 태동기 (요식업→외식산업) -영세 체인의 난립 (햄버거, 국수, 치킨, 생맥주 등) -해외 유명브랜드 진출 가속화	1980년대 초 반
-외식산업의 성장기 (중소기업, 영세업체 난립) -식생활의 외식화, 국제화, 레저화, 가공식품화 -건강식에 대한 관심고조, 다이어트식 증대 -패스트푸드 및 프랜차이즈 중심의 시장확대 -패밀리 레스토랑의 도입	1980년대 후 반
-외식산업의 전환기 (산업으로서의 정착 : 1995년) -중, 대기업의 신규진출 가속화 및 해외유명 브랜드 도입 -프랜차이즈의 급성장 및 도태(외식 근대화) -92년 히트아이템 - 쇠고기 뷔페	1990년대 초 반

1) 우리나라 외식산업의 변천과정

내용	시기
-IMF 시대 외식산업의 최대 위기 돌출 -중산층의 붕괴 및 소자본 창업의 증가 -외식산업의 혼돈의 시대 -이탈리안 음식의 신장세 지속 -퓨전 푸드 출현으로 음식의 무국적시대 및 복합점화 -저렴하고 실속있는 단체급식의 급성장 -가격 파괴점 속출, 고단가 음식의 신장세 지속 -전원카페 등 이색업소 등장 '99(비행기, 열차, 배 카페 등)	1990년대 후 반
-이탈리안 음식의 전성시대 -한국 고유음식의 재등장 -일본식과 에스프레소커피 등 T/O 음식의 발전 -기능성식품, 건강지향식과 다이어트음식의 가속화 -향신료와 신선한 재료를 이용한 음식의 소비량 증가 -매운맛 열풍 -패스트푸드의 쇠퇴, 슬로푸드 급성장 -양극화심화(가격, 규모, 매출 등) -동남아 및 제3세계 음식 등장	2000년대 초 반

2) 우리나라 외식산업의 최근 동향

최근 동향
경기침체, 소비위축, 신규업체들의 경영노하우 부족
규모·시설, 가격, 매출의 양극화
트렌드의 급변
소상권화의 진행
젊고 유능한 고급인력이 대거 유입

3) 우리나라 외식산업의 변화 전망

변화 전망

- 업종·업태가 더욱더 세분화
- 전통적 외식업과 새로운 외식업의 경쟁적 발전의 가속화
- 보다 체계적인 고객관리, 기업화·아웃소싱 가속화
- 검증된 가맹본부의 성장, 프랜차이즈사업의 대기업화, 계열화
- 센트럴 키친(C/K)화
- 다양한 업태 등장 (복합화, 퓨전화, 택배화, 음식백화점화 등)
- R&D투자, 인재육성, 전문성 제고를 위한 교육.훈련 등이 강화
- 이업종간의 전략적인 제휴 및 경쟁 치열

(3) 20세기와 21세기의 새로운 환경

1) 20세기의 외식업 환경

20c 외식업 성장배경

- 제2차 세계대전 후 태어난 베이비붐 세대들이 20세기 외식산업을 발전· 유지
- 이들에 의한 대량생산과 대량소비로 이어짐. 단순히 품질, 서비스, 청결이라는 기본적인 관만으로도 고성장이 가능.
- 대표적인 예: 패스트푸드, 패밀리 레스토랑

2) 21세기의 새로운 외식산업의 환경

21c 외식산업 환경

- 국제화의 가속화, 24시간 비즈니스시대가 도래할 전망. 외식업도 24시간 영업이 늘어날 것. 그에 따른 심야메뉴 개발과 운영시스템 등을 개발하여 국제화 시대에 발맞추어 나가게 될 것
- IT산업의 발전에 따른 최첨단 장비를 통한 고객관리, 인터넷과 같은 다양한 마케팅 구사 등 고객을 더욱 세분화시켜 관리해 나갈 전망
- 고객의 다변화된 욕구에 따른 퓨전화와 복합화, 개별화, 신토불이화가 가속화 될 전망
- 주 5일 근무제에 따른 외식업의 발전과 고급인력의 재활용, 정부의 프랜차이즈 활성화 정책 등으로 우리 외식산업이 많이 발전 될 것

(3) 20세기와 21세기의 새로운 환경

<20C 외식산업과 21C 외식산업의 비교>

구분 항목	20세기의 외식산업	21C 외식산업
핵심고객	① 1946~1964년의 베이비붐세대 ② 단란한 Family 고객	① 개성파, 신인류를 지칭.베이비붐 세대의 2세 들 ② 의학의 발달과 건강영양식품의 개발로 수명연장에 따른 65세 이상의 Silver세대
성장 업종·업태	① Fast Food ② Family Restaurant ③ T.G.I.F, 아웃백스테이크, 베니건스와 같은 대형 레스토랑 ④ 놀부, 투다리, 제너시스 등과 같은 다점포 프랜차이즈기업	① 캐주얼 레스토랑 ② 소규모 전문점 ③ 가정대용식 전문점 ④ 배달전문의 택배업 ⑤ take out 전문식당 ⑥ 민속요리점(Ethnic) ⑦ 종합 레스토랑이나 푸드코트 ⑧ 시간대별로 분위기, 메뉴, 서빙방법 등 운영차별화한 일업태 다기능점포 ⑨ 단체급식이나 전문 식재료 납품업체

(3) 20세기와 21세기의 새로운 환경

<20C 외식산업과 21C 외식산업의 비교>

구분 항목	20세기의 외식산업	21C 외식산업
소비형태	① 대량생산과 대량소비 ② 모방소비와 저가주의 ③ Speed가 효율성의 기준	① 개성화와 차별화 ② 개식화(個食化)와 소식화 ③ 1일 3식에서 5식 화 ④ 기능식화, 건강식화 ⑤ 주5일 근무 확대실시에 따른 여행, 오락에 관련된 외식업발전
인구동태 사회구조	① 10~20대의 증가 ② 노인층의 점진적 증가 (7 ~ 8%) ③ 핵가족	① Silver족의 증가(2030년에 23 ~ 24%로 추정) ② 아이를 갖지 않는 맞벌이 부부인 DINK(Double Income No Kids)족의 증가 ③ 출산기피에 따른 10대 인구의 격감현상(다양한 출산장려정책) ④ 이혼 및 독신증가에 따른 독신세대의 증가

제2절. 외식사업의 창업

1. 외식업 창업의 개요
2. 창업 준비와 경영자의 조건

1. 외식업 창업의 개요

창업의 5요소

창업자	자금	아이템	입지	자신감
경영마인드 마케팅능력 위기대처력 건강	창업시 필요 자금 창업후 운영 자금	라이프사이 클 고려 시대적 적합 성여부	외식업 → 입지산업	적당한 자신 감

1) 외식창업의 환경

- 치열한 생존경쟁의 시대
- 맛, 서비스, 청결 + 분위기, 개성 및 차별화 전략 → 고객만족
- 외형보다는 실속위주의 운영(손익분기점 매출을 낮추어야..)
- 노동환경의 변화로 종업원확보 및 관리에 새로운 시각으로 접근
  → 종업원 근무환경 개선, 비전제시 등을 통한 인재확보
- 상권의 축소현상이 가속화(실버인구의 증가, 맛의 평균화)
- 정보화시대에 따른 식당 경영의 투명성(100% 매출 노출)
- 프랜차이즈 운영형태도 시대에 맞게 전략수정이 필요(가맹사업거래의공정화에관한법률)
- 식당창업 고정관념파괴→연구, 교육 등 노력하는 식당만이 성공

2) 창업 시 고려사항

- 건강한 신체
- 가족의 동의가 필수적
- 고객 중심의 경영마인드
- 틈새업종을 개척
- 적극적인 마케팅 구사
- 컴퓨터나 인터넷을 적극적으로 활용
- 손익분기점을 최대한 낮추어 창업
- 내 능력범위 내에서 시대 흐름에 적합한 아이템을 선정, 충분한 준비

3) 외식업 창업의 기초지식

외식업 창업 Process

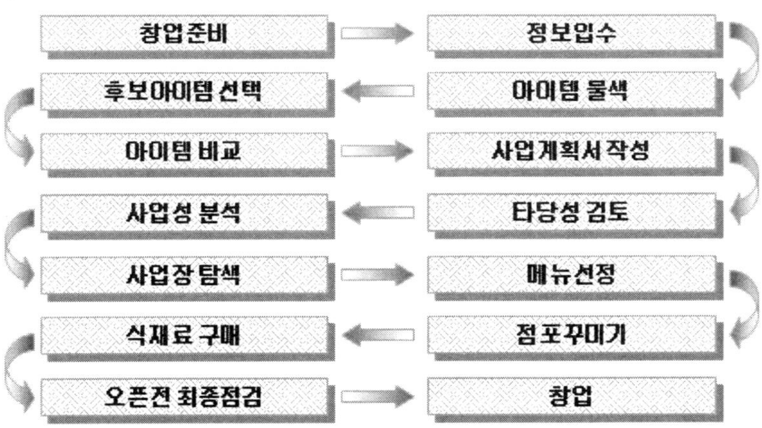

2. 창업 준비와 경영자의 조건

(1) 외식업 예비창업자에게 필요한 자세

① 평소에 장사의 안목을 길러야 한다.
② 입지에 맞는 업종을 선택해야 한다.
③ 1등만이 살아남는 것은 아니다.
④ 창업 초에는 수익보다는 매출에 신경을 써야 한다.
⑤ 자기관리와 점포관리를 철저히 해야 한다.
⑥ 조급함을 없애야 한다.
⑦ 해당아이템(업종 .업태)에 대한 사전 현장실습도 해 보고 충분한 사전지식을 습득 후 창업을 해야 한다.
⑧ 예비창업자들은 창업만 하면 큰돈을 벌 것 같은 지나친 기대나 환상을 가지는 것이 대부분. 냉정하게 현실을 직시해 나가는 자세가 필요하다.

(2) 소자본 식당 창업의 성공하는 길

소규모 식당 창업시

- 경영주가 만능이 되어 직접 모든 것을 운영해 나가야 하므로 건강이 그 무엇보다 중요하다.
- 메뉴를 규모에 맞게 가장 자신 있는 메뉴로 단순화하고 전문화하여야 하며, 대중적인 메뉴를 차별화해서 하는 것이 안정적이다.
- 소규모인 만큼 인건비를 줄이기 위해 경영주가 직접 또는 가족경영으로 운영을 하는 것이 좋다.
- 경영주는 조리에 대한 기초지식과 점포운영에 대한 전반적인 지식을 반드시 습득한 다음에 창업을 해야 한다.

(2) 소자본 식당 창업의 성공하는 길

소규모 식당 창업 실패 사례

- 사전에 식당 창업과 운영이 쉽지 않다는 것을 파악하지 못하고 그에 따라 최선을 다하지 않은 경우
- 동업을 하여 의견이 맞지 않아 분쟁이 야기되는 경우
- 메뉴는 많은데 먹을 것이 없다는 말이 나올 정도로 차별화가되어 있지 않는 경우
- 잘 안 팔린다고해서 메뉴를 자주 바꾸는 경우
- 종업원관리를 잘못하여 배달판매를 못하는 경우
- 서비스가 제대로 되지 않은 경우
- 개업한지 얼마 되지 않았는데도 손익에 지나치게 얽매여 음식의 양이나 종업원을 줄여 고객의 발길을 끊게 하는 경우

(4) 직장인이 외식업 경영주가 되기 위한 준비

1) 실패원인분석

- 식당에 대한 고정관념을 버려야 한다
- 식당 운영 시 단순하게 직장생활 당시의 근무시간을 생각해서는 안 된다.
- 식당운영에 있어서는 철저한 고객 중심이 되어야 한다.
- 치열한 경쟁(생존경쟁)속에 있다는 사실을 간과해서는 안 된다.
- 현실을 직시하고 과거에 집착해서는 안 된다

2) 준비하는 창업 정신

① 몸의 건강상태를 체크하고 자신이 외식업을 하려는 신념과 이념을 재정립해야 한다. 또한 적극적으로 식당 내에서 활동할 수 있는가, 영업장(업소) 밖으로 나가 판촉을 위한 방문영업도 할 수 있는가 등도 냉정하게 재분석 해야 한다.

② 내 가족으로부터 반드시 동의를 얻어야만 가정생활의 원활한 내조와 장시간 근무에 따른 이해, 차후 바쁠 때나 긴급한 일이 생겼을 때 가족의 지원을 받을 수 있어 점포운영이 원활해진다.

③ 식당의 조리기술과 운영기법 등 기초지식을 습득 해야 한다. (유사업체에 취업, 창업요리 전문가나 전문컨설팅기관 등에서 지식을 습득하는 등)

(5) 외식업 경영자의 조건

- 첫째, 제조업, 소매업, 서비스업 등의 복합 산업인 외식업을 경영하기 위해서는 끊임없이 연구 노력하는 자세와 강인한 체력, 정신력의 단련이 있어야 한다.
- 둘째, 위기관리능력과 결단력, 인내력이 있어야 하며, 항상 철저한 자기 관리와 점포관리를 해야 한다.
- 셋째, 상담이나 교육 등을 통한 정보수집능력, 고정관념을 버려야 한다 (내가 최고, 나는 다 알고 있다, 우리 식당이 가장 맛있고 잘 한다 등). 동시에 교육이나 벤치마킹 등을 통해서라도 항상 새로운 것을 받아들이려고 하는 겸손한 자세가 필요하다.
- 넷째, 종업원에 대한 아낌없는 투자(중간관리자교육, 신 메뉴 조리교육, 서비스친절 교육 등)에 대한 아낌없는 지원과 종업원의 입장이 되어 이해 하려고 하는 마음이 필요하다.
- 다섯째, 원가관리에 대한 지식과 운영능력 향상을 위해 시대를 읽는 눈을 가질 수 있도록 꾸준히 노력해야 한다.

제2장 카페 창업의 개요

1. 창업의 정의와 목적

1) 창업의 정의

창업(創業)이란 사업의 시작을 의미하며, 기업가의 능력을 갖춘 개인이나 집단이 사업 아이디어를 가지고, 사업 목표를 세우고 적절한 사업 기회에 자본, 인원, 설비, 원자재 등경영 자원을 확보하고 재화나 서비스를 제공하는 기업의 설립을 말한다.

예전에는 나라를 새로이 세운다는 뜻도 포함이 되었고, 새롭게 시작하는 일을 창업이라고도 하였다. 최근에는 새로운 기업을 설립한다는 의미로 사용한다.

"창업이란" 제품이나 서비스를 생산 또는 판매하기 위하여 이제까지 존재하지 않았던 새로운 기업 조직을 설립하는 행위를 말한다. 즉, 제품이나 서비스의 생산이나 판매를 위해 자본을 투자하고 생산 설비나 건물을 갖추며, 필요한 인원을 선발 배치하는 등의 행위를 일컫는다. 그러나 최근 들어 새로운 기업 조직을 설립하는 것뿐만 아니라, 사내 벤처처럼'기존의 기업이 새로운 제품을 생산하거나 새로운 사업부를 창출하는 것까지 창업으로 포함하는 경향이 있다.

기업을 하나의 유기체로 인식하는 시각에서 볼 때, 창업이란 기업이라는 생명체를 탄생시키는 과정으로 볼 수 있다. 모든 유기체들이 자신의 미래를 예측할 수 없듯이, 창업도 이제까지 경험하지 못했던 미지의 사업을 새로 시작하는 것이므로 본질적으로 불확실성하에서의 의사 결정인 것이다.

2) 창업의 목적

새로운 기업을 설립하고 이를 운영하게 되면, 기업의 목적을 달성함은 물론 개인적인 목적을 달성할 수 있는 좋은 기회가 된다. 이러한 기회는 다른 직업에서는 찾기가 어렵다. 중소기업을 창업하는 이유는 여러 가지가 있으며, 이를 구분하면 개인적인 측면과 사업적인 측면으로 나누어 볼 수 있다.

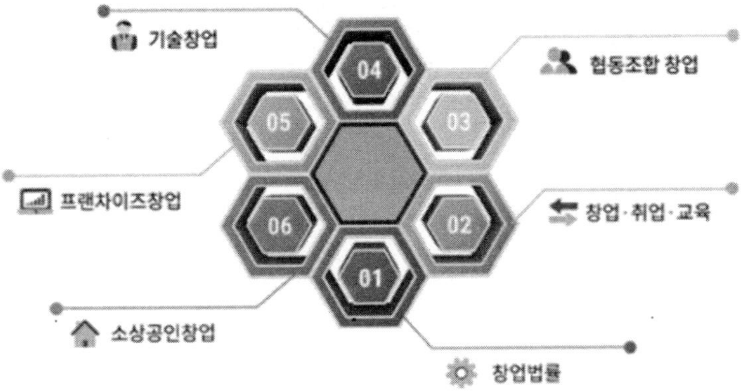

(1) 개인목적

기업가들은 자신의 기업을 운영함으로써 여러 개인적인 목적을 달성할 수 있는 가능성을 가지게 된다. 그것은 기업경영에는 많은 기회와 도전 그리고 새로운 경험들이 존재하기 때문이다. 사실 기업을 소유하여 운영하게 되면 직업을 통해서 얻을 수 있는 대부분의 목적 - 예를 들면, 좋은 직장 소유, 도전의식 발휘, 개인생활의 향상, 재정적 안정, 능력발휘 등을 달성할 수 있다. 이러한 개인적인 목적을 달성하는 방법은 기업가가 가지고 있는 지식, 기술, 개인적 특성에 따라 달라진다.

소기업 소유자와 경영자의 목적은 대기업 경영자와는 차이가 있다. 대기업 경영자의 목적은 다양하기는 하지만, 요약하면 안정 추구, 직위, 권한 및 위신에 대한 욕구 달성, 그리고 고소득으로 볼 수 있다. 반면에 소기업 경영자들은 다음과 같은 목적을 추구하게 된다.

- 독립감을 얻기 위해
- 부를 얻기 위해
- 가족을 부양하기 위해
- 자신만이 생산할 수 있는 제품을 제공하기 위해

(가) 독립감 달성

개인이 창업하는 데 가장 중요한 동기로 작용하는 것은 상사의 간섭이나 통제로부터 벗어나서 독립감을 얻을 수 있다는 점이다. 실제로 소기업 소유자를 대상으로 한 어느 조사에 의하면, 응답자의 72%가 자기 사업을 함으로써 가장 좋은 점이 독립감이라고 응답하고 있다. 소기업가들은 자신이 사업에서 주도권을 행사하기 위해 자유를 원하는 경향이 있고, 이러한 자유는

소기업의 장점 중 하나인 높은 혁신성과 융통성을 발휘하도록 해준다. 결국 창업을 하게 되면 직장에서 일할 경우 누릴 수 없는 만족감을 느낄 수 있다.

(나) 부의 축적

많은 사람들이 필요한 소득을 얻기 위해 창업을 한다. 그 이유는 사람마다 다르다. 예를 들어, 퇴직자는 퇴직 후 받는 일정 연금을 보충할 수 있을 정도면 충분하다고 느낄 수 있다. 한편, 어떤 사람들은 많은 부(wealth)를 축적하기 위해 창업을 하기도 한다. 실제로 자기 사업을 하는 것이 직장에 취업하여 일정 급여를 받는 것보다 백만장자가 될 가능성이 10배 이상 높다는 연구도 있다(T. Trussel, 1988).

(다) 가족 부양

중소기업 경영자들은 이윤에 대한 욕구 못지않게 가족에 대한 배려에 의해 사업을 시작하기도 한다. 학업을 마친 학생이 고향으로 돌아가 부모님이 여생을 편히 보내도록 하기위해서, 또는 부모가 돌아가심으로 해서 가업을 물려받는 경우가 그 예이다. 또 최근 명예 퇴직, 조기 퇴직, 정리 해고 등으로 인하여 창업을 결심하는 이유 중 주된 동기로 가족 부양에 있다고 볼 수 있다.

(라) 자신만이 생산할 수 있는 제품의 제공

"필요는 발명의 어머니"라는 속담은 새로운 사업을 시작할 때 적용되기도 한다. 실제로경제 발전의 상당 부분이 소규모 기업에서 나온 혁신에서 비롯되었다. 종업원 수 측면에서 비교해 볼 때, 소규모 기업들은 대기업보다 신제품을 2.5배 정도 더 생산한다(The states of small business : A report to the President, 1983).

(2) 사업목적

기업가가 수행해야 하는 가장 중요한 기능 중에 하나가 조직의 모든 활동들에 있어 지침이 되는 목적을 설정하는 일이다. 이러한 목적은 기본적으로 기업의 특성을 결정짓는다. 왜냐 하면, 이것이 기업의 계획, 정책, 프로그램의 기반이 되기 때문이다. 또한 이것은 사업의 방향을 제시해 주어 개인의 성과를 측정하는 표준이 된다.

전반적인 목적 가운데 기업에서 중요한 것은 서비스, 이윤, 사회적 기여, 성장 목적이다. 이러한 목적들은 상호 관련되어 있다. 예를 들면, 서비스 목적은 이윤 목적을 달성하기 위해 수행된다. 그러나 이윤은 사업이 서비스와 사회적 목적에 부합되어야만 달성된다. 성장은 이윤과 사회적 목적에 영향을 받게 된다.

(가) 서비스 목적

일반적으로 사업의 목적이 소비자에게는 합리적인 가격으로 생산자에게는 일정 이윤을 보장해 주는 선에서 제품이나 서비스를 생산함으로써 소비자가 만족할 수 있도록 봉사하는 것이다. 따라서 창업을 원하는 사람의 최우선 목적은 서비스에 두어야 하고, 이윤은 자연적인 결과로 추구하여야 한다.

(나) 이윤 목적

이윤이란 위험 감수에 대한 일종의 보상이며, 자유경제 체제를 유지하는 중요한 요소 중의 하나이다. 이윤은 새로운 일자리를 창출하고, 새로운 설비를 도입하며, 신제품을 개발하는 데 사용된다. 그러나 이윤은 저절로 창출되는 것이 아니고 고객의 욕구를 만족시킴으로써 창출된다. 또한 이윤은 기업의 영속성을 유지하는 데도 필요하다.

(다) 사회적 목적

사회적 목적이란 고객이나 종업원은 물론 공급자, 정부, 지역사회 등 이해관계를 가지는 모든 집단을 배려하는 것을 의미한다. 소기업가들은 신뢰감을 줄 수 있어야 하고, 이윤창출을 해야 함은 물론, 모든 이해관계자들의 이해를 고려해야만 한다. 이윤과 사회적 목적이 반드시 상호 대립적인 것은 아니다. 소기업들이 가지는 또 하나의 중요한 사회적 기여는 종업원들에게 소속감, 일체감, 단결심을 제공한다는 점이다.

(라) 성장 목적

기업가들은 성장에 관심을 가져야 하며, 이를 중요한 목적으로 선택해야 한다. 다음과 같은 질문을 스스로에게 해 보면 자신이 얼마나 성장에 관심이 있는지를 파악할 수 있다.

- 내 사업이 소규모인데 만족하고 있는가?
- 나는 내 사업이 성장해서 대기업과 경쟁하기를 바라는가?
- 나는 안정이나 생존을 추구하고 있는가?
- 나는 노력이나 투자를 고려할 때 '만족할 만한' 수준의 이윤을 바라는가, 아니면 이윤 극대화를 추구하는가?

한편, 우리나라 소기업 창업자들의 창업 목적을 살펴보면, 주로 개인적인 목적에 의해 창업을 하는 것으로 나타나고 있다. 중소기업협동조합중앙회의 조사(2001)에 따르면, 자신의 능력 및 성취 욕구 충족(48.7%), 기술적 아이디어의 사업화(35.9%)가 중요한 창업 동기로 작용하고 있음을 알 수 있다.

통계적으로 살펴보면, 창업 후 5년 이내에 실패할 확률은 어느 때 어느 나라에 있어서나 50%를 넘는 것으로 알려져 있다.(우리나라는 불황의 장기화로 인해 5년 이내 폐업률이 80%에 이른다는 결과도 있다) 이것은 창업에 앞서 예비적으로 실시하는 사업성 분석에 애초부터 결함이 있거나 부족한 사전 조사와 빈약한 정보로 사업계획을 잘못 수립함으로써 실패의 씨앗을 잉태한 채 무모하게 사업을 개시하였기 때문이다.

많은 창업도전자들은 아무런 사업성 분석이나 치밀한 사업계획도 없이 남의 말만 전해 듣고 주먹구구식으로 '창업 성공'의 환상으로 우선 저질러 놓고 보는 무모성을 보이는 안타까운 사례가 너무나 많다. 일단 창업을 하게 되면 많은 자본과 에너지를 시간이 투입된다. 그런 후 미숙한 판단과 엉성한 사업계획을 발견할 때에는 이미 감당할 수 없는 현실에 직면해 있다는 것을 깨닫게 된다. 이러한 실패와 좌절을 겪게 되는 경우가 흔히 발견되고 있는 것이 현실이다.

3) 창업의 3요소

창업을 하기 위해서는 창업자 자신뿐 아니라 인적 자원 또는 물적인 여러 가지 요소들이 투입되어야 한다. 구체적으로 창업자, 사업 아이디어, 그리고 사업자금이 필요한데, 이를 창업의 3요소라 한다.

(1) 창업자(enterpreneur)

창업자는 창업 아이디어의 확보, 사업성 분석, 사업계획 수립, 계획의 실행 등을 주도하고 책임지는 창업의 주도자이다. 창업자는 이러한 기능을 수행하기 위하여 기업설립에 필요한 유형·무형의 자원(resource)을 동원하고, 이들을 적절히 결합하여(organize) 기업이라는 시스템을 만들고, 설립된 기업이 의도한 대로 기능을 발휘하도록 관리하는(an-agement) 역할을 해야 한다. 따라서 창업자의 능력, 가치관 등은 창업 기업의 성패와 효율에 지대한 영향을 미치게 되므로 창업자는 매우 중요한 요소이다.

그러므로 성공적인 창업을 위해서는 유능한 창업자가 되려는 노력이 필요하며, 그러한 창업자를 양성하려는 사회적 또는 국가적 노력은 그 사회와 국가의 경제적 발전을 위해 중요하다.

(2) 사업 아이디어(idea)

"사업 아이디어란" 설립되는 기업이 무엇을 생산할 것인가를 의미하는 것이다. 생산품은 구체적인 형태를 가진 상품일 수도 있고, 그 형태를 정의하기 어려운 서비스일 수도 있다. 사업 아이디어의 원천은 창업자 자신일 수도 있고, 창업 팀의 일원으로부터 얻어지거나 제3자로부터 얻어진 것일 수도 있다. 사업 아이디어가 만족시켜야 할 조건은 사업 아이디어에 따른 생산 활동을 수행하는 결과로 기업의 목적인 수익을 발생시킬 수 있어야 한다는 것이다.

사업 아이디어와 관련하여 티먼즈(J. A. Timmons) 교수는 사업 기회(business Opportu-nity)라는 개념을 중요시한다. 그는 사업 아이디어만으로는 기업이 성립될 수 없으며, 이익을 발생시킬 수 있는 여건이 만족되어야 기업이 성립될 수 있다고 하는데, 이와 같이 기업이 설립될 수 있는 여건이 만족되는 환경과 시점을 사업 기회라고 하였다. 그래서 단순히 사업 아이디어를 탐색할 것이 아니라 사업 기회를 탐색하여야 한다고 주장하였다.

창업이 이루어지도록 하려면 사업 아이디어를 티먼즈 교수가 제시한 사업 기회로 발전시키는 노력이 있어야 할 것이다.

(3) 자본(capital)

"자본이란" 기업을 설립하는 데 필요한 금전적인 자원뿐만 아니라 자본을 이용하여 동원할 수 있는 토지, 장비, 전문가, 원재료 등을 포괄적으로 의미한다. 자본은 창업자 자신의 출자일 수도 있고, 창업 팀에 속한 여러 사람이 제공할 수도 있다. 또, 자본은 창업과 경영에 있어서 직접 참여하지 않는 제3자로부터 조달될 수도 있다. 기업을 설립하려고 하면자본 조달이 어려운 것을 경험하게 된다. 여러 연구 조사 결과를 보면, 창업의 가장 큰 장애 요인은 창업자금 확보의 어려움이다. 유망해 보이는 사업 아이디어도 자금이 없어서 사장되어 버리는 경우가 많다.

창업을 위한 자금 공급의 필요성은 개인적인 차원뿐만 아니라 공익적인 차원에서도 그중요성이 인정되어, 이를 위한 여러 가지 제도가 운용되고 있다. 예를 들면, 창업자금 공급을 주업무로 하는 기업인 벤처 캐피털 회사가 있다. 물론 이들 창업자금 공급 회사로부터 자금을 지원받기 위해서는 까다로운 심사 과정을 거쳐야 하지만, 그러한 자금마저 없어서 모든 것을 개인적인 노력에 의지하던 때와 비교하면 창업 환경은 매우 좋아졌다고 할 수 있다. 그러므로 창업자금을 조달하기는 예나

지금이나 쉽지는 않지만, 창업자가 유능하고 사업 아이디어가 경쟁력이 있는 것이라는 점을 확신시킬 수 있다면, 창업자금을 지원하고자 하는 개인이나 회사를 발견한다는 것이 아주 불가능하지만은 않다. 우리가 창업을 공부하는 중요한 이유 중의 하나는, 창업자금을 확보하는 데 필요한 여러 가지 기법을 배우려는 것이다.

4) 창업의 위험요소

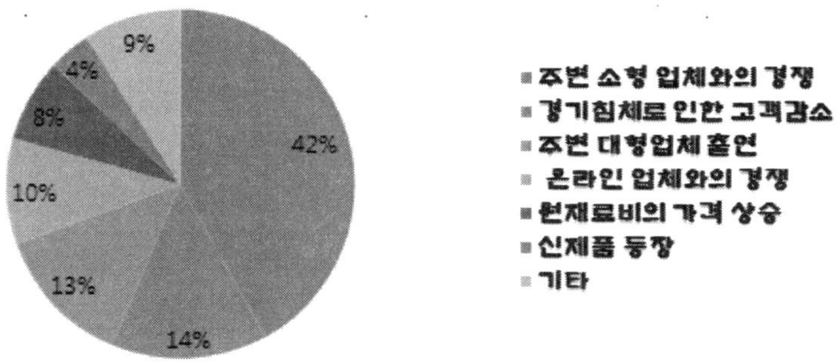

5) 카페 유형에 따른 분류

고객의 소비 패턴과 선택속성에 따라 여러 종류의 카페로 분류하고 카페 선택 시 가장 중요하게 생각하는 선택속성은 첫째로 여유로운 공간 실내인테리어 및 분위기 두 번째는 커피맛 세번째는 실내 및 화장실 청결 그리고 직원의 친절도를 꼽았다.

(1) 프랜차이즈형 카페

체인본부가 상호 · 판매가격 · 판매방법 · 매장운영 등에 관한 경영방식을 결정하고 가맹점으로 하여금 그 결정과 지도에 따라 운영하는 형태의 체인사업을 말한다.

(가) 프랜차이즈 창업 장점

프랜차이즈의 장점으로는 무엇보다도 점포선정, 인테리어 공사 및 관리, 기계 및 기구의 구매와 배치, 메뉴, 종업원 채용과 훈련, 개점을 위한 자재 주문, 재고 관리, 홍보, 점포 마케팅 등을 프랜차이즈 본사나 지정 총판업자에 의해 진행되므로 전문경험이 없어도 창업하기 용이하다는 이점이 있다.

본사나 지정업체에서 식자재나 기타 소도구 등을 일괄 구입하는 것이 가능하므로 직접 구입에 따른 발품과 어려움을 절감할 수 있다. 종업원 채용 및 훈련, 홍보 및 마케팅을 본사의 운영 시스템에 의해 꾸준히 관리 지원받을 수 있어 매장 운영이 용이하다는 잇점도 있다. 더욱이 브랜드의 명성만으로 고객유치가 용이하여 빠른 시간 내에 매출을 상승시켜 안정적인 영업을 유지할 수 있다는 장점도 있다.

(나) 프랜차이즈 창업의 단점

가맹비의 지급과 본사와의 시스템 구축을 위한 초기 비용이 소요되며, 지속적인 운영 지원을 위한 비용도 요구된다는 점을 염두에 두어야 한다. 그리고 본사의 지침에 의한 운영을 하여야 하므로 지역이나 고객에 특화된 독창적인 메뉴 구성이 어렵다는 점도 감안하여야 한다.

본사의 홍보물 및 광고비용을 분담할 수 있고 본사나 타 가맹점의 사건사고로 인한 브랜드 인지도가 저하되는 경우 관련 없는 가맹점 역시 직접적인 타격을 입을 수도 있다. 본사나 지정업체로부터의 식자재 구입대금이 일반적인 시세와 곧바로 연동되지 못함으로 인한 불이익이 발생할 수 있으며, 본사의 관리가 철저하지 못한 경우 각 매장의 상황에 따라 품질의 차이를 보일 수도 있는데 이로 인하여 브랜드의 인지도에 영향을 미쳐 매출이 감소하기도 한다. 마지막으로 통상 매장의 관리와 운영이 본사의 규정에 의해 진행되므로 각 매장이 본사에 의지하려는 심리가 생겨 능동적으로 매출을 높이기 위한 노력이 부족할 수도 있다.

(2) 독립형 카페

독립창업은 창업자 스스로 사업의 주체가 되어 가게 이름을 짓고 점포의 디자인과 콘셉트, 시설도 스스로 정하고 사업의 운영까지도 타인의 힘을 빌리지 않고 직접 운영하는 사업방식이다.

(가) 독립형 카페의 장점

❶ 창업비용을 절감할 수 있다.

독립창업의 장점 중 하나는 점포비용을 제외한 인테리어와 간판, 의탁자, 주방 설비 등의 비용을 절감할 수 있다는 점이다. 전문가에 따르면 10평 기준의 치킨 전문점 창업 시 독립창업의 경우 약 30%의 비용을 절감할 수 있다고 한다. 여기에는 가맹본부에 지불해야 할 가맹비와 교육비가 없으며 보증금을 비롯해 각종 설비에 들어가 있는 가맹본부의 마진을 지불하지 않아도 되기 때문이다. 물론 가맹본부 역시 나름대로 최소의 비용으로 최고의 효과를 내려고 노력하며 가맹본부가 쌓아온 노하우와 상품의 기획과 설비의 세팅을 위해 들인 시간과 인적 노력을 고려해야 한다.

❷ 영업마진이 높다.

한국외식산업연구원이 한국외식업중앙회 프랜차이즈 933개, 독립창업 5,229개 등 총 6,162개 회원업체를 대상으로 경영 현황을 조사한 결과 전체 매출액은 프랜차이즈 가맹점이 연간 약 1억 7,173만 원으로 연간 약 1억 1,072만 원의 독립창업보다 높게 나타났다. 하지만 매출액 대비 영업이익률에서는 독립창업이 18.43%로 프랜차이즈의 16.94%를 앞질렀다.

이는 가맹본부의 물류마진 때문이다. 미국의 경우 브랜드의 가치와 슈퍼바이징 등을 이유로 정기적인 로열티를 받지만 우리나라는 로열티의 비중이 낮고 대부분 본부가 제공하는 상품의 물류 마진에 수익 기반을 두기 때문이다. 결국 매출 대비 영업 이익률은 당연히 독립창업이 유리할 수밖에 없다.

❸ 점포 운영이 자유롭다.

독립창업의 가장 큰 장점 중 하나는 창업자 자신이 생각하고 계획한 방향으로 점포의 운영이 가능하다는 것이다. 물론 가맹점의 경우 특히 설비나 홍보, 판촉 등의 체계적인 지원을 받을 수 있다는 장점이 있지만 자신의 의견보다는 본사의 의견을 따르거나 절충해야 하는 어려움이 존재한다. 창업은 특정 지역을 기반으로 운영하는 것이다. 독립창업은 지역의 특성과 고객의 특성, 경쟁점과의 관계 등을 고려해 자율적인 판단과 행동을 실천하고 반영할 수 있다는 장점이 있다.

(나) 독립형 카페의 단점

❶ 브랜드 파워를 활용할 수 없다.

많은 이들이 프랜차이즈 가맹을 선택하는 이유는 바로 브랜드 자체가 가지고 있는 인지도와 후광효과를 누릴 수 있기 때문이다. 이와 달리 독립창업은 점포를 알리고 신규고객을 유치하고 고객에게 좋은 평판을 얻기 위해 창업자 스스로 노력해야 하며 혹 문제가 발생했을 경우 그에 따른 책임도 온전히 혼자 감당해야 한다는 어려움이 있다.

❷ 체계적인 매장 운영과 관리가 어렵다.

아무리 창업자의 경험이 많다고 하더라도 독립창업자는 매입과 상품 구성, 생산, 판매, 홍보, 고객 관리 등 전 과정을 체계적으로 운영하고 관리하는 데 한계가 있다.

요즘에는 독립창업의 경우에도 판매 시점 정보 관리 시스템인 POS를 설치하지만 대부분 매출이나 상품 판매 정보를 확인하는 게 전부다. 하지만 프랜차이즈 가맹의 경우 시간대별, 고객 성형별, 상품 구성별 매출액을 분석하고 ABC분석을 통해 매출 기여도가 거의 없는 품목을 대신해 본사에서 신제품을 출시하는 등 전방위적 지원을 받을 수 있어 독립창업보다는 관리 면에서 훨씬 수월하다.

❸ 모든 것을 혼자 결정해야 하고 감수해야 한다.

매장을 오픈하면 장사가 잘 될 수도 있고 어려움을 겪게 될 수도 있다. 하지만 개인의 노력으로 어려움을 극복하기는 쉽지 않다. 그 이유는 전문성이 떨어질 뿐 아니라 자신이 취할 전략을 제대로 세우고 있는지에 대한 검증을 받기도 만만치 않기 때문이다. 반면 프랜차이즈 가맹의 경우 정기적으로 전문적인 지식과 경험을 갖춘 슈퍼바이저의 관리를 통해 매장을 점검 받고 사안별 전략을 제시받아 어려움을 해결해나갈 수 있다. 물론 정부나 지자체에서 지원 형식으로 전문가 컨설팅을 진행하고 있지만 자신의 노력이 필요하고 시간이나 비용의 한계도 발생한다.

❹ 신제품 개발에 한계가 있다.

매장을 운영하다 보면 주기적으로 신제품을 출시해 새로운 느낌을 전달해야 한다. 하지만 신제품도 무턱대고 출시하는 것이 아니라 사전에 고객의 소비 니즈를 정확히 파악하고 경쟁점의 상품 수준과 우리 매장의 능력 등을 고려해야 하는 등의 원칙을 반영해야 한다.

독립창업자는 이러한 사전 준비와 절차를 따르기에 어려움이 많고 이러한 원칙도 적용하기 쉽지 않다. 신제품 출시 자체가 나쁜 것은 아니지만 자칫 매장의 정체성과 다른 제품이나 메뉴가 나오면 고객에게 오히려 혼란을 주게 되어 가게의 매력을 상실할 수도 있다.

6) 국내 창업현황

대한민국은 해마다 90만 명이 새로 창업을 하지만 그 중 80만개가 폐업을 하고 있다. 그리고 서울시의 경우만 해도 자영업자 수는 570만 명으로 서울인구의 절반을 넘지만 지난 10년간 개업한 가게 중 60%가 3년 안에 문을 닫았다.

이렇듯 자영업은 창업과 폐업이 빠르게 이루어지는 악순환구조를 보이고 있지만 창업에 대한 관심은 끊이지 않고 있다. 예비창업자는 아이템 선정과 더불어 내가 선택한 아이템을 프랜차이즈형 창업을 할지 아니면 독립창업을 할지 결정해야 한다.

✿ 창업지침서 ✿

떡카페 사업계획서

목차

창업 계획서

1. 창업동기와 사업내용

창업동기

- 우리는 음식이 맛도 있어야 하지만 보기도 좋아야 한다고 말한다.
- 음식의 장식에 대해서 그리고 조화에 대해서는 이미 중요성을 인식해왔다.
- 이제는 Well-Being 이라는 단어와 함께 건강식에 대한 관심이 급속하게 증가 하고 그 열기는 언제 식을지 예상할 수 없다.
- 인간의 건강을 위해 운동을 하고 충분한 휴식을 하는 것 만큼, 건강한 음식을 먹는 것은 중요하다.
- 건강하게 오래 사는 것이 모두의 소망이 되면서 유기농 채소와 과일이 선호되고 유전자변형 식품, 잔류농약 식품, 과다 화학조미료 음식은 배제된다.
- 가벼운 음식보다는 적절한 열량의 음식을 적게 소비하면서 간편 식품을 동시에 선호하게 되었다.
- 신선한 과일을 주재료로 한 카페, 요구르트 전문점 등 젊은 층을 겨냥한 '카페테리아'라 형식의 카페가 생겨나게 되었다.

1. 창업동기와 사업내용

창업동기

- 이러한 고객의 욕구에 발맞추어 건강을 고려하면서도 한국 전통의 음식문화를 접하는 장소로서의 "떡카페" 를 선정하였다.
- 이미 오래 전부터 우리 곁에 '떡방앗간'은 친숙한 존재로 인식되었으나 쌀의 소비가 줄면서 함께 떡의 소비도 줄고 떡은 명절날에나 먹는 전통음식으로 전락 하기도 하였다.
- 하지만 최근 '떡'을 전통의 새로운 발견이라는 측면에서 그리고 다양한 제품개발을 통한 새 시장개척이라는 이름으로 대기업에서도 프랜차이즈 형식의 '떡'산업에 뛰어들고 있어 앞으로 발전 가능성이 돋보이고 있다.
- 고객의 인식전환부터 구매에 이르는 단계 그리고 대기업이 아닌 독립경영으로서 경쟁에서 살아남기 위해서는 다양한 메뉴 개발과 더불어 마케팅 분야의 노력도 반드시 필요하다.

2. 창업동기와 사업내용

사업내용

- 떡을 전문으로 한 '카페테리아'라는 형식의 음식점이 등장한 것은 2000년대 초반부터이다.
- 이미 이전부터 떡은 우리 주변에 존재하였으나 특별한 날을 위한 전통음식 으로 인식되어 비수기를 심하게 타기 때문에 음식점으로 그 동안 부적합하다고 여겨져 왔기 때문이다.
- 그러나 틈새시장을 겨냥하고 더불어서 음식의 세계화에 맞추어 떡을 하나의 간식거리로써 제공하기 위한 노력이 이루어져 마침내 우리가 흔하게 볼 수 있는 과일이나 아이스크림 전문점 등과 같은 형태를 지닌 떡 전문점이 생겨나기 시작한다.
- 현재 일부 대기업에서도 그 전망을 밝게 보고 프랜차이즈 형식의 투자를 시작하고 있어 그 경쟁은 가속화 될 것으로 전망된다.
- '떡'은 젊은 층에게는 웰빙음식 그리고 전통음식과의 색다른 만남이라는 점에서 외관상으로는 젊은 여성 고객을 중심으로 하고 있지만 오히려 다양한 계층을 타겟으로 하고 있다고 할 수 있다.

2. 상품특징과 창업위치

상품특징

1. 각광받는 다이어트 식품

여성을 비롯한 남성의 다이어트에 대한 관심은 해가 지나도 식지 않는다. 떡은 식사 대용으로 간단히 먹을 수 있으며 칼로리가 낮다. 또한 풍부한 영양을 함유하고 있다.

음식사진	음식명	총칼로리	탄수화물	단백질	지방	단위
	가래떡	239	210	17	12	중접시
	개피떡	210	181	17	12	중접시
	꿀떡	270	245	20	5	중접시
	물호박떡	381	249	25	8	중접시
	백설기	234	214	14	6	중접시
	송편	210	180	16	14	중접시
	송편,찰고물속	215	178	31	5	중접시
	수수경단	220	179	35	6	중접시
	시루떡	205	172	27	6	중접시
	쑥설기	253	221	28	4	중접시
	약식	259	215	19	25	중접시
	인절미	217	178	20	19	중접시
	절편	220	185	28	7	중접시
	증편	177	150	19	8	중접시
	찹쌀모찌	54	42	9	2	1개

2 . 상품특징과 창업위치

상품특징

2. 폭넓은 수요층

떡까페 주변에 터미널과 CGV영화관 그리고 백화점 등이 위치하여 다양한 연령층의 유동인구가 많으므로 수요증대가 예상된다. 유스퀘어 고객이나 유스퀘어에 근무하는 직원들에 대한 높은 수요를 기대할 수 있다.

3. 커피 수요 증대

삼성 경제 연구소의 대한민국 커피 소비에 대한 보고서를 보면 국민 수입이 증가할수록 커피 수요가 증가하는 것을 확인할 수 있다.

2 . 상품특징과 창업위치

창업위치

- ➢ 광주터미널에 근처에 입정하는 떡카페 이다.
- ➢ 내부 시설 임직원 및 시설 이용객, 터미널 승객 등을 상대로 장사 잘 될 수밖에 없는 자리이다. (근처 CGV와 백화점이 있어 유동인구도 많음)
- ➢ 인테리어, 집기, 시설, 간판, 가맹비, 보증금 포함하여 총 9천만원 가량에 오픈 가능하다.
- ➢ 규모에 비하여 입점 매장이 적어 안정적인 영업이 가능할 것으로 보인다.

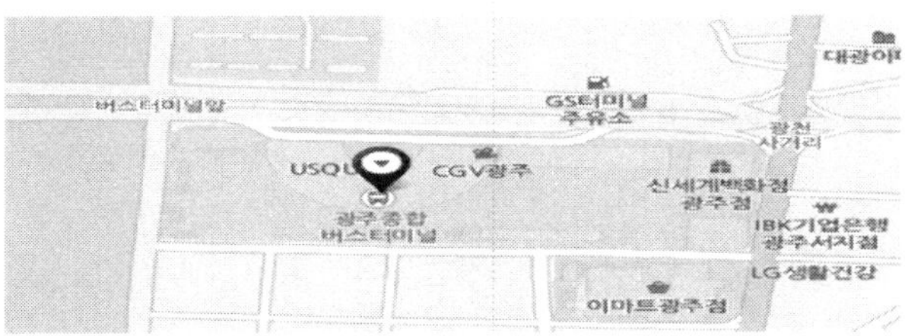

3 . 사업전략

실내/외 인테리어

- 면적 : 10평
- 내 외부 장식 : 실내장식, 간판, 광고판

-실내 인테리어는 떡과 커피의 결합과 같이 전통 문화와 서구 문화의 적절한 조합과 고객에게 따뜻한 느낌과 편안함을 줄 수 있는 우드로 인테리어 한다.

3 . 사업전략

인테리어 공사

품 명		규격	수량	비고
실내 공사	바닥타일 공사	표준	10평형 1set	
	도장공사		*	
	환기시설공사		1 set	
	상*하수도 공사		*	
	주방공사		1 set	
	가스 연결 공사		*	
	실내 조명 공사		7 set	중앙등 2set
	실내 선반 공사		2 set	보조등 2set
	전기 공사		*	
실외 공사	외부 출입문 공사	4m * 3m	1 set	방범 장치 설치
	간판 공사	0.8m * 2m	1 set	내부 전원 장치
	출입문 선팅	출입문 크기	1 set	
	외부 장식등 공사	표준	2 set	
	외부 조명 공사	표준	1 set	
	외부 광고판 공사	표준	*	

3. 사업전략

다양한 종류

- 서구화 된 소비자의 입맛에 맞춰 다양한 떡 상품을 개발
- 떡과 함께 즐길 수 있는 음료, 차, 커피를 판매

3. 사업전략

메뉴판

1) 메뉴의 종류 분류
- 고정메뉴(Static Menu/Fix Menu) : 떡까페를 대표할 수 있는 고정적인 메뉴를 둠.
- 순환메뉴(Cycle Menu) : 크게는 계절에 나는 재료를 중심으로 한 메뉴를 비롯하여 각 시기별, 다시 말해서 추석에는 송편 및 절편, 설날에는 가래떡, 입시철에는 찹쌀떡 등을 적절히 고려하여 제공함. 또한 예약주문을 통해 돌떡, 결혼식장 음식, 이바지 음식 등을 서비스
- 단기메뉴(Random) : 주간메뉴를 지정하여 고객의 다양한 욕구 충족 및 끊임없는 제품 개발 노력

2) Menu
- 떡, 죽, 한과, 일반(주스, 우유 등) 및 전통차 (비 알코올성 음료,청량음료, 기호음료), 타업종의 가격을 충분히 고려

3) 메뉴판 : 종류별 음식을 배열(좌측상단에 떡종류를 대표적인 음식 순서대로 배치, 좌측하단은 기타 죽과, 한과 배치, 우측상단은 차 종류를 일반차, 전통차, 계절차로 구분하여 나열)

4 . 재무 분석

1. 원가 분석

- 떡 제품은 인사동에 위치한 한국전통 연구소에서 만든 떡을 사용한다. 제품의 질이 보장되며 저렴한 가격으로 고급 음식을 공급할 수 있다. 커피는 죽전동에서 가까운 정자동이나 분당에서 Roasting한 커피를 준비하여 판매한다.

제품	단위	가격(원)
사각 떡	10개 1set	7000
단자 떡	3개 1set	1000
떡 샌드위치	1개	1600
떡 도시락 정식	1개	3500
쌈지 떡	10개 1set	7000
고깔 떡	10개 1set	7000
떡 케익	1개 (8조각)	18000
커피 로스팅	2kg	10000
우유	1.8L	2600

4 . 재무 분석

2. 판매 가격

➤ 판매 가격은 젊은 층 소비자가 쉽게 다가갈 수 있는 저렴한 제품과 중년층의 미각을 자극할 수 있는 프리미엄 제품을 운영하여 이익을 극대화 한다.

분류	메 뉴	판매가격	제품원가	이익
떡 차 커피	녹차, 흑미, 초코단자	1500	700	800
	땅콩 호두 영양단자	2000	1000	1000
	쌈지, 고깔 떡	2000	700	1300
	백설기, 쑥, 커피편	2000	700	1300
	떡샌드위치	3000	1600	1400
	흑미편	1500	700	800
	구름, 흑미영양, 호박찰떡	2500	700	1800
음료	아메리카노	3000	200	2800
	까페라떼, 마끼아또	4000	400	3600
	생과일주스	4000	500	3500
	전통차	5000	400	4600

4. 재무 분석

3. 소요자금 추정

구분			금액 (단위: 천원)
고정자금	임차보증금		10000
	전화가입권		30
	인테리어공사, 실외공사		15000
	소계		25030
운전자금	판매비	급료/월	260
		기타(컵 포장비)	100
	임차료/월		400
	사무용품비/월		10
	전기, 수도요금/월		150
	현금 예비비		150
	소계		1070
초기비용	오픈 기념 파티		100
	소계		100
총계			26200

4. 재무 분석

4. 매출액 추정

- 월 매출액 = 1일 내점고객 수 * 개점 일수
- 첫째 달의 경우 : 총 매출액 = 200(명) * 4000(원) * 26(일)
  = 20,800,000(원)
- 둘째 달의 경우 : 총 매출액 = 150(명) * 4000(원) * 26(일)
  = 15,600,000(원)
- 셋째 달 이후는 둘째 달과 동일하고, 매출원가는 매출액의 71%로 한다.

4. 재무 분석

5. 월별 추정 손익 계산

개월	1	2	3
매출액	20,800,000	15,600,000	2개월과 동일함
매출원가	6,130,808	4,598,106	
매출 총이익	14,669,191	11,001,893	
임차료	4,000,000	4,000,000	
초기비용	26,200,000	-	
운전자금	-	107,000	
순이익	-15,530,809	6,894,893	

5. 상품의 가능성

상품의 장점

➢ 이 사업은 떡과 커피를 판매하는 사업이다. 경영 형태는 커피는 직접 제조하며 떡은 외부주문으로 지원받는다.

● 특별한 기술이 없어도 바로 시작할 수 있는 사업이다.

● 가격이 비교적 저렴한 상품이어서 실패 확률이 적다.

● 떡은 칼로리가 낮은 건강식품으로 여성들이 매우 선호하는 식품형태이다.

5. 상품의 가능성

최근 동향과 전망

- 웰빙 열풍과 함께 떡 시장이 점차 커지고 있다.
- 현재 떡 프랜차이즈만도 20~30 여개의 업체가 치열하게 경쟁을 펼치는 가운데 떡 시장은 연간 3조원 정도로 파악되고 있다.
- 간식거리 혹은 아침이나 점심 대용으로 간단하게 그리고 영양적으로나 건강식으로 부담 없이 즐길 수 있어 누구나가 편히 들를 수 있다.
- 현재는 다양한 음식점들 가운데 아직 떡카페는 진출하지 못했다. 소비중심의 상권을 가진 이 지역에서 주요고객은 중/고/대학생과 젊은 여성 고객이 그 중심이 될 것이다.

제3장 브랜드 개발과 등록

1. 브랜드의 개념과 본질, 역할, 기능

1) 브랜드의 개념

(1) 브랜드 정의

브랜드 어원은 고대 노르웨이인 목동들이 말로 "불에 태운다"(Brandr)에서 나왔다. 가축 등에 자신 소유임을 표시하기 위해 찍던 "낙인"에서 비롯된 것이라는 설도 있고 고대의 한 통치자가 나라에서 생산된 제품에 문제가 있으면 누구에게 책임을 물을 것인가를 가리기 위해서 제품에 생산자의 이름을 밝히도록 한데에서 시작한다고 한다. 주로 벽돌이 그 대상이었다고 한다. 또한 중세시대의 유럽에서 상인들이 자신들의 포도주를 다른 것들과 구별하기 위해서 술통에 표시를 하기 시작한 것이 브랜드의 본격적인 기원이라는 설도 있다.

기업은 성장단계가 있다. 흔히 창업기, 유아기, 성숙기, 장년기, 쇠퇴기의 다섯단계로 구분할 수 있으며 성숙기에서 장년기로 접어드는 시점에서 중요한 것이 브랜드화의 성공 여부이다.

오렌지를 '영어'로 하면 '델몬트'라는 유행어가 말해주듯이 강력한 브랜드 구축은 기업전략의 핵심과제로 자리 잡고 있다.

브랜드란 바꿔 말하면 차별화된 기업의 특징이라 할 수 있다. 소비자는 제품 구매 시 '가격보다 가치'에 민감하다는 것에 주목할 필요가 있다. 차별화된 재화나 서비스가 없을 경우에만 가격이 의사결정에 큰 영향을 미친다. 전통적인 브랜드의 의미를 살펴보자면, 브랜드란 원래 유럽에서 소, 말 등의 가축에 불로 달군 쇠로 낙인을 찍어 출처 표시를 한 데서 유래했으며, 마케팅적으로는 '판매자 또는 한 판매자 집단의 상품 및 서비스를 다른 경쟁자의 것과 구별해서 표시할 수 있도록 하기 위하여 사용하는 단어, 문자, 기호, 디자인 혹은 이들의 조합'이라고 일반적으로 정의하고 있다.

또한 미국 상표법에서는 '제조자 또는 상인이 자기의 상품을 타인의 상품과 구별하기 위하여 선택하고 사용하는 모든 단어, 명칭, 심벌, 도안 또는 이들의 조합'이라고 정의

하고 있으며, 우리 상표법에서는 '상품을 생산, 가공, 증명 또는 판매하는 것을 업으로 영위하는 자가 자기의 상품을 타인의 상품과 식별되도록 하기 위하여 사용하는 기호, 문자, 도형 또는 이들을 결합한 것'이라고 정의하고 있다. 하지만 이 말들은 브랜드라는 말을 단순히 사전적으로만 설명한 것이고 우리가 여기에서 말하는 '브랜드', 또는 마케팅적으로 점차 중요성을 더해가는 브랜드를 살펴보기 위해서는 이 브랜드의 의미부터 다시 생각해 보아야 하는 것이 당연한 첫 번째 작업일 것이다.

이 말들은 브랜드를 이야기하면서 자주 인용되는 말들이다. 이 말들이 자주 인용되는 이유는 그만큼 브랜드의 의미를 잘 설명해 주고 있기 때문이다. 이 말에 의하면 소비자들이 사는 것은 제품이 아니라 브랜드인 것이고, 또한 그 브랜드가 나에게 주는 편익이나 심리적 보상인 마음에서 일어나는 기대수준 즉 효용가치를 사고 있는 것이다.

사람들은 누구나 한번씩 화장품을 사게 된다. 자기가 사용하기 위해서건 아님 선물을 하기 위해서이건 한번은 사본 적이 있을 것이다. 그런데 사람들이 화장품을 살 때 수많은 제품들 중에서 그 한 제품을 구입하는 데에는 분명히 수많은 이유가 있을 것이다. 매장 주인이 추천해주었을 수도 있고, 그 제품이 가장 값이 싼 것일 수도 있고, 아님 매우 바쁜 와중에 가장 앞에 있는 아무 제품이나 하나 골라잡은 것일 수도 있고, 이럴 경우 그 화장품에 달려 있는 브랜드는 아무런 역할을 못하고 있는 것이라고 할 수 있다. 물론 위에서 이야기한 것처럼 법률적으로는 타 상품과의 구별적 역할을 할 수도 있겠지만 최소한 마케팅적으로는 아무런 역할을 하고 있지 못한 것만은 사실이다. 그 브랜드로 인해서 사람들은 어떤 기대수준이나 편익도 느끼지 못한 채, 단지 제품이나 직원에 권유로 선택을 한 것이기 때문이다. 하지만, 사람들이 조금의 관심이 있는 사람이라면, 아마도 세계적인 브랜드인 샤넬의 제품에 손이 가게 되지 않을까?

아무래도 화장품 광고에 나오는 모델들을 보면 하나같이 예쁜 모델들이 나오니, 나도 이걸 쓰면 그렇게까지는 아니더라도 최소한 그 근처까지는 가지 않을까? 하는 기대감이 생길 것은 당연한 일이다. 게다가 화장 백에서 나오는 화장품이 최소한 샤넬 하나정도는 있어야지 하는 생각이 갑자기 들어서 그 제품을 구입 할 수도 있었을 것이다.

이렇듯이 브랜드에는 그 제품을 구매함으로서, 그리고 사용함으로서 그 소비자가 얻을 수 있는 이익(효용가치)이 담겨 있어야 한다.

그리고 그 심리적 이익에 대한 보상감은 그 제품에 대한 기대수준을 높이는 일을 한다. 강력한 힘을 가지고 있는 브랜드는 그 브랜드만으로도 소비자의 기대수준을 높여주며 동시에 신뢰보증의 역할도 해 주게 된다. 소비자들은 그 브랜드를 보고 안심하고 그 제품을 구입하게 되는 것이다. 그래서 제품이 아닌 브랜드를 산다는 말이 통하는 것이다. 결국 마케팅에서 이야기하는 브랜드는 앞서 상표법 등에서 이야기하는 다른 상품과의 구별수준에서 정의되는 것이 아니라, 소비자와의 관계 속에서 그 안에서 어떤 역할을 해야 하는 것이 브랜드이고 좋은 브랜드는 어떤 의미를 지니며 어떤 역할을 하고 있는가를 밝히는 차원에서 그 의미규정이 되어야 할 것이다.

브랜드의 기원에 대해서는 여러 가지가 있지만 가장 신빙성 있다고 생각되는 한 이야기에 의하면 고대의 한 통치자가 나라에서 생산된 제품에 문제가 있으면 누구에게 책임을 물을 것인가를 가리기 위해서 제품에 생산자의 이름을 밝히도록 한데에서 시작한다고 한다. 주로 벽돌이 그 대상이었다고 한다. 또한 중세시대의 유럽에서 상인들이 자신들의 포도주를 다른 것들과 구별하기 위해서 술통에 표시를 하기 시작한 것이 브랜드의 본격적인 기원이라는 설도 있다.

이렇듯이 브랜드는 처음에는 제품과 제품을 구별할 수 있도록 하기 위한, 비교적 단순한 동기에서 시작된 것이지만, 브랜드의 홍수시대라고까지 일컬어지는 현대에 와서는 훨씬 복잡한 개념으로 자리 잡아 가고 있다.

이제는 브랜드의 역할은 단지 타 상품과의 구별뿐만이 아니라, 내 제품이나 또는 서비스를 접해보지 못한 소비자에게도 브랜드를 통해서 제품의 성격을 쉽게 전달하기 위해, 나아가서는 제품에 대해 평범하고 일상적인 제품이 아닌 뭔가 좀 더 고급스러운 이미지를 주기 위해서 등 다양한 목적으로 파생되고 있으며, 현대의 마케팅에서 브랜드가 차지하는 비중은 날로 증대되고 있으며, 이제 '마케팅 전쟁은 바로 브랜드 전쟁이다'라고 까지 일컬어지고 있다.

브랜드의 현대 마케팅적 정의를 살펴보자면, 필립 코틀러는 '특정업자의 제품이나 서비스를 다른 업자의 제품이나 서비스로부터 식별하고 차별화시킬 목적으로 사용하는 명칭, 말, 기호, 상징, 디자인 또는 이들이 결합'이라고 정의하고 있다.

일반적으로 '브랜드' 하면, 보통 생각하는 것이 우리가 입으로 말하고 귀로 들을 수 있는, 제품이나 서비스의 이름만을 생각하는 경우가 많지만, 이는 브랜드의 반쪽만을 말하고 있는 것이다. 진정한 브랜드의 의미는 앞서의 정의와 마찬가지로 이름뿐만이 아니라, Logo라든가, 상징적인 요소 등 브랜드를 이루고 있는 모든 디자인적 요소까지 포함되는 것이다. 하지만, 아직까지 우리나라에서는 이름이 곧 브랜드라는 개념이 널리 통용되고 있는 것이 사실이다. 근래에 들어서 우리나라의 기업들도 대기업을 중심으로 브랜드의 중요성을 인식하고, 광고 등을 통해서 브랜드의 힘을 키우려고 노력들을 하고 있지만, 아직 브랜드의 제대로 된 정의조차 통용되지 못하고 있는 것이 우리의 현실인지도 모른다. 그렇기에 여기서 브랜드에 대해 조금 살펴보도록 한다.

(2) 현대적인 브랜드 개념

스타벅스와 같은 프리미엄 브랜드는 고객 충성도, 수익성, 가격 프리미엄, 인재확 등 인지도 높은 브랜드로 인한 많은 혜택을 누리고 있는 게 현실이다. 브랜드 개념이 점진적으로 확장되고 있는데 여러 학자들은 다양한 브랜드 개념을 얘기하고 있다.

데이비즈 아커(David A. Aaker)는 브랜드 개념을 판매자가 상품이나 서비스를 식별시키고 경쟁자들의 상품, 서비스와 차별화하기 위해 사용하는 독특한 이름이나 상징물 즉, 로고, 패키지 디자인을 의미한다.

필립 코틀러(Philip Kotler)는 브랜드 개념을 판매자가 상품이나 서비스를 경쟁자들로부터 차별화하기 위하여 사용하는 독특한 이름이나 로고, 심벌, 포장디자인 등의 종합인 것을 나타내는 의미를 말한다.

미국마케팅협회(American Marketing Association)는 브랜드 개념을 판매자가 자신의 제품, 서비스를 다른 경쟁자들과 구별하기 위하여 사용하는 명칭, 디자인 혹은 그 결합체를 말한다. 상품을 생산, 가공, 증명 또는 판매하는 것을 업으로 영위하는 자가 자기의 업무에 관련된 상품을 타인의 상품과 식별하기 위하여 사용하는 기호 등을 말한다.

국내 상표법에서는 브랜드 개념을 문자, 도형, 입체적 형상 등 이들을 결합한 것과 이들의 색채를 결합한 것을 의미한다. 이렇듯 브랜드는 생산자 및 판매자의 상품이, 철저하게 관리되고 경쟁사와 차별화된 상품이라면, 소비자에게는 브랜드가 되는 것이다.

2) 브랜드 본질

본디부터 갖고 있는 사물 스스로의 성질이나 모습 등의 현상을 성립시키는 근본적인 성질을 말한다. 예를 들어 요새 입소문을 타고 있는 이마트 NO BRAND 상품이 이 RAW BRADING의 대표 예시로 들 수 있는데, 제품의 본연의 본질인 품질로 돌아가 집중하겠다. 의미인데 이처럼 브랜드의 본질 중 본질이 뭔지 정하는 게 중요한 이유가 콘셉트 정하는 것이기 때문이다. 콘셉트를 어떻게 정하느냐에 따라서 방향이 달라져버리기 때문이다. 예를 들면 인천국제공항은 11년간 서비스 1위 공항으로 자리매김하고 있다. 그렇다면 인천공항의 본질은 무엇일까? 인천공항은 "빠른 수속 서비스" 라고 볼 수 있다. 통관절차를 빠르게 하는 것에 초점을 맞추다 보니 빨리 통과한 후 시간이 남으니까 쇼핑도 할 수 있고 다른 문화공간들을 즐길 여유도 생기게 된 것이다.

마케팅의 영역은 확대되고 있지만 그 본질은 소비자/고객이다.

3) 브랜드의 역할

브랜드의 역할은 자사 제품을 타사 제품과 구별하는 도구(이름의 차이)에서 시작하여, 품질보장, 정서적 유대감을 유발(의미의 차이)하여 로열티를 제고하는 역할로 변화하면서, 기업의 장기적 이익의 극대화를 위한 무형자산의 개념으로 역할이 변화되었다. 따라서 기업에서 브랜드 전략의 궁극적인 목표는 브랜드 자산(Brand Equity)의 구축을 통한 브랜드 가치를 극대화하는 것이라 할 수 있다.

4) 브랜드 기능

상품을 구입할 때 소비자는 원치 않겠지만 다양한 위험 환경에 놓이게 된다. 이때 브랜드는 소비자에게 위험을 감소시킬 수 있는 기능을 한다. 브랜드의 기능에서 소비자들에게 어떤 위험을 낮춰져야 하는데 "첫번째로 지각된 위험이다." 이 위험요인은 객관적이고 실제적인 위험이 아니라 소비자의 주관에 토대로 한 위험이라는 점 즉 실제(reality)와 무관하다.

"두 번째로는 기능적 위험이다". 소비자가 상품을 잘 못 구매했을 때 기대만큼 제품의 성능을 못 내었을 때 느낄 수 있는 위험을 말한다. 소비자는 기능적 위험을 느끼지 않기 위해 통상적으로 잘 알지 못하거나 널리 사용되지 않아서 그다지 유명하지 않은 브랜드에 대해 제품이나 성능, 효능에 부정적인 시각으로 인식하는 경향이 강하다. 반대로 광고를 많이 하여 친숙한 브랜드에 대해서는 기능적 위험을 덜 느끼며 선택의 확신을 가지기도 한다.

"온라인 마케팅, 바이럴 마케팅, 넛지 마케팅" 등의 기법들이 발생하기도 한다.

5) 브랜드 구성요소

브랜드의 구성 요소에는 무형적인 요소(언어적인 부분)과 유형적인 요소(시각적인)으로 나눈다. 브랜드를 이루는 요소들 브랜드 네임 / 브랜드 심벌 / 브랜드 로고타입 / 브랜드 색상 / 브랜드 광고 등 다양하다.

(1) 브랜드 네임

새로 나온 회사든, 제품이든, 서비스든, 가장 먼저 해야 할 일은 그것을 부를 '이름'을 정하는 것이다. 사람을 처음 만날 때 이름을 통해 그 사람을 기억하듯이 기업의 브랜드도 이름을 통해서 소비자들에게 가장 먼저 다가간다. 점점 많은 브랜드들이 쏟아지는 요즘은 제품을 인식시키는 '네이밍'의 중요성도 그만큼 높아졌다.

최고의 브랜드 네임은 어떻게 만들어지는가는 제품이나 회사명 · 로고의 차원을 넘어서 이제는 제품의 이름과는 구별되는 고유의 정체성과 특성을 지닌 '브랜드 네임 먼저 브랜드 네임의 주요 유형을 이니셜형, 서술형, 암시형, 조어형으로 분류한다.

각종 신조어의 등장과 함께 줄임말이 꾸준히 증가하는 모습이다. 가장 자주 쓰는 신조어 혹은 줄임말로는 쓰벅, 솔까말, 돌직구, 넘사벽 등을 들 수 있다. 이외에도 수많은 신조어와 줄임말들은 하루가 멀다 하고 쏟아져 나오는 상황이다.

좋은 브랜드가 되기 위해서 갖추어야 할 조건은

- 발음하기 좋고 듣기 좋아야 한다.

- 고객에게 쉽게 기억되어야 한다.
- 매장의 특성을 잘 전달할 수 있어야 한다.
- 참신하고 독창적이어야 한다.

전문가들은 SNS 등 사용이 일반화되면서, 각종 신조어와 줄임말들이 크게 증가하기 시작했고, 간편하게 쓸 수 있으면서도 표현하고자 하는 내용을 정확히 담고 있기 때문에 많은 사람들이 사용하고 있다고 말한다.

최근에는 상호명에도 이러한 부분이 적용되고 있으며, 재치 있으면서도, 함축적으로 모든 걸 전달할 수 있는 브랜드네임은 많은 사람들의 시선을 사로 잡고 있다. 또한 자연스럽게 인식효과를 높여줄 수 있어 재미 있는 브랜드 네임이 대세가 되고 있다. 현재 프랜차이즈 창업을 준비하는 많은 사람들도 이러한 부분을 고려한다. 소비자들의 시선을 사로잡을 수 있으면서도, 브랜드 콘셉트를 함축적으로 담고 있는 프랜차이즈를 선택하고 있다.

(2) 브랜드 심벌

로고타입(LOGO TYPE)의 약자 로고(LOGO)로 쓰이기도 하는데 구조상 워드마크와 심벌 마크로 구분되며 각각 또는 조합하여 쓰인다. 이를 특허청에 출원 등록하면 상표라고 한다.

(3) 브랜드 로고 타입(Logotype)

사전적으로는 '둘 이상의 문자를 짜 맞추어 특별하게 디자인하거나 레터링한 것'을 말하는데 우리는 매일 일상생활에서 다양한 로고들을 접하고 있다. 거리를 지나가다 흔히 볼 수 있는 간판에서부터 지나가는 행인들이 입고 다니는 티셔츠에 그려진 이미지들 그리고 각 상품의 라벨 등 그 종류들도 다양하다. 일반적으로 로고란 어떤 기업체나 특정 단체의 이미지를 다른 업체와 차별화하기 위해 디자인한 마크를 의미하며, 기본적으로 텍스트를 이용한 디자인이라는 점에서 로고타입 이라고도 한다. 로고는 기업이나 브랜드, 특정 상품을 빠른 시간 내에 소비자에게 쉽게 전달할 수 있어야하고 오랫동안 기억될 수 있어야 한다. 따라서 너무 복잡하지 않은 깔끔한 형태와 단순하면서도 눈에 잘 들어오는 컬러의 사용이 필수 조건이다. 최근에는 환경에 대한 관심이 많아지면서 환경적인 이미지 요소와 관련된 자연과 동식물의 이미지를 이용한다거나, 푸른색이나 초록색 계통의 컬러를 이용하는 경우가 많아지고 있다. 또한 최근에 인터넷에서는 유명 상표의 로고를 모방한 유사 로고가 유행하면서 화제를 불러일으키기도 한다. 부정적인 측면에서가 아니라 보는 사람들로 하여금 재미을 자아내는 재미있는 디자인의 가짜 로고 티셔츠가 실제로 젊은이들 사이에서 인기상품으로 판매되기도 한다. 이렇듯 로고 디자인은 더 이상 특정한 사람들만의 특별한 디자인으로서가 아니라 모든 사람의 일상과 함께 한다는 점에서 그 의미가 더 확대되고 있으며, 차별화 된 특징이라는 부분에서는 더욱 많은 사람들의 관심 속에서 오랫동안 기억될 수 있지 않을까 생각한다.

6) 브랜드 색상

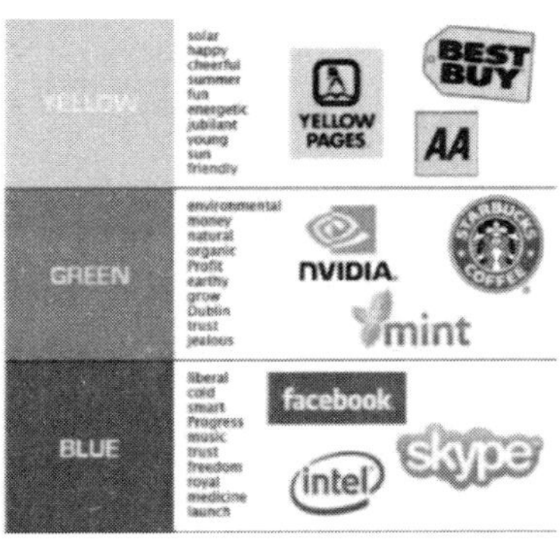

지금은 컬러가 경쟁력인 시대이다. 소비자에게 브랜드를 각인시키는 데 컬러의 역할이 중요해지면서 이를 활용한 컬러마케팅이 부각되고 있다. 기업의 색, 정체성을 가장 잘 나타낼 수 있는 CI 및 간판에 컬러마케팅을 도입해 적극 활용하고 있는데 고객이 가장 먼저 시선이 가는 곳이 간판이며 고객의 발길을 유도하는 것도 간판이기 때문이다.

컬러마케팅에서 중점을 둬야 할 것은 간판의 컬러만 봐도 그 매장을 기억할 수 있도록 해야 한다는 것이다. 이는 오랜 동안 인식을 통해 형성된 '습관'의 작용이 소비자들로 하여금 특정 컬러를 통해 매장을 연상케 하는 '습관'을 형성하도록 해야 한다는 것이다. 또한 이를 통해 구축한 이미지를 계속 유지해 나가며 브랜드의 독자성·차별성을 확립하는 것이 필요하다. 특정 컬러를 통해 한 번 성립된 이미지는 그것을 변경하기도 어려울 뿐만 아니라 피하는 것이 바람직하지만 주 고객층이 바뀌거나 식상하다는 판단이 들면 과감히 컬러를 교체하는 것도 좋은 방법에 하나이다.

편의점 바이더웨이는 올해 초 기존의 파란색에서 노란색으로 변경하고 초록색을 가미해 젊음과 산뜻한 이미지를 강화했으며 '유쾌한 즐겨찾기'를 모토로 고객들에게 기분 좋은 서비스를 제공한다는 의미를 강조, 현재 고객들로부터 좋은 반응을 얻고 있다.

유사한 업종과의 치열한 경쟁에서 살아남기 위해서는 무엇보다 먼저 소비자의 눈과 마음부터 사로잡을 수 있는 차별화된 컬러마케팅을 전개하는 것이 중요하다.

7) 브랜드 광고

(1) 광고(advertising)의 어원

advertising은 라틴어의 '아드베르테르'(adverter)에서 유래했다. '아드베르테르'(adverter)는 '돌아보게 하다', '주의를 끌다'라는 의미를 갖고 있다.

독일어로 광고는 die reklame이고, 프랑스어로는 r clame이다. 이 용어들은 '부르짖다'라는 뜻을 가진 라틴어의 clamo에서 파생된 말로 '반복하여 부르짖다'는 의미를 갖고 있다. 한문으로 광고는 넓을 광(廣), 알릴 고(告)자를 쓴다. '널리 알린다'는 뜻이다.

(2) 우리나라에서 '광고'라는 말은 언제부터 쓰였나?

우리나라 최초의 광고는 1886년 2월 22일자 한성주보(漢城周報)에 실린 '덕상 세창양행(德商 世昌洋行)' 광고이다. 그러나 여기서는 광고라는 말 대신 '고백(告白)'이라는 말을 썼다.

(3) 광고에 대한 다양한 정의들

광고를 한마디로 정확하게 정의하기란 쉽지 않다. 지금까지 많은 사람들이 광고에 대해 다양한 정의를 내려 왔지만 그 정의들도 완벽하다고는 할 수 없다. 지금까지 내려진 광고에 대한 정의 몇 가지만 살펴보면 다음과 같다.

▶ 한국광고학회는

"광고란 광고주가 청중을 설득하거나 영향력을 미치기 위하여 대중매체를 이용하는 유료(有料)의 비 대면적(對面的) 의사전달 형태이다."

▶ 미국 마케팅학회(AMA)는

"광고란 명시된 광고주에 의한 아이디어, 상품, 서비스의 유료형식의 비 대인적 제시 및 촉진행위이다.

▶ 미국 광고계 최초의 신문인 애드버타이징 에이지(Advertising Age)는

"광고란 판매, 이용 및 투표 또는 승인 등에 영향을 미치고자 광고주가 자기 비용으로 사람, 상품, 서비스, 운동 등에 관하여 인쇄하거나 쓰거나 말하거나 그려진 제시방법을 말한다"

이 4종류의 정의가 광고에 대한 이해를 쉽게 해 줄 것이다. 그러나 다른 학자들의 정의 몇 개만 더 살펴보면 다음과 같다.

(4) 광고(advertising)의 정의를 통해 살펴본 광고의 특징

위에서 알 수 있듯이 광고에 대한 정의는 다양하다. 광고의 정의가 다양하다는 것은 각각의 정의가 한계성을 갖고 있다는 것을 의미하기도 한다. 광고는 환경의 급속한 변화에 따라 그때마다 역할도 팽창되어 간다. 광고의 이러한 속성 때문에 광고에 대한 정의를 몇 개의 단어나 몇 줄의 문장으로 정리한다는 것은 사실상 불가능하다. 그러나 이러한 한계에도 불구하고 기존의 여러 정의들 속에는 공통 분모적인 요소가 몇 가지 있다. 즉 각각의 정의는 다르지만 그 각각의 정의들 속에는 광고를 구성하는 기본 요소 몇 가지가 공통적으로 내포되어 있다. 그것은 바로 ① 광고주의 명시(identified sponsor), ② 비 대인적 제시 및 촉진(nonpersonal presentation), ③ 아이디어, 상품, 서비스 제시(goods, ideas, services), ④ 유료형식(paid form), ⑤ 설득 및 영향을 미치기 위한 것(to persuade or influence)이다.

▶ 명시된 광고주(identified sponsor)

광고에는 누가 광고를 했는가 반드시 명시되어 있다. 우리는 광고를 보면서 〈삼성전자〉에서 광고를 했다 혹은 〈코카콜라〉에서 광고를 했다는 것을 쉽게 알 수 있다. 물론 티저광고(teaser advertising)와 같이 소비자의 호기심을 유발시키고자 하는 광고에서는 의도적으로 광고주나 브랜드를 명시하지 않는 경우도 있다. 그러나 이 경우에도 광고주나 브랜드를 명시하지 않는 것은 소비자들로 하여금 궁금증을 유발시켜 오히려 광고주나 브랜드를 더 확실히 기억시키게 하고자 하는 표현전략의 일환일 뿐이다. 여기서 알 수 있듯이 명시된 광고주라는 개념은 반드시 스폰서 명을 광고에서 밝히라는 뜻은 아니다. 다만 소비자 입장에서 누가 광고를 했는지를 알 수 있으면 된다. 따라서 명시된 광고주는 때로는 제품이 될 수도 있고, 브랜드가 될 수도 있고, 전화번호가 될 수도 있다.

▶ 비 대인적 제시 및 촉진(nonpersonal presentation)

이것은 광고주가 소비자에게 직접 소구하는 것이 아니라 TV나 라디오 신문, 잡지 등과 같은 대중 매체를 이용해 메시지를 소비자에게 전달하게 된다는 뜻이다. 따라서 어떤 사람이 물건을 다른 사람에게 팔기 위해 말로 설득시키는 행위는 광고라 할 수 없는 것이다. 그런데 비 대인적 판매가 반드시 대중매체를 이용한다는 뜻은 아니다. 대중매체가 아니더라도 가령 영화 티켓이나 텀블러 등에 광고를 하는 것도 비 대인적 판매행위인 것이다.

▶ 아이디어, 상품, 서비스 제시(goods, ideas, services)

모든 광고에는 상품, 아이디어, 서비스를 소비자에게 알리거나 설득시키거나 팔고자 하는 내용을 담고 있다. 전자, 자동차 등 일반 제품광고에서는 그 제품이 광고내용이 되고, 정치 광고에서는 후보자나 정당의 정책, 의견 등이 바로 광고내용이 된다. 이처럼 모든 광고에는 소비자에게 알리고자 하는 내용이 있게 마련이다.

▶ 유료형식(paid form)

이것은 광고를 게재할 때 그 매체에 광고비를 지불하는 것을 뜻한다. 신문이나 잡지, TV, 라디오 등에 광고를 할 때는 반드시 그 매체를 사용하는 대가로 돈을 지불하게 되는 데 이를 광고비라 한다. 광고주가 자사 제품이나 서비스, 아이디어 등을 매체를 통해 소비자들에게 알리는 방법으로서는 돈을 지불하지 않고 하는 방법도 있다. 그것이 바로 퍼블리시티(publicity)인데 광고와 퍼블리시티가 구분되는 가장 큰 차이점은 바로 그것이 유료형식이냐 아니냐에 달려 있다.

▶ 설득 및 영향을 미치기 위한 것(to persuade or influence)

광고는 소비자에게 설득 및 영향을 미치기 위한 목적을 지니고 있다. 이러한 목적을 달성하기 위해서 광고는 많은 크리에이티브 전략과 매체전략 등을 개발해야 한다. 광고주가 광고매체에 많은 돈을 지불하고 광고를 싣는 이유도 바로 소비자들을 설득시키고 영향을 미치기 위해서이다.

(5) 광고(advertising)의 종합적 정의

"advertising은 집합적인 의미에서의 광고라는 명사적 의미도 있으며, '광고의 광고에 의한'이라는 의미도 있다. 광고란 명시된 광고주가 특정 상품이나 아이디어, 서비스를 비대인적 대중매체를 이용하여 유료로 소비자에게 알리는 마케팅 커뮤니케이션의 한 형태이다" 물론 오늘날에는 인터넷 등 새로운 매체의 등장과 새로운 광고기법의 개발 등으로 이 정의에 부합되지 않는 광고들도 나타나고 있다. 그래서 광고에 대한 정의는 계속 변하고 있다.

8) advertising과 advertisement의 차이

우리나라에서는 advertising과 advertisement를 별로 구분하지 않고 광고로 통일해 사용하고 있다. advertisement 광고를 의미한 명사적 의미가 강하고 구인광고, 구직광고 등으로 사용이 가능하다.

엄밀히 따지자면 advertising과 advertisement 사이에는 개념의 차이가 존재한다. 먼저 advertising은 광고활동 그 자체를 의미한다. 그리고 advertisement는 신문이나 TV 등에 실린 광고물을 뜻한다. 따라서 advertising은 advertisement의 상위개념이라 할 수 있다.

결론적으로 advertisement는 어떤 광고라는 단수적 의미로 쓰이면 advertising은 전체 포괄적 의미로 사용이 된다.

9) 광고, 선전, PR, 퍼블리시티 등과의 관계

우리 주위에는 광고와 유사한 용어가 있는데 선전(propaganda), PR(Public Relation), 퍼블리시티(publicity) 등이 그것이다. 우리는 이 용어들을 광고와 자주 혼동해 사용하고 있다. 그래서 TV에서 광고가 나오면 '선전이 나온다'고 하는 경우가 많다. 이는 선전과 광고와의 개념 차이를 명확히 이해하지 못한데서 기인하는 것이다. 우리는 이들 개념간의 차이를 정확히 인식하여 혼동이 생기지 않도록 해야 한다.

(1) 선전(propa-ganda)

정부나 종교 그리고 기타 단체나 개인이 공중의 태도나 행동에 영향을 주기 위한 목적으로 의견이나 아이디어를 전파시키는 것으로 광고와 유사한 기능을 한다. 그래서 광고와 자주 동의어로 사용된다. 그러나 협의적인 차원에서 보면 선전은 군중에게 왜곡, 기만 및 의도적이고 조작적인 면이 다분히 내포되어 있기 때문에 광고와는 본질적으로 다르다고 할 수 있다. 즉 선전은 주로 종교적, 정치적, 사회적인 사상이나 이데올로기를 일방적으로 강조하여 전파하는 것으로 선전의 주체가 확인되지도 않을 뿐만 아니라 아이디어의 원천도 밝혀지지 않는다.

선전은 2차 대전 당시 독일 히틀러 정권의 선전상 굇벨스에 의해 발달했는데 어떤 합리성보다는 감정에 호소하는 측면이 강하다. 그러나 광고는 합리성에 바탕을 두며 판매증진을 목적으로 한다. 결국 선전은 이념적 · 정치적 성격이 강한데 비해 광고는 비 이념적 · 기업적 성격이 강하다.

(2) PR(Public Relation)

상품이나 서비스를 소비자에게 직접 팔기 위한 목적이 아니라 기업이 대중들과 좋은 관계를 유지하기 위해 커뮤니케이션하는 활동체계를 말한다. 원래 PR은 정치분야에서 출발하게 되었는데, PR이란 용어는 미국의 제퍼슨 대통령이 보낸 교서에서 "민주주의 정치는 여론에 따라 이루어지며, 여론은 PR에 의해 형성된다."고 말한 데서 비롯되었다.

실시 목적에서 보면 광고는 명백한 상업적 목적 즉 제품이나 서비스 · 아이디어를 직접적으로 판매할 목적을 갖고 있으나 PR은 기업이나 조직이 우선 좋은 이미지를 갖게 함으로써 소비자의 공감을 얻는데 주안점을 두고 있다. 기업 또는 사회단체 정부기관 등의 조직체가 자기의 정책 및 행위를 사회의 이익과 합치시켜 사회의 이해와 동의를 구할 계획을 실시하는 기능이다. 즉 사업에 대하여 대중이 호감을 느끼고 좋은 평가를 가지도록 언론과 행동으로 활동함과 동시에 대중의 적극적 행동을 기대하는 것이다. 또한 대중과의 양호관계(good public relations)를 맺는다는 의미를 가지고 있다. 즉, 광고가 제품을 팔기 위한 것이라면, PR은 기업을 팔기 위한 것이다.

(3) 퍼블리시티(publicity)

신문, 잡지 등에 무료로 상품이나 서비스 등을 소개함으로써 그것에 대한 수요나 이미지 형성을 자극하려는 비인적(非人的) 활동으로 2차 대전 후 미국에서 소개되었다. 기업이나 단체, 개인은 자신들의 제품이나 서비스에 관한 정보를 신문이나 잡지에 제공하고, 매체사는 그 정보가 뉴스로서의 가치가 있다고 판단될 때 그것을 게재하게 된다.

기업이나 단체, 개인이 퍼블리시티를 하는 이유는 상품이나 서비스의 판매를 증진시킨다든지, 제품이나 기업에 대한 공중의 이미지를 증진시키기 위한 것으로 광고가 지향하는 목적과 큰 차이는 없다. 그러나 퍼블리시티가 광고와 크게 다른 몇 가지 점이 있는데 다음과 같다.

첫째, 실시 목적에서 광고는 본질적으로 판매촉진인데 비해 퍼블리시티는 신제품이나 관심 있는 정보를 소비자들에게 교육적으로 알리는 목적을 갖는다. 즉 퍼블리시티에서 판매촉진은 간접적이라는 측면에서 광고와 다르다고 할 수 있다.

둘째, 광고는 그 광고를 게재하는 매체사에 돈을 지불하지만 퍼블리시티는 돈을 지불하지 않는다. 즉 퍼블리시티는 무료라는 것이 유료의 성격을 갖는 광고와는 근본적으로 다르다고 할 수 있다.

셋째, 광고는 광고주가 통제할 수 있지만은 퍼블리시티는 광고주의 통제가 불가능하다는 것이다. 즉 광고는 광고주가 내용과 게재여부, 게재하고자 하는 매체나 지면, 시간 등을 자유롭게 선택할 수 있지만, 퍼블리시티는 뉴스나 정보제공자의 의사가 반영되지 못하고 매체사에서 일방적으로 결정한다는 것이다. 다시 말해 퍼블리시티 내용을 게재할 것인가 안 할 것인가 그리고 게재한다면 언제 어떤 형식으로 게재할 것인가 등을 매체사가 결정한다.

퍼블리시티의 장점 : 기업이나 단체의 입장에서 보면 돈을 들이지 않고도 자사의 상품이나 서비스 등을 널리 알릴 수 있고, 소비자들도 이를 광고보다는 뉴스로 받아들여 주기 때문에 거부반응을 줄여 줄 수 있다. 매스 미디어의 입장에서도 만약 퍼블리시티 내용이 뉴스로서 가치만 있다면 취재의 어려움이 없이 뉴스의 재료로 활용할 수 있다는 장점이 있다.

2. 브랜드 자산

1) 브랜드 자산의 개념

1980년대에 등장. 다양하게 정의될 수 있지만, '특정의 브랜드를 소유함으로써 얻게 되는 바람직한 마케팅 효과'라고 표현. 여기에서 마케팅효과란 높은 시장점유율이나 고객충성도를 말한다.

2) 브랜드 자산의 구성요소

(1) 브랜드 인지도

브랜드 인지도란(Brand Awareness)란 소비자가 제품범주에 속한 특정 브랜드를 알아보거나 그 브랜드명을 쉽게 떠올릴 수 있는 능력을 말한다.

브랜드 인지도는 브랜드 재인(brand recog-nition)과 브랜드 회상(brand recall)으로 구성된다. 첫째-브랜드제인은 소비자에게 어떤 브랜드를 단서로 제시했을 때 과거에 그 브랜드에 노출된 적이 있는지를 확인할 수 있는 능력을 말한다. 즉 브랜드 재인은 특정 브랜드를 접한 소비자가 과거에 그 브랜드를 보거나 들은 적이 있다고 정확히 판별 할 수 있을 때 발생한다.

둘째-브랜드 회상은 브랜드 재인에 비하여 더 깊은 수준에서 일어나는 브랜드 인지도 요소이다.

이는 소비자에게 한 제품 범주 혹은 특정의 구매상황을 단서로 제시했을 때 특정브랜드를 기억 속에서 끄집어 낼 수 있는 능력을 말한다. 즉 브랜드회상을 높임으로써 이루어진다. 따라서 기업은 광고, 홍보, 이벤트, 심벌, 로고, 패케징, 슬로건 등과 같은 브랜드 구성요소들을 반복적으로 노출시킴으로써 브랜드 재인과 브랜드 회상을 높여야 한다.

(2) 브랜드 이미지

브랜드 이미지(Brand Image)는 브랜드에 대한 전반적인 인상으로 정의되는데 소비자의 기억 속에 저장되어 있는 다양한 연상들의 결합으로 만들어진다. 제품속성에 의한 브랜드 연상은 제품과 관련된 속성과 제품과 직접적인 관련이 없는 속성으로 나눌 수 있고 다시 제품과 관련된 속성은 제품범주, 제품속성, 그리고 품질을 포함한다. 제품과 직접관련이 없는 속성은 브랜드성향, 사용자, 제품의 용도, 느낌과 경험이 포함된다. 좀 더 구체적으로 보면 다음과 같다.

제품과 관련된 속성 중 기업이 가장 먼저 고려할 수 있는 유형은 바로 제품범주에 대한 연상이다. 자사의 브랜드가 제품범주와 밀접하게 연관될 수 있다면 이는 바람직한 브랜드 정체성(Identity)형성에 긍정적인 영향을 미칠 것이다.

기업이 브랜드자산 형성을 위해 가장 흔히 사용하는 브랜드 연상의 유형은 자사 브랜드를 제품속성과 연계시키는 것이다. 제품의 속성이란 소비자가 바라는 제품기능을 수행하는 데 필요한 제품의 구성요소들이다.

소비자는 스타벅스를 프리미엄 브랜드로 인식하는데 이는 브랜드 연상에 있어서 매우 중요한 차원의 하나이다. 여기서 지각된 품질이란 소비자들이 특정 브랜드의 전반적인 성능에 대하여 갖게 되는 생각을 의미한다.

브랜드 자산의 구축에 있어서 제품과 직접적인 관련이 없는 속성에 대한 연상을 목표고객의 마음속에 심어주려고 노력한다. 브랜드 성향은 특정 브랜드를 인간으로 표현 했을 때 그 브랜드와 관련된 인간적인 특성들로 정의될 수 있다.

또 다른 브랜드 연상전략의 하나는 브랜드를 제품사용자와 연계시키는 것이다. 이외에도 앞서 설명한 제품용도, 느낌과 경험에 대한 연상, 편익과 관련된 연상, 기업과 관련된 연상 등도 브랜드 이미지를 통하여 브랜드자산 구축에 영향을 미칠 수 있다.

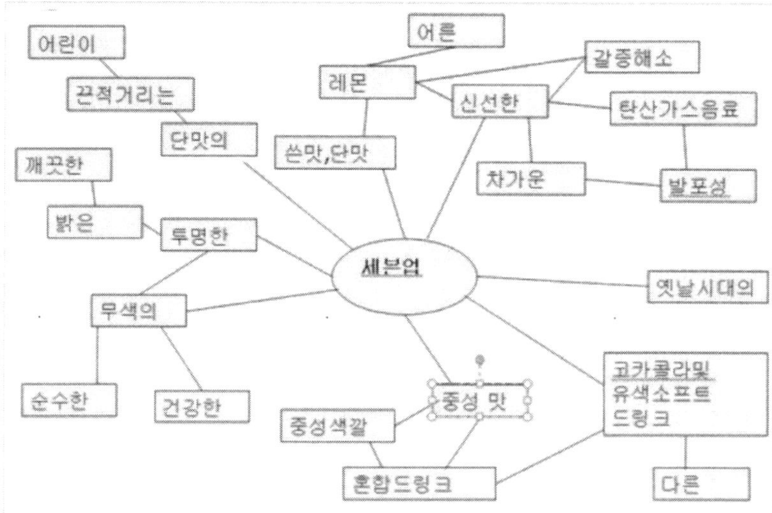

'세븐업' 브랜드 연상 이미지

3. 브랜딩

브랜딩이란? 경쟁 브랜드에 대하여 자사의 브랜드에 차별적 우위성을 부여하는 전략적인 이미지를 창조하는 것이다. 차별화시키기 위해 가치를 추가하려는 노력으로 자신의 사업 분야에서 성취를 이루려면 남과 다를 수 있는 차별화 포인트를 찾아내야 하는 것이다.

1) 오감 브랜딩

오감 브랜딩이란 시각, 청각, 촉각, 후각, 미각 등 인간의 신체 감각을 통해 브랜드를 경험하도록 하는 감성 마케팅을 뜻한다.

2) 감성마케팅의 오감전략

(1) 시각마케팅

인간의 오감 중 정보 인지력이 가장 우수한 것은 시각이다. 고객은 상품이나 서비스의 품질, 가격, 기능 못지않게 디자인, 컬러, 디스프레이 등 시각적 요소를 중시한다. 기업이 참신한 스타일과 감각적 디자인 또는 고객이 좋아하는 컬러의 제품으로 고객의 구매 욕구를 자극하는 것이 시각을 활용한 감성마케팅이다.

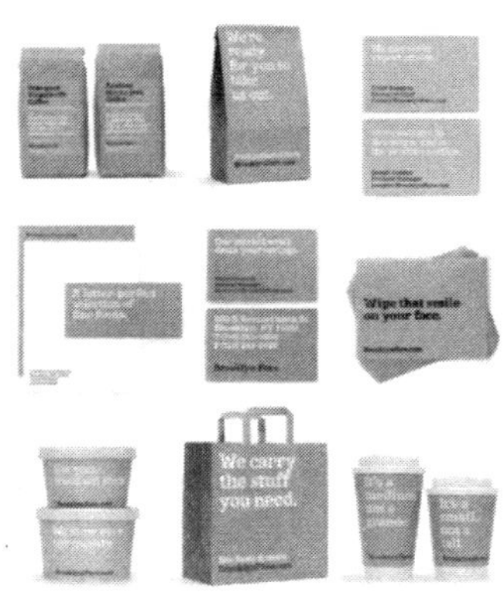

(2) 청각마케팅

고객의 기호와 기업의 경영 전략에 부합하는 소리나 음악을 활용하여 자연스럽게 구매욕구를 자극하는 것이 청각을 활용한 음향마케팅이다. 음향마케팅은 음악의 멜로디나 리듬에 따라 인간의 기분의 기분이 달라지고 마음이 움직이는 특성을 바탕으로 음악을 활용하기 때문에 음악마케팅이라고 한다.

(3) 미각마케팅

미각은 혀끝을 닿는 느낌으로 제품을 상기시키는 방법이다. 미각은 구매를 자극하는데 있어 다른 감각에 비해 보편적으로 많은 영향을 미치지 않는다. 개개인마다 입맛이 달라 미각으로 고객을 자극하는 데에는 많은 한계가 있기 때문이다. 미각을 자극하는 대표적인 방법은 시식코너 행사이다.

(4) 촉각마케팅

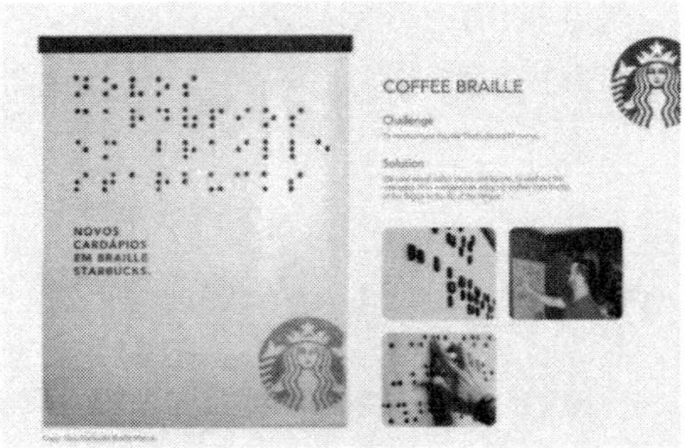

흔히 고객은 상품을 구매하기 전에 만져 보면서 촉감을 통해 느낌을 전달받거나 시험적으로 사용해 보고자 한다. 촉각을 자극하는 대표적인 방법이 샘플 활용이다.

(5) 후각마케팅

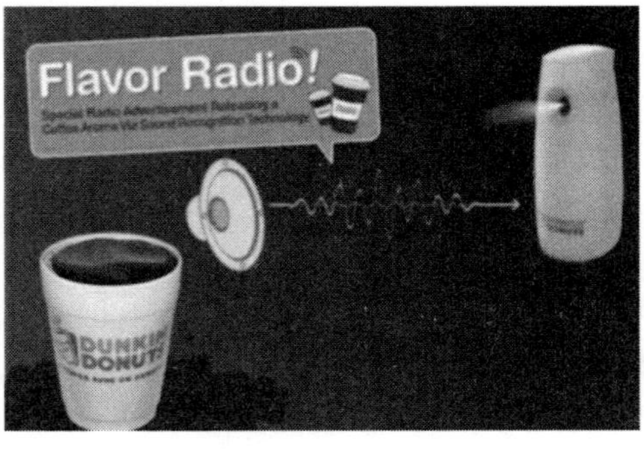

후각은 인간의 느낌과 기억을 직접적으로 불러일으키는 대표적인 감각요소로서 보편화된 감성마케팅에 활용된다. 향기로 후각을 자극하여 구매를 유도하기 때문에 '향기마케팅'이라고도 한다. 미국의 한 연구 결과에 따르면 고객은 좋은 향기가 나는 매장을 선호한다고 한다. 또 동일 상품이라도 향기가 있는 매장을 선호하고, 향기가 있는 상품의 품질이 더 좋다고 생각한다. 업종의 특성이나 타깃 대상에 따라 향기를 다르게 활용하고 있다.

3) 오감블렌딩을 통한 부가가치 창출 성공사례

▶ **아모레 퍼시픽**

최근에 보다 고급스런 시장을 리드하기 위해 '아모레 퍼시픽'이라는 브랜드로 소비자에게 다가서고 있는데, 최근 입체적이고 장기적인 브랜드 전략의 일환으로 뉴욕에 문을 연 아모레 퍼시픽 쇼룸으로 오감마케팅을 활용해 고객에게 적극적으로 다가서고 있는 것이 그 예이다.

2003년 9월 뉴욕의 소호에 문을 연 '아모레 퍼시픽 뷰티 갤러리 앤드 스파'는 뉴욕의 상류층을 겨냥해 살아 있는 고급 인테리어라는 개념으로 구성되었다. 홍삼의 붉은색을 이용한 스파 부스와 식물성 에센스의 믹싱 바(The Asian Botanical Mixing Bar) 등을 두어 고객이 직접 체험할 수 있는 공간을 마련했다. 이미 뉴욕에서 상당한 화제를 불러 일으켰으며 많은 고객이 직접 체험하기 위해 방문하고 있다. 아모레가 야심차게 국제 시장을 겨냥한 브랜드인 '아모레 퍼시픽'의 고급 브랜드 마케팅의 일환으로 구성된 플래그십(Flagship Store) 스토어이다.

플래그십 스토어는 기존 제품 중심의 판매를 위한 목적이 강한 비좁은 기능성 공간에서 탈피한 새로운 마케팅 개념의 매장이다. 보다 안락하고 편안 하면서도 다양한 체험을 통해 고객이 브랜드를 인지할 수 있도록 하는 공간으로, 홍보 효과를 목적으로 한다. 브랜드를 고급스럽게 느끼게 하기 위해서 바, 레스토랑, 카페 등을 함께 운영하기도 한다. 패션 명품들이 세계 각 대도시에 설치하면서 주목 받기 시작한 플래그십 스토어는 최근 패션 브랜드뿐만 아니라 콜라와 자동차 등 다양한 기업이 채택하고 있는 체험 마케팅 기법이다. 고객입장에서는 쇼핑과 더불어 독특한 체험을 할 수 있고, 기업은 자신만의 독특한 브랜드 이미지를 강하게 심어줄 수 있다는 점에서 주목받고 있다.

▶ **국내는 명동에 위치한'아모레 퍼시픽'이 대표적 사례**

또한 뉴욕의 아모레 퍼시픽은 이러한 플래그 스토어를 통해 고객들에게 오감마케팅을 전개함으로써 다양한 부가가치를 창출 하고 있는 좋은 예라고 할 수 있다. 위에서도 언급했듯이 홍삼의 붉은색을 이용한 스파 부스와 식물성 에센스의 믹싱 바(The Asian Botanical Mixing Bar) 등을 두어 고객이 직접 체험할 수 있는 공간을 마련함으로써 시각적인 효과뿐만 아니라 직접 스파를 체험하면서 촉감과 후각적인 부분까지 경험할 수 있는 것이다. 또한 음악과 함께 스파를 즐기면서 청각적인 면도 가미가 되어 오감마케팅을 이루게 되는 것이다. 이러한 오감마케팅은 고객들로 하여금 아모레 퍼시픽의 제품에 대해 좋은 인상을 심어주고 제품에 대해 직접 체험해 봄으로써 제품에 대한 이해도 또한 높일 수 있다. 또한 이러한 오감마케팅은 부가적으로 '아모레 퍼시픽'이라는 브랜드에 대한 이미지를 한층 고급스럽고 고풍스럽게 상승시키고 있다.

■ 뉴욕 소호의 아모레 퍼시픽 쇼룸

뉴욕소호의 아모레 퍼시픽이 있다면 국내에서도 아모레 퍼시픽의 오감블렌딩 사례를 찾아 볼 수 있다. 바로 명동에 위치한 아모레스타이다. 아모레 스타에서는 각종 뷰티 서비스에서 기능성 헬스 푸드까지 논스톱으로 뷰티를 오감을 통해 체험해 볼 수 있다.

■ 명동에 위치한 아모레 스타

아모레 스타는 총 4층으로 구성되어 있는데 1층은 컬러 스타로 각종 메이크업을 시연, 2층은 카페로 피부에 좋은 건강음료 제공, 3층은 스킨 스타로 각종 아모레 퍼시픽의 제품을 피부에 테스트해 볼 수 있는 공간, 4층은 파티스타로 각 메이크업 시연회와 뷰티 강좌 개최한다.

아모레 스타는 층별로 시각, 미각, 촉각 등 부각되는 감각을 선사하면서도 한 건물에 이를 통합함으로써 오감을 블렌딩하여 고객들이 아모레 퍼시픽에 대해 좋은 이미지를 가질 수 있을 뿐만 아니라 아모레 퍼시픽 제품을 통해 미를 실현 시킬 수 있다 생각을 고객들이 갖게 함으로써 새로운 부가가치를 창출하고 있는 셈이다.

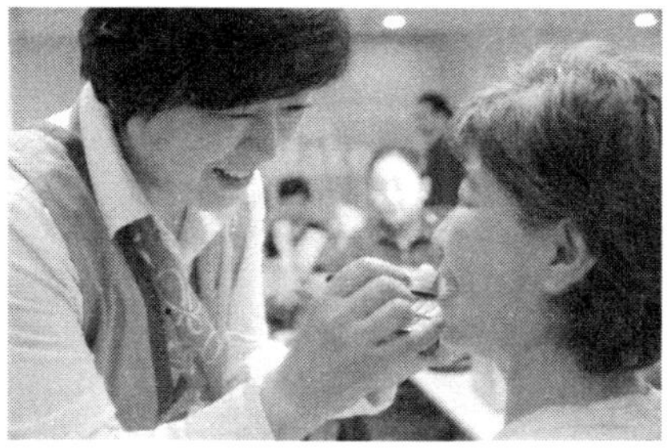

■ 아모레 스타를 이용하고 있는 고객들

4. 브랜드 등록

1) 상표 출원

2007년 7월 1일부터 상표권의 보호대상을 확대하여 색채 또는 색채의 조합만으로 된 상표, 홀로그램 상표, 동작 상표 및 그 밖에 시각적으로 인식할 수 있는 모든 유형의 상표를 상표법으로 보호할 수 있게 되었다.

그럼에도 불구하고 우리나라는 상표법상 상표란 여전히 시각을 통하여 인식될 수 있는 것으로 국한되며 시각을 통하여 인식할 수 없는 소리, 냄새, 맛 등과 같이 청각, 후각, 미각으로 지각할 수 있는 서표는 상품 등의 식별표시로 상표법상의 상표로는 보호받을 수 없다.

상표를 쉽게 풀이하자면, 본인의 사업이나 제품에 대한 브랜드 표시이다.

우리가 쉽게 보고 접하는 브랜드 로고들 모두 상표에 해당된다. 더 구체적으로 말하면 자신의 상품과 타인의 상품을 구분할 수 있는 표지를 상표라고 한다.

흔히 상표는 기호, 그림, 문자 등으로 이루어져 있다. 이 뿐만 아니라 색체, 홀로그램, 동작 상표, 비시각적 상표(냄새) 등으로도 이루어진 상표도 있다.

최근 일본특허청에서는 세븐일레븐의 고유의 색(주황, 초록, 빨강) 결합을 상표로 출원했다고 한다. 단색이라면

상표란 본인의 사업이나 제품에 대한 브랜드 표시를 말합니다.

문자는 물론, 기호, 그림 그리고 도형의 형태로 나타낼 수 있습니다.

이때 **상표**는 소비자들에게 고유의 제품과 서비스를 식별하게 하는 중요한 요소라고 할 수 있습니다.

식별력이 없기 때문에 상표로 인정받기 어려웠겠지만, 세븐일레븐만의 색의 조합을 통해 식별력을 인정받아 상표로 등록할 수 있었다.

이러한 상표의 기능이자 중요한 요소가 바로 식별성이다. 이는 소비자들에게 고유의 제품을 타 상품과 구별하게 하는 성질을 의미한다.

좋은 상표는 바로 독창성을 갖고 있는 상표라고 할 수 있다. 상표의 독창성은 권리범위를 넓게 해서 독점 범위를 넓혀주고, 유사 상표의 출현을 막기 용이하기 때문이다.

유사 상표로부터 나의 상표를 지키려면 독창성 있는 상표를 만들어야 한다.

좋은 상표는 **독창성**이 있어야 합니다. 권리 범위를 넓게해 독점 범위를 넓게하고 유사 상표의 출현을 막기 용이하기 때문이죠.

그렇다면 다른 상표와 유사한 상표가 되지 않고 식별력 있는 상표를 만들기 위해서는 상표를 만들 때, 단순히 문자로 구성하는 것보다 문자+도형(혹은 그림) 등의 요소를 넣어 식별력을 높여주는 것이 중요하다.

단순히 문자로 구성하다 보면, 비슷한 연상이 되는 어휘일 경우 유사상표로 판별되어 상표등록을 받지 못할 수 있다. 하지만, 도형을 결합시킬 경우 다른 상표와의 단어 외 차이점이 더 생기면서, 식별성을 갖게 돼 상표등록이 가능하다.

2) 상표출원 및 등록절차

상표 출원과 상표등록은 구분되어야 한다. 상표출원을 하여 특허청에 등록 여부를 심사요청하면 1년 정도의 특허심사기간을 거처 상표등록 여부를 결정한다. 상표를 출원하여 등록하기까지의 단계는 상표검색, 상표출원, 심사, 상표등록 순으로 이루어진다.

▶ **예시**

세계적 커피 전문점 스타벅스가 '닮은 꼴 상표' 사용을 그만두라며 일본 유업 업체를 상대로 국내 법원에 소송을 냈지만 결국 졌다. 특허법원 3부(부장 박형준)는 스타벅스 미국 본사가 일본 유업 회사 '모리나가'를 상대로 낸 상표 등록무효 소송에서 원고패소 판결했다고 8일 밝혔다.

재판부는 두 상표가 비슷하지 않다고 판단했다. 모리나가와 스타벅스의 상표에는 각각 산맥과 왕관을 쓴 긴 머리 여인이 그려져 있어 외관부터 다르다고 판단이다. 또 모리나가의 상표는 '마운틴 레이니어'로 읽히지만 스타벅스 상표는 '스타벅스 커피'를 뜻해 소비자가 두 상표를 봤을 때 떠올리는 이미지도 다르다고 봤다.

스타벅스 측은 "모리나가 측이 스타벅스 커피의 본 고장으로 알려진 시애틀을 등록상표에 표시해 스타벅스의 명성에 편승하려 했다"고 주장했지만 받아들여지지 않았다. 재판부는 "모리나가는 이 상표가 사용된 음료를 판매해 2005년 한화 2587억 원 매출을 기록한 이래 2014년까지 계속해서 매년 한화 4384억 원 가량 매출을 올렸다"며 "스타벅스 상표의 명성에 편승할 목적이 있었다고 보기 어렵다"고 판시했다.

모리나가 유업은 커피 음료인 마운틴 레이니어(Mt. RAINIER)의 상표를 국내에 출원해 지난 2015년 2월 등록 결정을 받았다. 이 상표는 초록색 동심원 모양으로 돼있었고 안쪽에 산맥이 그려져 있었다. 산맥을 둘러싸고 '마운틴 레이니어', '에스프레소 & 밀크'라는 글자가 영어로 쓰여 있었다.

스타벅스 측은 지난 2015년 12월 "자사가 등록해 사용하던 상표를 베꼈다" 며 특허심판원에 모리나가의 상표 등록을 무효로 해달라는 심판을 청구했다. 모리나가 측이 스타벅스의 것과 유사한 상표를 출원해 소비자들에게 혼동을 줄 수 있다는 주장이었다. 하지만 특허심판원은 "두 회사의 상표가 비슷하지 않다"는 결정을 내렸고, 스타벅스 측은 소송을 냈다.

✿ 창업지침서 ✿

디저트 카페 사업계획서

1. 사업개요

"자연과 함께 어울린다."라는 슬로건을 가지고 공간을 자연친화적인 느낌으로 만들어서 도시 속에 숲이라는 콘셉트로 휴식을 원하는 20, 30, 40대 성인들을 타깃으로 질리지 않고 쉴 수 있는 공간 안에서 여유를 맘껏 즐길 수 있도록 하는 게 목적이다.

2. 사업추진배경

만족스러운 맛을 제공하므로써 고객과의 신뢰 형성.
직접 로스팅하는 좋은 원두로 변함없는 맛의 커피 제공.
다양한 디저트 메뉴로 고객에게 다양한 선택권 제공.
점심식사, 커피, 디저트 삼박자 모두 빠지지 않는 카페.

3. 사업 SWOT분석

Strength(강점)	Weakness(약점)
-다양한 유통경로 확보를 할 수 있음 -소비자에게 카페인이 없는 무해한 음료를 판매함으로써 인식을 바꿈 -웰빙이라는 콘셉트에서 건강한 느낌을 줌 -흔하지 않는 독특한 인테리어	-상품에 비해 기업 인지도 약함 -가게에 대한 인지 부족 -지나친 편파적 상품 구성됨 -웰빙 자체가 단조롭고 흔함
Opportunity(기회)	**Threat(위협)**
-건강과 자연에 관심 많은 고객이 찾음 -자연 속에서의 여유로운 느낌을 부여함 -지속적인 빠른 성장률	-지속된 불경기로 웰빙트랜드가 감소될 시 타격우려 있음 -일반소매점 진출 시 매출액 급감우려 -시장 포화에 따른 시장 성장률 감소 -누구나 창업이 가능하기 때문에 경쟁자가 많음

4. 사업 STP전략 분석

1) Segmentation

구매 행동 변수 : 프랜차이즈 카페에 비해 인지도가 낮을 것이다.
인구 통계적 변수 : 젊은 연령층에게만 인지도가 높을 것이다.
심리적 변수 : 현대인들의 스트레스 해소에 도움이 되는 문화적인 공간이다.
사용상황 변수 : 소비자는 복합문화의 공간을 체험할 수 있다.
추구편인 변수 : 소비자는 아늑한 공간과 신나는 공간을 동시에 만족할 수 있다.

2) Targeting : 20~30대 중심 공략

소비자인 20~30대가 원하는 편안하면서 아늑한 공간, 신나고 즐길 수 있는 공간으로 다양한 인테리어를 통해 소비자에게 최대의 만족을 얻게 한다.

20~30대의 젊은 층의 시점에서 다양한 볼거리를 제공해서 복합 문화의 공간을 강조해 소비자의 관심과 인기를 얻는다.

젊은 연령층뿐만 아니라 다양한 연령층이 아늑한 카페를 체험할 수 있도록 낮에는 아늑하고 편안한 카페로 인테리어를 하여 극복.

젊은 연령층은 스트레스를 해소할 수 있도록 신나는 분위기를 연출.

3) Positioning

기존의 프랜차이즈 카페는 합리적인 가격을 바탕으로 다양한 연령층의 소비자들에게 대중적인 인기를 구가하고 있다. 20~30대의 젊은 연령층의 소비자들은 스트레스를 해소하기 위한 즐길 수 있는 클럽을 체험한다.

5. 경쟁자분석

1) 카페베네

대기업이 하는 사업이다 보니 막대한 자본과 효율적이고 안정적인 조직구성.

싸이더스와 함께 시작한 카페베네는 싸이더스가 가진 스타마케팅과 엔터테인먼트에 자연스럽게 카페베네를 노출하는 방식을 통해 먼저 이름을 알렸다.

• 스타 마케팅/ 과감한 마케팅

대표적인 카페베네의 광고스타 한예슬과 송승헌이 있고, 지금은 카페베네 LA지점의 사장님이 되기도 한 한예슬에 어울리는 남자배우들을 바꾸어가며 광고를 함으로써 카페베네를 사람들과 함께 즐기고 가고 싶은 공간으로써 발전시켰다.

그리고 드라마와 같은 메스미디어를 통한 카페베네의 노출로 사람들에게 카페베네란 카페를 인식시키는데 일조하였다.

•커피 & 와플 마케팅

타 커피전문점에서 와플에 대한 고객의 수요가 많지 않고, 대부분 조각케이크를 주요메뉴로 마케팅해 왔던 점에서 차별적 전략으로 케이크대신 와플을 전면에 내세워 주요 마케팅을 시작했다.

젊은층의 기호에 맞는 메뉴인 와플과 아이스크림은 적당한 가격을 제시하여 고객1인당 객단가를 높이는데 좋은 아이템이다.

커피메뉴는 다른 커피전문점보다 대략적으로 500원 정도 저렴한 가격

2) 투썸플레이스

대한민국 CJ푸드빌에서 운영하고 있는 커피 프랜차이즈 브랜드

2002년 서울 신촌점을 시작으로 현재 서울과 수도권, 부산의 중심 상권에서 많은 매장을 운영하고 있다.

샌드위치 카페를 모방하여 디저트를 중심으로 한 카페를 목적으로 만들어졌다.
케이크, 마카롱, 스콘 등이 있으며 케이크는 상점에서 직접 만들어 판매한다.
투썸플레이스의 기업 모토 '먹는 즐거움과 행복'

3) 엔제리너스

• 퓨어 로스팅기법

엔제리너스가 자랑하는 '퓨어 로스팅'기법은 최상급 아라비카 생두를 공기 중에 가볍게 띄우는 대류 방식을 이용해 볶는 방식으로써 시간과 온도를 정확하게 관리, 신선도를 최상으로 끌어올릴 수 있는 기술이며 부드럽고 풍부한 향과 신선한 커피 맛을 이끌어낼 수 있는 기법이다.

• 다양한 메뉴

홍시, 블루베리, 딸기, 그린티, 모카 등 제철과일을 비롯해 다양한 맛의 음료를 출시하고 와플, 허니브래드뿐만 아니라 라이스 머핀과 같은 디저트 메뉴도 꾸준히 선보인다.

• 롯데리아의 노하우

엔제리너스커피는 롯데리아에서 운영하는 커피전문점이다.

롯데리아의 30년 프랜차이즈 노하우를 바탕으로 원료의 대부분을 롯데그룹의 계열사를 통해 공급받기 때문에 뛰어난 품질의 원료를 상대적으로 저렴한 가격에 조달하고 있다.

• 빠른 성장

엔제리너스 커피는 자바커피에서 엔제리너스로 브랜드명을 바꾼 뒤 2007년 가맹사업을 시작했다. 이후 2년만에 운영매장 200호점을 돌파했다.

• F4캠페인

로스팅 후 매장 내 원두 유통 기한을 1주 이내로 하므로 신선도 유지에 집중하는 모습을 보이고 있다.

6. 메뉴개발전략

1) 정확한 고객층의 메뉴 개발
2) 마케팅을 고려한 메뉴 개발
3) 이벤트메뉴개발
4) 재고관리를 고려하여 메뉴 개발
5) 기획 메뉴상품 개발
6) 건강 메뉴 개발
7) 식이요법 메뉴 개발
8) 주방설비를 고려하는 메뉴개발
9) 메뉴북

7. 메뉴소개와 가격

품명	가격	품명	가격
에스프레소	2,800	블루베리 라떼	4,500
아메리카노	3,500	녹차	5,000
카페라떼	4,100	얼그레이	5,000
카페모카	4,300	홍차	5,000
카라멜 마끼야또	4,500	유자	6,000
그린티라떼	4,500	허니 버터 브래드	4,000
바닐라라떼	4,000	치즈케익	3,900
아이스 티	3,900	와플	2,500
레몬에이드	3,900	초코머핀	2,500
핫초코	4,200	어니언 베이글	3,000
아이스 밀크 티 라떼	4,500		

8. 입지전략

- 홍대, 강남 등 젊은 연령층이 많은 곳에 입점.
- 역주변의 유동인구가 많은 곳에 입점.
- 매장과 가까운 거리에 있는 도, 소매를 이용하여 식자재를 얻어 음료를 제작.
- 90평
- 보증금 7000만 원
- 월 400만 원
- 수원역 중심상권(로데오거리)에 위치
- 유동인구가 많은 곳에 위치
- 메인 4차선 도로에 접해있고, 신호등 바로 앞에 위치하여 소매업종의 매출 상승이 기대되는 곳에 위치

9. 카페홍보 전략(이벤트, 기념일, 고객관리, 홍보)

- POP, 전단지(전단지 하단에 할인쿠폰)로 홍보.
- 쿠폰을 이용해 카페는 음료를, 클럽은 칵테일 1잔씩 제공하는 이벤트 홍보.
- 쿠폰을 매장에 보관하여 고객관리를 하고 고객들의 기념일을 정해 무료로 음료를 제공하는 이벤트 진행.
- 문화데이를 정해 한 달에 1~2번 정도 공연 주최.
- 시간대를 정해 무료이용을 할 수 있는 이벤트.
- 카페 블로그를 이용해 방문수, 덧글 이벤트 등을 통해 클럽 무료이용권& 무료음료 서비스를 제공하여 홍보.

10. 인력계획

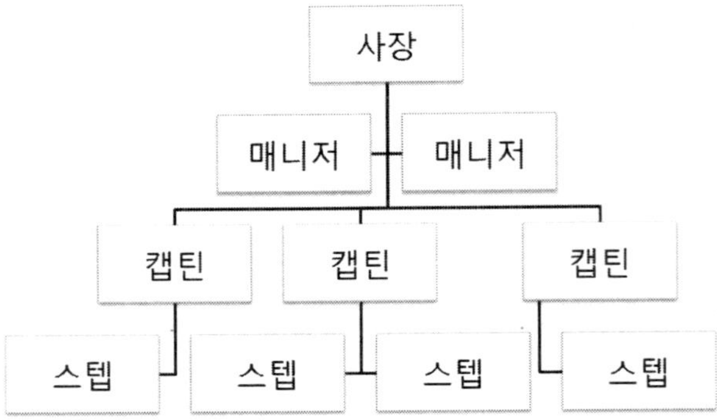

메뉴 개발이나 직원 교육에서부터 고객 한분 한분을 위한 데이터베이스 구축과, 관리해야 할 기계와 재료가 많이 있기 때문에 그런 점에 있어 매니저 2명을 고용한다.

또 원활한 카페 운영과 전문적인 음료제조를 위해 캡틴은 3명을 둔다. 뿐만 아니라 쾌적한 환경과 늘 한결 같은 서비스를 위해 스텝 교육에도 늘 신경을 쓴다.

11. 재무계획

1) 예상소요자금

항목	내용	금액(만원)
재료비	원두, 밀가루 등 원재료비	200
인테리어	전기공사, 주방공사, 내부인테리어 등	2,500
간판	외부상단, 입간판	200
초기홍보비	전단지, 홈페이지 개설 등	100
머신 및 시설	커피머신, 그라인더, POS 등	2,000
주방기물 및 기타	식기세척기, 쇼케이스, 컵, 유니폼 등	600
합계		5,600

2) 자금상환계획

- 대출금
- 조건 : 5년 상환
- 상환방법 : 적금가입 월 123만 원 납부
- 결과

  적금 : 매월 100만 원 납부

  이자 : 매월 23만 원 납부

3) 추정 손익계산서

과목		최근 월간 실적	1년차	비고
매출액		20,000,000	240,000,000	월평균 매출
매출원가		5,000,000	60,000,000	월상품 구입비*12월
매출이익		15,000,000	180,000,000	매출액-매출원가
판매 관리비	급료	4,000,000	48,000,000	월 발생 급료*12월
	복리후생비	300,000	3,600,000	월 발생 복리후생비*12월
	임차료	3,000,000	36,000,000	월 발생 임차료*12월
	수도광열비	400,000	4,800,000	월 발생 수도광열비*12월
	감가상각비	2,000,000	24,000,000	월 발생 감가상각비*12월
	광고선전비	500,000	6,000,000	월 발생 광고선전비*12월
	기타 경비	1,000,000	12,000,000	월 발생 기타경비*12월
	합 계	11,200,000	134,400,000	급료~기타경비 합계
영업이익		3,800,000	- 74,400,000	매출액-판매관리비 합계
영업외 비용	지급이자	1,000,000	12,000,000	월 발생 지급이자*12월
영업외 수익		3,000,000	36,000,000	배우자 급여, 이자 소득 등
경상이익		2,800,000	- 86,400,000	영업이익-영업외 비용
특별손실			-	
특별이익			-	
세전 순이익		2,800,000	33,600,000	
소득세 등		200,000	2,400,000	
당기 순이익		2,600,000	31,200,000	세전 순이익-소득세

12. 사업추진일정

기간	구분
개업 2달 전	사업타당성분석 : 사업 타당성을 분석 해보고 수정과 추가를 더한다. 시장조사 : 기존 프랜차이즈 카페 중 가장 지지도가 높은 카페, 인기 있는 메뉴와 그렇지 않은 메뉴 등을 파악하고 이유와 원가를 계산을 한다. 사업장선정 & 영업허가검토 : 사업 발표와 영업 허가를 받는다. 입점 : 상권을 분석하고 계약해 입점한다. 자금확보 : 필요한 자금을 확보한다. 실내외인테리어 : '숨'의 콘셉트에 맞게 인테리어 공사를 한다.
개업 1달 전	설비구입 : 필요한 기계와 기구를 구입한다. 재료구입 : '숨'의 메뉴에 필요한 재료를 구입하는 곳, 인터넷이나 마트 등을 알아둔다. 직원채용 : 매니저, 캡틴, 스텝을 채용해 교육시킨다. 광고홍보계획 : 광고와 홍보를 어떻게 할지 계획한다. 판매계획 : 미끼상품을 정하고 어떻게 판매할지 계획한다.
개업 2주일 전	홍보 : 전단지 광고와 POP광고, 현수막 제작 등으로 홍보를 시작한다. 데이터베이스구축 : 1:1 고객관리를 위한 데이터베이스를 구축한다. 마무리 : 인테리어 마무리와 메뉴판을 만들고 소파와 테이블 등 완벽하게 준비한다.

기간	구분
개업 후 1달	마케팅 : 한번 온 고객들이 다시 찾을 수 있도록 마케팅과 서비스에 최선을 다한다. 메뉴개발 : 가장 선호도가 높은 메뉴와 그렇지 못한 메뉴, 가장 공헌 이익이 높은 메뉴와 그렇지 못한 메뉴 등을 분석해 수정하고 추가한다. 재고관리 : 재료는 유통기한과 보관법을 철저하게 지킨다. 서비스개선 : 개업 한 달 동안의 부족한 서비스를 보완하고 강화한다. 매장청결관리 : 주방과 매장 내 청결에 항상 주의를 기울인다.
개업 후 3개월	고객 만족도 조사 : 고객들의 만족도를 조사하여 매장의 환경이나 메뉴에 반영시킨다. 이익 창출 : 매출 증대 방안을 계획하여 이익을 창출한다. 홍보 : 홍보를 계속 함으로 고객들에게 친근하게 다가가고 인지도를 높인다.

제4장 사업계획서 및 자금계획

1. 사업계획서의 정의

사업계획서란 사업을 시작하기 전에 사업 전반에 대한 제반사항을 체계적으로 기술해 놓은 문서를 말한다.

카페 창업을 위한 창업계획서는 창업자가 자신의 사업을 지속적으로 성장시키기 위한 구체화된 의지를 체계적으로 정리한 설계로서 추진할 사업과 관련된 제반사항, 즉 사업 내용, 시장에 대한 분석, 경쟁 환경 분석, 시장의 세분화, 표적시장, 목표고객의 정의, 시장특성, 예상매출액과 수익성, 마케팅전략, 조직 및 인력관리, 소요자금 조달 및 운영, 기대수익, 세부일정 계획 등 사업을 하기 위한 제반사항을 체계적으로 정리한 문서이다.

사업 계획서의 작성은 사업에 대한 전반적인 사항을 객관적으로 서술함으로서 창업자가 창업가능성, 사업타당성, 수익성을 분석하여 성공적인 창업을 준비하는 과정이다.

▶사업 타당성 평가 항목

주요항목	평가요소	세부 검토 사항
상품성	상품의 적합성	1. 창업자가 잘 아는 제품인가? 2. 창업자가 잘 할 수 있는 공정인가?
	상품의 독창성	1. 시장에서 동일한 제품 또는 서비스가 없는가?
시장성	시장의 규모	1. 예상되는 고객의 수는 어느 정도인가? 2. 시장 규모는 금액으로 어느 정도인가?
	경쟁력	1. 경쟁자의 세력 및 시장 분포는 어떤가? 2. 경쟁제품과 비교했을 때 품질과 가격관계는 유리한가?
	시장의 장래성	1. 잠재고객 수의 증가는 있는가? 2. 새로운 창업기업의 침투 가능성은 어느 정도인가? 3. 소비자 성향이 안정적이고, 필요성이 증가하는가?
수익성	생산비용의 효익성	1. 적정 비용으로 제품을 생산할 수 없는 요인이 있는가? 2. 생산공정이 복잡하지 않고, 효율성은 있는가?
	적정이윤의 보장성	1. 원자재 조달이 용이하고 값은 안정적인가? 2. 필요한 노동력 공급이 용이하며 저렴한가? 3. 제조원가, 관리비, 인건비 등 제반비용 공제 후 적정이윤이 보장되는가?

주요항목	평가요소	세부 검토 사항
안정성	위험 수준	1. 경제순환과정에서 불황 적응력은 어느 정도인가? 2. 기술적 진보 수준은 어느 정도임, 기술적 변화에 쉽게 대처할 수 있는가?
	자금투입의 적정성	1. 초기 투자액은 어느 정도이며, 자금 조달이 가능한 범위인가? 2. 이익이 실현되는 데 필요한 기간은 어느 정도이며 그 동안 자금력은 충분한가?
	재고 수준	1. 원자재 조달, 유통과정상 평균재고 수준은 어느 정도이며, 재고상품의 회전기간은 어느 정도인가? 2. 수요의 계절성은 없는가?

2. 사업계획서의 용도 및 종류

1) 사업계획서의 용도

사업에 대한 사업내용, 경영방침, 기술적 문제, 시장성 및 판매전망, 매출액과 수익성 예측, 소요자금조달과 운영계획, 인력충전 등을 포함하고 있어야 한다. 또 다른 용도로는 대외적으로 투자유치 등의 자료로 사용되기도 한다.

2) 사업계획서의 종류

(1) 한 페이지 사업 계획서

사업 계획의 핵심내용만을 선별하여 A4한 장 분량으로 압축해서 제시한 사업 계획서독자가 쉽게 이해할 수 있도록 정리하는 기술이 필요

<table>
<tr><td rowspan="2">핵심 동업자</td><td>핵심활동</td><td rowspan="2">가치 제안</td><td>고객 관계</td><td rowspan="2">고객 분류</td></tr>
<tr><td>핵심 자원</td><td>유통 체계</td></tr>
<tr><td colspan="2">비용 구조</td><td colspan="3">매출원</td></tr>
</table>

(2) 기술형 사업 계획서

사업 내용을 상세하게 설명하는 형식으로 가장 일반적인 형식의 사업 계획서다. 공공기관용 사업 계획서&기관 투자자용으로 선호되고 있다.

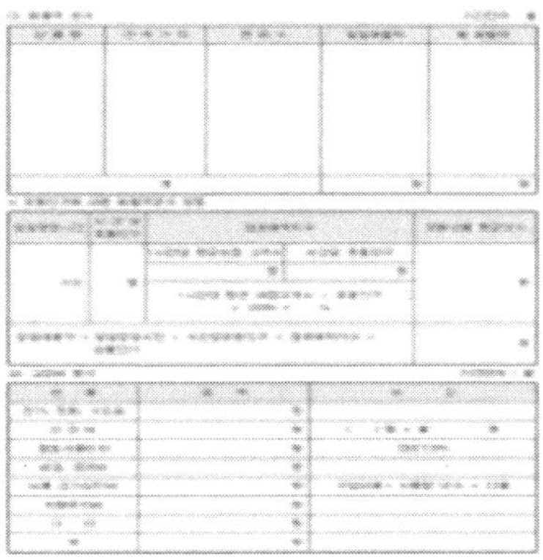
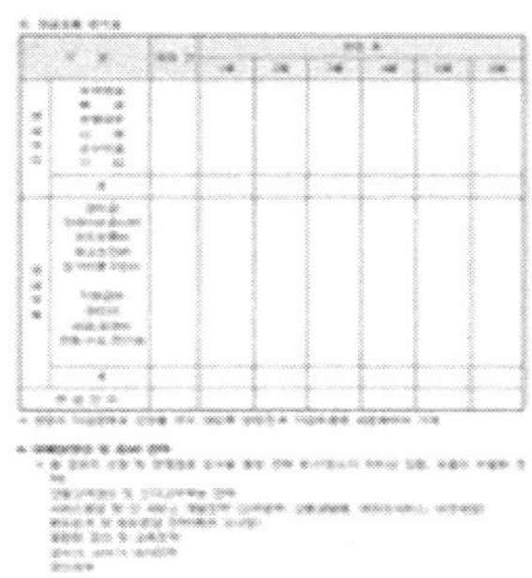
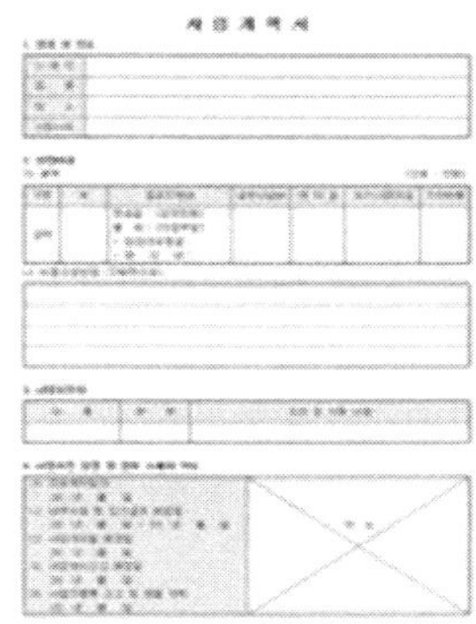

▶ **카페 창업을 위한 사업계획서 양식**

구분		내용
카페의 콘셉트	카페의 유형(차별성)	
	테마 및 감성스토리	
시장 조사와 분석 (환경분석)	카페 산업에 대한 pest 분석	
	SWOT 분석(경영자)	
	SWOT 분석(카페시장)	
STP	시장세분화(segmentation)	
	목표시장(targeting)	
	포지셔닝(positioning)	
마케팅 믹스 (7p)	메뉴유형 및 주요 식재료	
	디자인(분위기), 서비스 형태	
	입지 및 상권(place)	
	규모(좌석 수, 면적, 투자예산)	
	가격대(price)	
	주요 판매 촉략(인적자원, 물리적 증거, 서비스 프로세스)	
사업성	자금계획(매출. 비용. 이익)	
기타	경영관리 방안	

3) 설명회용 사업 계획서

파워 포인트 같은 소프트 웨어를 이용하여 작성하는 사업 계획서

기술형 사업계획서를 바탕으로 발표를 목적(투자유치, 신규사업, 신제품발표) 등으로 작성한다.

4) 사업계획서의 구성절차

사업계획서를 만드는 것 자체가 중요한 것이 아니라 사업계획서를 직접 작성하면서 성공적인 창업이 가능함을 입증하고 창업자 스스로가 자신감을 가지게 되는 과정이 더 중요하다.

사업계획서의 구상절차로는 사업의 개요 - 창업의 유형 - 콘셉트 설정- 상권 및 사업타당성분석 - 물리적 환경 디자인 - 메뉴개발 및 평가 - 인적자원 및 서비스전략 - 개점 및 촉진전략 - 사업추진 일정으로 절차가 이루어진다.

▶ **사업의 개요 사례**

<table>
<tr><td colspan="2">작성자</td><td>홍길동</td><td>나이</td><td>40세</td></tr>
<tr><td colspan="2">경력</td><td colspan="3">커피전문 자격증•베이커리 자격증 소지, 수제쿠키 제조판매</td></tr>
<tr><td colspan="2">작성기간</td><td colspan="3">201*년*월**일~201*년*월**일</td></tr>
<tr><td colspan="2">용도</td><td colspan="3">사업추진을 위한 목표 설정, 체크리스트, 매뉴얼</td></tr>
<tr><td rowspan="3">희망 업종</td><td>대분류</td><td>음식</td><td></td><td></td></tr>
<tr><td>중분류</td><td>커피전문점</td><td></td><td></td></tr>
<tr><td>소분류</td><td>커피전문점</td><td></td><td></td></tr>
<tr><td colspan="2">창업형태</td><td>독립/프랜차이즈</td><td>경영참여</td><td>경영/투자</td></tr>
<tr><td colspan="2">창업자금</td><td>1억 원</td><td>희망점포 규모</td><td>20평/1층</td></tr>
<tr><td colspan="2">적정 권리금</td><td>5천만 원 이하</td><td>보증금, 임차료</td><td>미정</td></tr>
<tr><td colspan="2">목표순이익/월</td><td>600만 원/월</td><td>예상 창업시기</td><td>6개월 이내</td></tr>
<tr><td colspan="2">선택 업종 개요</td><td colspan="3">•음료만이 아닌 간단한 식사도 겸할 수 있는 커피전문점
•특색 있는 카페시장은 아직도 다각화와 발전 가능성이 충분히 있음
•아파트 가격대가 높은 주거지 상권과 오피스 상권, 역세권 등이 적합한 상권임
•3개의 후보상권을 분석하여 경쟁점 매출, 인구분석, 상권 발전 가능성을 조사 분석하여 경쟁우위 상권을 선택할 예정임</td></tr>
</table>

▶ **창업목적과 목표 사례**

<table>
<tr><td colspan="2">구분</td><td>해당 여부</td></tr>
<tr><td rowspan="8">창업목적</td><td>생계를 위한 수업 확보 수단으로</td><td>o</td></tr>
<tr><td>직업을 얻기 위해</td><td>o</td></tr>
<tr><td>여유자금의 투자를 위하여</td><td></td></tr>
<tr><td>프랜차이즈 사업으로의 확장을 위하여</td><td>o</td></tr>
<tr><td>친교를 위한 커뮤니티 공간이 필요해서</td><td></td></tr>
<tr><td>무엇이든 즐기는 다양한 활동의 장소(요리, 서빙)</td><td></td></tr>
<tr><td>새로운 분야에 대한 도전을 위하여</td><td></td></tr>
<tr><td>특별한 기술과 삶의 방식을 배우기 위하여</td><td></td></tr>
</table>

창업목적	식문화(음식,분위기 등)을 즐기기 위하여	
	정년퇴직 후 즐길 수 있는 일이 필요해서	
창업목표	•월 매출액 0000만 원 •1년 내 손익분기점 달성 •2년 6개월 내 투자금 회수 •10년 내 동일 상권에 콘셉트가 다른 3개의 점포를 개설하여 포트폴리오 구상하여 안정적인 다점포화를 추구함	

▶ **환경적분석 PEST 분석 사례 : 정상적 부문의 사업타당성 분석**

주요항목	평가요소	세부검토사항	평가			종합
			상	중	하	
창업자의 사업능력	창업 적합도	사업경험 및 지식 정도(조리사자격 보유 등)		o		
		사업수행능력(친절도, 영업력 등)여부		o		
		업종, 적성, 경력, 경영능력 등의 적합성		o		
	경영 마인드	경영 및 서비스 마인드	o			
		반드시 성공하겠다는 굳은 의지	o			
		고객유치 및 판매전략 여부		o		
		조리방법의 충분한 습득				
상품성	상품의 적합성	주력메뉴(상품)의 대중성				
		주력상품(상품) 가격의 적절성				
		식재료 구입의 편의성				
		주력메뉴 수명주기의 적절성(도입기, 성장기)				
		주력메뉴 및 식사재의 독점성				
		독자적 기술과 노하우의 보유를 통한 차별성				
상품성	상품의 독점성	예상되는 고객의 수				
		시장규모 평가				
시장성	시장의 규모	경쟁업체의 세력 및 분포도				
		경쟁제품과 품질과 가격의 비교우위				
	경쟁성	차별화 가능 여부				
		잠재고객 수익 증가 가능성				
		대기업의 침투가능성				
	시장의 장례성	소비자의 성향 및 필요성				
		식재료 비용의 가격대비 비율				
수익성	제품생산 및 판매 효율성	조리의 효율성				
		배달 및 테이크아웃 판매 가능성				
		식재료 조달방법 및 금액				
		임차료 및 인건비의 적정성				
	적정이윤 보장성	원가, 인건비, 관리비를 제한 적정이윤의 보장				
		불황 적응력				
		경쟁업체 출현 시 대처능력				
안정성	위험수준	초기투자액에 대한 자금조달 범위				
	자금투입 적정성	손익분기점의 수준 및 기간				
		예비비의 보유 여력				
	재고관리	식재료 재고관리의 용이성				
		수요의 계절성				
합계						

▶ 환경분석〈PEST 분석〉

구분	내용
정치적 환경(P)	•외식산업진흥법이 제정되는 등 국가적인 차원에서 외식산업에 대한 중요성 인식이 증대되고 있음 •정부의 규제완화 정책의 변화(식품산업진흥법, 외식산업진흥법 도입) •산업적인 측면에서 프랜차이즈 산업에 대한 지원이 강화되고 있지만 공정거래 측면에서 프랜차이즈 기업에 대한 제재도 증가하고 있음
경제적 환경(E)	•국민소득 2만 달러 수준을 넘어서면서 카페시장은 급성장하고 있음 •저성장기조 고착화 •카페 간의 양극화가 증대되면서 소상공인의 생계형 창업 실패가능성은 커지고 있음
사회적 환경(S)	•다양화, 퓨전화를 동반한 한식뷔페에 대한 수요 증가 •합리적 소비 트랜드 증가와 가치소비 욕구 증대 •변화하는 소비자의 취향과 트랜드를 추종할 수 있는 소비자조사 능력 필요 •특색 있는 카페촌의 성장
기술적 환경(T)	•단순한 커피보다는 전문화된 카페메뉴 개발능력이 필요 •웰빙과 합리성 중심의 소비자 욕구를 충족시킬 수 있는 과학적인 접근 자세가 필요 •전 세계에서 개발되는 다양한 커피가공 및 추출기술 발전에 대한 이해 •기술의 발달로 맛과 서비스 등 체계적인 경영방식을 도입한 기업의 확산
종합의견	•카페사업의 중요성에 대한 인식이 높아지고 있으며 국민소득 수준이 상승함 •고객의 다양화 등 선택속성이 증가하여 전문적이고 차별화된 콘셉트의 상품에 대한 수요가 증가할 것으로 추정함

▶ 환경분석〈SWOT 분석〉

구분	내부환경		외부환경	
긍정적 환경	강점 (S)	•카페메뉴 제조에 있어 차별화된 능력 보유 •대형 프랜차이즈 벤치마킹으로 전략적 메뉴 개발	기회 (O)	•커피시장에 대한 사회적 인식의 개선 및 관심 증대 •누구나 습관처럼 즐겨찾는 대표메뉴로 성장
부정적 환경	약점 (W)	•인건비 상승으로 직원 고용의 어려움 •브랜드 인지도를 높이기 위한 비용 및 시간 투자의 효용성	위협 (T)	•저가형 프랜차이즈 카페 등장 •생두가격 급상승 •골목마다우후죽순처럼 생겨나는 경쟁점포

5) 상권 조사와 사업 타당성 분석

상권조사는 구체적으로 상권조사, 분석, 입지조사, 분석, 점포조사, 분석으로 나눌 수 있다. 점포는 한번 선택하면 쉽게 바꿀 수 없다는 점에서 매우 중요한 창업자의 의사결정 요인에 해당된다. 상권 및 입지 조사, 분석사례에서 보는 바와 같이 상권, 입지, 점포, 조사, 분석, 사례는 매우 간결하게 작성된 내용이다.

▶ 상권 및 입지 조사, 분석사례

구분	A급	B급	C급
1차상권(반경 500m)인구수	15,000명 이상	10,000명 이상	5,000명 이상
2차상권(반경 1km)인구수	50,000명 이상	30,000명 이상	20,000명 이상
상권 인구 증가율	5% 이상	3% 이상	1% 이상
상권 1세대당 인구수	2.5인 이상	2.0인 이상	2.0인 미만
상권 사업체수	증가	미세한 증가	감소
점포에서 역까지의 시간(도보)	1분 이내	5분 이내	8분 이내
점포에서 역까지의 거리	30m 이내	50m 이내	100m 이내
지하철역의 승하차 인원수(1일)	10만 명 이상	7만 명 이상	5만 명 이상
전면도로의 차량통행량(12시간)	3만대 이상	2만대 이상	1만대 이상
전면도로의 유동인구수(12시간)	10,000명 이상	7,000명 이상	4,000명 이상
점포의 가시성	매우 양호	양호	보통
주차 가능 대수	20대 이상	10대 이상	5대 이상
점포의 전면	7m 이상	4m 이상	2m 이상
점포의 위치	1층	1층+2층	2층 이상,지하
간판 설치 위치	전면+측면	전면	측면

▶ 타당성 분석을 위한 수익성 분석 사례

<table>
<tr><th>구분</th><th colspan="2">항목</th><th colspan="3">내용</th></tr>
<tr><td rowspan="14">예상
투자자금</td><td rowspan="4">점포비
(%)</td><td>보증금</td><td>5,000만 원</td><td colspan="2" rowspan="4">5,200만 원</td></tr>
<tr><td>권리금</td><td>무</td></tr>
<tr><td>임차료</td><td>150만 원</td></tr>
<tr><td>관리비</td><td>50만 원</td></tr>
<tr><td rowspan="4">시설비
(%)</td><td>설계비</td><td></td><td></td><td rowspan="4">7,300만 원</td></tr>
<tr><td>인테리어</td><td></td><td></td></tr>
<tr><td>외부간판</td><td></td><td></td></tr>
<tr><td>주방기물</td><td></td><td></td></tr>
<tr><td rowspan="5">초기
운영비
(%)</td><td rowspan="2">초도비</td><td>식재료비</td><td rowspan="2">200만 원</td><td rowspan="5">500만 원</td></tr>
<tr><td>초도 홍보비</td></tr>
<tr><td rowspan="3">운영비</td><td>인건비</td><td rowspan="3">300만 원</td></tr>
<tr><td>제 경비</td></tr>
<tr><td>기타비용</td></tr>
<tr><td>예비비</td><td>6개월</td><td colspan="2">임차료, 고정인건비, 관리비, 고정식재료비, 광고비 등(월 5백만 원)</td><td>3,000만 원</td></tr>
<tr><td colspan="3">합계</td><td colspan="3">16,000만원</td></tr>
</table>

▶ 타당성 분석을 위한 손익분기점 분석 사례

항목	내용		
단위당 가격(객단가)	5,100원		
순익분기 매출수량	고정비	임차료, 인건비, 감가상각비 925만원	
	공헌이익	단위당 가격①	5,100원
		단위당 변동비②	2,108원
		공헌이익①-②	2,992원
	고정비/단위당 공헌이익	925만 원/2,992원=약 1,576만 원	
순익분기 매출약	단위당 가격x손익분기 매출수량=5,100원x3,092명=약1,576만 원		

6) 자금계획과 조달방법

창업을 위한 자금계획은 언제부터 어떻게 수립해야 하는 걸까?

갑작스런 창업계획으로 사전준비도 없이 창업을 하는 경우가 의외로 많다.

예비창업 시 충분한 준비없이 가족이나 지인, 은행이나 창업기관의 지원을 받아 힙겹게 하는 경우가 많다. 하여 자금계획 시 고려할 사항들을 알아보고자 한다.

(1) 자금 계획 시 고려사항

창업 시 필요한 자금을 계획 시 반드시 다음과 같은 사항을 고려해야 한다.

창업자금의 대부분은 자기자본으로 준비해야 한다. 초기 창업계획서를 잘 설계해서 투자비를 산정해도 창업 과정에서 대부분 초과 되는 경우가 다반사다.

하여 차입금은 자기자금 대비 20%를 넘지 않는 것이 바람직하다. 창업 후 예비비는 6월 정도의 운영비를 설정하는 것이 중요하다. 창업 후 손익분기점에 도달하는 시기는 최소6개월에서 2년이 걸릴 수도 있다. 성공 가능성이 있는 사업을 유지하지 못한 채 사업을 포기하는 일은 없어야 한다.

창업 이후 마케팅 비용을 고려해야 한다. 창업 후 프로모션을 위한 자금이 부족하여 어려움을 겪는 경우가 다반사다.

잘 될거라는 자만심에 높은 이자의 차입금을 사용하다 어려움을 겪는 경우가 많아 높은 이자의 차입금은 절대 사용하자 않는 것이 바람직하다.

(2) 자금조달 방법

창업 시 초기비용이나 점포운영 중에 자금이 필요할 때가 적지 않다. 사업자는 시중 금융기관에서 돈을 빌릴 수도 있지만, 담보능력이나 금리에 따라 정부의 지원 제도를 활용할 수 있다. 소상공인 경우 정부에서 지원하는 자금은 최고 7천만 원에서 1억 원까지 가능하다. 실제 대출금은 융자한도액보다 적지만 담보 없이 돈을 빌릴 수 있어서 자금융통에 도움이 될 수 있다. 다음은 국가에서 지원하는 2016년도 소상공인 정책자금 내용이다.

- 소상공인 창업자금 : 상징 유망형 창업 초기 소상공인에 대한 자금 지원을 통해 자금난 해소 등 유망업종 창업 유도 및 창업 생존율을 제고한다.
- 사업전환자금 : 생계형 업종에서 벗어난 신성장. 유망업종으로 재창업하려는 소상공인의 성공적인 재도전을 지원한다.
- 소상공인 특화자금 : 숙련기술 기반의 소상공인이 필요로 하는 장비 도입, 경영안정 등에 자금을 지원한다.
- 성장촉진자금 : 창업 3~7년 차 죽음의 계곡을 겨우 건너 극복한 소상공인의 성장을 촉진할 수 있는 사업 운영. 개선 자금을 지원한다. 업체당 1억 이하 한도 내에서 지원한다.
- 일반경영안정자금 : 소상공인의 경영 애로를 해소하고 영업지속률을 높이기 위하여 점포운영자금을 지원한다. 소상공인 중 사업개시 후 1년이 초과한 사업자가 대상이다.
- 긴급경영안정자금 : 재해, 단기침체 및 위기극복 등 긴급한 자금 소요를 지원하여 소상공인의 안정적인 영업기반 조성을 지원한다.
- 소상공인 전환대출 : 소상공인의 제2금융권 대출을 저금리 정책 자금으로 전환하여 영세 소상공인의 금융부담 완화를 지원한다.
- 임차보증금 안심금융 : 사업운영 또는 시설확충에 자금이 필요하나, 신용등급, 담보가 영세하여 자금 융통이 어려운 영세 소상공인에게 자금을 지원한다.

✿ 창업지침서 ✿

영어 토크 카페 사업계획서

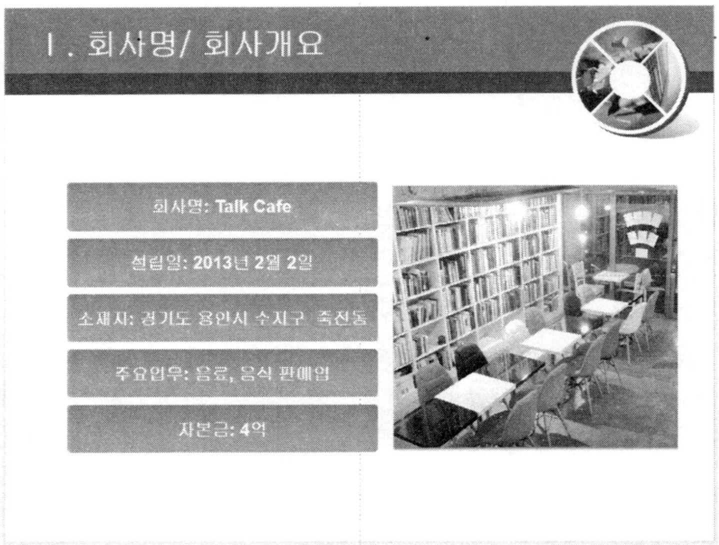

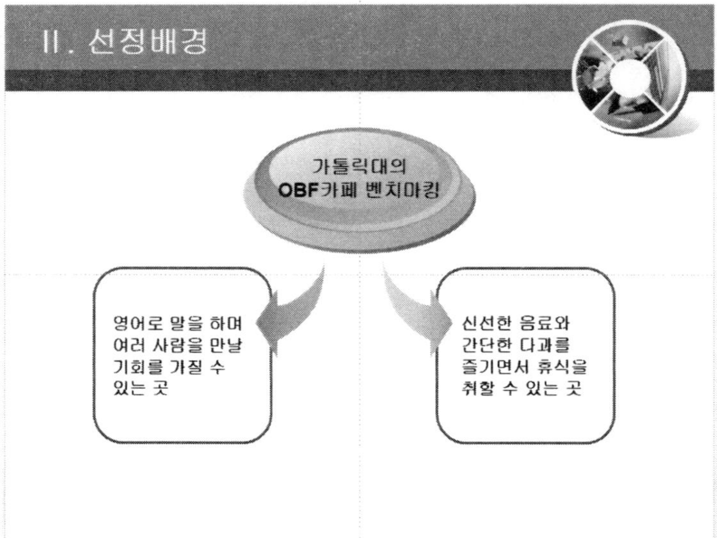

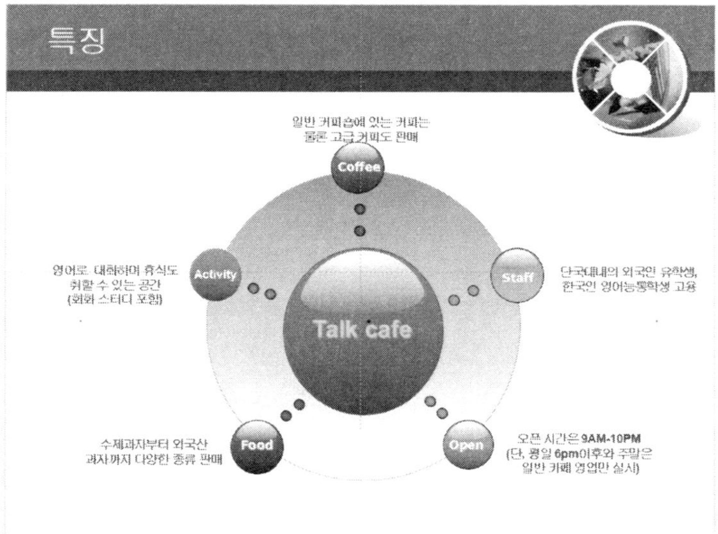
특징
일반 커피숍에 있는 커피는 물론 고급 커피도 판매
Coffee
영어로 대화하며 휴식도 취할 수 있는 공간 (회화 스터디 포함)
Activity
Staff
단국대내의 외국인 유학생, 한국인 영어능통학생 고용
Talk cafe
수제과자부터 외국산 과자까지 다양한 종류 판매
Food
Open
오픈 시간은 9AM-10PM (단, 평일 6pm이후와 주말은 일반 카페 영업만 실시)

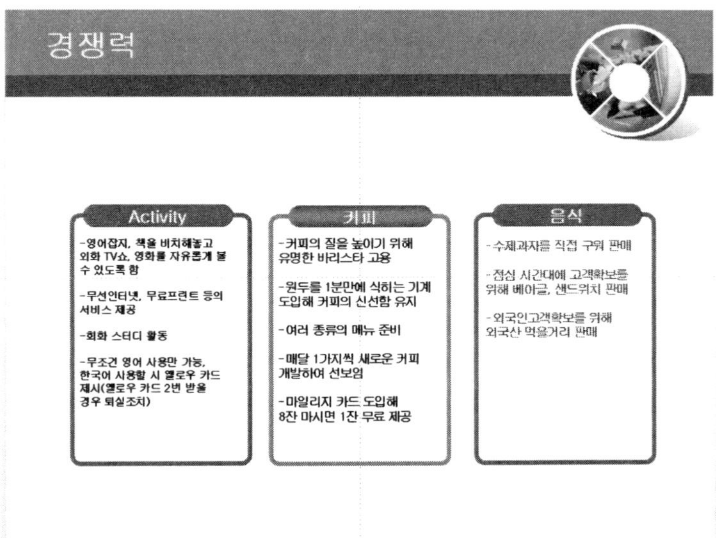
경쟁력
Activity
-영어잡지, 책을 비치해놓고 외화 TV쇼, 영화를 자유롭게 볼 수 있도록 함
-무선인터넷, 무료프린트 등의 서비스 제공
-회화 스터디 활동
-무조건 영어 사용만 가능, 한국어 사용할 시 옐로우 카드 제시(옐로우 카드 2번 받을 경우 퇴실조치)
커피
-커피의 질을 높이기 위해 유명한 바리스타 고용
-원두를 1분만에 식히는 기계 도입해 커피의 신선함 유지
-여러 종류의 메뉴 준비
-매달 1가지씩 새로운 커피 개발하여 선보임
-마일리지 카드 도입해 8잔 마시면 1잔 무료 제공
음식
-수제과자를 직접 구워 판매
-점심 시간대에 고객확보를 위해 베이글, 샌드위치 판매
-외국인고객확보를 위해 외국산 먹을거리 판매

Ⅲ. 환경분석-상권분석
1차상권 : 단국대 생 및 대지고 중심 아파트 단지
2차상권 : 꽃메마을 아파트 단지 및 죽전1동 우체국 인근 단지
3차상권 : 새터마을 아파트 단지 및 신세계 백화점 인근 아파트 단지

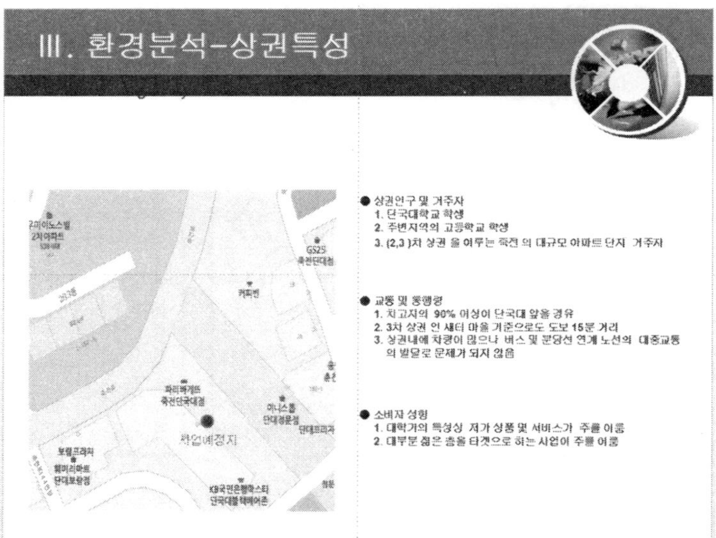
Ⅲ. 환경분석-상권특성
창업예정지
● 상권인구 및 거주자
1. 단국대학교 학생
2. 주변지역의 고등학교 학생
3. (2,3)차 상권 을 이루는 죽전 의 대규모 아파트 단지 거주자
● 교통 및 통행량
1. 차고지의 90% 이상이 단국대 앞을 경유
2. 3차 상권 인 새터 마을 기준으로도 도보 15분 거리
3. 상권내에 차량이 많으나 버스 및 분당선 연계 노선의 대중교통
의 발달로 문제가 되지 않음
● 소비자 성향
1. 대학가의 특성상 저가 상품 및 서비스가 주를 이룸
2. 대부분 젊은 층을 타겟으로 하는 사업이 주를 이룸

III. 환경분석-경쟁 점포 현황

경쟁점포 상호명		탐앤탐스	[illegible]	이디야
위치	소재지 층수/평수	용인시 수지구 죽전동 1층/ 30평	용인시 수지구 죽전동 1층/약 45평	용인시 수지구 죽전동 1층/약 15평
사업규모	종업원수 매출액	5명 이내 -	2명 -	2명 -
메뉴 가격 서비스	메뉴 가격선 서비스수준	전체 약 60종/ 별3개 3600원부터 6000원 별3개	약 30종/ 별 4개 2800- 8000원 별4개	약 52종/ 별3개 2300- 4500원 별 3개
고객특성	성별/연령	남녀 20-40대	남녀 20-50대	남녀 20-40대
	구매성향	커피와 베이커리류 동시 구매/ 학교 앞 가장 좋은 상권에 위치	즉석에서 로스팅한 품질 좋은 커피와 베이커리류 세트메뉴 인기	학교 앞 다른 카페들에 비교해 상대적으로 저렴한 가격
기타	영업시간	24시간 내내 운영	09시- 새벽 2시	07:30-오후 12시 30분

III. 환경분석-시장성 및 유동인구

구분			분석내용	대응방안
시장동향	유행업종인가? 유망업종인가?		어느 대학가에나 존재하는 커피숍은 유행업종이다.	영어만 사용해야 하는 특별한 규칙과 최고급 커피만 판매한다.
	시장의 장벽이 두텁지 않은가?		새로 생기는 커피숍이라도 맛과 분위기가 좋은 경우는 괜찮음	고급 인테리어를 사용하고 수준급의 바리스타를 고용한다.
	시장의 수요가 증가 하고 있는가?		대학가에 커피를 찾는 사람의 수는 한정되어 있다.	'영어사용' 이라는 특성으로 수요자를 증가 시킨다.
	경쟁업체의 견제는 심하지 않은가?		차별화를 시키면서 주변 커피숍을 견제하고 있다.	원두커피 전문점으로 승부한다.
	유사메뉴가 등장하지는 않을까?		대학가 앞에서 고급 원두커피를 파는 곳은 없다.	고급 커피의 경우 원두커피 종류로만 판매한다.
점포 앞 유동인구수	성향	성별	남/여 모두	남/여 모두
		연령별	**20~30**대	**20~30**대
	통행수	오전~오후	점심을 먹거나 커피숍을 찾음	특별 점심 메뉴 개발
		야간(**19**시 **30**분 이후)	저녁을 먹거나 술집을 찾음	저녁 **8**시 이후 고객은 입장료 면제

III. 환경분석-상권 체크리스트

구분	내용	대응방안
점포, 입지, 주변지역 시장가격대는?	고가	매출을 많이 올려야 함
주변에 혐오시설은 없는가?	없음	없음
점포 접근성(편리성)은?	좋음	밥을 먹으러 나오는 누구나 상점 앞으로 지나감
간판 홍보성(가시성)은?	보통	밥을 먹으러 나오는 누구나 상점 앞으로 지나감
상권 내 시장성(시장수요)은?	보통	방학과 시험기간에도 붐빌 수 있도록 이벤트 마련
점포가 적합한 입지인가?	적합	꽃매사거리는 목이 좋음
상권 내 홍보효과가 있는가?	있음	입소문을 잘 내면 좋음
점포 규모는?	적정	여러 시설을 함께 두어야 하기 때문에 적정
동종점포의 경쟁 상태는?	경쟁	원두커피 전문점으로 입지를 내세움
상권내의 외식성향은?	높음	밥을 먹은 후 쉴 수 있는 공간을 제공
점포 집객 시설이 있는가?	없음	꽃매 사거리 앞에는 항상 북적거림
점포 주차시설은 되어 있는가?	없음	없음

SWOT 분석

강점(Strength)

단국대 앞 유일무이한 English zone

커피숍, 영화, 독서를 한곳에서

다른 커피숍과 원두커피에서 차별화를 둠으로써 고객의 호기심 유발

약점(Weakness)

주변의 존재하는 여러 커피숍

영어만을 말해야 하므로 손님이 영어를 잘 못할 경우 지루해 하거나 다시는 찾아오지 않을 가능성

사업경험이 없기 때문에 창업 진행 시 어려움에 대한 대처능력 부족

기회(Opportunity)

고급 원두커피를 찾는 20~30대 여성 증가

배운 영어를 사용하고 싶어하는 인구 수의 증가

홍보의 용이성

위협(Threat)

새로운 차별화된 커피전문점의 탄생

테이크 아웃 커피의 유행

시험 기간이나 방학 때 줄어 드는 유동인구

마케팅전략
1
외국인 유학생 또는
영어능통학생을
한 테이블당 배치해
평일 일정 시간에
회화 스터디를 할 수
있는 환경을 조성해
영어 회화 실력을
늘리고 싶은 고객을
유도
2
학교측과 연계하여
영어 교과 수업에서
회화활동을 통한 필수
레포트를 실시하여
단국대 학생들이
Talk 카페에 한 번씩
모두 방문할 수
있도록 함
3
기존의 아메리카노
헤이즐넛 원두커피를
벗어나 다양한
종류와 향을 가진
원두 커피를 선보임.
또한 매일
3~4가지의 다양한
원두커피를 계속
바꿔 가며 판매
4
회화잡지, 책, 영화와
무선 인터넷, 무료
프린트 제공을 통한
고객 만족 실현

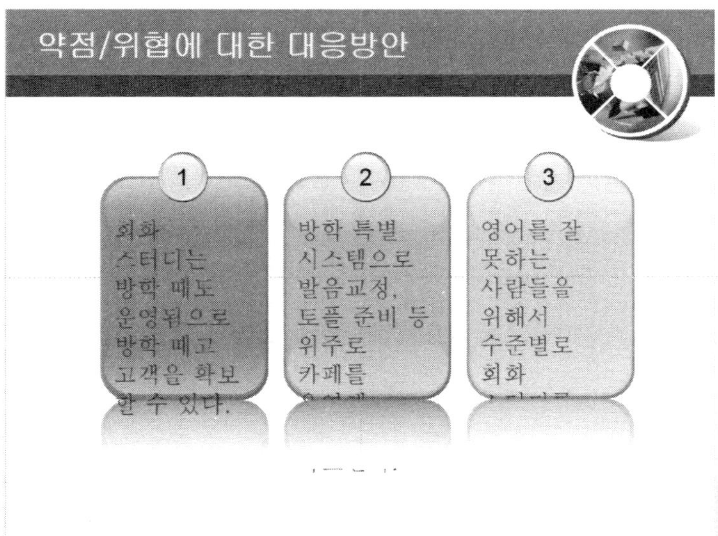
약점/위협에 대한 대응방안
1
회화
스터디는
방학 때도
운영됨으로
방학 때고
고객을 확보
할 수 있다.
2
방학 특별
시스템으로
발음교정,
토플 준비 등
위주로
카페를
3
영어를 잘
못하는
사람들을
위해서
수준별로
회화

IV.부문별 사업추진계획

1. 사업전개방안

1.사업 목표
- 누구든지 와서 영어를 즐겁게 부담 없이 말할 수 있는 장소를 만든다.

2.목표 달성 방법
- 메뉴상품 및 연구개발 (다양한 향의 원두커피를 판매)
- 접객서비스 향상 (회화스터디 운영, 영어로 말하면서 놀아 주는 스태프)
- 최상의 휴식 공간 제공 (각종 외국서적,LCD 프로젝터 배치)

3.사업부분과 내용
① English Zone : 영어를 일상처럼 편안히 즐길 수 있는 환경제공
② 커피전문점 : 매니아층도 사로잡는 다양하고 고품질의 커피판매

2. 점포 기본계획

○점포입지개요

소재지	경기도 용인시 수지구 죽전동				
대지 면적	50평		건물층수	3층	
좌석 수	40석		좌석 수	40석	
소유형태	임지	보증금	6000만원	임차료	300만원/월
		권리금	1000만원	관리비	50만원/월
비고사항					

3. 투자계획

○ 시설 투자 계획

	규격	수량	단가	금액
커피 블렌딩 기계		1	4,600,000	4,600,000
LCD 프로젝터		1	2,000,000	2,000,000
스크린		1	1,500,000	1,500,000
테이블		10	200,000	3,000,000
의자		40	40,000	1,600,000
식기세척기		1	2,000,000	2,000,000
커피 잔		40	1,000	40,000
컵		40	1,000	40,000
숟가락		40	1,000	40,000
냉난방 설비		2	2,000,000	4,000,000

3. 투자계획

	규격	수량	단가	금액
책장		2	50,000	100,000
냉장고		1	1,500,000	1,500,000
오븐		1	1,300,000	1,300,000
합계		184	17,063,000	23,590,000

4. 조직 및 인원계획

○ 인원계획

카페사장 : **1**명
점장 : **1**명
매니저 : **1**명
스윙매니저 : **2**명 **(** **2**년 이상 장기 근무자 **)**
스탭 : **5**명

※ 점장 이하 직원은 점포당 인원
※ 추가 고용은 경영위원회와의 회의 후 결정

Company Logo

5. 식사재 구입계획 (월별)

*일반 카페의 월별 구입목록을 참조 하였습니다.(프렌차이즈 제외)

	단위	단가	수량	금액	구입처
커피원두	12kg	300000	3개	900,000	개인사업자
밀가루	10kg	17500	1개	17,500	개인사업자
설탕	3kg	4000	3개	120,000	개인사업자
미니바설탕	100개	1080	30개	30,800	개인사업자
버터	450g	5400	10개	54,000	개인사업자
각종음료	1개	250	1800개	450,000	개인사업자
수입과자	1개	500	1800개	900,000	개인사업자
베이글	1개	500	900개	450,000	개인사업자
샌드위치	1개	1000	900개	900,000	개인사업자
크림치즈	200g	3000	120개	360,000	개인사업자
계란	1판	2500	10판	25,000	개인사업자
합계				4,207,300	

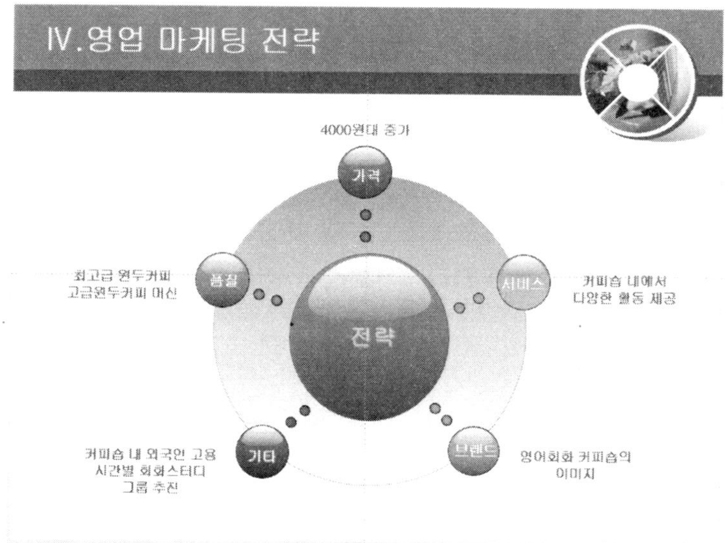
Ⅳ.영업 마케팅 전략
4000원대 증가
가격
최고급 원두커피
고급원두커피 머신
품질
서비스
커피숍 내에서
다양한 활동 제공
전략
커피숍 내 외국인 고용
시간별 회화스터디
그룹 추진
기타
브랜드
영어회화 커피숍의
이미지

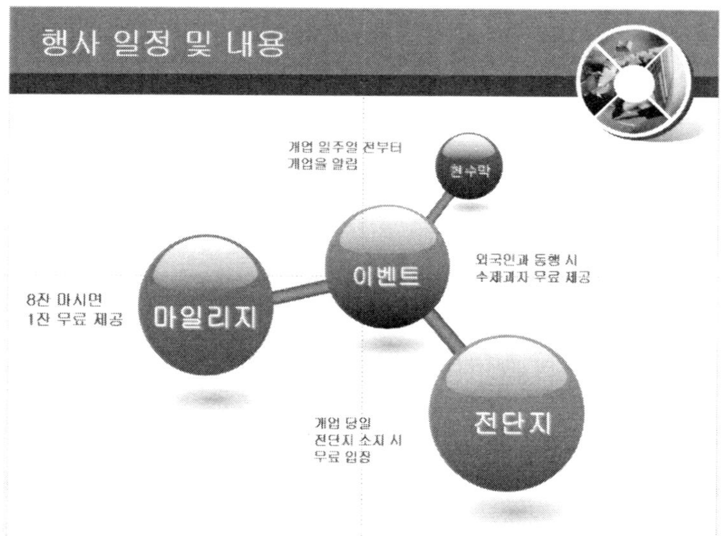
행사 일정 및 내용
개업 일주일 전부터
개업을 알림
현수막
이벤트
외국인과 동행 시
수제과자 무료 제공
8잔 마시면
1잔 무료 제공
마일리지
개업 당일
전단지 소지 시
무료 입장
전단지

V.일일 매출계획

	단위	단가	수량	판매금액	비고
원두커피	1잔	3,000	150잔	450,000	
크림치즈베이글	1개	3,500	40개	140,000	
샌드위치	1개	3,500	40개	140,000	
각종음료	1산	1,000	60개	60,000	
수입과자	1개	1,000	60개	60,000	
수제과자	1개	1,000	60개	60,000	
회원가입비	1달	50,000	50명	250,000	일일매출에서제외
합계				1,310,000	

V.기간매출계획

	판매금액	산출근거
일일매출액	평일 : 1,310,000 토요일 : 1,048,000 일/공휴일 : 1,048,000	대학가라 평일 유동인구가 더많다. 주말 매출액은 평일의 80%로 산성
주간매출액	8,646,000	(평일매출액) *5 + (주말매출액)
월간매출액	39,180,000	(주간매출액)*4 +주말매출액+회원가입비
연간매출액	470,160,000	월간매출액 *12

V.월간경비지출계획

	금액(원)	산출근거
재료비	4,207,300	식자재구입비 참조
종업원급여	8,000,000	
점포임차료	3,500,000	월임차료 참조
광고선전비	4,100,000	전단지 10만 + 간판 400만(첫달만)
소모품 비	2,500,000	주방 및 홀 소모품
기타경비	400,000	교통비 + 운반비 + 접대비 + 잡비
합계	22,707,300	

월간 매출액 – 월간경비지출액 = 월간 순이익
39,180,000- 22,707,300=16,472,700

제5장 상권분석

1. 상건과 입지의 정의

1) 상권과 입지의 정의

카페 창업을 위하여 점포 후보지를 선택하고 그 후보지 안에 있는 점포를 선정하여 상권조사, 입지분석을 한다.

(1) 상권이란

대지나 점포가 미치는 영향권으로 거래의 범위를 말하는 것이다. 즉 고객이 음식을 먹거나 내점 할 수 있는 지리적인 범위를 의미하며 점포가 장사를 하는데 우리 점포의 고객이 될 수 있는 한정적인 지역 범위를 말한다.

(2) 입지란

대지(垈地)나 점포가 소재하고 있는 위치적인 조건으로 메뉴의 판매를 위해 선택하는 장소임과 동시에 생산과 소비가 이루어지는 위치적 조건이다.

2) 조사분석의 목적과 과정

상권조사나 입지분석에는 그 목적이 자기가 희망하는 업종 또는 업태가 가장 활성화 될 수 있는 장소를 선택하기 위한 것이며, 입지와 상권조사를 통해서 자기 점포의 영업이 잘 될 것인지, 또 매출은 어느 정도가 될지 예측하기 위한 기초자료가 되어야지 보고서와 같은 형식적인 업무가 되어서는 안 된다.

다시 말해, 점포운영 및 채산성이 무엇보다도 중요하므로 개점입지는 업종·업태별 특성을 감안하여 독립형 건물과 복합형 건물로 구별할 수 있고, 건물층별 고객흡입력을 그리고 상주하는 인구와 유동인구로 어느 정도 구분하여 통행량을 조사한다. 사람이 모이는 장소와 분산지로의 특성파악과 고객흐름이 유동성인지 아니면 정체성인지도 조사하여야 한다.

주변 상권조사에서는 번화가 또는 중심상가인지, 금융 등 오피스가인지, 주택가나, 아파트단지, 학원가, 대로변입지, 관광지입지 등의 입지적 분류와 분명한 타깃을 고려하여 유사 및 동종업종·업소에 대한 메뉴가격대, 객단가, 매출, 고객층을 세분화하여 시장분석을 해 나가야 하는데 이런 내용들을 시간대별, 요일별(평일, 토요일, 공휴일), 날씨별, 남녀별, 연령층별 등을 상권 반경 내에서 직접 조사한 다음, 분석, 진단, 평가를 통해서 메뉴 및 가격대 등을 입지 전략에 반영해야 한다.

▶ 상권·입지조사 분석의 목적은?

지역별 상권의 특성을 총체적으로 이해할 수 있도록 해야 하며, 내가 창업하고자 하는 입지(점포)에서 매출목표를 산출하기 위한 기초 자료를 얻기 위함이어야 한다. 입점 예정 상권내의 업종·업태별 분포현황을 파악함으로서 장·단점분석과 위협요인을 극복할 수 있고 기회요인을 최대한 활용할 수 있는가 등의 경쟁력을 분석하고, 그에 따라서 경쟁관련 매장현황에 따른 차별화 전략수립도 세울 수 있어야 하며 내 입지(점포)가 확보할 상권의 범위도 파악 할 수 있어야 한다.

또 현재의 여건과 앞으로의 발전가능성을 분석할 수 있고, 현재 상권 내에서 가장 잘 되고 있는 식당과 인기 있는 메뉴와 형성되고 있는 가격대를 조사하여 창업점포의 메뉴 구성에 참고로 활용하는 등 기초 자료가 반드시 되어야만 상권조사, 입지분석의 필요성을 충족시켜 줄 수 있겠다.

여기에서 상권의 크기는 창업하고자 하는 식당의 업종·업태규모, 메뉴, 가격대, 배달여부, 기타서비스, 입지조건, 교통사정 등에 의해서 규정되며 원칙적으로 상권은 중심지에 형성되는 것이라고 하나 실제로는 자연조건이나 교통사정에 따라 달라지며 상권은 인위적으로 형성되는 것이 아니라 자연적인 흐름에 의하여 형성이 된다.

3) 상권의 분류

상권의 설정은 특정 점포가 고객을 끌어들이는 지리적 범위가 어느 정도인가를 파악하는 것을 말하며, 매출구성비의 의존도가 높은 정도에 따라서 일반적으로 1차, 2차, 3차 상권으로 구분된다.

구분	1차 상권	2차 상권	3차 상권
개별 점포	점포매출 또는 고객수의 65% 정도 이상을 점유하는 고객의 거주범위	1차 상권 외곽지역으로 매출 또는 고객수의 30% 정도 이상을 점유하는 고객의 거주범위	2차 상권 외곽지역으로 매출 또는 고객수의 5% 정도 이상을 점유하는 고객의 거주범위
공동 점포	상권 내 소비수요의 30% 이상을 흡수하고 있는 지역	상권 내 소비수요의 10% 이상을 흡수하고 있는 지역	상권 내 소비수요의 5% 이상을 흡수하고 있는 지역

구분	1차 상권	2차 상권	3차 상권
패스트 푸드	500m	1,000m	1,500m
패밀리 레스토랑	1,000m	1,500m	3,500m
캐주얼 레스토랑	1,500m	2,500m	5,000m

4) 상권과 입지 조사분석 절차

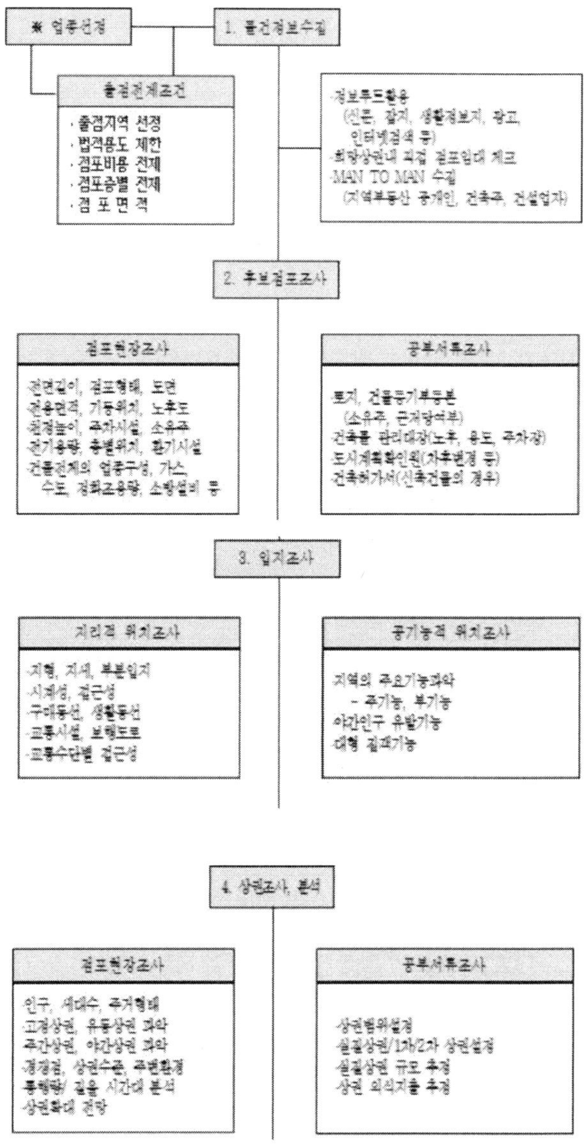

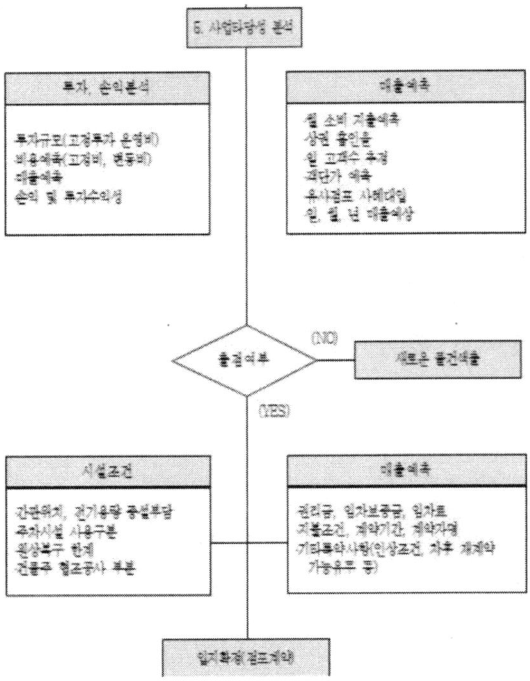

그리고 이를 조사하기 위해 직접 발로 뛰는 것이 가장 정확하게 체크할 수 있으며 아래 참고자료를 이용하면 많은 도움이 될 것이다.

▶ 입지조사상권분석을 위한 참고자료

조사의 종류	내 용	참고자료
상권조사	소매점포 또는 집객요소 등 고객을 흡입하는 지역표지를 위한 자료	『광역지도』, 『지번도』
상권인구, 거주자특성 조사	상권인구(총수, 남녀별, 연령별),세대수(총수, 세대별), 산업별 취업인구, 학력, 인구동태(자연증감, 사회증감), 거주형태, 거주수준, 학생수, 진학률	『각행정통계연보』 『인구동태조사』 『주택통계조사』 『학교기본조사』
구매력, 소비성향 조사	상권세대별 소득, 가계지출	『도시가계연보』 『사회생활기본조사』
교통, 통행량 조사	도로상황, 교통기관운행상황, 주요 역의 승강객수, 차량통행량	『교통연감』, 『지하철공사』 『경찰서』, 『시.구청 교통과』
상점, 경쟁점 조사	상권의 점포 수, 매출, 면적, 종업원 수, 대형점 위치 주차장, 면적, 영업시간, 외식업 통계, 현장 방문 등	『지역경제총람』 『유통업체연감』 음식업 각 지부, 시청이나 구청위생과
각종 지역 정보 조사	시가지의 형성, 도시계획상황, 도시개발상황, 각종 행정지도의 내용, 도시계획상의 규제 내용 등	『도시기본계획』 『행정백서』
주택현황	주거지의 주택소유 현황	부동산이나 주택공사
법령조사	건축법, 소방법, 위생법 등의 내용	각종 법령집

5) 조사분석의 목적 수립

창업을 위한 상권 및 입지 분석의 최종적이면서도 절대적인 목적은 해당 상권의 특정 입지에서 가게를 개시하였을 때 가능한 매출을 추정하는 것이다.

자료수집은 인구수, 남녀의 비율, 세대수, 연령대, 인구의 증감, 거주의 형태, 가게지출, 외식 소비자 지출 등을 조사하여 마케팅전략의 수립을 위한 목표고객에 대한 명확한 정보를 얻는 것이다.

조사를 위한 목적은 필수적인 절대적 목적과 창업자에 따라 조사여부가 달라지는 상대적 목적에 대하여 상권 및 입지 분석 개시 전에 명확히 할 필요가 있다.

6) 후보지 상권의 선정

후보지를 선정함에 있어서 가장 큰 고려사항은 쉬운 정보취득과 창업자의 편의성이 되어야 한다. 무엇보다도 상권에 대한 정보취득이 용이한 곳을 우선적으로 고려해야 한다. 편의성으로는 창업자의 거주지와 연계하여 삶의 질을 고려해야 한다.

7) 상권 조사분석

(1) 상권범위의 지정

상권을 분석하기에 앞서 상권의 범위를 지도 위에 표시하여야 한다. 상권범위는 가게 유형 및 크기 등에 따라 넓게 형성되거나 좁게 형성될 수 있다.

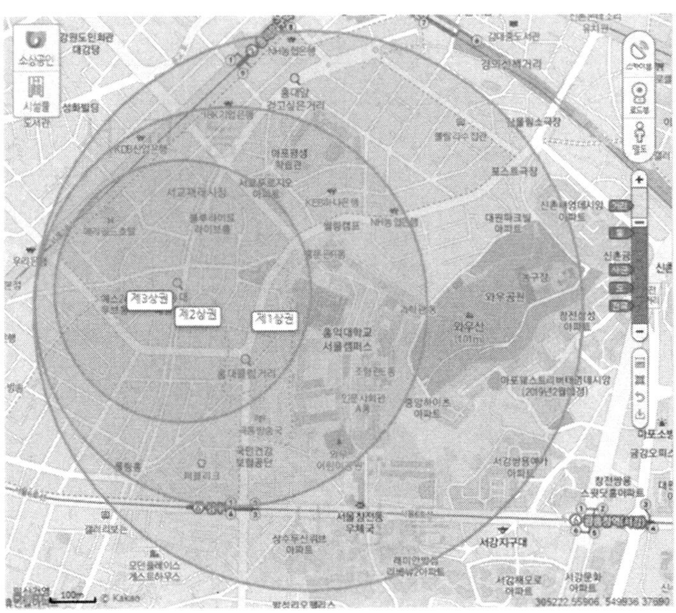

(2) 상권환경 및 고객성향

행정구역상의 현황을 조사하여 영업에 미치게 되는 영향력을 분석상권 내 인구의 특성을 파악할 수 있다. 인구수, 남녀의 비율, 세대수, 연령대, 인구의 증감, 거주의 형태 등을 조사한다.

▶ **상권유형 설명**

유 형	설 명
고밀도주거지역	거시설밀도가 매우 높은 지역으로, 주로 고층 아파트 밀집 지역
중밀주거지역	상업, 업무시설 밀도가 매우 낮으며, 빌라, 저층아파트가 밀집된 지역, 또는 적은 수의 고층아파트가 있는 지역
저밀주거지역	상업, 업무시설 밀도가 매우 낮으며, 주거시설밀도가 낮은 지역(단독주택 밀집지역)
고밀주거상업지역	고밀주거지역 중 상업시설이 밀집된 지역, 주로 고층아파트 밀집지역에 형성된 상업중심지역(예 : 삼성동, 사당동 일대)
주택상업지역	저밀,중밀주거지역 내 상업시설이 밀집된 지역. 주로 저층주택 중심지에 형성된 상업중심지역(예 : 서교동, 자양동 일대, 지방도시 중심지)
상업지역	주거시설밀도가 매우 낮고, 상업시설이 밀집된 지역(예 : 서울 명동, 부산 남포동 등)
고밀주거업무지역	고밀주거지역 중 업무시설이 밀집된 지역. 주로 고층아파트 밀집지역에 형성된 업무중심지역(예 : 목동, 서초, 도곡동 등)
주택업무지역	저밀, 중밀주거지역 내 업무시설이 밀집한 지역. 주로 저층주택 중심지에 형성된 업무중심지역(예 : 여의도, 문래동 일대)
업무지역	주거시설밀도가 매우 낮고 업무시설(오피스 등)이 밀집된 지역(예 : 여의도,서초동 일대)
복합지역	주거시설밀도가 매우 낮으며, 상업시설 및 업무시설밀도가 매우 높은 지역(예 : 종로, 강남역 일대 등)
공업지역	공장지대
기타지역	주거, 상업, 업무, 공업 어느 타입에도 속하지 않는 지역. 주로 산, 수계, 전답 등

(3) 유동(통행)인구 조사

상권 현황과 고객 특성을 파악한 후 상권 내 유동인구를 조사하는 단계 상권 내 유동인구 또는 통행 인구는 현장조사가 가장 확실한 방법이 있다. 하지만 많은 시간과 비용이 소요된다는 단점이 있다.

▶ 상권 주요 정보 요약

상권명	상권 유형	면적(㎡)	가구수	인구수		주요 시설 수	접객 시설 수	상가/업소 수			
				주거 인구수	직장 인구수			전체	음식	서비스	도/소매
제1상권	주택상업지역	1,101,015	9,781	19,747	45,317	145	230	2,074	1,275	315	484
제2상권	주택상업지역	562,122	3,684	7,034	27,364	57	142	1,181	807	146	228
제3상권	주택상업지역	241,051	1,154	2,032	9,926	23	94	617	442	65	110

(3) 유동(통행)인구조사

상권현황과 고객특성을 파악한 후 상권 내 유동인구를 조사하는 단계이다.

(4) 경쟁점포 조사

① 객단가를 조사해야 되는데 경쟁점을 이용하면서 주변고객들이 이용하는 메뉴 즉 잘 팔리는 메뉴 3~4종이나 종업원한테 잘 팔리는 메뉴를 물어 보든지 아니면 메뉴의 가격을 더해서 메뉴 수만큼 나누면 평균가격이 나오는데 이를 객단가(품단가)라고 하기도 한다. 이렇게 계산을 해도 무방하며 이를 단순평균치로 산출한 것이므로 정확하게는 고객 1인당 평균주문 수~메뉴당 평균단가를 객단가라 한다.

② 이용고객 추정으로 포스기를 사용하는 대부분의 점포는 폐점 무렵에 고객으로 들어가서 주문을 하고 정산 시 영수증을 받아보면 고객수가 체크되어 나온 것을 평일, 토요일, 일요일 구분하면 되고, 아니면 식사시간 즉 점신시간은 11:50~13:30까지 점포주변에서 출입하는 객수를 체크하고 또 저녁 시간에도 위와 같이 체크하면 된다.

③ 매출액은 위에서 조사한 추정 객단가, 추정 고객수를 하면 추정매출액이 나오는데 이때 특별한 런치 메뉴가 있을 경우는 점심, 저녁 고객을 구분 계산해서 더하면 된다.

④ 종업원 수는 정직원 ○○명 중에서 주방 ○명, 홀 ○명으로 구분해야 하며 이때 파트타임이나 아르바이트도 체크해야 된다.

⑤ 경쟁점을 찾아오는 고객층도 구분해야 하는데 학생층○○%, 회사원여○○%, 회사원남○○%, 가족층○○%, 주부층○○% 등으로 구분하든지 아니면 연령별로 남녀 구분을 해서 10대(남○%, 여○%), 20대(남○%, 여○%), 30대(남○%, 여○%), 40대(남○%, 여○%), 50대(남○%, 여○%) 이상 등으로 구분해서 체크한다.

⑥ 메뉴의 종류와 질 등을 체크해야 하는데 메뉴의 이름, 신선도, 맛, 볼륨감, 상차림 모양, 식사제공 시간 등을 체크해야 한다.

⑦ 기타 점포 내·외부 환경조사로 차량출입구의 편리성, 안내판, 화장실, 외부간판 등과 디저트나 음료, 등도 체크해야 한다.

(5) 상권변화의 예측

새로운 아파트 단지가 건설되거나 랜드마크가 될 수 있을 정도의 커다란 상가가 주변에 들어오게 된다면 현재의 최상의 입지, 상권이라고 하더라도 이를 지속적으로 유지할 수은 없다는 것이다. 또한 지하철 공사나 버스 노선의 변경도 상권을 변화시킬 수 있다.

▶ 업종 변화에 따른 상권변화 예측

업종이 전체적으로 증가를 하고 있는 경우.

업종이 전체적으로 감소하는 경우

▶ 인터넷 뉴스를 통한 상권변화 예측

인터넷 뉴스를 통한 리서치는 가장 간단하게 상권변화를 예측할 수 있는 방법

(6) 상권분석도 작성

상권 지도 또는 약도 등을 활용하여 상권의 구성과 점포관련 정보를 표시하는 것을 말한다.

출점하고자 하는 예정지의 상권분석이 중요한데 그 입지에서 하려는 업종, 업태가 맞는지 관련자료를 수집해서 분석을 해야 하는데 쉽지가 않으므로 기초자료(생활정보지, 신문 등)를 준비한 다음 직접 찾아다니면서 조사자료를 체크해 나가야 한다. 먼저 예정지 앞 유동인구 체크해야 하는데, 유동인구가 많아도 장사가 안 되는 곳이 있는데 일명 스쳐 지나가는 곳, 즉 목적 때문에 가야 하는 길이므로 고객들이 지나가는 속도가 중요하다. 쇼핑객 같으면 이것저것 보면서 여유있게 지나다니는데 이런 고객들이 많이 지나다니는 곳이 좋다. 그래서 점포앞 고객의 시간대별로 정류장 이용을 위해, 아니면 쇼핑 목적 등 어디를 가기 위한 주목적인지 어느 정도 인지 할 필요가 있다.

또 점포주변의 큰 건물 외에 고정인구인 회사, 단체, 등과 고정인구 수 등을 체크해야 한다. 다음은 예정건물의 건물현황조사로 건물의 준공연월, 출입구 상태, 입주업주. 업태의 수준, 외형 등과 내부 조사인 용도, 증·개축 시 불법 여부, 냉난방구조, 간판 설치여부, 평면도 등을 확인 검토가 필요하다. 또 건물 소유주의 신용조사가 필수적인데 신용상태와 지금까지의 임대관행 등을 파악해야지 추후 문제를 미연에 방지할 수 있

다. 이때 건물의 등기부등본과 건물주의 주소지 건물 등기부등본을 확인이 필요하며 별 문제가 없으면 임대차 계약서를 작성해야 되는데 상업시설은 주택임대차 계약과 같이 보호를 못 받고 있다는 사실을 재차 알고 있어야 한다.

8) 입지의 지리적 특성

- 점포의 접근성 : 고객의 접근이 편리해야 한다.
- 점포의 가시성 : 점포의 입는 가시성이 좋은 곳을 선택 하여야한다.
- 점포의 홍보성 : 점포의 위치를 노출시킬 수도 있으며 점포의 업종에 대하여 잠재 고객들에게 알리는 역할
- 점포의 호환성 : 점포 또한 얻을 때만큼이나 나갈 때를 대비하는 것이 중요하다.

9) 입지의 기능적 특성

입지의 기능적인 특성은 점포의 주변지역 용도에 관한 조사와 주변 집객시설에 관한 조사분석하는 것을 말한다.

- 좋지 않은 입지 : 점포의 주변에 유사한 업종이 많거나 상반되는 업종이 많은 경우이다.
- 좋은 입지 : 은행 유명 의류 대리점, 대형유통시설 등이 있는 곳은 손님이 접근하기 쉬운 곳이다.

주변 점포의 간판이나 시설이 노후되어 있는 곳도 피하는 것이 좋다. 이는 주변 점포의 영업이 활성화되지 못하고 있는 것을 나타낸다. 이는 점포가 많은 지역도 마찬가지일 것이다.

10) 입지조사 시 매출액에 영향을 미치는 요인들

아래의 사항들이 출점 시 영업의 활성화에 많은 영향을 끼치므로 꼭 체크해야 한다. 출점 예정지 주변의 시장 규모가 크면 클수록 매장영업에 좋다. 고객의 동선으로 고객이 찾아오기 쉬운 곳이나 차량의 출입이 자유로운 곳은 매장영업에 좋다.

점포 위치상 인지성으로 어디에 위치하고 있는가, 어떤 건물 내나 옆에 있는가 등 인지하기 쉬우면 매장영업에 좋다. 예정지 주변의 상업시설 등 소매시설이 우수하면 고객들의 흐름이 많으므로 매장영업에 좋다.

대규모의 상업성 유도시설이 있는 곳 즉 백화점, 할인점이나 전철역 등이 주변에 있으면 매장 영업에 좋다. 건물구조의 기능과 외형에서도 매장 영업 영향을 주고 있으며, 토지구조도 매장 영업에 영향을 주고 있다.

체인점이나 동일업종의 경쟁점 간의 경쟁이 치열할수록 많은 영향을 끼친다. 일반적인 건물의 층별 가치 평가는 1층을 100% 기준 시, 2층 75%, 3층 이상은 50% 주변의 시계성이 중요한 최상층은 120%로 본다. 기타 쇼핑몰 등 대형 건물 내 푸드코트 형태로 운영 시 업종, 업태의 변경제한을 하는 곳이 좋다.

이외에 일반 식음료점 영업은 학교 보건법 규정의 정화구역 내에 금지행위는 아니나 가무 등은 제한을 받는데 절대정화구역인 학교출입문에서 직선거리 50m 이내는 휴게음식이나 일반음식점 외에는 영업허가가 어렵고, 학교 경계선으로 직선거리 200m 지역 중 절 대정화 구역을 제외한 곳은 상대정화구역으로 유흥이나 간이주점 등을 할 경우는 학교 환경 위생정화위원회의를 거쳐 통과되어야 허가가 가능하다는 것도 알아두어야 한다.

11) 점포 조사분석

(1) 후보점포 정보수집

점포를 확보하는 방법 중에 가장 일반적인 방법으로는 부동산 중개인을 통한 방법 후보점포의 정보를 수집하는 방법으로 각종 정보매체를 이용하는 방법도 있다.

▶ **후보점포 평가 체크르스트**

구분	내용	기타
상권잠재력	- 공공 시설	
	- 주거 빌딩	
	- 등록 학생수	
	- 신규 개설 은행	
	- 지역 신문의 광고	
	- 소매 매출액	
	- 매출 세금 영수액	
접근성	- 공공 교통 수단	
	- 주차 시설	
	- 장기 추세	
성장잠재력	- 시장 패턴	
	- 시장 변화	
	- 시장 잠재력	
	- 시설 추세	
	- 공한지 시장	
	- 토지 이용 패턴	
	- 소매 용지 이용 추세	
	- 소매 입지 추세	
	- 소득 추세 (평균 가계단위)	
사업차단	- 입지 패턴	
	- 상권간의 경쟁	
유인 잠재력	- 인접한 경쟁점	
경쟁적 위험 조사	- 일정거리내 경쟁자	
	- 잠재 경쟁 입지	

▶ **입지조사 목록표**

<table>
<tr><td colspan="5">1. 조사지역 및 개설 예정 장소</td><td colspan="5"></td></tr>
<tr><td colspan="5">2. 조사일자 및 시간</td><td colspan="5">200 . . . 요일 시부터 시까지 날씨:</td></tr>
<tr><td colspan="5">3. 입지조건</td><td colspan="5">가) 아파트 지역 ( )
나) 주택가 ( )
다) 상업시설 밀접 지역 ( )
라) 재래시장 (대, 중, 소)
마) 오피스 B/D가 ( )
바) 기 타 ( )</td></tr>
<tr><td colspan="10">4. 세대수 및 인구수</td></tr>
<tr><td colspan="4">아 파 트</td><td colspan="3">주 택</td><td colspan="3">공 공 기 관</td></tr>
<tr><td>이름</td><td>평형</td><td>세대수</td><td>주거 인구</td><td>유형별</td><td>세대수</td><td>주거 인구</td><td>기관명</td><td>상 주 (근무)인원</td><td>이 용 대 상</td></tr>
<tr><td></td><td></td><td></td><td></td><td>고급빌라</td><td></td><td></td><td></td><td></td><td></td></tr>
<tr><td></td><td></td><td></td><td></td><td>고급주택</td><td></td><td></td><td></td><td></td><td></td></tr>
<tr><td></td><td></td><td></td><td></td><td>중류주택</td><td></td><td></td><td></td><td></td><td></td></tr>
<tr><td></td><td></td><td></td><td></td><td>서민주택</td><td></td><td></td><td></td><td></td><td></td></tr>
<tr><td></td><td></td><td></td><td></td><td colspan="3">대형B/D. 상가, 기업체</td><td></td><td></td><td></td></tr>
<tr><td></td><td></td><td></td><td></td><td>이 름</td><td>사무실/점포 수</td><td>상주인구</td><td></td><td></td><td></td></tr>
<tr><td></td><td></td><td></td><td></td><td></td><td></td><td></td><td></td><td></td><td></td></tr>
<tr><td></td><td></td><td></td><td></td><td></td><td></td><td></td><td></td><td></td><td></td></tr>
<tr><td></td><td></td><td></td><td></td><td></td><td></td><td></td><td colspan="3">유동인구조사</td></tr>
<tr><td></td><td></td><td></td><td></td><td></td><td></td><td></td><td colspan="2">1일 총 유동인구</td><td>명</td></tr>
<tr><td></td><td></td><td></td><td></td><td></td><td></td><td></td><td rowspan="4">구 성 비</td><td>학생층</td><td>%</td></tr>
<tr><td></td><td></td><td></td><td></td><td></td><td></td><td></td><td>주 부</td><td>%</td></tr>
<tr><td></td><td></td><td></td><td></td><td></td><td></td><td></td><td>회사원</td><td>%</td></tr>
<tr><td></td><td></td><td></td><td></td><td></td><td></td><td></td><td>기 타</td><td>%</td></tr>
</table>

12) 계약 전 점포 체크 항목

(1) 설계도면과 건축물과의 차이점은 없는지?

(2) 점포의 출입구의 높낮이가 없는 등 고객 지향적인지?

(3) 점포의 전면 길이가 충분하여 시계성은 양호한지?

(4) 점포의 형태나 모양은 정사각형이나 직사각형인지?

(5) 특히 화장실의 용량이 문제가 되고 있음으로 충분하며 크기, 위치는 양호한지?

(6) 전반적인 건물의 노후상태 체크와 환기시설은 제대로 되어 있는지?

(8) 주차장 시설은 양호하며, 식재료 반입은 수월한지?

(9) 건물 등기부 등본 등의 공부서류와 제반 조건이 일치하는지?

(10) 전기, 가스, 수도, 하수구 등의 용량 적당한지?

(11) 주방과 홀의 거리와 주방과 매장의 동선 양호한지?

(12) 전용면적과 실 평수의 크기는 적당한지?

등을 충분하게 체크 후에 계약을 해야 한다.

13) 부동산 임대차 계약 시 주요항목

(1) 임대부동산의 표시 : 부동산 현황도를 그려 명시하는 것이 바람직하다.
(2) 임대인 : 주소, 주민등록번호, 성명, 전화번호
(3) 임차인 : 주소, 주민등록번호, 성명, 전화번호
(4) 임대료와 지불방법 : 보통, 보증금과 월 지급임대료로 나누어 지불하므로, 보증금과 월 지불임대료의 액수, 지불시기를 명백하게 기재한다.(불이행 시의 약정에 대한 내용도 첨가)
(5) 계약기간 : 보통 소형점포는 2년, 일정 규모 이상은 투자비 회수를 위해 5년으로 하고 있는데 이때 임대기간을 연, 월, 일별로 명확히 표시한다.
(6) 사용목적 : 대상부동산의 사용목적을 주거, 건축, 영업 시 업종 등을 명확히 약정하고, 경우에 따라서는 그 목적 이외의 사용을 금하는 조항을 삽입하는 경우도 있다.
(7) 부동산의 인도 : 임대인은 임차부동산을 목적에 적합하게 사용할 수 있는 상태대로 인도하는 내용이 포함되어야 한다.
(8) 계약의 해지 : 해제에 관한 사항 : 월 임대료 O회 이상 미납 시 등.
(9) 원상회복의무 : 임대차기간 종료 시, 임차인은 부동산 명도 임대인은 보증금 반환의무의 내용을 명기한다. 변경사항 등은 원상회복의무가 누구에게 있는지를 명확히 한다.
10) 양도 등에 관한 사항 : 임대차를 양도하거나 전대 등의 규제 등이 필요한 경우 포함한다.
11) 가능한 한 보증인의 입회하에 하며 작성 후 날인을 받아 놓는다.

14) 기존 점포 인수 시 체크 항목

(1) 주변상권이 외식사업을 하기에 적합하며 점포의 장래성은 있는지?
(2) 권리금이 너무 많거나 주변점포들과 비교할 때 임대료는 너무 높지 않는지?
(3) 주변점포와 경쟁이 치열하거나 대형점포가 들어설 가능성은 없는지?
(4) 기존 점포의 매출액과 이익은 어느 정도인지 확인은 했는지?
(5) 주변지역의 토지용도와 지리적으로 발전가능성은 충분한지?
(6) 주방상태나 기기 및 시설에는 하자가 없는지?
(7) 인수할 점포의 현재 투자규모와 수익성의 관계는 적당한지?
(8) 점포나 건물에 법률적 하자나 외형상 문제는 없는지 확인은 했는지?

등을 반드시 체크한 다음 인수 여부를 결정해야 한다.

✿ 창업지침서 ✿

수제햄버거 사업계획서

1. 사업선정배경
2. 사업체 개요
3. 시장현황분석
4. 창업계획서
5. 재무전략분석

1. 사업선정배경

정신적인 고통이 찾아올 때 많은 사람들은 음식을 찾는다. 사람들은 때때로 정신적 공허를 신체의 공복감과 착각하거나 포만감을 정신적 충만함으로 혼동하기도 한다. 그 중 단 맛은 가장 직접적이고 원초적인 맛인데 원초적인 맛이라 함은 학습이 필요 없다는 뜻이다. 다른 맛은 습관을 들여야 맛을 알 수 있지만 단 맛은 누구나 습관을 들이지 않아도 좋아한다는 것이다. 하지만 한국의 경우에는 이야기가 달라진다. 최근 들어서 달달한 디저트 문화가 유입되며 단맛에 조금 익숙해지고 있지만 '단것은 질색'인 사람이 많다. '한국인의 힘은 매운맛'이라는 고추장 광고 카피에서도 알 수 있듯이 한국인은 매운맛, 매운 음식을 선호 하는 경향이 있다. 특히 2004년경부터 불어 닥친 매운맛 열풍은 이제 하나의 음식 소비 코드로 자리 잡게 되었다. 또 매운맛 성분은 뇌신경을 자극해 스트레스를 해소하고 기분을 전환하기 때문에 경기 침체 상황에서도 매운맛에 대한 소비는 오히려 증가해 매운 음식을 파는 음식점을 우리 주위에서도 심심치 않게 찾아볼 수 있게 되었다.

또 최근 패스트푸드이자 원재료가 의심되어온 대형 프랜차이즈 햄버거를 웰빙 트렌드에 맞추어 수제버거 전문점이 유행하고 있다. 신선한 재료나 좋은 패티, 직접구운 빵 등을 사용해 패스트푸드 전문점의 빨리 먹어야 할 것 같은 정형화된 인테리어에서 벗어나 매장규모는 적지만 고급스럽고 조금은 편안한 느낌을 주는 인테리어로 소비자의 관심을 받으며 급속도로 성장하고 있다.

이 매운맛과 수제버거집의 분위기를 적용해 새로운 '매운 햄버거'의 창업을 제안하려고 한다.

2. 사업체 개요

기업체명	붐 버거			
	(영문) Qube Burger			
소재지	본 사	서울 동작구 상도동	TEL	02-821-XXXX
	사업장	서울 동작구 상도동	TEL	02-821-XXXX
홈페이지주소		www.qubeburger.co.kr		
업종(표준산업분류기호)		일반음식점	설립연월	2018.3. 00
상시 종업원 수	서비스직 2명 조리직 1명 계 3명			
판매 품목	제 품 명	종 류		가격 (원)
	붐 벅	햄버거 류		4,900
	포테이토 칩	스낵 류		2,500
	웨지 감자	스낵 류		2,500
	치즈 포테이토	스낵 류		3,000
	감자 샐러드	샐러드 류		2,500
	포테이토 스프	스프 류		3,000
	콜라	음료 류		1,500
	커피	음료 류		3,000
	맥주	주 류		3,000
	소프트 아이스크림	아이스크림 류		1,500
사 업 자 등록번호	세무서 2011113429		법인번호	2011113429
협회 및 단체가입			정부기관 및 금융기관우대	
인허가등록				(단위 : 백만 원)
요약재무 현 황	구분	2017 년	2018 년	2019 년
	총 자 산	174,000,000		
	자기자본	100,000,000		
	총 부채	74,000,000		
주거래은행	우리은행		당좌거래 은 행	우리은행

3. 시장현황분석

1) 매운 음식점

(1) 짚신((주)음식사랑)

- 매운 맛의 주요 재료 : 고추의 주성분인 캡사이신 성분
- 메인 메뉴

- 전국 가맹점 수

지역	경상도/대구 /울산/부산	서울	경기도 /인천	전라도 /광주	강원도	충정도 /대전	총계
가맹점 수	41	25	17	5	2	2	93

- 가맹점 개설비용

구분			면적 82.5m^2 25평	99.0m^2 30평	132.0m^2 40평	165.0m^2 50평	지급기한	세부내역
계약		가맹비	1,000				계약체결과 동시	본사와의 가맹에 따른 혜택 (상호사용,메뉴얼,경영지도,개점전 교육비 등)
계약		교육비	200				계약체결과 동시	
계약		계약이행보증금	200				계약체결과 동시	계약약관 이행을 보증하는 금액 (해지시 환불)
계약		계약총계	1,400	1,400	1,400	1,400		교육 3인기준 1인추가시 50만원 추가부담
시설		인테리어 (내부)	3,875	4,650	6,200	7,750	계약시40% 공사완료40% 오픈전20%	3.3㎡(1평) 당 155만원
시설		주방기기	550	660	880	1,100	계약시40% 공사완료40% 오픈전20%	환기류,냉장작업대,선반류,싱크류,일반작업대
시설	집기자재	의탁자	500	600	800	1,000	계약시40% 공사완료40% 오픈전20%	의탁자(테이블,의자)
시설	집기자재	주요물품외	588	705	940	1,175	계약시40% 공사완료40% 오픈전20%	홀/주방주요물품외(육절기,칼,손소독기 등)
시설	집기자재	POS	200	200	200	200	설치시	POS(카운터,주문), 프린터(주방,영수증)
시설	집기자재	소계	1,288	1,505	1,940	2,375		
시설	간판	간판	320				계약시40% 공사완료40% 오픈전20%	전면 7m기준(전면(돌출)간판,아크릴(LED)간판 짚신,부식간판,표시물,내부실사(사인물) 각1조 등)
시설	간판	표시물	180				계약시40% 공사완료40% 오픈전20%	
시설	간판	소계	500	500	500	500		※ 변동요인 · 평수증가,전면7m이상,지방경비
시설		시설총계	6,213	7,315	9,520	11,725		
총투자예상비용			7,613	8,715	10,920	13,125		VAT별도(계약이행보증금 제외)
전기증설			25Kw	30Kw	40Kw	50Kw		건물여건에 따라 전기증설 불가할 수 있음
예상 테이블 수			12.5	15	20	25		2인, 4인 테이블 기준

* 위 금액은 점포개설시 평균치를 기준으로 한 상담자료로 제시된 금액은 점포구조 및 공사기간,물가변동 사항에 따라 변동될 수 있습니다. (시행기준일 : 2013년 5월 1일부터)

1. 인테리어 및 간판 공사의 경우 서울,경기권외에는 지방경비(공사비의 5%) 추가부담
2. 교육비는 3인교육을 기준하여, 1인추가시 교육비 ₩500,000/인 추가발생
3. 별도 공사 : 외부공사,소방방염시설,전기증설,철거,화장실,덕트외부입상,가스,후드제작 등
4. 자체구입품목 : 식기세척기,냉난방기,전자제품 일부 등
5. 로열티 : 매출액의 1%(VAT포함)

• 수익성

항목		비율	비고
매출액		100%	30,000,000원
지출항목	원, 부재료비	42%	원재료: 35% / 주류: 7%
	인건비	20%	600만원/ 점주급여 포함
	판매비	1%	로열티
	관리비	10%	상권에 따라 변동
합계		73%	21,900,000원
영업이익		27%	8,100,000원

※ 상기 비율은 본사의 표준적 기준지수에 의한 분석으로 매출규모 및 상권에 따라 유동적임

(2) 땡초 동대문 엽기떡볶이(핫시즈너)

• 매운 맛의 주요재료 : 100% 국내산 청량고추의 캡사이신 성분

• 메인메뉴

• 전국 가맹점 수(본사직영점+본사가맹점)

지역	서울	경기도/인천	충청도/대전	경상도/대구/울산/부산	전라도/광주	강원도	총
본사직영점	9						9
본사가맹점	63	59	11	7	5	2	147
총계	72	59	11	7	5	2	156

• 가맹점 개설비용

구분	15평	포함내역	비고
가맹비	1,000	브랜드/매뉴얼 사용, 운영노하우 전수	15평이하도 15평과 동일함
교육비	300	레시피제공, 조리교육	
인테리어	2,250 150/평	목공(벽, 천정), 전기/조명, 도장, 타일공사	
간판	400	전면 외부간판, 돌출간판, 내외부 사인, 간판벽면 및 기둥공사	
주방설비	300	전기온수기(30L), 미장방수, 타일 급배수공사	
주방기기 및 집기	950	가스렌지(6구), 숯테이블 작업대, 후드, 선반 세정대, 냉장/냉동고, 테이블냉장고, 전자오븐렌지3대, 컵 소독기 등과 조리용품 및 그릇일체	
홀 의자 및 탁자	280	4인용 6세트 기준	매장 평수와 테이블 개수에 따라 변동
본사물품/오픈홍보비	140	유니폼, 앞치마2종, 두건, 명함, 전단지, 자석메뉴판, 빌지, 엑스배너	
포스시스템	210	포스단말기와 휴대용 카드단말기	
별도공사	500~1,000	철거, 폴링도어, 외장공사, 닥트, 분전함 이설, 어닝, 화장실, 소방 및 방염공사 등	
합계	6,330~6,830	부가가치세 별도	

• 수익성

구분		A	B	C	비고
일 매출액		80	120	150	
월 매출액		2400	3600	4500	일평균 × 30일 기준
원재료비(43%)		1032	1548	1935	본사공급식재료와 사입재료 기준
임대료		120	150	150	15평 기준/상권 및 입지조건에 따라 상이
인건비		350	540	700	A: 주방, 배달1 B: 주방1, 배달2 C: 주방1, 홀1, 배달2
공과금	전기	30	40	50	
	가스	30	40	50	
	수도	15	18	20	
	인터넷	3	3	3	
	전화	2	2	2	
	정수기렌탈	3	3	3	
기타잡비		60	80	100	소모품 및 주유비 및 유지보수비(원동기)
홍보 및 판촉비		50	80	80	책자광고, 전단지 배포 등
정기 광고비(본사)		20	20	20	
월 지출합계		1725	2524	3113	
월 순이익금		675	1076	1387	

2) 수제 햄버거

수제 햄버거란 본사에서 공급받아 매장에서 간단히 조리만 하는 패스트푸드의 햄버거와는 달리 매장에서 패티를 직접 만든 햄버거를 칭한다. 하지만 현재 운영되는 모든 수제버거가게가 100% 수제로 만들어진다고는 볼 수 없고, 프랜차이즈형태의 수제버거가게는 재료를 수급할 때 반조리상태의 재료를 받는다. 하지만 대부분의 수제버거의 큰 특징은 회전율이 빠른 맥도날드, 롯데리아, 버거킹같은 대형 패스트푸드점과는 달리 그냥 "한 끼 떼울 식사"가 아니라는 점이다. 그렇기 때문에 매장에서 직접 만든 수제 패티와 신선한 재료는 물론이고 가게 분위기 연출도 대부분 잘 되어있다.

(1) 스모키 살룬

스모키살룬(이태원본점)은 미국식 수제햄버거 전문점으로 Smokey란 '연기가 그윽한'이라는 뜻이며, Saloon이란 옛날 미국 서부에서 편안하게 술을 마시던 선술집을 뜻한다. 이 곳의 조리직원은 100% 교육을 통해 조리를 하며 패티를 만드는 공장에서 당일 배송되어 각 매장 버거의 맛은 동일하다.

- 점포 수
  서울에만 압구정, 대치동, 이촌동, 명동 등에 8개의 점포가 있다.
- 메인메뉴
  Ambulance

Volcano

(2) 썬더버거

2005년 이태원을 본점으로 100% 호주산 청정우를 쓰고 있는 수제버거집.

• 점포 수

이태원점, 신사점으로 2개의 점포

• 메인메뉴

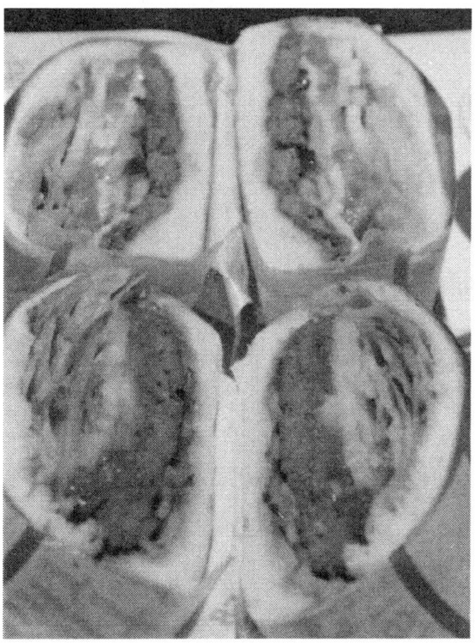

(3) 크라제 버거

크라제버거(Krazeburger)는 크라제인터내셔날이 경영하고 있는 대한민국의 수제 버거 전문점으로 주로 햄버거를 판매한다. '크라제'는 Korea(대한민국), Craze(열광, 열중)를 조합하여 만든 이름이다. 패티를 포함한 크라제버거의 모든 식재료는 반조리 상태의 냉장식품을 사용한다. 1998년 서울 압구정에 처음 설립되었으며 해외 사업 확장을 위해 2008년 사명도 '크라제 코리아'에서 '크라제 인터내셔날'로 변경했다.

- 점포 수
  현재 전국에 약 90개의 점포가 있으며, 홍콩, 마카오, 싱가포르에도 지점을 두고 있다.
- 메인메뉴

(4) 도니버거

개그맨 정형돈씨가 운영하는 가게로 도니버거는 타햄버거가게와는 다르게 매장에서 직접 구운 감자빵으로 밀가루에 예민한 소비자층에게는 적합하다. 또한 타햄버거가게와 차별성을 둔 점은 감자튀김도 국내산 생감자튀김이라는 것이다.

- 점포 수
  서울에 5개의 점포(강남, 숙대입구점, 홍대점, 롯데월드점, 구로디지털단지점)과 경기도 탄원점, 대구 대백프라자점, 그리고 미국 LA점으로 총 8개의 점포

3) 중국 햄버거시장

중국의 패스트푸드 시장은 1987년 4월 KFC가 중국에 진출하면서 형성되기 시작했다. 그 후 1990년대에 접어들면서 중국의 패스트푸드 시장의 성장률은 연 20%를 보이며 빠른 속도로 발전했다. 업계 이익규모도 15%~25%에 달해, 현재 중국 외식 시장에서

차지하는 비중도 매우 크다. 일례로 광동성(广东省)의 경우 지역 내 외식 시장에서 패스트푸드가 90%를 차지한다. 북경(北京), 상해(上海) 등 대도시 외식 시장도 패스트푸드가 절반 이상을 차지하고 있다. 이는 중국인들의 생활리듬이 빨라지면서 외식 시장 중에서도 패스트푸드 시장에 대한 수요가 높아지면서 발생한 현상으로, 최근에는 패스트푸드 소비도 일종의 대중 트렌드 중 하나로 자리 잡았다. 2010년 4월 "중국조리협회(中国烹饪协会)"가 최초로 발표한 2009년 중국 패스트푸드 상위 50대 기업의 총 매출 규모는 598.8억 위안, 총 점포 수는 12,932개이다.

• 메인메뉴

이 중 상위 10대 기업의 매출 수익은 471.9억 위안으로 상위 50대 기업 전체 매출 수익의 78.8%를 차지하는 것으로 나타나 유명 패스트푸드 브랜드가 전체 시장을 독식하고 있는 것을 알 수 있다. 중국 소비자들의 56%가 패스트푸드점 선택 시 브랜드 인지도를 가장 중요시 여긴다는 조사 자료도 이를 뒷받침한다.

세계 금융 위기 여파에도 불구, 중국의 패스트푸드 외식 시장은 강한 성장세를 보이며 발전 중이다. 현재 패스트푸드 매장 수는 꾸준히 증가하고 있는데, 상위 50대 기업 중 절반 이상이 100개 이상의 매장을, 22.4%가 300개 이상의 매장을, 8.3%가 950개 이상의 매장을 운영 중인 것으로 나타났다. 상위 50대 기업의 90%는 성(省), 시(市)의 지역 경계를 뛰어넘는 체인점 사업 형태를 보이고 있다.

현재 상위 50대 기업은 직영점, 가맹점, 직영+가맹점, 위탁관리 등 4가지 형태로 프랜차이즈 사업을 진행 중이며, 이 중 76%가 직영점 위주로 운영하고 있다. 외식 시장은 맛의 표준화가 핵심 요소인 만큼, 대다수 가맹본부가 직영점 위주의 경영을 선호하고 있는 것으로 나타났다.

중국 요식업 프랜차이즈 순위 중 1,3위가 KFC와 맥도날드인만큼 프랜차이즈 중 특히 햄버거 시장이 강세이다. 한국 기업인 롯데리아가 중국에 진출한 예가 있지만 큰 성과를 거두지 못했다. KFC를 통해 중국 햄버거 시장을 알아보려고 한다.

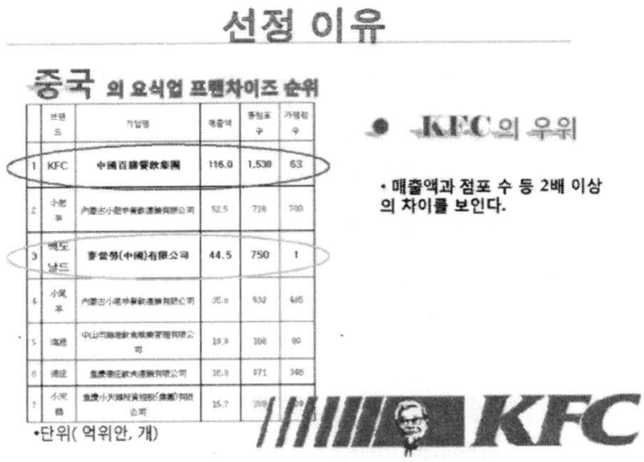

미국의 패스트푸드점인 KFC는 1987년 11월 12일 베이징 점을 시작으로 중국 시장에 뛰어들었다. KFC의 첫 중국 시장 진출 당시 기존 중국 현지 업체와는 다른 서양식 패스트푸드만의 맛, 음식문화, 관리방식, 식사관념 등에 대한 변화가 필요하여 시도한 결과 KFC는 1992년 10개의 지점에서 1996년 100개, 2004년 1000개, 2007년 2000개로 늘어났으며 현재 중국 내 200여 도시에 지점이 분포해 있으며 중국 요식업계 중 가장 큰 규모를 가진 기업으로 성장하였다. 현재 가장 높은 수익을 내고 있으며 업계의 트렌드를 주도하는 주요 역할을 하고 6만여 개의 일자리를 제공하고 있으며 요식업 관리 인재양성을 위해 대학을 설립하였다. 이런 KFC의 성공비밀은 무엇일까? 바로 '현지화 전략'에 있다.

생산방면의 현지화 전략

- 원료 현지화 : 중국인의 입맛을 사로잡기 위해 베이징의 러우쥐안(肉卷), 춘권 등을 원료로 사용하며 원료는 중국산만을 사용해 중국인에게 쉽게 다가가며 원가를 절감하는 이중효과를 보게 되었다.
- 상품 현지화 : 원료의 공급 상황과 소비자의 선호도, 상품의 시장 적절성 여부 등을 다방면으로 고려해 상품을 현지화하였다. 주 메뉴인 치킨, 버거, 감자튀김 이외의 메뉴개발을 위해 노력한 것도 소비자로 하여금 중국 KFC는 중국인의 KFC라는 이미지를 심어주게 되었다.

관리경영의 현지화 전략

- 경영 현지화 : 아시아지역 본부를 상하이에 설치해 소비자의 요구에 더 빨리 반응할 수 있게 하였다. 1급 도시와 2, 3급 도시의 큰 격차를 고려해 지역 맞춤형 경영전략을 펼쳐 가맹점을 통한 특허경영으로 중국 전역으로 매장이 확산되었다.
- 시장 현지화 : 외래문화를 가장 쉽게 받아들이는 청소년층을 주 타깃으로해 이에 맞는 상품과 서비스를 제공하여 어린이들을 위한 공간을 조성해 부모의 이목을 집중시켰다.
- 인재 현지화 : 지역 인재를 채용해 소비자의 요구에 더 귀 기울일 수 있게 됐으며 동시에 정부와 대중에게 사회에 기여하는 이미지를 심어주게 되었다.

마케팅의 현지화 전략

- 관계 현지화 : 다국적 기업의 중국 진출에 가장 큰 어려움을 겪는 것 중 하나는 바로 '관계(关系)'의 문제이다. KFC는 이를 위해 홍보부서를 만들고 공공사업에 힘써 관계 형성을 위해 노력하였다.
- 브랜드 이미지와 광고 현지화 : KFC 브랜드가 가지는 외국적 이미지를 최대한 배제하는데 집중해 패스트푸드의 비만문제, 쓰레기 식품 논란이 제기됐을 때는 ≪중국 KFC 건강식품정책≫을 공포해 영양 균형, 웰빙 창도자로서의 이미지를 부각하였다.

  이러한 중국에서의 많은 현지화 전략 때문에 한국의 KFC와 중국의 KFC는 메뉴가 다르다. 한국의 KFC는 버거와 치킨을 제공하는 것에서 크게 벗어나지 않지만, 중국의 KFC는 조식, 중식, 석식 메뉴로 구분해 버거, 치킨뿐만 아니라, 죽과 밥에 이르기까지 다양한 메뉴를 선보이고 있다. 음료의 종류에서도 한국의 KFC가 탄산음료, 커피, 에이드 등을 제공하지만, 중국의 KFC는 탄산음료, 커피를 포함해 나이차(奶茶)와 기타 차(茶) 종류의 음료를 제공하는 등 현지의 입맛에 맞춘 메뉴를 많이 내놓았다. 따라서 우리가 중국에 진출할 때 이런 KFC의 선례를 본받아 매운 향신료를 중국 것(사천지방에서 쓰이는)들을 사용해 중국의 매운 입맛에 맞출 필요가 있다.

4) 시장현황을 통한 분석

(1) SWOT 분석

S	경기침체에 소비자가 찾음 매운 맛의 매니아층이 강하다. 햄버거의 느끼함을 매운맛이 보완할 수 있다.	W	매운 맛에 대한 호불호가 나뉜다.
O	매장을 편하게 하지만 햄버거 특성상 Take-out으로 회전율 높일 수 있음. 경기침체로 인한 저가식사 및 퀵서비스 레스토랑(QSR)로서의 햄버거 시장의 부활	T	인테리어와 매장으로 인한 초기 비용이 많이 든다. 웰빙트렌드

+S-W전략 : 매운맛의 정도를 조절할 수 있게 하여 호불호에 대한 리스크를 줄인다.
+S-O전략 : 회전율 고려해 매운맛과 조화되는 다양한 SIDE MENU를 개발한다.
+S-T전략 : 초기에는 비용이 많이 들더라도 유동인구가 많은 곳에 입지해 입소문 낸 후 매운 음식은 소비자들이 '찾아서' 먹는 특징이 있으므로 그 후에는 유동인구와 관계없이 인테리어에 많은 신경을 쓴다.

(2) Poter'5 Force Model

- 산업 내의 경쟁 : 약 = 매운 음식 시장과 햄버거 시장과 유사한 형태를 보이나 확실한 차이점과 특이점으로 우위를 가지며 대형 패스트푸드점도 딱히 매운맛으로 유명하고 특화된 베스트 버거가 없다.
- 잠재적 진입 : 약=최초의 매운맛 특화 버거로 잠재적 진입에 있어 아직 안전하다.
- 대체재의 위협 : 강=매운맛 특화버거로는 최초지만 이미 포화된 햄버거시장이 있고 최근 매운맛 음식을 파는 음식점이 급증하며 매운 음식을 선택하는 폭이 넓어졌다.
- 공급자의 힘 : 강=최초로 진입하는 만큼 안정적 공급처와의 계약이 중요하다.
- 구매자의 힘 : 강=매운 음식은 대부분 구매자가 찾아서 먹는 경우가 많다.
  → 최초 진입 시의 안정적 공급처 확보, 매운맛 이외에 소비자를 이끌만한 재미있는 소구가 필요하다. 이를 강화시키면 안정적으로 자리를 잡을 가능성이 높아진다.

4. 창업계획서

1) 브랜드 및 메뉴소개

- '규브' : Qube burg(er) - 고객들에게 폭탄처럼 터질 듯한 매운맛과 감동, 맛있음을 주겠다는 의미!
- 가치관 : '규브'은 매운맛을 다양한고객에 니즈에 맞게 제공 하겠다 라는 가치에서 시작됩니다. 또 신선한 재료를 사용하여 고객들의 건강 또한 잊지 않겠습니다.

- 가장 기본적인 것을 가장 중요하게
- 눈에 띄지 않는 것을 더 충실하게
- 눈에 드러나는 것은 더 솔직하게

2) 브랜드 콘셉트

버거는 '규브' 한 가지로 하나의 맛에 파고들어 최상의 맛을 내겠습니다.
매운 맛의 강도를 조절해 매운 맛에 약한 고객도 '규브'를 즐길 수 있습니다.
붉은색의 빵으로 오감만족!
새로운 트렌드를 구축 : 매운맛과 햄버거의 새로운 만남으로 햄버거시장과 매운맛 시장에 새로운 바람을 일으키겠습니다.

3) 인테리어

레트로풍의 인테리어는 '규브'에서 머무는 시간을 즐겁고 편안하게 만들어 드립니다.

4) 메뉴 및 가격

'규브'에서는 '규브' 단일 메뉴로 최상의 매운맛을 추구합니다.

'오감만족 규브' : 붉은 빵과 매운맛으로 고객의 오감을 자극합니다.

가격 : 4900

매운맛을 '중화' 시키는 다양한 사이드 메뉴

ⓐ 감자류

- 바삭한 '포테이토 칩' 2500원
- 부드러운 '웨지감자' 2500원
- 치즈와 함께 즐기는 '치즈포테이토' 3000원
- 포슬포슬한 '감자샐러드' 2500원
- 따뜻한 '포테이토 soup' 3000원

ⓑ 음료류

- 햄버거와 단짝 '탄산음료' 1500원
- 여유를 느낄 수 있는 '커피' 3000원
- 매운맛과 함께 스트레스를 해소하는 친구 '맥주' 500ml 3000원
- 매콤달콤 함께 느끼는 '소프트아이스크림' 1500원

세트 : 음료와 결합한 세트!

규브+감자류 중 1 + 탄산음료 or 아이스크림 : 6000원

규브+감자류 중 1 + 커피 or 맥주 : 8000원

(2) STP전략

segmentation	targeting	positioning
'규브'는 다양한 시장을 아우른다. 핵심적인 시장은 햄버거시장, 매운 음식점시장이다. 또한 최근엔 안주로 고기나 치킨보다는 맥주 500ml와 간단하게 즐길 수 있는 안주인 감자로 저렴하게 먹을 수 있는 것(ex. 봉구비어)이 급격이 증가하여 현재 트랜드에도 적합하다.	새로운 것에 도전하기 좋아하는 매니아층 및 개성추구형과, 부담스럽지 않는 가격과 메뉴로 10대와 20대 초반의 젊은 세대층에게 어필할 수 있다. 추가적으로 매운갈비찜같은 경우는 서울경기권보다 경상도에 20개의 점포나 많은 것을 보아 매운 음식에 대한 선호도가 높은 것으로 보이기 때문에 경상도의 광역시에 점포를 둠으로써 홍보효과와 서울경기권보다 값싼 땅값으로 인해 일석이조의 효과를 볼 수가 있다.	전례에 없던 빨간 빵으로 매운 맛에 시각적인 효과를 더한 매운 음식시장과, 기존에 탄탄하고 꾸준히 사랑받아온 햄버거시장을 동시에 만족시켜줄 수 있다.

(3) 마케팅 4P전략

price	product
메뉴 및 가격 '규브'에서는 '규브' 단일 메뉴로 최상의 매운맛을 추구합니다. '오감만족 붐벅' : 붉은 빵과 매운맛으로 고객의 오감을 자극합니다. 매운맛을 '중화'시키는 다양한 사이드 메뉴 가격 : 4900 ⓐ 감자류 –바삭한 '포테이토 칩' 2500원 –부드러운 '웨지감자' 2500원 –치즈와 함께 즐기는 '치즈포테이토' 3000원 –포슬포슬한 '감자샐러드' 2500원 –따뜻한 '포테이토 soup' 3000원 ⓑ 음료류 –햄버거와 단짝 '탄산음료' 1500원 –여유를 느낄 수 있는 '커피' 3000원 –매운맛과 함께 스트레스를 해소하는 친구 '맥주' 500ml 3000원 –매콤달콤 함께 느끼는 '소프트아이스크림' 1500원 세트 : 음료와 결합한 세트! 규브+감자류 중 1+탄산음료 or 아이스크림 : 6900원 규브+감자류 중 1+커피 or 맥주 : 8400원	주 메뉴는 단일메뉴이지만 매운 강도를 조절할 수 있어서 매운 것을 잘 먹지 못하는 고객층을 확보할 수 있고, 사이드메뉴는 다양한 종류의 포테이토를 더한 세트메뉴는 든든한 한 끼가 될 수 있다.

place	promotion
직영점형태로 냉동반죽을 들여와 가게에서 직접 패티를 구워 판매한다. 빠른 회전율을 위해 빵은 완제품형태로 패티와 함께 구워진다.	타 햄버거 가게에서는 볼 수 없었던 빨간색을 입힌 빵과 매운 강도를 조절할 수 있는 패티, 그리고 '규브'이라는 이름과 간판. 한번 봤을 때 눈에 확 띄고 전체적으로 빨간 느낌에 한번쯤 방문해보고 싶게끔 가시적인 효과가 있다. 그 외 Facebook, twitter 등의 SNS를 통한 홍보를 한다.

5. 재무전략분석

(1) 예상 매장 개설 비용

항 목	세부 사항(만 원)	금액 계(만원)	금액비율
매장 임대	보증금(5,000)/ 권리금(8,000)/ 중계비(100)	13,100	75%
인테리어	레트로풍 인테리어 평당 (120*18)) /기타시설 비용 (100)	2,260	13%
집기・비품 (간판 포함)	주방시설/ 홀 시설/ 간판 / 기타 집기비품	1,500	9%
홍보・마케팅	인쇄물/ 홈페이지 / web site 제휴	540	3%
합계		17,400	100%

(2) 자금 조달 계획

자기 자본(만원)	대출 부채(만원)	총 자산만원)
10,000	7,400	17,400

(3) 예상 월 지출 비용

항 목	세부 사항(만원)	금액 계(만원)	금액비율
재료비	햄버거/후식류(OEM 방식 출하) 800	800	44%
인건비	주방직 1명 - 정규직 월급 180 서비스직 2명 - 비 정규직 132 (시급 0.6 * 5시간 * 22일 근무)	312	20%
월세	임대료 180(서울 마포구 서교동 기준)	180	10%
대출 이자	이자금 35(중소기업 보증서 담보대출)	35	2%
관리비	각종 관리세 50(전기비 및 수도세)	50	3%
홍보비	인쇄물 100 소셜커머스 제휴 300	400	21%
합계		1,777	100%

(4) 예상 월 매출 금액

제품명	평일 매출(만 원)	주말 매출(만 원)	합계(만 원)
햄버거	49 (100개 기준)	73.5 (150개 기준)	
사이드 메뉴	21 (70개 기준)	30 (100개 기준)	
주류 및 음료	14 (90개 기준)	19.5 (130개 기준)	
세트 할인 비용 차감	−4	−6	
당일 매출	80	117	
월 매출 합산	1,760	936	2,696

(5) 예상 순이익

예상 월 매출 금액(만 원)	예상 월 지출 비용(만 원)	순 이익(만원)
2696	1777	919

제6장 메뉴개발 및 관리

1. 메뉴의 정의와 유래

1) 메뉴의 정의

메뉴의 정의는 시대별로 다르게 정의되고 있지만, 종합적으로 정의한다면 "메뉴는 내부적인 통제 도구일 뿐만 아니라, 판매, 광고, 판매 촉진을 포함하는 마케팅 도구(marketing tool)로 정의할 수 있다. 메뉴는 고객에 대한 식당의 모든 약속을 집합시켜 놓은 하나의 표로 메뉴를 통해 소비자들이 받는 이미지, 느낌, 표시된 가격 예상되는 품질 및 서비스는 이것을 보고 식음료라는 상품을 구매하려는 고객에게는 바로 기대 가치가 된다.

그러므로 능률적인 메뉴란 근본적으로 메뉴자체의 완벽성에 기초한 개념으로 평가되기보다는 식당이 실제로 생산하고 제공할 수 있는 제품과 서비스 및 분위기 등과 일치하는 것일 때에 달성 될 수 있는 개념으로서 이해되어야 한다. 또한, 메뉴는 식당 경영자와 소비자를 연결시켜주는 커뮤니케이션 고리인 만큼 양측에 대해서 동시에 유익하고 강력한 매력을 줄 수 있는 것이 되지 않으면 안 된다. 그러기 위해서 메뉴는 가장 능률적으로 계획되고 그 경영성과 면밀히 분석, 평가됨으로써 수익성 있는 식당 경영을 도모 할 수 있도록 관리되지 않으면 안 된다.

메뉴의 기본적인 역할은 레스토랑에서 제공하는 식료와 음료를 고객에게 알리는 것이다. 레스토랑은 메뉴에 의해서 평가된다고 말할 수 있다.

메뉴에 대한 전문가는 특정 레스토랑의 메뉴를 통하여 한 번도 가보지 않은 레스토랑의 전체적인 개념을 읽을 수 있다고 한다.

메뉴는 식음 부문 운영의 전 과정에 영향을 미친다. 그래서 메뉴는 성공적인 식음부문의 운영을 위해서 요구되는 식음부문의 운영 시스템의 모든 다른 요소들이 검토된 후에 검토되는 문제 라 기보다는 식음부문의 통합운영 시스템을 구성하는 여러 개의 하부 시스템 중에서 시발점이 되어야 한다. 즉, 성공적인 식음부문의 운영에 요구되는 각 하부시스템이 서로 유기적인 관계를 유지하여 효율적으로 그 기능을 발휘하여 비용을 최소화하고, 품질과 서비스를 최대화하여 고객의 만족을 최대화하여 고객의 만족을 최대화함과 동시에 이윤을 극대 화 할수록 도안된 하나의 통합 프로그램이다.

즉, 메뉴의 역할은 관리와 마케팅의 과정, 즉 관리자와 고객의 입장에서 관리와 통제자의 역할을 하고, 이 두 역할이 통합되는 하나의 시스템을 관리하고 통제하는 역할을 한다.

실제로 호텔 식음부문의 관리는 메뉴로 시작해서 메뉴로 끝난다고 말할 수 있다. 메뉴에 의해서 어떤 식 자재를 얼마나 어디서, 어떻게, 구매하여야

하고 어떤 아이템을 얼마나, 어디서, 언제, 누가, 생산하여야 하며, 생산된 음식은 누가 서빙하고, 그리고 서빙에는 무엇이 필요하고 원가, 수입, 예산 등의 호텔 식음 부문의 관리의 전 과정이 관리될 뿐만 아니라 요구되는 공간의 규모, 시설, 디자인, 도구의 선택 등과 같은 시설에 관한 사항들도 메뉴에 담고 있다.

관리를 메뉴에 의해서 실행 될 수 있음을 감안할 때 메뉴의 역할이 얼마나 중요한지 알 수 있다.

식음부문의 운영에 있어서 메뉴는 절대적인 역할을 한다는 사실은 거의 모든 메뉴관리자들이 인식하고 있음에도 불구하고, 실제의 메뉴는 단순한 '차림표'로 관리되고 있음을 볼 때 메뉴관리에 대한 문제가 있음을 알 수 있다.

메뉴에 대한 선행연구는 주로 미국을 중심으로 단체급식을 취급하는 병원과 학교, 그리고 군대 등에서 아이템 선정과 영양 가 적인 분야에 많은 진전이 있었다. 즉, 일정한 범위 내의 아이템을 가지고 비용과 다양성, 그리고 영양가를 고려하여 가장 이상적인 조합을 이루는 메뉴계획에 관한 연구가 주종을 이루었다. 그 결과 연구 결과도 실용성이 비교적 높아 꾸준한 후속연구가 이루어져 하나의 이론으로 체계화되고, 실용화된 다는 것이다. 반면, 레스토랑의 경우는 소규모에 영리를 목적으로 하기 때문에 특정한 연구의 결과는 객관화되지 못해, 현실은 보다 메뉴에 관한 연구는 질적, 양적으로 빈약하다고 말할 수 있다.

전통적으로 호텔 비즈니스에서 식음부문은 필요악으로 취급되었으며, 메뉴 또한 레스토랑에서 제공하는 식료와 음료를 기록한 단순한 리스트로 관리되었을 뿐이다. 그 결과 메뉴는 주방의 책임자의 수준에서 아이템 중심으로 관리되고 있다.

한국의 경우 메뉴만을 다룬 단행본은 현재 전무한 상태이고, 교육에서도 상식적인 수준에서 다루어지고 있을 뿐 학술적으로는 다루어지지 않고 있었다. 그러나 90년대의 메뉴는 식음부문의 운영에 절대적인 역할을 하는 것으로 알려졌다. 그래서 메뉴를 생산중심에서 관리중심으로 전환하여야 한다는 주장이 설득력을 갖게 되었다. 이러한 관점에서 90년대의 메뉴는 생산중심이 아닌 판매 중심으로 관리되고 있고, 메뉴를 연구하는 방향도 단순한 아이템 측면에서 마케팅 적인 측면으로 변화하고 있다.

그리고 메뉴를 연구하는 식자들도 현업에 종사하는 주방장이나 식품영양학을 전공한 식자들에서 실무를 바탕으로 디자인과, 전산, 그리고 마케팅을 전공한 식자들로 그 주체가 바뀌었다. 메뉴에 대한 기록은 1718년으로 거슬러 올라간다. 그때에는 조리장의 조언을 얻어 그날 제공될 요리의 순서나 고객이 요구한 음식에 목록을 적은 것이다. 그렇지만 현대와 같은 메뉴는 19세기 초까지 파리에 그 어느 레스토랑이나 귀족계층의 파티에서도 나타나지 않았다. 단만 고객들은 레스토랑 문 앞에 설치 해둔 아주 작은 크기의 메뉴를 제공받았을 따름이다. 다만 이전에는 사전형식의 메뉴책자가 있었는데 100가지 정도의 수프와 300가지의 주 요리 400가지와 200~300가지 정도의 와인을 내용으로 하는 매우 많은 내용을 포함하고 있었다.

현대에 와서는 한 두 장의 면에 50~70가지 정도의 요리를 내용으로 하고 계절이나 필요에 따라서 조금씩 바꾸어 특별요리 형식으로 메뉴를 꾸미고 있다. 메뉴의 형식이 매우 화려했던 시절이 있었는데 삽화의 거장이고 화가로서도 유명한 피카소와 샤갈이 그들의 재능을 메뉴 삽화를 대상으로 그렸다는 것이 널리 알려져 있다.

프랑스 혁명 이후에 요리를 좀 더 맛있고 뜨거운 상태에서 서브하기 위해서는 요리의 가지 수를 줄여야 한다는 주장과 함께 메뉴 간편화 가 시작 되었다. 그렇지만 20세기 들어서 메뉴가 영양 적인 균형은 전혀 맞지 않았다. 요리가 매우 사치스럽고 높은 지방분을 섭취할 수밖에 없도록 되어 있었다. 따라서 대부분의 미식가을은 비만이나 성인병에 시달리자 하루 두 끼 정도 만 취하도록 권고하는 사태까지 발전하였다.

현대에 와서는 이러한 식습관 을 반영하는 메뉴의 형식이나 조리방법에서 식이요법을 도입하는 레스토랑이 눈에 띌 정도로 많이 나타나고 성장을 계속하고 있다.

2) 메뉴의 개념

메뉴의 어원을 라틴어의 Minutus에서 유래하여 영어의 Minute에 해당하는 말로서 "상세히 기록한다"라는 의미이다. 사전적인 의미로서는 메뉴란 식사로 제공되는 요리의 품목과 형태를 체계적으로 짜놓은 상세한 목록이나 표를 말한다.

1533년, 프랑스의 궁정 요리가 개선되기 시작 → 프랑스 조리사들이 개선된 요리의 원재료와 조리법을 잊지 않으려고 메모 → 그것이 곧 메뉴가 됨 1541년, 브링스윅 공작이 만찬 도중 오늘 준비된 요리에 대한 리스트를 보며 즐겁게 식사를 하자 당시 동석한 친지들이 이를 흉내 내어 연회 시에 요리리스트를 작성하였다. → 이 리스트가 연회에 있어서의 정찬 메뉴의 효시 그 후 19세기 초, 주방조리사들의 작업 매뉴얼 / 서빙근무자들의 업무 지침서로 활용 오늘날 우리가 사용하는 시초가 된 메뉴는 19세기 초 PalaisRoyal의 레스토랑에서 고객에게 제공될 음식을 큰 판자에 적어 식당 출입문에 걸었다고 한다.

최초의 메뉴는 다소 불분명하지만 특정한 서면 혹은 그림으로 나타난 고대 연회의 기록이 사실상 최초의 메뉴는 오늘날 우리가 알고 있는 메뉴의 형태는 비교적 근대에 이르러 탄생하였다.

이러한 메뉴가 영리를 목적으로 하는 외식업체에서는 각 식당들의 모든 경영활동의 총체가 됨으로써 그 식당의 음식이나 서비스, 가격, 분위기, 조리사의 기술·기능, 계절감각 및 청결까지도 총망라한 내부관리의 매뉴얼의 축소판이다.

또한, 메뉴는 식당통제관리의 기본일 뿐만 아니라 내부마케팅과 외부마케팅의 중요한 도구가 되었다. 외식산업에 있어 메뉴의 개념을 외식업체별로 메뉴의 성격이 달라지기 때문에 메뉴의 개념도 달라지게 된다.

그러나 외식산업에 있어서 일반적인 메뉴의 개념은 고객의 욕구를 최대로 만족시키고 식당경영자에게 수익성 만족을 주면서 식음료 매장의 기본원칙 Quality(품질), Service(서비스), Cleanliness(청결), Value(가치)을 지키면서 제공하는 것이라고 말할 수 있다.

Quality(품질)은 최고의 재료, 엄격한 조리 방법 그리고 안전이 검증된 준비 방법, 뛰어난 맛을 지닌 상품을 말한다. 원재료는 철저한 품질 기준에 의해 선정되며 모든 음식은 맛, 크기, 색깔, 모양 함유량 등을 수치로 규정하여 엄격하게 체크한다.

Service(서비스)는 빠르고 정확하고 친절한 서비스 제공은 성공의 기반이며 서비스는 상품을 서비스 하는데 그치는 것이 아니라 고객의 기대를 훨씬 뛰어 넘는 서비스를 제공하여, 고객이 행복과 즐거움을 느낄 수 있도록 하는 것이다.

Cleanliness(청결)은 매장의 주방, 로비부터 화장실, 주차장에 이르기까지 가장 깨끗하고 상쾌한 공간과 시설을 제공하는 것이다. 철저한 위생은 물론 매장의 직원들은 30분마다 한 번씩 손을 씻어 청결을 유지한다. 청결은 식음료 매장 성장에 매우 중요한 역할을 한다.

Value(가치)는 고객이 소비한 시간과 비용이 보다 많은 혜택과 만족을 제공하는 것이며 가치는 고품질의 상품을 친절한 직원의 응대, 깨끗한 환경 그리고 빠르고 정확한 서비스 등 고객이 매장에서 접하게 되는 모든 경험을 말한다. 기업의 목표는 음식 이상의 훨씬 많은 가치를 고객에게 제공하는 것이며 가성비와 편리성을 핵심경쟁력으로 삼는다.

3) 메뉴의 역할과 기능

(1) 메뉴의 역할

외식업의 경영관리는 메뉴로 시작해서 메뉴로 끝난다라고 할 수 있듯이, 메뉴의 역할은 식품부문 운영의 전 과정에 걸쳐 막대한 영향을 미친다.

메뉴의 주요 역할은 다음과 같다.

메뉴는 외식업 경영의 상징적 사명을 갖고 있다. 외식업의 운영상태는 메뉴를 보면 알 수 있으며, 메뉴의 역할은 경영정책 · 판매계획 · 분석 · 판매로 이어지는 기업의 경영순환과 같은 것이다.

메뉴의 사명은 기업 존재의 근원이다. 상품의 모든 판매는 메뉴로부터 시작되며, 메뉴는 고객으로 하여금 구매의욕을 불러일으켜 판매의 효과를 가져온다.

메뉴는 그 외식업체의 개성과 분위기를 창출하는 도구이다.

메뉴는 외식업체 분위기가 상호연계성 조화를 이룬다.

메뉴는 판매의 상품으로 업소의 이미지와 서비스 방법의 결정 등 외식사업 경영자에게 있어서 가장 중요한 요소가 된다.

외식업에 있어서는 메뉴가 매출과 직결되는 중심개념으로 메뉴의 계획과 메뉴의 분석, 가격결정 등이 메뉴 관리의 주요 영역이 된다. 이러한 메뉴는 무엇을 어떻게 만들 것인가를 결정짓는 중심요소이며, 그 구체적 기능을 나열하면 다음과 같다.

4) 메뉴의 기능

메뉴의 기능은 효율적인 판매촉진(merchandising)도구이다. 즉 메뉴는 고객이 특정 기업에 대해 가지는 이미지를 형성시킨다.

▶ 메뉴의 결정 8가지 기능

(1) 메뉴는 필요한 시설구조와 공간, 입지를 결정한다. 서비스방법과 객석의 서로 다른 배치구조 등 시설을 달리하며, 공간구성, 입지조건 등도 각기 다르게 한다.

(2) 메뉴는 필요한 인력과 숙련도를 결정한다. 메뉴는 종류에 따라 주방에서 필요한 인력 및 숙련도, 서빙 등을 담당할 인원수를 결정한다.

(3) 메뉴는 필요한 설비기기를 결정한다. 다양한 주방 설비기기와 편의기기, 집기 등은 메뉴의 종류에 따라 달라진다. 예를 들어, 치킨점과 피자점의 설비는 각각의 메뉴의 특성을 반영하고 있다.

(4) 메뉴는 구매하여야 할 식자재의 항목을 결정한다. 메뉴의 종류를 수평으로 필요 식자재를 수직으로 나열, 구분해보면 구매대상의 식자재 종류의 양을 항목별로 결정할 수 있다.

(5) 메뉴는 서비스 영역의 공간과 실내장식을 결정한다. 셀프서비스를 주로 하는 패스트푸드점은 적은 공간에서 비교적 많은 객석을 필요로 하지만, 가족대상 패밀리 레스토랑은 비교적 넓은 공간과 우아한 실내장식을 필요로 한다.

(6) 메뉴는 원가관리 절차를 결정한다. 식자재의 원가 및 노동, 자본 등의 원가는 메뉴에 따라 다르며 메뉴 분석으로부터 원가관리를 시작한다.

(7) 메뉴는 생산요건을 결정한다. 메뉴는 어떻게 조리할 것인가에 대한 작업의 흐름과 준비시간 및 제공시간과 수량 등을 결정하는 요소이다.

(8) 메뉴는 서비스요건을 결정한다. 메뉴는 어떠한 음식이 어떻게 고객에게 제공되어야 하는지 그 요건을 결정한다. 패스트푸드에 비해 갈비 등은 조리시간과 제공시간, 제공방법 및 인원 등에 차이가 있다.

2. 외식메뉴관리

1) 메뉴의 구성과 분류

(1) 메뉴의 분류

가. 메뉴의 구성과 분류

▶ **정식요리 메뉴(Table d hote)**

정식 메뉴는 점심, 저녁, 연회 등을 막론하고 어느 때든지 이용할 수 있으며, 미각, 영양 분량의 균형을 참작하여 한 끼분의 식사로 요금도 한 끼분으로 표시되어 있어 고객선택이 용이하다. 또한 정식 메뉴는 주기적으로 변화를 주는 것이며 여러 가지 특징을 가지고 있다.

- 신속한 서비스로 좌석회전율을 높일 수 있다.
- 가격이 알라 카르테보다 저렴하다.
- 원가가 절감될 수 있다.
- 메뉴에 대한 전문지식이 없어도 주문이 용이하다.
- 고객입장에서 선택의 폭이 좁다.
- 고객의 선호도가 높은 편이다.

▶ **일품요리(A La Carte)**

메뉴에서 고객이 원하는 품목을 선택하는 것으로 특징은 다음과 같다.

- 고객의 입장에서 선택의 폭이 넓다.
- 객단가를 높일 수 있다.
- 대체로 가격이 비싸다.
- 인건비가 높다.
- 식자재 관리가 어렵다.
- 메뉴에 대한 지식이 없으면 선택하기 어렵다.

▶ **콤비네이션 메뉴**(Combination)

정식요리와 일품요리 메뉴의 장점만을 혼합한 메뉴로, 최근 들어 많이 선호되는 메뉴로 특징은 다음과 같다.

- 아이템의 포션과 내용구성을 통하여 고객 식사패턴의 변화에 유연하게 대처할 수 있다.
- 아이템의 가격과 포션의 조정으로 식자재 원가 상승에 대처할 수 있다.
- 일품요리 메뉴와 정식 메뉴의 혼합으로 객단가를 높일 수 있다.
- 고객의 측면에서 선택의 폭이 넓다.
- 고급 레스토랑뿐만 아니라 저급 레스토랑에서도 적합한 메뉴이다.

2) 메뉴 유지시간에 따른 분류

▶ **고정메뉴** (fixed, static, standardized menu)

고정메뉴는 일정 기간(6개월~1년)을 똑같은 메뉴가 변하지 않으면서 반복적으로 제고하는 메뉴로서 full-time menu라고도 한다.

장점 : 같은 기간 동안 같은 메뉴만을 반복하여 사용하기 때문에 원가가 절감되고 생산성이 높아진다.

단점 : 원가와 패턴의 변화에 유연성 있게 대처할 수 없다는 점이다.

▶ **순환메뉴(cycle menu)**

순환메뉴는 특정 기간을 주기로 메뉴를 교체하여 적용하는 메뉴로 일정 기간을 정해서 몇 가지 메뉴를 순환시키기 때문에 순환적 메뉴(revolving menu)라고도 한다.

장점 : 재고감소, 훈련감소메뉴 생산예측과 효율적 통제잔여음식의 효과적인 사용, 노동력 감소

단점 : 주기적 변화가 빈번할 경우 메뉴에 대한 권태감, 많은 수의 메뉴항목이 재고에 포함, 고도의 숙련된 인력 요구

▶ **시장메뉴(market menu)**

시장메뉴는 특정 시기 동안의 이용 가능한 식재료에 바탕을 두고 있는 메뉴로서, 제한된 이용 가능성과 상품의 소멸성 때문에 단기적인 메뉴라고도 한다.

장점 : 메뉴의 권태로움 제거, 신 메뉴 아이디의 시장성 부여. 잔여음식의 처리가 용이하다.

단점 : 고도의 숙련된 스텝 진 요구, 인건비의 증가, 메뉴인쇄 및 잡비용의 증가, 재도 및 재고사항의 증가. 통제력의 결여된다.

3) 시간에 의한 분류

▶ **조식메뉴(Breakfast Menu)**

조식메뉴(Breakfast Menu)는 신속, 간단, 저렴함의 특징이 있다. 조식은 하루일과의 시작으로 신속하고 효율적이며 경쾌하고 즐거운 분위기를 창조해야 한다.

(1) 미국식 조식 : 과일, 주스류, 시리얼, 달걀요리, 빵, 음료 등 다채로움

(2) 유럽식 조식 : 주스, 빵, 음료, 커피 등 간단함

(3) 비엔나식 조식 : 간단한 달걀요리와 롤빵, 커피나 우유서브

(4) 영국식 조식 : 미국식과 같으나 생선요리 추가

▶ 브런치 메뉴(Brunch Menu)

아침과 점심 중간에 제공되는 식사로 주로 늦게 일어나 아침을 못 먹는 사람들을 위해 서브된다.

▶ 점심메뉴(Lunch)

점심메뉴는 저녁보다 가볍고 저렴한 가격으로 제공된다.

▶ 오늘의 메뉴

주방장 특선을 정식 코스에 따라 대체로 수프 앙뜨레 디저트 커피나 홍차의 순으로 제공된다.

▶ 저녁메뉴(Dinner Menu)

하루 중에 가장 중요한 식사이기 때문에 매우 다양하며 가격도 비싼 것이 특징이다. 여유를 갖고 식사를 하기 때문에 주류가 제공되어 수익증대에 기여하고 메뉴의 다양서, 서비스, 분위기, 실내장식에 대한 프리미엄이 기대되기에 레스토랑 경영측면에서 중요하다.

▶ 서퍼 메뉴 (Supper Menu)

모임이 끝난 후 제공되는 간단한 식사로 샌드위치나 스프에 음료 제공

3. 메뉴계획 관리

1) 메뉴 계획의 의의

메뉴 계획은 고객 만족을 통한 이익의 극대화라는 목표에서 시작되는 마케팅의 출발점이다.

업종 및 업태 별 특성과 영업 방법에 따라 고객에게 제공되는 음식의 종류와 가격을 결정하여 고객만족을 통한 조직의 목표를 달성할 수 있도록 준비하는 일련의 기획 과정을 말한다.

메뉴는 고객의 주문과 동시에 정확하게 생산되어야 하며, 관리자는 메뉴 계획 시 그의 타당한 이유를 반드시 제시해야 한다.

메뉴계획에 있어서는 조리법부터 타당한 가격까지 실용가능한 계획을 짜야 하는데 성공적인 메뉴계획에 있어서 가장 중요한 요소들이다.

2) 메뉴 계획 기본원리

▶ **미식적 측면**

메뉴는 단편적으로 짜기보다는 전체적인 조화를 이룰 수 있는 음식의 색상, 재료, 질감 등을 고려하여 계획하여야 한다.

▶ **경제적 측면**

메뉴는 식당 경영 콘셉트와 고객의 수준에 맞게 목표 고객에게는 부담이 덜 되고 주방에서는 원가에 적정하게 계획되어야 한다.

▶ **실제적 측면**

식당, 주방, 설비, 인원 등을 고려하여 정해진 시간 내에 음식을 조리해 낼 수 있는지, 서비스 형태에 맞는 메뉴인지를 알아서 메뉴를 계획하여야 한다.

▶ **관리자 측면**

조직의 경영목적과 목표: 고객을 만족시킴과 동시에 비용을 최소화하고 이윤을 극대화해야 한다.

▶ **식자재 공급시장의 상황**

구입이 가능한 품목과 재고품목을 활용할 수 있도록 해야 하고 원가 절감을 통한 이윤창출이 이루어져야 한다.

- 예산 : 판매가 대비 식재료 원가율이 가장 큰 비중을 차지하므로 예산은 매우 중요하다.
- 시설과 장비 : 상황에 따라 적합한 규모, 적합한 동선, 적합한 시설과 도구가 구비되어 있어야 한다.

▶ **종사원의 기능**

직원들의 수용력과 이용가능성과 효율적인 인력규모 및 배치가 중요하다.

- 생산 타입과 서비스 시스템 : 철저한 고객중심의 사고방식을 이해해야 한다.

▶ **고객의 관점**

(1) 영양적인 배려 : 생활수준, 연령, 성별, 활동성에 따라 다르다.
(2) 음식의 습관과 선호 : 개인이 가지고 있는 습관과 선호하는 특정음식에 따라 다르다.
(3) 음식의 특성과 감각적 특성 : 색깔, 조직과 모양, 농도, 맛, 조리방법, 서빙온도, 제시방법에 따라 다르다.

3) 음식에 대한 습관, 선호 그리고 수용에 영향을 미치는 요인

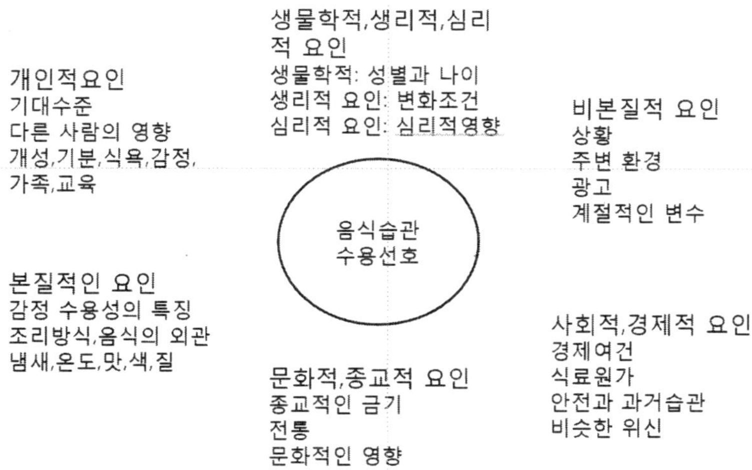

4) 메뉴 기획 시 중요사항

메뉴계획에 있어 기본적으로 중시해야 할 사항은 다음과 같다.

- 고객의 욕구 : 고객의 욕구는 메뉴 계획에 가장 큰 요인으로 작용한다. 변화된 메뉴가 매력을 줄 수 있는 잠재시장을 결정하구 제안된 메뉴가 현재의 고객들에게 미칠 긍정적 · 부정적 영향을 평가해야 한다.
- 원가의 수익성 : 메뉴 계획자는 업체의 전체적인 원가의 목표를 항상 염두에 두어야 한다. 식품의 원가는 업체의 수익과 직결되기 때문이다.
- 구입 가능한 식품 : 메뉴 계획자는 사용되고 있는 메뉴에 어떤 식품이 필요한가를 알고 있어야 한다. 먼저 생각할 것은 재고현황, 특히 상하기 쉬운 식품은 즉시 소비해야 한다. 또한 시장에서 구입할 식품이 있다. 아무리 좋은 메뉴를 계획한다 해도 구매하는 데 한계가 있다든지 가격이 안정되지 않는다면 많은 문제점이 발생하므로 고려해야 한다.
- 조리기구의 한계 : 메뉴 계획자는 사용가능한 조리기구와 그 한계성에 익숙해져야 한다. 그러기 위해서는 메뉴의 수요가 주방의 능력을 초과하지 않는가를 알아보기 위해 주방과의 상호 긴밀한 협조가 이루어져야 한다.

▶ **다양성**

어떠한 식음료 서비스를 막론하고 아무리 메뉴가 한정되고 고객이 바뀌다 해도 서비스하는 음식은 식욕을 돋울 수 있도록 제공해야 한다. 이것은 메뉴계획자에게 새로운 개발을 한다는 점에서 창조적인 상상력과 연구심을 발휘할 수 있는 기회를 주는 것이다. 접시 위에 놓은 음식의 다양성은 색깔·모양·향기·온도 등을 대조해 놓음으로써 이룩할 수 있다. 여기에는 여러 가지 고명(gamishers)이나 소수 파인애플 링, 쿠키, 타트레몬(tart lemon), 레몬 셔벗 등을 이용할 수 있다.

또한 메뉴 계획자는 계절적 요소를 이용하여 계절이 바뀜에 따라 식재료의 다양성에 대한 기회를 발견할 수 있어야 하며, 종교적 기념일이나 국경일·명절·휴일도 메뉴와 적절히 연계시킬 수 있고 연중 중요한 날(각종 기념일)에 특별한 메뉴를 기획해 볼 수 있다.

▶ **영양적 요소**

영양적 요소에 대해 현대인의 관심이 증대되는 점을 중시하여 고객에게 균형 있는 영양식을 제공해야 할 또 다른 책임을 계획자는 생각해야 한다.

5) 메뉴 기획 시 참고사항

▶ **운영콘셉트가 확실해야 한다.**

메뉴의 맛과 종류는 점포의 얼굴에 해당되기 때문에 당연히 가장 중요한 외식서비스업의 상품이 된다. 그런데 이 상품이 주방책임자가 바뀌면 일시에 변경되는 사례가 많아 이제껏 노력해서 확보해 둔 고객을 잃어버리게 되는 예를 종종 볼 수 있다. 이것은 점포 경영의 기본 콘셉트 없이 조리사의 개인능력이나 솜씨에 지나치게 의존했기 때문에 생기는 일이다. 특히 소규모 점포는 이러한 양상이 자주 나타난다. 즉 주방장이 요리를 하지만 의존도를 낮출 수 있는 경영 시스템을 갖추어야 한다는 것이다.

점포 자체에 뚜렷한 경영 콘셉트가 설정되어 있으면 고급인재를 채용할 때도 점포수준과 시장여건을 사전에 설명하여 이들의 축적된 기술을 자기점포의 수준에 알맞게 활용할 수 있으나 자기주장만 하는 조리사는 오히려 점포에 마이너스 요인으로 작용할 수도 있다.

소규모 점포에서 경영자가 요리를 잘 모를 때에는 조리책임자가 자기의 권위와 기술보전만을 위하여 주방업무에 일체 타인의 간섭을 배제하는 경우가 많은데, 이것은 이들의 성장과정이 충실치 못하였기 때문이며 기술이 부족하고 보잘 것 없기 때문에 감추려하고 자기의 좁은 영역을 보존하기에 안감힘을 쓰는 것이라고 생각된다. 따라서 점포의 규모와 시장여건에 맞는 메뉴 콘셉트를 명확히 함으로써 요리사의 개인기술에 좌지우지되는 무원칙한 점포가 되지 말아야 한다.

▶ **경영자 위주의 메뉴선정은 모순이다.**

외식업을 한다고 시작하면서 자기 고집 때문에 실패한 사람이 주위에서도 많이 볼 수 있다. 특히 다른 사업을 해서 성공한 중소기업인의 사장이나 오래전부터 외식을 하여 성공하여 경제적인 부를 축척한 경영주 중에는 자기의 기호나 자기방식에 따라 점포의 메뉴를 설정하는 경향이 많다. 이유는 간단하다. 자기는 이런 방식으로 돈을 벌었으니 자기주장이 옳다는 논리이다. 하지만 외식업은 타 기업과 아주 많이 다른 특성을 가지고 있다고 설명하여도 주장을 굽히지 않는 경우가 대부분이며, 과거에 외식을 하여 돈을 벌었다는 경영주는 시대의 흐름을 모르는 것 같다. 경쟁이 치열하지 않았던 시대를 착각하고 있는 경영주가 문제인 것 같다. 또 한 집단의 문제가 경영인이다. 전문조리인 출신 경영자 중에는 자기의 기술에만 의지해서 자기가 좋아하는 메뉴만을 고집하는 경우가 많다. 이것이 모두가 실패의 커다란 원인이 될 수 있다. 경영주가 좋아하는 메뉴는 경영주 한 사람만이 고객이 될 수 있으나 많은 다른 고객에게 그것이 받아들여지지 않으면 그것은 부적당한 메뉴가 되는 것이다. 또 한 품목을 오랫동안 판매해 온 경영주는 시장여건이 바뀌거나 다른 지역으로 점포를 옮겨도 이제까지 자기가 판매해 오던 메뉴에 집착하는 예가 많다. 어떤 경영주는 A지역에서 성공한 점포 메뉴에 집착하여 시장여건이 전혀 다른데도 B지역에도 같은 메뉴만을 고집하는 것을 본 적이 있다.

메뉴는 한 사람의 고객에 불과한 경영주의 기호에 의해 결정될 것이 아니라 점포가 존재하는 지역의 시장여건과 점포규모에 따라 그리고 객단가, 원가율, 조리인의 기술수준 및 주방기기의 성능 등에 의해 적절한 수준에서 설정되는 것이 원칙이다.

▶ 시각으로 고객에 만족감을 줄 수 있는 노력이 필요하다.

우리나라의 음식에 대한 시각적 효과는 일부 궁중요리나, 고급 한정식집을 제외하고는 매우 부족하다. 일본의 요리를 보면 이런 말이 있다. "눈으로 먹고", "코로 먹고", "입으로 먹는다."라는 이 표현은 시각적인 것과 후각적인 것을 강조하는 것이다.

호텔이나 대형 외식업체는 조리사들이 기본적인 틀을 제공하지만 상품에 대한 중요성을 많이 인식 못 하고 있는 것 같다. 하물며 외식업체의 중소규모 식당은 이런 시각적인 면이 매우 부족한 것이 사실이다.

창업을 하는 경영주는 처음부터 시각적인 기본 콘셉트를 종사원에게 제시하고 꾸준하게 노력한다면 본 업소의 발전과 외식시장의 발전에도 지대한 공이 되리라 생각된다. 글로벌화 시대에 브랜드를 막대한 자금력과 경영 노하우로 우리의 외식시장을 잠식하고 있는 다국적 외식기업에서 배울 점도 많지만, 소자본으로 창업을 시도하는 창업들은 새로운 경영 콘셉트를 제공해야 성공할 수 있을 것이다. 메뉴의 차별화는 다양하지만 시각적인 한부분이라도 성공할 수 있다면 좋은 결과를 얻을 수 있다고 생각한다.

▶ 요리와 기물의 조화는 만족도를 높인다.

"Food coordinator, food stylist"라는 전문직업이 있다. 이런 유형의 직종은 요리의 구성이나 그릇담기는 뚜렷한 전문직업이 있을 정도로 중요한 내용을 갖고 있다. 즉 요리를 담는 그릇의 모양과 요리내용의 조화는 고객에게 크게 어필할 수 있다. 늘 보던 식기나 컵보다는 뭔가 특수하고 점포의 개성을 나타내는 식기나 컵으로 메뉴를 제공했을 때 고객은 신선함을 느끼게 된다. 개성이 강하고 언제나 새로운 것을 찾아 이동하는 현대의 외식고객은 진부함을 거부한다. 큰 그릇에 보잘 것 없는 양을 제공하는 메뉴, 적은 그릇에 넘치듯 제공되는 메뉴는 불신과 불안을 함께 제공하는 꼴이 될 수 있다.

식당의 맛이란 무엇인가. 이제는 허기를 때우는 장소가 아니라 만남의 장이며, 대화의 공간이다. 그러므로 혀끝으로 느끼는 미각도 중요하지만 요리의 디자인, 그릇의 모양, 보조용기나 보조서빙기구의 색상과 모양, 점포분위기, 접객태도 등에서 오는 감각미도 식당을 평가하는 중요한 요소가 되었다. 드라마나 영화를 보면 아름다운 집과 잘 어울리는 데코레이션이 매우 인상적일 때가 많다. 식당도 아름다움을 느낄 수 있다면 고객에게 좋은 기억을 오래 간직하는 대화의 장소가 될 것이다.

아름다운 정원, 은은하고 고풍스런 한식집의 기물, 정갈한 상차림, 메뉴 이름의 참신성, 친밀감 등은 또한 식당의 중요 상품이 될 수 있다. 같은 상품이라도 백화점 포장지로 아름답게 포장한 선물을 받을 경우, 우리는 더 비싸게 느끼고 감사함을 느낄 것이다. 이제 음식도 마찬가지인 것이다. 같은 메뉴일지라도 어떤 그릇에 담아서 고객에게 제공하느냐에 따라서 만족감을 다르다는 것이다.

▶ 메뉴의 브랜드화를 시도한다.

메뉴의 브랜드화는 미국, 일본 등 선진국의 단체급식과 뷔페메뉴에서 채택하는 Branding 시스템을 식당에도 적용하였으나, 이제는 다양한 형태로 적용하여 고객에게 신뢰도를 높이고 있다.

주방장이 이름을 걸고 요리를 제공하는 것도 하나의 예로 볼 수 있으나, 일반적으로는 대표 메뉴를 개발하여 메뉴를 말하면 그 점포가 떠올릴 수 있도록 개발하는 것이다. 족발의 대가, 칼국의 명가, 칡냄면의 원÷조 한정식 등 이름을 말하면 그 점포가 떠오르게 하는 것이다. 이 정도까지는 시간적으로 많은 투자를 해야 할 수 있는 것이지만 그래도 많은 메뉴 중에 특색 있는 메뉴 구성으로 브랜드화를 시작해야 한다.

▶ 전문점 형태의 메뉴 구성을 해야 한다.

외식업 형태가 양극화와 전문화로 발전할 것이라는 학자와 실무가들의 중론이다. 양극화는 자본과 브랜드로 무장하는 기업형 외식업과 가족의 생계의 수단으로 창업하는 생계형으로 이루어진다고 할 수 있다.

이제는 종사원 7~8명을 두고 영업을 하게 되면 기업과는 자본과 브랜드에 밀리고 또 생계형과의 경쟁은 프라임 코스트에 밀려 결국 경쟁력을 잃게 된다고 생각한다. 이러한 양극화와 더불어 전문성이 있어야 경쟁력을 갖출 수 있다는 것이다.

전문 요리를 하는 식당도 아닌데 어느 한식당이나 분식집에 가면 메뉴가 40가지는 넘게 벽에 도배를 하고 있다. 물론 실력이 뛰어나서 많은 메뉴를 모두 맛있게 할 수 있다면 최상의 식당이 될 수 있으나, 적은 인원으로 다양한 요리를 한다는 것이 인간으로는 한계가 있기 때문에 음식을 차별화하는 데에는 실패하는 것이다. 최근에 설렁탕 전문점, 해물 전문점, 라면 전문점 등과 같이 단일 메뉴로 최고 맛과 서비스로 승부를 하는 것이 바람직하다.

▶ 요리도 멀티 플레이를 해야 한다.

가급적 식당의 메뉴는 전문화로 경영을 해야 맛과 경영의 합리화를 추구할 수 있다. 하지만 업종과 업태에 따라서 반드시 메뉴를 다양화해야 할 식당이 있다. 예를 들면, 한정식, 중국요리, 뷔페식당, 이런 곳은 당연하게 다양하게 요리를 제공하지 않으면 영업을 할 수 없는 곳이다.

그렇다면 어떻게 메뉴를 구성해야 고객만족도와 경제성이 있는지 연구할 필요가 있다. 메뉴는 A la Carte와 Table Dhote, Combination로 분류할 수 있는데, 우리 점포에서 핵심적으로 팔 수 있는 메뉴를 선정한 다음 A la Carte 메뉴로 Table Dhote나 Combination 메뉴를 고객이 선호도와 원가를 염두하고 정리하는 것이 가장 바람직하다.

어느 식당에 가 보면 A la Carte와 Table Dhote메뉴가 별도의 형식을 취하는 경우가 있다. 이것은 원가관리에 매우 어려울 뿐만 아니라 경영상에도 문제가 발생한다. 즉 아주 적은 아이템의 식자재로 다양한 요리를 만들 수 있는 멀티플레이의 기본인 것이다. 특히 중식식당은 요리가 100가지는 기본이지만 식자재 아이템은 일반 다른 식당과 차이가 없는 것은 메뉴의 멀티플레이를 잘하는 예라 할 수 있다.

✿ 창업지침서 ✿

수제파스타전문점 사업계획서

1. 서론
   1) 시장동향분석
   2) 수제파스타 레스토랑 사업선정배경
   3) 사업콘셉트
   4) 상호명
   5) 인테리어
   6) 메뉴 설명
   7) 면
   8) 스파게티 소스의 종류
   9) 토핑
   10) 음료
   11) 주문방법
   12) 서비스 방법

2. 본론
   1) 입지분석
   2) 접근성분석
   3) 유동인구분석
   4) 주변인구분석
   5) 시장성 분석
   6) 시장규모과 성장성
   7) 타겟층
   8) 경쟁업체분석
   9) 마케팅전략
   10) 영업전략
   11) 수익 및 경제성분석
   12) 소요자금추정
   13) 지출 예상표 및 매출
       (1) 지출 예상표
       (2) 매출액

3. 결론

1. 서론

최근 국내 경기의 장기불황으로 외식산업 자체도 많이 위축되어 있으나 제4차 산업혁명에 따른 산업 환경 변화와 식품 · 외식트렌드 및 글로벌 환경의 빠른 변화로 다양한 전문점이 생겨나고 있다. 그중에서도 오랜 시간 꾸준히 고객들의 사랑을 받아온 파스타 시장은 여전히 성장하고 있고 매장수도 증가하고 있는 추세이다. 현재 다양한 업체들의 파스타 시장 진출하였고, 각 업체들은 새로운 메뉴를 통하여 판매에 온 힘을 다하고 있지만, 한정된 재료를 가지고 다양한 시도를 하고 있지만 현재로서는 매장운영부분, 브랜드 관리, 마케팅, 광고전략 측면에서는 아주 미약하다고 볼 수 있다. 프랜차이즈를 표방하고 있는 업체들도 있지만 기술과 노하우 부족으로 어려움을 겪고 있다. 따라서 파스타 시장에 신규로 진출하여 브랜드를 만들기에 적합한 시기라고 생각한다.

대표적인 예로 햄버거 시장을 들 수가 있는데 맥도날드 같은 패스트푸드 점과 주문과 동시에 조리를 하여 칼로리를 낮추고 트랜스지방이 적게 들어간 수제 햄버거 점으로 나누어진 것과 같다. 그리하여 파스타 점에서도 차별화하기로 하였다. 일반적인 건면을 쓰는 파스타 전문점과 손수 파스타 면을 만드는 수제 파스타 전문점으로 차별화를 두었다. 향후 국내 파스타 시장의 대표 브랜드로 키워나갈 수 있는 좋은 시점이라고 할 수 있다.

1) 시장동향분석

현재 파스타 시장의 제품 형태는 크게 3~4가지 정도로 분류될 수 있다.

첫째는 국내호텔의 이태리 식당을 중심으로 한 전문 요리사의 파스타.

둘째는 외국계 프랜차이즈인 TGI 베니건스 등의 패밀리 레스토랑의 파스타.

셋째는 뽀모도르, 소렌토 등 파스타 프랜차이즈 업체의 패스트푸드식 파스타.

넷째는 레토르트 형태의 조리된 상태의 진공포장 파스타.

이 네 가지 형태 중 전문 요리사의 파스타가 가장 성공 가능성이 높고 파스타 시장의 주류를 형성하고 있다고 볼 수 있다. 패스트푸드식의 파스타 경우는 여러 업체들이 다양하게 시장에 참여하고 있지만 아직까지 시장상황은 검증되지 않았고 시장성도 불투명하다. 매장관리, 매장운영, 매장의 일관성, 다양한 제품의 개발, 저렴한 가격, 입지 등만 확보된다면 발전 가능성 또한 적지 않다고 생각하고 있다.

2) 수제파스타 레스토랑 사업선정배경

유럽풍의 독특한 분위기와 맛을 좋아하는 신세대의 입맛을 사로잡는 전통적인 이태리 가정의 음식을 깔끔하게 맛볼 수 있는 전문 패밀리 레스토랑이다. 이미 우리나라의 외식산업은 포화상태에 들어서면서 패밀리레스토랑의 춘추 전국시대라 할 만큼 적은자본의 개인 외식업체는 시장에서 살아남기 힘든 상황이다. 이탈리아 전통음식인 스파케티 전문점들과 이탈리안 패밀리 레스토랑이 속속 등장하고 있는 가운데서 그들과는 차별화 된 메뉴와 전략으로 신세대뿐만이 아닌 30~40대의 중장년층까지 두루 좋아할 수 있는 이탈리아 가정의 깔끔한 맛을 선보일 것이다.

과거 생리적인 욕구로 음식을 섭취하던 시대를 지나 현재에 이르러서는 외식업의 발달과 가공 식품의 발달로 많은 사람들이 음식에 대한 걱정을 하지 않는 요즘 우리는 또 다른 문제점으로 식품에 대한 불신을 가지고 있다. 멜라닌 파동과 화학조미료, 합성착색제등의 첨가물, 과도한 설탕첨가와 트랜스지방에 대한 걱정이 생겨나고 있다. 많은 식료품회사들이 고객의 요구사항을 수렴하여 무첨가 제품을 만들고 있는데, 예를 들어 대상의 '맛선생'은 과거 미원이라는 조미료에서 인공첨가물을 뺀 천연재료만을 이용하여 만든 조미료를 선보였다. 이러한 고객들의 바람에 발맞추어 우리는 자연의 재료로 만들고 고객의 주문과 만드는 수제 파스타전문점으로 선정하였다.

해외여행의 자유화로 인해 많은 사람들이 외국여행의 경험을 하게 되었고 그로인해 이탈리아 현지에서 경험한 파스타 맛을 기억하는 사람이 많다. 하지만, 이탈리아에서 경험해본 파스타를 한국에서 찾기는 어려움이 있다. 인터넷의 발달로 정보공유가 쉬워 졌는데, 이는 각 가게가 가지고 있던 특별한 비법들을 일반인들도 알게 됨을 의미한다. 그러다 보니, 스페셜 레시피의 존재를 많은 사람들이 알게 되어 음식을 제공하는 레스토랑에서도 많은 주의가 필요하다.

3) 사업콘셉트

DIY는 전문 업체에 맡기지 않고 스스로 직접 생활공간을 보다 쾌적하게 만들고 수리하는 개념을 말한다. "디 아이 와이"라고 읽으며 "네 자신이 직접 만들어라"라는 뜻의 "DO it yourself"의 준말이다. 이런 DIY의 이념을 적목하여, 고객 스스로가 직접 파스타 면, 소스, 토핑을 선택하여 기호와 웰빙을 고려한 파스타를 만든다는 의미를 부여했다.

4) 상호명

리베르따 암 파스타레 (liberta impastare)

리베르따란 '자유', 암 파스테라는 '반죽하다'라는 의미의 이탈리아어 어원을 합쳐서 "자유를 반죽하다"라는 의미로 현대인의 매일 똑같은 일상과 한정된 선택에 지친 영혼을 위로하기 위하여 자유를 갈망하는 심정을 파스타요리에 투영하여 자유롭게 파스타 면과 소스, 토핑을 직접 선택하여 자신만의 기호에 맞춘 웰빙적인 파스타 요리를 맛본다는 큰 뜻을 품고 있다.

5) 인테리어

화이트와 블랙 계열의 마감재를 이용하여 모던한 느낌을 주고 통유리를 이용하여 내부가 훤히 보이는 방식을 사용해서 깨끗한 이미지를 주며, 간판은 이탈리아어로 하며 색을 대표적인 파스타 소스 색인 토마토소스 색인 레드로 하여 강렬함으로 고객을 유인한다. 내부 벽에는 이탈리아 유명 회화작품을 모방한 작품들을 이용해서 고급스러움을 부각시키고, 천장은 높게 설계하여 탁 트인 느낌을 주고 소파와 식탁은 원목을 이용하여 편안함을 느끼게 한다.

6) 메뉴 설명

(1) 파스타란?

피자와 함께 이탈리아를 대표하는 음식이자 이탈리아인(人)의 주식이다. 기원전 3000년경 중국에서 처음 만들어졌고 1295년경 마르코 폴로가 이탈리아로 들여왔다고 전해진다. 그 밖에 밀가루 반죽을 먹기 쉽도록 잘라서 굽다가 점차 발전하였다거나, 그리스신화의 대장간의 신'인 헤파이스토스가 파스타 만드는 기구를 발명하였다거나, 기원전 5000년경 이탈리아 중서부의 고대국가인 에트루리아족(族)이 만들어 먹었다는 등의 여러 가지 이설이 있다.

이탈리아에는 대략 11세기에 소개된 것으로 추정되는데, 이후 도시 간 무역에서 중요한 상품으로 거래되었다고 한다. 특히 캄파니아주(州) 나폴리에서는 건조한 기후와 소맥재배를 하고 있던 여건 때문에 건조된 파스타 면의 대량생산이 가능하였으며, 양배추와 고기로 만든 전통 소스 대신 치즈로 양념을 하기 시작하였다. 1830년경에는 미국으로부터 토마토가 수입되면서 더욱 다양한 양념과 조리법을 갖추게 되었다.

파스타 종류는 재료에 따라 150여 가지, 면의 형태상으로 600여 가지가 넘을 정도로 매우 다양한데, 우선 면이 젖은 상태인 생(生) 파스타와 마른 상태인 건조 파스타로 나눌 수 있다. 가정에서는 보통 건조 파스타 면을 사서 이용하지만, 집에서 직접 반죽하여 생 파스타 면을 만들 수도 있다.

면의 형태면에서는 크게 롱(long) 파스타, 쇼트(short) 파스타로 나눌 수 있는데, 롱 파스타에는 스파게티(Spaghetti), 링귀니(Linguine), 페델리니(Fedelini), 카펠리니(Capellini), 탈리아텔레, 라자냐(Lasagna) 등이 쇼트 파스타에는 리가토니(Rigatoni), 펜네(Penne), 로텔레(Rotelle), 푸질리, 마카로니, 파르팔레(Farfalle) 등이 속한다. 파스타의 주재료는 듀럼이라는 밀을 빻은 세몰리나인데, 입자가 거칠고 딱딱하다.

만드는 방법은 우선 냄비에 파스타 양의 10배 정도의 물을 붓고 끓이는데, 보통 파스타 100g당 1리터의 물이 적당하다. 물이 끓기 시작하면 굵은 소금을 1큰 술 정도 넣어야 면이 속까지 익는다. 물이 끓으면 파스타 면을 냄비 둘레에 부채꼴 모양으로 돌리면서 넣고, 중간에 면이 서로 달라붙지 않게 휘저어준다. 보통 15분 정도 삶은 다음 면을 건져 물기를 빼고 소스에 버무린다.

소스는 생선, 해산물, 육류, 달걀, 치즈, 야채, 올리브유, 버터, 생크림 등 어떤 재료로도 만들 수 있으며, 이탈리아에서는 다양한 파스타에 특정 소스를 써서 특유의 맛을 내는 전통이 이어져오고 있다.

파스타는 66% 정도의 전분을 함유하고 있는 고 탄수화물 식품으로 에너지는 100g(삶지 않은 상태, 1인분)당 325Kcal 정도다. 단백질은 11% 정도 함유하고 있고, 지방은 2% 정도로 매우 낮다. 비타민이 거의 없고, 미네랄이 불균형하다는 단점이 있지만 이런 단점은 소스로 커버된다. 파스타 소스에는 비타민과 미네랄이 풍부한 채소, 단백질이 풍부한 콩이나 육류, 해산물 등이 들어가기 때문에 모든 영양소를 골고루 섭취할 수 있다.

2) 파스타 면은 두가지로 나뉜다.

① 생 파스타(Fresh pasta) : 기본적인 재료로 드럼밀 또는 강력분, 계란, 소금, 올리브 오일로 다양한 색상이나 특유한 맛과 향의 파스타를 만든다면, 반죽을 하는 과정에서 필요한 내용물을 첨가하면 된다. 예를 들어, 토마토 페이스트를 넣으면 붉은색의 토마토 파스타, 시금치를 갈아 넣으면 파란색의 시금치 파스타, 샤프란 우려낸 물은 넣으면 노란색의 샤프란 파스타, 오징어 먹물을 넣으면 검은색의 먹물 파스타가 만들어 지며, 이 밖에도 여러 가지 향신료나 재료로서, 다양한 후레쉬 파스타를 만들 수 있다.

② 건조 파스타(Dry Pasta) : 건조 파스타는 아랍인들에 의해 전해진 것으로 아랍인들이 사막을 횡단하기 위해 얇게 민 밀가루 반죽을 가느다란 원통의 막대 모양으로 말아 건조시켜 낙타의 등에 매달고 먼 여정에 올랐던 것이 그 유래이다. 그러던 중 12세기경에 아랍인들이 남부 이탈리아의 시실리아를 점령하게 되면서 밀을 재배하여 건조 파스타를 만들기 시작하였고, 그 방법이 나폴리까지 전해지고 산업혁명을 거쳐 기계화가 진행되면서부터 이탈리아 전역에서 만들게 되었다. 수백 가지의 건조 파스타는 여러 가지의 카테고리로 나뉘는데, 길고, 짧고 평평한 모양이나, 잘 알려지진 않았지만 특정 지역 특성을 띠는 모양이나, 화려한 색과 여러 가지 주위에서 흔히 볼 수 있는 사물의 모양을 띠는 것도 있다.

7) 면

리베르따 암 파스타레에서는 고객을 위해 생 파스타를 제공한다.

(1) 숏 파스타(Short Pasta)

종류	이름	장점
	푸실리(Fusilli)	나선형 파스타. 나선의 홈에 소스가 묻어 풍부한 소스맛을 느낄 수 있다.
	팬네(Penne)	사선식 튜브모양 파스타. 튜브안으로 소스가 들어가 토마토 소스와 잘 어울린다.
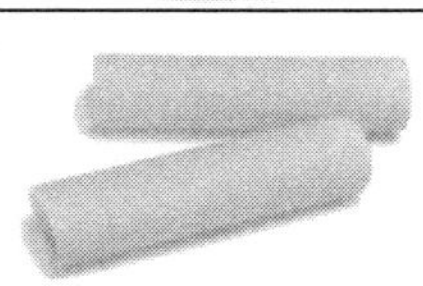	카넬로니(Cannelloni)	큰 튜브모양의 파스타. 고기나 치즈로 소를 채워 토마토소스와 서브한다.

종류	이름	장점
	리가토니(Rigatoni)	관 모양의 큰 파스타. 소스가 잘 묻어 모든 소스에 어울린다.
	파르팔리네(Farpalline)	나비 모양의 파스타. 예쁜 모양으로 선호하는 사람이 많다.

2) 롱 파스타(Long Pasta)

종류	이름	장점
	카펠리니(Capellini)	가장 얇은 파스타. 조리시간이 짧고 어떤 소스에도 잘 어울린다.
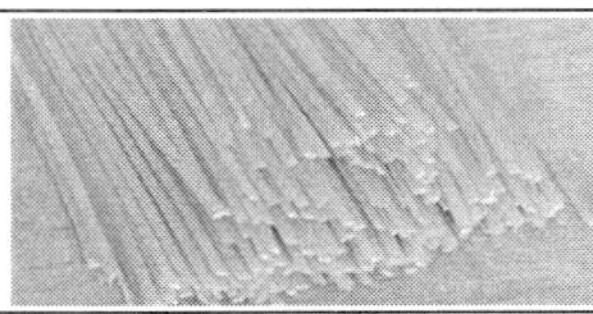	바베트(Bavette)	가장 얇은 납작한 파스타. 식감이 좋아 널리 알려진 파스타 면 중에 하나이다.
	파파르델레, pappardelle	넓은 사이즈의 롱 파스타. 크림소스와 오일 소스에 어울린다.
	페투치니(Fettucini)	한국의 칼국수 같은 면. 크림소스에 잘 어울린다.
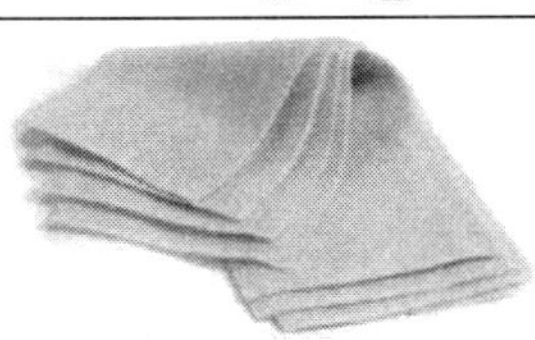	라자냐(Lasgna)	폭이 넓은 조각의 파스타. 층을 낸 여러겹으로 조리하는 경우가 많다.

8) 스파게티 소스의 종류

(1) 토마토 소스(Tomato Sauce)

① 볼로네즈(Bolognase) : 흔히 미트소스라 불리는 이탈리아 파스타의 대표적인 소스로 다진 고기를 토마토 퓨레와 조리하여 만든다. 이태리 볼로냐지방에서 유래됨

② 뽀모도로(Pomodoro) : 토마토라는 뜻의 이태리어로 이 단어가 들어가면 토마토를 주재로 한 소스다.

③ 아마트리키아나(Amatriciana) : 토마토소스에 다진 베이컨을 넣고 만든 스파게티로 기름기가 적당히 있고 고소하고 깊은 향이 나는 것이 특징이다.
④ 푸탄네스카(Puttanesca) : 토마토, 양파, 올리브, 케이퍼, 마늘, 앤쵸비, 칠리가루 등 보통의 이탈리아 가정의 부엌에 항상 있는 재료로 만든 소스로 매콤함.

(2) 크림소스(Cream Sauce)
① 카르보나라(carbonara) : 생크림, 베이컨, 파마산 치즈를 섞어 만든 고소하고 부드러운 맛의 크림소스. 생크림양이 다른 화이트소스보다 적고 달걀 노른자를 넣는 것이 특징
② 베사멜(Béchamel) : 버터와 밀가루를 고르게 볶다가 우유와 육수를 넣고 주걱으로 떴을 때 잘 흘러내리지 않는 정도의 농도로 만드는 화이트소스를 말한다. 다른 여러 소스의 베이스로 이용하여 밀가루 양으로 소스의 농도를 조절한다.
③ 알프레도(Alfred) : 생크림과 버터 파마산 치즈를 넣어 만든 크림소스의 일종으로 부재료는 버섯이나 닭고기 등 맛이 강하지 않는 것을 넣는다.
④ 프리마베라(Primavera) : 이탈리아어로 '봄'이라는 뜻이며 당근, 브로콜리, 버섯, 붉은 피망 등의 야채로 만든 크림 같은 소스

(3) 오일소스(Oil Sauce)
① 봉골레(vongole) : 이탈리아어로 '조개'를 의미하며 주로 조개가 들어가는 요리의 이름으로 쓰인다. 특히 오일소스로 만든 파스타를 봉골레라고 하는 경우가 많다.
② 제노베제(Genovese) : 멸치를 소금에 절여 발효시킨 엔쵸비와 바질, 올리브오일을 섞어 만든 소스로 앤쵸비가 들어가 약간 짜고 특유의 향이 있다.
③ 페스토(pesto) : 바질, 마늘, 올리브유, 파마산 치즈, 잣 등을 함께 갈아 만든 파스타 소스

9) 토핑

파스타라고 해서 단순히 파스타만 제공하는 시대는 지나가고 파스타와 메일 메뉴와의 결합이 대세를 이루고 있다. 이는 매출증대를 위해 레스토랑이 만들어 낸 것이 아니라 다양한 맛을 보고 싶어 하는 고객의 요구에 의해 변화된 것으로 리베르따 암 파스타레에서도 고객들의 다양한 취향에 맞추어 다음과 같은 토핑을 제공할 것이다.

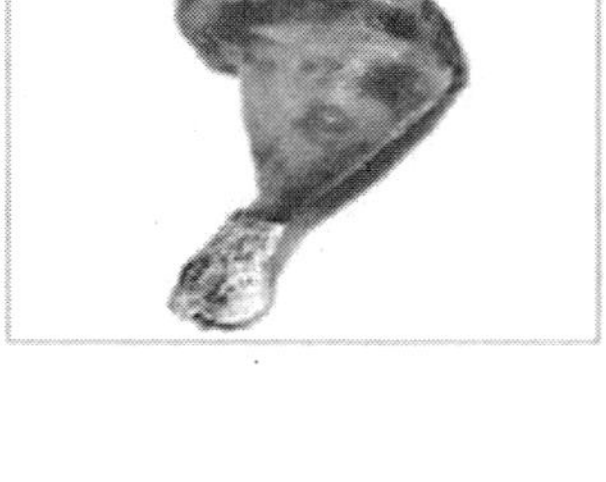
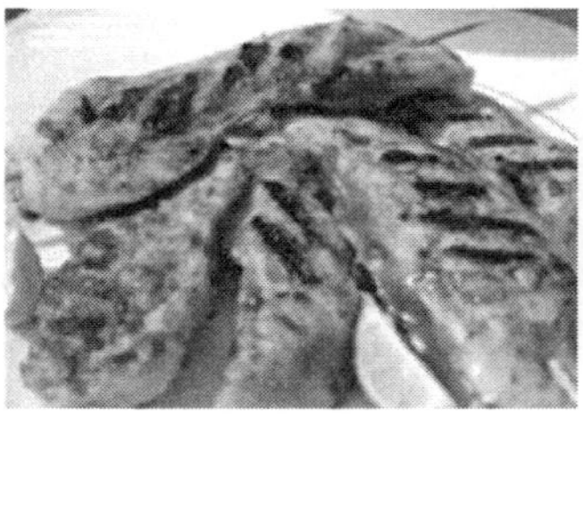

10) 음료

음료는 크게 두 가지 큰 틀에서 주문을 받는다. 다양한 음료수를 제공하는 방법이 있지만, 다양한 메뉴에 따른 직원고용에 따른 인건비의 부족과 메인메뉴(파스타)를 위한 집중도를 높이기 위해 음료의 가지 수를 줄였다. 음료는 탄산음료와 각종에이드가 제공된다. 3~4가지 탄산과 5가지의 에이드를 제공할 것이다. 기본적인 에이드 외에 계절 과일을 이용하여 이달의 에이드를 프로모션 상품으로 제공할 것이다.

11) 주문방법

일반적인 파스타전문점에서는 한두 가지의 파스타면을 준비해서 제공하는 단순한 방법을 이용하고 있는데, 고객의 입장에서는 아무리 맛이 있는 파스타라 하더라도 같은 음식을 여러 번 먹기에는 부담이 된다. 리베르따 암 파스타레는 그러한 단점을 보안하기 위해 다음의 방법으로 주문을 받기로 하였다.

리베르따 암 파스타레에서 매일매일 만드는 수제 파스타 중 숏 파스타 5가지와 롱 파스타 5가지 총 10가지 중에 한가지의 파스타 면을 선택할 수 있는데 1인분에 100g을 기준으로 하고 있다. 파스타 면을 선택한 후 소스를 선택 할 수 있는데 토마토를 베이스로 한 4가지의 토마토소스와 크림을 베이스로 4가지의 크림소스와 올리브오일이 베이스가 된 3가지의 오일 소스 중에 한 가지를 선택하면 된다. 마지막으로 토핑이 있는데, 토핑에는 폭립, 돼지등심스테이크, 닭다리 바비큐, 모둠야채, 모둠해물, 포크커틀릿이 있다.

이러한 방법으로 고객은 자신의 취향에 따라 자신만의 퍼스타를 만들 수 있는데, 480가지의 각기 다른 파스타가 완성된다.

12) 서비스 방법

서비스방법에는 주문과 서빙, 뒤처리까지 고객이 해야 하는 패스트푸드식 셀프서비스 방법과 고객이 테이블에 착석 후, 종업원이 주문과 서빙, 뒤처리까지 하는 테이블 서비스 방법이 있다. 리베르땅 암 파스타레에서는 고객의 편의성과 서비스의 질을 높이기 위해 테이블 서비스 방법을 채택하였는데, 이는 고객의 편의를 위한 최선의 방법이다. 고객접견, 메뉴안내, 오더 포스팅, 계산안내까지, 전문교육을 받은 직원을 채용하여 서비스를 제공한다. 심플하고 시각적으로 편안한 의상을 선택하여 고객이 직원접견 시 고급스러움과 편안함을 느끼게 한다. 그리고 고객이 자신의 주문에 대해 위생적으로 안전하게 조리가 되고 있는 지를 확인할 수 있도록 오픈 주방형태가 될 것이다.

2. 본론

앞서 서론에서는 어떤 가게를 지향하는지를 설명 했다면 본론에서는 리베르따 암 파스타레를 어떻게 해서 지금의 입지에 분석과 유동인구, 시장성분석에 대해서 알아보겠다. 이어서 수익과 소요자금 분석, 지출 예상표를 알아보겠다.

1) 입지분석

우리 리베르따 암 파스타레 에서는 지금 현재 인구 밀집지역, 유동인구가 많은 번화가 보다는 향후 성장가능성이 있는 곳을 모색하던 중 문현금융단지가 2014년에 들어설 예정인

동천근처의 한 장소를 알아보게 되었고, 우리가 추구하고 있던 레스토랑의 형태와 비슷한 건물을 찾게 되었다. 그리하여 선정된 곳이 부산광역시 진구 범천동 851-11번지이다.(현 LG베스트샵)

2) 접근성 분석

리베르따 암 파스타레(현 LG 베스트샵)건물에는 주차장이 완비되어 있지만, 대중교통을 이용하는 고개들에게도 편리한 접근성으로 관심을 끌 수 있다. 200m와 250m 거리에 2개의 버스정류장, 17개의 노선이 있으며 370m, 420m에 지하철 정류장, 1호선 범일역, 2호선 문전역이 있어 대중교통을 이용 시 도보 7~8분 내에 매장에 접근 할 수 있는 편리성을 가지고 있다.

3) 유동인구분석

현재는 문현금융센터가 착공을 시작하여 반 이상이 시공되고 있는 상태고 2014년에 완공된다면 한국은행, 금융센터 등에 들어설 수많은 회사들이 생기므로 직장인의 유동인구가 대폭 상승할 것으로 보며, 그에 편승하여 주변의 기타 시설들이 즐비하게 자리 잡을 것으로 예상된다. 그리고 한 블록 옆에 위치한 이마트는 약간 거리가 있는 주변의 주거단지에 가족단위의 고객을 확보할 수 있을 것이다. 이렇게 가까운 미래에 유동인구가 폭발적으로 늘어날 것으로 전망하고 이 입지를 선정한 것이다. 뿐만 아니라 직접적인 주 고객 타깃층은 아니지만 주변의 위치한 3~4개의 학교들의 학생들도 우리 매장을 이용할 것으로 예상된다.

(1) 유동인구

구분	승차	하차	승·하차
범내골역	9,898	9,685	19,583
문현역	4,675	3,218	7,893

(2) 접근성

① 시내버스 [총 21개]

5-1 10 43 52 57 63 80 81 83 83-1 99 111 1000 1004 17 29 38 86 82 88 103

② 마을버스 [총 2개]

동구 1 남구 5

4) 주변인구분석

(1) 아파트밀도

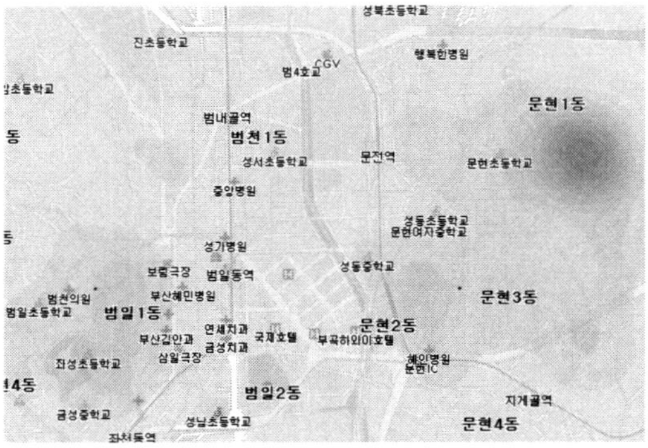

아파트 세대 12,755세대
비아파트 세대 13,956
전체가구 26,711
총인구수 59,554

(2) 유동인구 지점표시

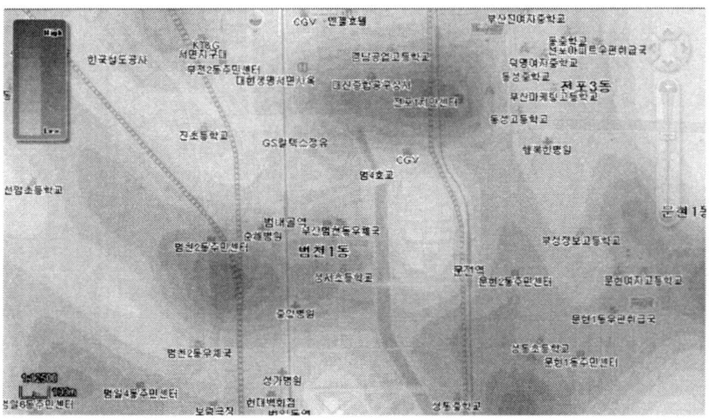

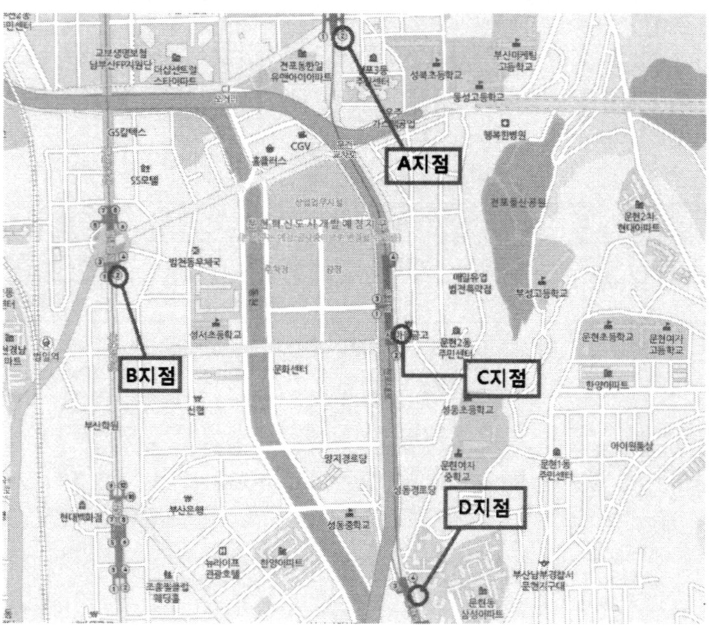

지점 \ 나이대	10대	20대	30대	40대	50대	총합
A지점	152	127	81	76	141	577
B지점	127	129	97	108	217	678
C지점	116	122	216	288	280	1,022
D지점	128	130	218	270	316	1,062

인근학교

초등(3개) 학생 수 : 4,401명 중등(3개) 학생 수 : 1,900명 고등(6개) 학생 수 : 3,062명

5) 시장성 분석

리베르따 암 파스타레는 발전 가능성이 빠른 시간 내에 가능한 곳을 찾아보았다. 그 중에서도 초고층빌딩 1동, 고층빌딩 6동이 들어서며 상주근무인원 5만 명, 부대 고용창출인원 2만 명이 되는 부산 문현 금융단지 주변을 적합한 부지로 선정하였다. 2011년 5월 첫삽을 뜬 이래 2013년 5월 30일까지 공사 진행률 78%를 보이고 있으며 지금 현재 한국 기술보증기금 신사옥은 완공이 끝나 정상적인 업무를 시작하였고, 7월에는 한국은행 부산본부건물이 완공예정이며 2014년 5월에는 부산은행 본점 신사옥이 완공, 6월에는 국제금융센터의 완공으로 한국자산관리공사(캠코)와 한국주택금융공사, 한국예탁결제원, 대한주택보증, 한국남부발전, 한국청소년상담원 등 6개 부산 이전 공공기관이 이전 업무를 시작하게 될 것이다.

6) 시장규모와 성장성

문현금융단지는 부산 금융중심지 마스트플랜의 주요 목표로 동북아 금융허브를 위해 진행되고 있는 사업이다. 금융단지 지정 및 화정으로 2조 원대의 경제적 파급효과를 거둘 것으로 예상하고 있다. 단지조성 후 취업유발효과는 1만4천500여 명, 개발과정에서의 고용유발효과는 1만2천300여 명에 이를 것으로 분석되어 있다. 전체 건설 완공예정은 2014년 6월이며 예상고용인원은 14만 명으로 이는 상주근무인원 4만 5천명과 이동근무인원 9만여 명을 합한 예상수치이다. 문현금융단지와 90m거리에 있는 LG베스트샵의 부지를 이용하는 것은 최상의 선택이라고 할 수 있다.

7) 타겟층

주 고객타깃층은 문현금융단지에서 근무할 9만 명이 넘는 직장인들과 그에 수반되는 커플, 그리고 마트에 쇼핑을 하러 오는 가족단위의 고객층, 그 외에 주변 학교학생들이 있다. 뿐만 아니라 동천이 개발된다면 주변 경관을 관광하러 오는 관광객층과 부산 최대 번화가인 서면의 다양한 유동인구들도 우리의 잠재적 타깃층이 된다.

8) 경쟁업체분석

(1) 경쟁업체

우리의 경쟁업체는 근처에 위치한 이마트 내 푸드코트와 지오플레이스 내 리미니 파스타 전문점이다. 이 두곳은 문현금윤단지와도 인접해 있어 리베르따 암 파스타레처럼 뛰어난 접근성을 가지고 있다. 이마트 내 푸드코트는 여러 가지 음식을 한군데에서 접할 수 있다는 장점이 있으며 마트를 이용하는 고객들에게도 강한 어필을 할 수 있다.

리미니 파스타 전문점은 저렴한 가격으로 이탈리아의 파스타를 제공하는 전국 20개의 매장을 가지고 있는 프랜차이즈 레스토랑이다. 리베르따 암 파스타레와는 다르게 저가의 가격으로 이탈이라 파스타를 제공하는 레스토랑인데, 다양한 가격대와 피자, 리조또등을 제공하는데, 단순히 저렴한 가격만을 생각하는 고객들은 리미니 파스타 전문점이 리베르따 암 파스타레보다 매력적일 수도 있다.

경쟁업체라고 하지만 각기 다른 스타일을 가지고 있어 비슷한 부류의 레스토랑이지만 추구하는 바가 달라 경쟁업체라고 생각하기에는 어려운거 같다.

(2) 위험요소

잠재적 위험 요소로 LCC 항공을 꼽았다. 이유인즉슨, LCC 항공의 탄생으로 외국으로 나갈 수 있는 방법이 다양화되면서 많은 사람들이 외국으로 예전보다 더 쉽게 나가게 되었다. 그들의 모토는 저렴한 가격으로 좀 더 많은 사람의 이동을 도와준다 인데, 이는 실로 항공업계의 일대 혁명이 되어 전 세계적으로 엄청난 발전과 점유율을 나타내고 있다. 실 예로, 일본의 면 요리인 우동을 먹고 싶어서 우동을 먹으러 가기 위해 직접 LCC 항공을 이용하여 일본으로 가는 경우가 있는데, 이는 대한민국의 주변 국가인 홍콩, 일본으로 파스타를 먹기 위해 비행기를 탈 수 있기 때문이다. 또 다른 예로 아시아 최대 LCC 항공인 에어 아시아에서는 과거 유럽의 파리와 런던에도 취항을 하였었는데 이는 왕복 40만원이면 유럽을 갈 수 있는 여건을 만들어 주었다. 유가 상승으로 인해 저렴한 가격의 비행기 티켓을 제공하지 못하게 되자 현재에는 유럽노선이 잠정 중단이 되어 있지만, 2013년이 끝나기 전에 다시 노선을 운항한다는 에어 아시아측의 발표가 있었다. 이로 인해 리베르땅 암 파스타레는 작게는 부산 조금 더 크게는 대한민국에서 좀 더 크게 보면 전 세계의 파스타 전문점들과 경쟁을 해야 한다는 이야기가 된다.

9) 마케팅전략

직원들이 고객과 끊임없이 대화하면서 고객과의 관계를 유지하고 고객만족도를 높이는데 주안점을 둔다. 이러기 위해서는 직원들의 대화습관이나 이미지에도 상당한 노력을 기울여야 한다. 그리고 제품위주의 마케팅보다는 고객 중심의 마케팅을 구사한다. 고객의 정보를 데이터베이스화하는 작업을 한다. 데이터베이스를 만들기 위해 가게 앞에 명함을 넣을 수 있도록 유리병을 설치하는 것도 좋고 이를 이용해 성탄절에 카드를 보내는 것도 좋은 마케팅 방법이다. 보통 우량고객은 한 달에 두세 번 정도 이용하고 새로운 고객을 유치하는데 많은 도움이 된다. 따라서 이들을 확보하고 유지하는데 많은 관심이 필요하다. 단기 또는 중장기적으로 소규모 프로모션을 기획한다. 마일리지 서비스 등을 이용하여 고객에게 끊임없이 관심을 표시한다. 컴퓨터 통신 등 규모에 맞는 대중매체 이용과 인터넷 홈페이지도 제작한다.

멤버십 카드를 발행하여 고객이 매장을 방문한 횟수에 따라 차등된다.

일반카드(초록) - 생일쿠폰, 승진 시 메뉴 1개 무료, 적립 5%

VIP카드 (블랙) - 일반카드 혜택+무료 메뉴 쿠폰 3매 +적립 10%(승급하려면, 3개월 동안 50만 원 구매 시)

10) 영업전략

비용을 조금 높지만 신선하고 건강식이라는 제품의 가치를 높혀 더 많은 고객을 끌어들여 더 많이 판다는 게 기본전략이다. 고객의 욕구를 정확히 파악하여 고객욕구의 핵심은 반드시 충족시킨다. 실패한 서비스는 즉각 정정하는 것을 생활화한다. 손님들의 불평을 해결 잘하는 것이 고객만족의 지름길이다. 항상 매장 직원에게도 서비스의 문제점을 물어보는 자세를 가진다. 기본적으로 고객을 안심시키는 것이 중요하며 항상 체크를 한다. 음식이 언제쯤 나올 것인지 나온 음식이 문제가 없는지를 확인한다. 서비스 하는 직원을 중요자산으로 생각하는 마음자세를 잊지 않는다. 직원들이 스트레스 받지 않고 즐겁게 일할 수 있도록 조건을 만들어 주는 것이 중요하다. 그리고 매일 아침 가게를 열기 전 인사연습을 하고 시작하는 것이 좋은 습관이고 손님이 없을수록 손님이 없다고 인상을 쓰고 있기 보다는 종업원과 농담을 하는 등 가게 분위기에 활력을 주는 것이 필요하다.

11) 수익 및 경제성분석

리베르따 암 파스타레는 수익, 매출을 높이기 위해 일반 매장과는 다른 방법을 시도하기로 하였다. 일반적인 파스타 전문점에서는 각기 다른 식자재 원가에 따라 각기 다른 판매가를 책정해놓았는데, 리베르따 암 파스타레에서는 일정 원가금액을 정한 다음 그 원가에 맞추어 식자재의 양을 조절 하는 방법을 선택하였다. 각기 다른 판매가는 고객으로 하여금 메뉴를 선택의 불편함을 유래하게 되는데, 리베르따 암 파스타레에서는 모든 메뉴의 가격을 동일하게 맞추어 고객으로 하여금 가격에 따른 부담을 줄이고 자유로운 선택을 하게끔 하였다.

피자, 스테이크 같은 음식은 제공하지 않기 때문에 주방에서의 음식조리시간의 균일성과 과다한 주방기기를 구입하지 않아도 되고 테이블회전에도 예상 시간을 계산할 수 있게 된다.

현재 문현금융단지의 예상고용인원 9만 명으로 금융업계 3만여 명과 그 외 상주 직원들이 5만여 명이 넘는 것으로 예측되어있다. 리베르따 암 파스타레 주변 반경 1km 내에 6만여 명의 인구가 있어 이들의 0.1%만 예상고객으로 잡아도 150명이 넘게 된다. 물론, 메뉴와 음식에 대한 품질, 접객 서비스도 중요하지만, 주변 인구와 유동인구만 일평균 3만 명이 넘는 거대 상권 가능 구역이다. 문현금융단지가 완공되기 전에 상대적으로 아직 저렴한 LG베스트샵 건물을 인수하여 빠른 시간에 배임하여 리베르따 암 파스타레를 오픈해야 할 것이다. 메뉴의 가격은 12000원으로 정하여 매출과 수익을 극대화 할 수 있게 된다.

12) 소요자금추정

사진	종류	필요대수	가격
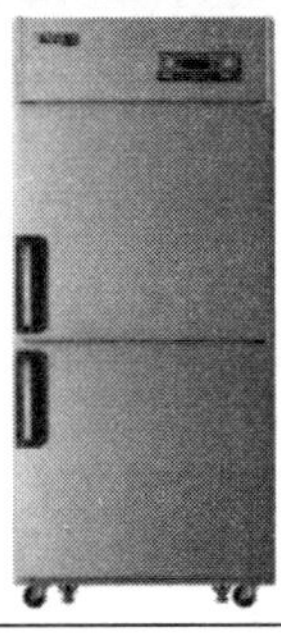	2도어 냉장고	2	880,000

사진	종류	필요대수	가격
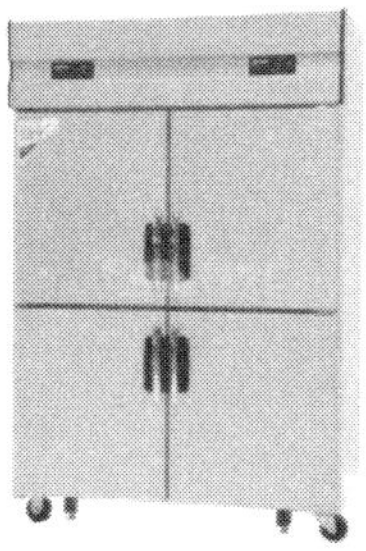	4도어냉장고	2	1,144,000
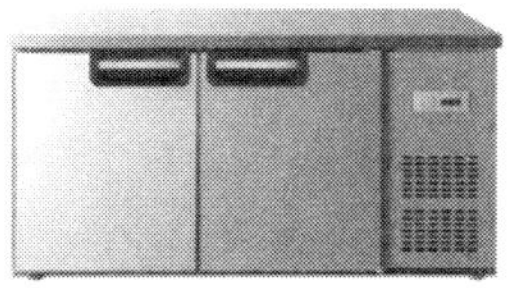	테이블냉장고	2	770,000
	5구가스렌지	2	867,000
	5구오븐렌지	2	1,115,000
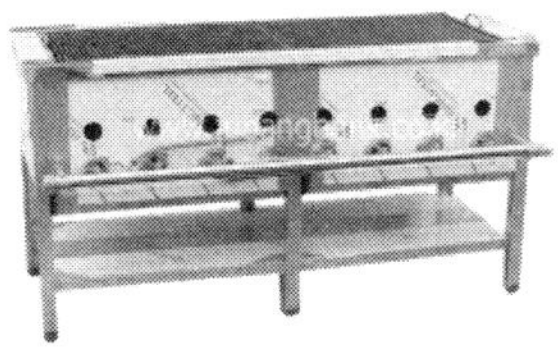	바베큐렌지	1	430,000
	디쉬워머기	3	650,000
	작업테이블	6	280,000

사진	종류	필요대수	가격
	2인테이블	30	280,000
	4인테이블	20	510,000
	의자	160	110,000
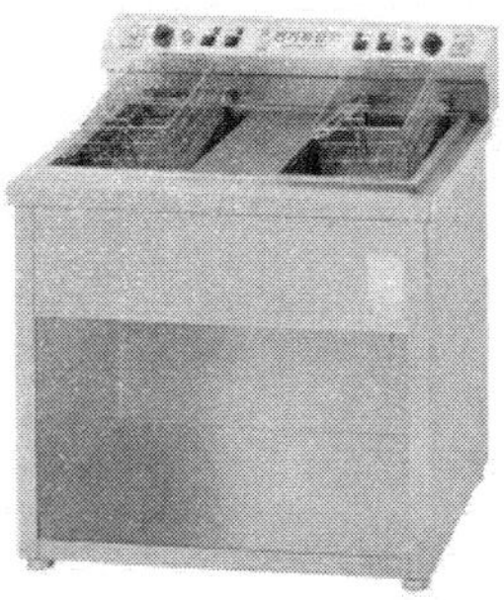	튀김렌지	1	370,000
	반죽기	1	550,000

사진	종류	필요대수	가격
	제면기	2	350,000
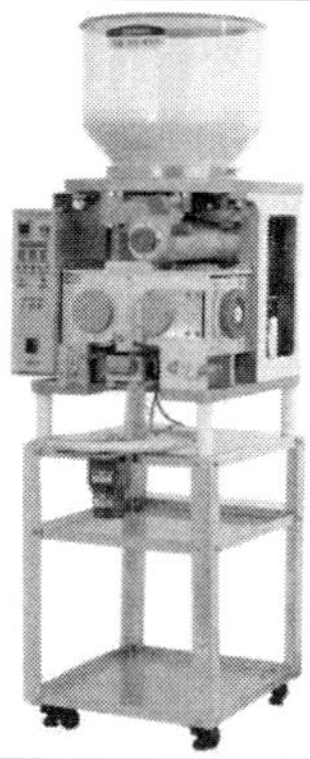	냉면제면기	2	1,670,000
	미니그릴	1	480,000
	잔반테이블	2	178,000
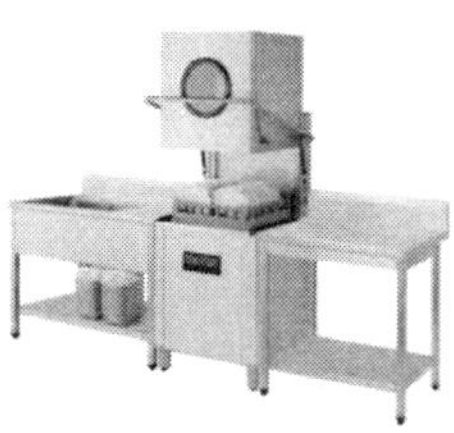	세척기	1	4,560,000
	세척테이블	3	2,20,000

13) 지출 예상표 및 매출

(1) 지출 예상표

밑에 보이는 매출액은 2014년 6월 이후의 예상목표액으로 9만 명의 고용예정이 되어 있는 문현금융단지가 입주 후에 예상표이다.

매출액	1억5천7백	100%
매출원가	4300원	16%
매출이익	1억1천3백	71.9%
인건비	1천6백8십	10.7%
복리후생비	1백십7만	0.7%
지급수수료	6백5십만	0.4%
수도 광열비	3백5십만	0.2%
지급임차료	–	–
소모품 비	2백5십만	0.1%
세전이익	7천8백3십	49.7%
세후이익	4천6백9십	29.8%(20%세금)

(2) 매출액 '157,000,000'

총 좌석수가 160석인데 하루에 4번의 테이블 회전을 한다면 가능한 월 매출이 나온다. 하지만 2014년 6월에 오픈하는 문현금융단지가 완공되기 전까지는 예상 매출액을 이루기에는 무리가 있다. 하지만 서면과 범일동 근처에 주차장이 완비되어 있으면서 고품질의 음식을 하는 레스토랑은 손에 꼽을 정도이다. 이러한 점을 고객을 끌어 모으기 위한 메키팅과 영업전략으로 하여 매출을 극대화시킨다.

1인당 객단가는 15000원으로 예상되며 4번의 전체 테이블턴을 목표로 하고 있다.

3. 결론

현재 대한민국의 외식산업 중 파스타 부분은 약 3000억 원 규모로 다른 메뉴들과 비교 해 보았을 때 작은 규모이다. 이는 아직 시장이 활발 혹은 성숙기에 들어서지 못했다고 생각할 수 있지만, 반대로 아직 개척 되지 않은 시장이므로 선점기회가 높다고 볼 수 있다. 그중에서도 현재 잠깐 빤짝 유행하는 음심이 아닌 20대들도 좋아하는 발전가능성이 가능한 메뉴를 찾다보니 파스타 전문점으로 선택하게 되었다. 현재 우후죽순으로 생겨있는 파스타 전문점들과의 경쟁에서는 제품의 가격대가 평균이상이라도 고품질의 음식을 원하는 고객이 많다는 것을 알게 되었다. 그리하여 우리는 가격은 높지만 그만큼의 품질이 높은 음식을 제공하는 하이 레벨의 파스타 전문점을 만들었다. 개개인의 취향과 다양한 메뉴로 고객의 욕구를 만족시켜 줄 수 있도록 하여 경쟁력을 높였다. 리베르땅 암 파스타레의 주변 발전 가능성에서 매장의 크기와 매출을 예상 할 수 있다. 반경 1km안에 10만 명이 넘는 인구가 생길 것이며 고액연봉을 받는 금융권 종사자들이 3만 명이 넘게 근무를 하는 금융단지에서 도보 5분도 걸리지 않는 곳이라면 높은 성공 가능성을 볼 수 있을 것이다. 시장선점과 앞으로의 대지값 인상 등을 고려했을 때 빠른 시간 내로 입점을 하는 것이 유리하다고 할 수 있다.

파스타 산업의 발전가능성과 대규모 유동인구, 3만이 넘는 고용 인구를 가진 곳에서 대중에게 인정받는 레스토랑이 될 것이며 사업의 확실하게 긍정적인 타당성이 될 것이다.

제7장 메뉴 디자인

1. 메뉴 디자인의 개념

1) 메뉴 디자인의 정의

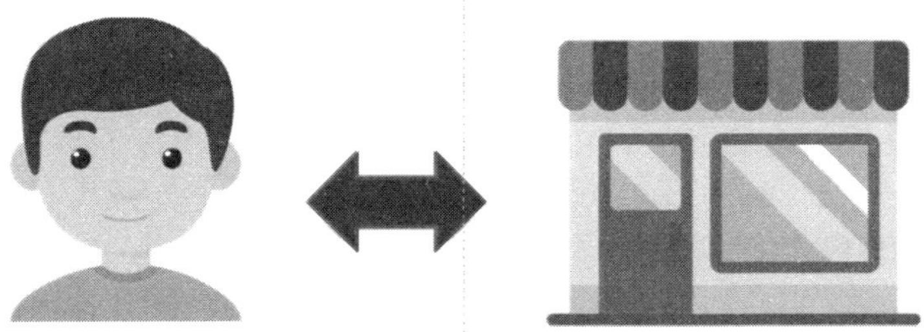

메뉴 디자인의 근본적 역할은 외식업체에서 제공하는 식음료를 알리고 카페에서 제공하는 아이템을 가장 경제적이고 효과적으로 고객에게 의사전달의 수단이 되어야 한다. 오늘날 디자인의 개념은 단순한 외형의 미적 추구개념에서 벗어나 그 영역이 넓게 확산되고 있다.

메뉴 계획에서 최종적으로 아이템이 선정되면 메뉴를 디자인하게 되는데, 잘 디자인된 메뉴란 메뉴 계획자가 의도한 대로 1.배열 2.설명 3.활자 4.메뉴의 크기 5.모양 6.컬러 등이 카페의 전체적인 개념과 조화를 잘 이루고, 기능적으로 메뉴의 역할을 잘 수행할 수 있도록 디자인된 메뉴를 말한다.

2) 메뉴 디자인의 기능과 역할

식음료매장을 찾은 고객들이 가장 먼저 보거나 찾게 되는 것이 메뉴이다. 그런데 많은 식음료 사업주들이 놓치는 사항이 바로 메뉴판의 기능이다. 메뉴에 써 넣는 것이 메뉴명과 가격뿐이라고 생각하면 큰 오산이다. 메뉴는 음식의 종류와 가격을 나열하는 단순한 기능을 넘어 고객에게 상품을 설명하는 제안서 역할을 한다.

메뉴 디자인에는 점포에서 판매하고자 하는 메뉴가 무엇인지와 매장의 특성이 담겨 있어야 한다. 따라서 메뉴 디자인에 넣는 문구의 내용과 서체. 사진의 질과 배치 구조 등 모든 것을 일관되게 운영하는 것이 중요하다.

또한 비용이 들어가더라도 매장에서 실제 판매할 메뉴를 그대로 찍은 사진을 사용하는 것이 바람직하다. 요즘 고객들은 메뉴 사진과 다른 형태의 음식을 받았을 때 효용가 차가 낮아 적극적인 항의도 한다. 가급적이면 메뉴 사진 전문가를 통해 사진을 찍어두는 것이 좋으며, 이는 향후에도 각종 판촉물. 명함. 현수막 등 마케팅 활동을 할 경우 유효하게 활용된다.

3) 메뉴 디자인의 계획

(1) 메뉴 디자인 계획의 이해

메뉴는 고객과 식당을 연결시켜주는 기능을 가지고 있다. 따라서 내부적인 환경과 외부적인 환경을 과학적이고 체계 적인 방법으로 조사하여 고객 만족을 위한 철저한 이해가 요구된다.

(2) 식당 콘셉트를 따른 메뉴 디자인 계획

식당의 분위기에 맞게 디자인된 메뉴가 판매를 늘리고 매출을 증대시키기 때문에 식당의 분위기와 이미지에 알맞은 메뉴를 제공 하는 것 이 필수적이라고 할 수 있다.

(3) 메뉴 디자인 계획의 기본원칙

1. 메뉴판은 얼룩이 지지 않는 견고한 종이를 사용할 것
2. 테이블 크기에 따른 메뉴판의 크기는 적당할 것
3. 메뉴를 쉽게 읽을 수 있도록 적당한 여백을 둘 것
4. 형태는 단순화시키고 활자의 종류와 크기는 읽기 편할 것
5. 전문적인 메뉴용어는 피할 것
6. 메뉴의 특별요리는 굵은 활자체, 박사처리, 밑줄 긋기, 혹은 색이 있는 스티커나 추가조항을 붙여 눈에 보이게 할 것
7. 문법, 철자, 가격이 정확할 것
8. 영업장의 이름, 주소, 전화번호, 서비스 기간 등을 메뉴에 기록할 것

(3) 메뉴 디자인 시 문제점

- 너무 작은 메뉴 판
- 너무 작은 활자

- 설명 문구가 없는 음식
- 모든 음식을 똑같이 취급
- 매장의 음식과 음료들 중 일부를 기록하지 않음
- 클립 메뉴 사용이 적절하지 않음
- 매장의 특성과 방식에 대한 기본적 정보를 포함하지 않는 메뉴
- 여분의 공간이 없는 메뉴디자인은 피해야한다.

(4) 메뉴 디자인 시 고려사항

- 청결할 것.
- 메뉴에서 매력이 느껴지도록 할 것(고객의 5감을 자극할 수 있는 메뉴).
- 보기 쉽고, 읽기 쉬울 것.
- 메뉴품목이나 가격의 일부를 변경할 때 교환이 가능하게 할 것.
- 디자인과 재질이 좋을 것.
- 메뉴에 대한 설명이 되어 있을 것.
- 색채와 형태가 좋을 것.
- 테마가 있고 고객과의 화제거리가 되도록 연구할 것.
- 어린이 메뉴에 대한 설명이 되어 있을 것.
- 문자와 그림(일러스트)이 균형을 이룰 것.

4) 메뉴디자인 설계방안

(1) 메뉴디자인 설계의 전략

- 메뉴판은 얼룩이 지지 않는 견고한 종이를 사용해야 한다.
- 메뉴판의 크기는 테이블에서 쉽게 다룰 수 있어야 한다.
- 메뉴를 쉽게 읽을 수 있도록 적당한 공간과 여분을 두어 형태를 단순화시킨다.
- 활자의 종류와 크기는 읽기 쉬워야 한다.
- 음식의 종류는 주문된 순서로 혹은 고전적 순서로 기재되어야 한다.
- 메뉴의 특별요리는 굵은 활자체, 천연색 활자, 밑줄 긋기, 혹은 색 있는 스티커나 추가조항을 붙여 사용한다.
- 메뉴품목의 설명은 음식품목의 시각적 영상으로 명확하게 흥미를 줄 수 있도록 글자를 만들고, 잘못된 전문용의 안내는 피해야 한다.

- 문법, 철자, 가격, 그리고 모든 안내는 정확해야 한다.
- 메뉴는 얼룩이 없이 깨끗하여 정정한 것이나 다른 표시가 없어야 한다.
- 영업장의 이름, 주소, 전화번호, 서비스기간 등을 메뉴에 기록해야 한다.
- 매일매일 바뀌는 특별요리 메뉴는 그 붙이는 난에 핀을 달아 놓거나 스티커를 붙이는 형식으로 부착시킨다.

(2) 메뉴판디자인의 구성

▶ 메뉴 디자인의 구성과 콘셉트

고객은 메뉴판을 보고 식음료매장의 콘셉트를 알게 된다.

메뉴판의 기본 디자인은 메뉴의 포맷에 결정된다. 메뉴의 포맷은 크기, 형(모양), 페이지 수, 그리고 패널에 따라 다양하다. 그러나 어떤 모양과 크기가, 그리고 어떤 질의 종이와 칼라가 특정한 식음료매장에 적합하다고 말할 수 없다. 중요한 것은 특정 식음료매장의 특성에 맞는 적합한 것을 선택 또는 만들면 되나, 너무 크거나 작아서는 안되고, 페이지 수가 너무 많아서도 안 된다. 레스토랑에서 제공되는 흐름과 공통적인 원칙을 고려하도록 한다. 결국 적절한 포맷은 가독성을 높이고, 전체적인 균형에 영향을 미치며, 레스토랑의 전체적인 이미지를 표현할 수 있는 아주 중요한 요소이다.

▶ 아이템의 기본배열

식음료매장에서 서빙받은 음식의 수를 코스라고 말하고, 수프, 주요리, 디저트 등의 3가지 음식을 서빙받았을 때를 3코스의 메뉴, 전채, 수프, 주요리, 디저트 등의 4가지 음식을 서빙받았으면 4코스의 메뉴라고 부른다.

식음료매장에서 제공되는 정식 메뉴의 구성은 아래와 같다.

찬 전채 – 수프 – 온 전채 – 생선 – 주요리 – 더운 주요리 – 찬 주요리 – 기름류 요리 – 더운 야채요리 – 찬 야채 – 더운 후식 – 찬 후식 – 생과일 및 조림과일 – 치즈– 식후 음료

5 코스(전채 〉 수프 〉 주요리 〉 후식 〉 음료)
7 코스(전채 〉 수프 〉 생선 〉 주요리 〉 샐러드 〉 후식 〉 음료)
9 코스(전채 〉 수프 〉 생선 〉샤벳 〉 주요리 〉 샐러드 〉 후식 〉 음료 〉 식후 생과자)

(3) 메뉴 아이템 포지셔닝

외식업체의 메뉴 개발 프로세스

▶ **아이템 회의 & 콘셉트 설정**

① 시장성, 판매 전망, 상품결정성 분석
② 사업타당성 분석
③ 외식 트랜드 분석
④ 기존 메뉴 분석 -분석기법 활용
⑤ 콘셉트 설정

▶ **새로운 아이디어의 창안 및 심사**

① 시장조사 및 벤치마킹
② 타사의 유사메뉴의 가격, 서비스 분석
③ 메뉴별 가격 적정성 분석

▶ **샘플링**

① 메뉴군 설정
② 샘플링 메뉴 레시피(포트폴리오) 작성
③ 식자재 수급에 대한 확인 - 원료원가확인. 구입망 확인
④ 메뉴 선정(1차.2차.3차. 테스트)

▶ **1차, 2차, 3차 테스팅**

① 평가 및 시연회
② 각각의 테스팅마다(1~3차 테스팅) 자료 업그레이드

▶ **사업성 분석**

① 미래의 판매 잠재력
② 원가 분석 및 가격설정
③ 예상이익산출

▶ **메뉴의 개발**

① 소품, 식기 확인
② 주방에 맞는 조리작업 확인
  - 적정성 파악 후 보완
  - 동선 확인
  - 점포 이미지 구성

▶ **메뉴의 판매 – 상품화**

① 메뉴 교육 및 서비스 교육

② 메뉴판 제작 및 pop 광고 제작

▶ **개발 완료 보고서 작성**

① 출시 후 시범 매장 어드바이스

② 반응 분석 및 실제품의 품질 분석

5) 메뉴 디자인의 종류

(1) 메뉴 디자인 분석요소

우리는 문자를 읽는 것이 아니라 말을 읽는 것이라 말한다. 말이란 전체로서의 단어 즉, 단어의 이미지인 것이다. 시각적인 견지에서 볼 때 문자는 구분하기 쉬울수록 읽기 쉽다고 한다. 메뉴의 메시지가 고객에게 효과적으로 전달되기 위해서 메시지의 내용이 정확성, 용이성, 통합성만이 문제되는 것이 아니라 그것을 표현하는 요소(활자, 사진, 종이, 색깔, 여백 등)들의 안배가 어떤 통일된 체계 속에서 조화를 이루어야 한다. 이처럼 효과적인 의사전달을 위한 인쇄상의 제요소를 적절하게 안배하는 기교(技巧)를 타이퍼그라피(typography)라고 한다.

타이퍼그라피(typography)에서 고려되는 내용은 활자체의 속성 즉, 활자의 크기, 서체의 특징과 조화, 메시지 내용과 그것을 표현하는 활자의 적합성, 활자나 다른 요소들 간의 관계(활자 행의 길이, 행간의 공백, 여백, 종이의 재질, 색깔, 잉크 등)를 어떻게 안배하고 조화를 가져 내용을 더 알기 쉽게 만드느냐 하는 가독성(可讀性)에 관한 것이다. 다음은 타이퍼 그라피(typography)에 대한 일반적인 요소에 관한 것들이다.

▶ **활자체(活字體)**

인쇄된 메뉴의 가장 중요한 기능은 메뉴 메시지를 고객에게 전달하는 것이다. 이러한 기능을 충실히 수행할 수 있는 메뉴가 되기 위해서는 사용하는 글씨체가 고객이 가장 많이 접할 수 있는 글씨체를 선택하여야 한다. 활자의 가독성이란 활자를 얼마나 쉽게 읽을 수 있느냐? 또는 얼마나 시각적으로 잘 보이느냐? 하는 것이다. 활자의 선택에는 적합성(適合性)을 고려해야 하는데 이는 크게 심리적 적합성, 고객의 교육 정도와 연령에 대한 적합성, 다른 활자와 전체 지면과의 조화에 대한 적합성으로 나누어 볼 수 있다.

활자체는 그 나름대로의 성격을 지니고 있어 메뉴의 미적, 심리적 효과를 거두기 위해서는 활자체의 선택에 관심을 기우려야 한다. 활자체 즉, 글씨체의 선택은 레스토랑의 주제와 겨냥하는 고객에 달려있다. 레스토랑의 전체적인 분위기를 고객에게 전달할 수 있고 전달하고자 하는 메시지를 고객이 쉽게 읽을 수 있는 활자의 선택을 말한다. 활자를 선택함에 있어서 고려되는 일반적인 사항을 살펴보면 글자와 글자 간의 간격을 나타내는 공간의 크기, 색깔 글씨체, 공간, 박스와의 대비, 심미성, 특정 아이템을 돋보이게 하는 강조 등이 있다.

따라서 일반적으로 레스토랑의 메뉴판에 사용하고 있는 활자체는 다음과 같다.

▶ **세리프 체 디자인**

글자의 끝에 가는 선이 있는 세리프 활자체는 우아하고 읽기가 쉬우며 견고한 느낌을 준다. 그러나 요즈음 이러한 활자체는 시대에 뒤떨어지거나 전통적인 것으로 취급되고 있다.

▶ **산스 세리프페 디자인**

세리프가 없는 산스 세리프 활자체는 일반적으로 벽돌 형으로 단순하고 약간 현대적인 느낌을 준다.

▶ **초서체 디자인**

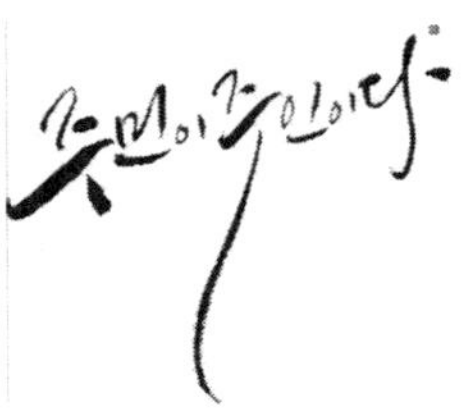

초서체 활자체는 메뉴에 적합하여 많이 사용되는데 조금 조심스럽게 이용되어야 한다. 인쇄하는데 있어서 다양성을 부여해 줄 수 있으나 경사진 글자들의 각도로 인하여 눈을 피곤하게 할 수도 있다.

(2) 활자의 크기

활자의 크기는 레스토랑의 보통 조명에서 평균 시력을 가진 사람이 보는데 어려움이 없이 읽을 수 있는 크기여야 한다.

▶ **바탕색에 따른 가독성 정도**

가독성이 아주 좋음	가독성이 보통	가독성이 낮음
연한 크림색 바탕에 검은 활자	밝은 황록색 바탕에 검은 활자	검은 바탕에 흰색 활자
연한 크림색 세피아 바탕에 검은 활자	밝은 청록색 바탕에 검은 활자	노랑 바탕에 빨강 활자
아주 밝은 담황색 바탕에 검은 활자	황적색 바탕에 검은 활자	빨강 바탕에 녹색 활자
꽤 진한 황색 바탕에 검은 활자	붉은 오렌지색 바탕에 검은 활자	그린 바탕에 빨강 활자

10포인트	12포인트	14포인트	16포인트	18포인트	20포인트
안녕하세요	안녕하세요	안녕하세요	안녕하세요	안녕하세요	안녕하세요
안녕하세요	안녕하세요	안녕하세요	안녕하세요	안녕하세요	안녕하세요
안녕하세요	안녕하세요	안녕하세요	안녕하세요	안녕하세요	안녕하세요
안녕하세요	안녕하세요	안녕하세요	안녕하세요	안녕하세요	안녕하세요
안녕하세요	안녕하세요	안녕하세요	안녕하세요	안녕하세요	안녕하세요
안녕하세요	안녕하세요	안녕하세요	안녕하세요	안녕하세요	안녕하세요
안녕하세요	안녕하세요	안녕하세요	안녕하세요	안녕하세요	안녕하세요
안녕하세요	안녕하세요	안녕하세요	안녕하세요	안녕하세요	안녕하세요
안녕하세요	안녕하세요	안녕하세요	안녕하세요	안녕하세요	안녕하세요

활자 포인트에 대한 선행연구를 보면 일본의 안과학자는 평균 시력을 가진 장년이 읽을 수 있는 활자의 크기는 8포인트 이상이며 일반도서나 잡지의 본문에 많이 사용되는 활자의 크기는 9포인트와 8포인트라고 한다. 즉, 8포인트 이하의 활자는 가독성의 관점에서 부적합하며 특히, 색깔이 있는 종이에 인쇄할 경우에는 더욱 읽기가 힘들다고 한다. 서구의 인쇄가 들은 평균시력을 가진 독자에게 적합한 본문의 활자로는 10~12포인트가 가장 알맞으며 Albert. A. Sutton은 사람들이 보고 있는 서적의 활자가 7~12포인

트가 가장 읽기에 쉽다고 한다. 또한 시이나는 가장 읽기 쉽고 빠른 것은 9포인트(13급)와 10포인트(14급)라고 하였다.

활자의 크기를 결정하는데 공통적으로 고려되는 사항은 ① 레스토랑의 종류 ② 아이템의 수 ② 메뉴판의 크기 ③ 시인성(是認性)과 독속도(讀速度) ④ 레스토랑의 조명 ⑤ 고객의 수준 등에 따라 선택하는 것이 가장 이상적이다. 하지만 메뉴판에 사용하는 활자의 크기를 정한 규칙은 없다. 아이템의 내용을 설명하는데 사용하는 활자의 크기는 전문가에 따라 의견을 달리하고 있으며 현대에 와서는 점점 활자의 크기가 커지고 있는 경향이다.

(3) 활자 간격 및 길이

메뉴 디자인은 모든 디자인에서와 마찬가지로 자간이나 장평 또는 줄 간격 등에 많은 영향을 받는다. 인쇄가 눈에 잘 띄어야 하고 균형이 맞아야 하며 다른 일러스트레이션(illustration)과 조화를 이루어야 한다. 메뉴 전체에 얼마만큼의 활자를 넣어야 하는가? 하는 원칙은 없으나 보통 50%:50%의 인쇄와 여백주기를 하는 것이 가장 일반적이라 할 수 있다.

열과 열 사이의 간격도 가독성에 영향을 미치는 요인인데 가독성을 방해하지 않게 하기 위해서는 3포인트 정도의 레딩이 절대적이라는 것이다. 만약 이 보다 작을 때는 읽기를 어렵게 만든다. 문자의 길이에 따라서도 시인성과 독 속도에 영향을 받는다. 명조체 5호로 된 긴 문장의 독 속도를 조사한 것에 의하면 자문이 1/2각, 1/4각, 베다 짜기, 전각(활자 한 개)의 경우는 자간이 좀 더 넓은 쪽이 바람직하다는 결론이다. 행각의 경우는 전각, 1/2각, 1/4각의 순으로 나타났다.

활자의 측정 단위에는 유니트, 미터법, 포인트 그리고 엠크기가 있다.

(4) 활자간격 크기를 측정하는 방법

1. 유니트(unit) : 글자 사이, 백분율 %(100유니트시스템)
2. 미터법(mm) : 글줄 길이
3. 포인트(point) : 글줄 사이(leading). 글자크기
4. 엠크기(em quad) : 낱말 사이. 전각. 반각. 1/2각. 엔쿼드. 1/3각 등

1pt=0.35mm이며 1inch는 72pt. 컴퓨터에서 Q라는 단위도 적용할 수 있는데 이는 사진식자의 크기를 측정하던 방법으로 급이라고 한다. 1급은 0.25mm로서 사진식자의 크기는 7급에서 100급까지이다. 영문 위주로 만들어진 컴퓨터의 체계는 인치 단위를 베이스로 하였기 때문에 1인치의 1/10인 7pt부터 1인치 크기인 72pt크기가 기본으로 선택될 수 있는 크기이다.

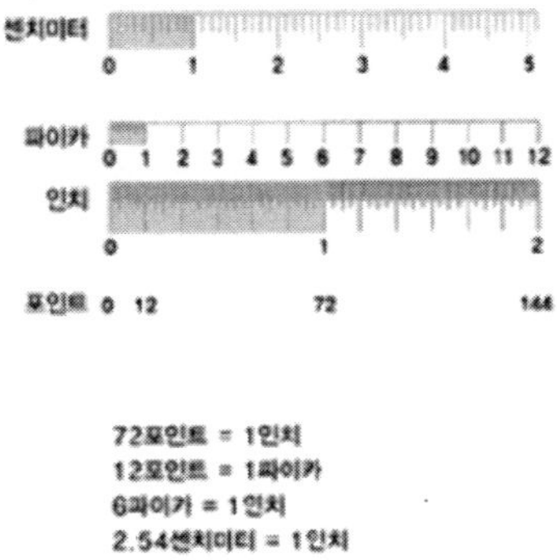

▲ 활자측정단위

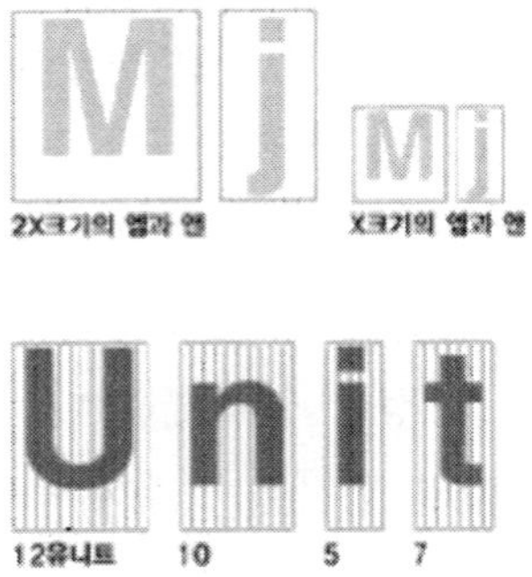

▲ 엠과 엔의 크기와 시각적 관계

(5) 종이의 색 디자인

메뉴를 제작할 때 칼라를 많이 사용하면 사용할수록 메뉴 제작에 소요되는 비용은 높다. 그래서 가급적 칼라의 사용을 제한하면서 더 많은 효과를 얻기 위한 여러 가지의 기교(技巧)가 개발되어야 한다. 대표적인 것이 종이의 선택인데 칼라로 된 종이를 이용하는 방법이다. 사용하는 종이의 바탕에 따라 활자의 잉크에 따라 가독성은 높게 또는 낮게 나타난다.

(6) 메뉴 디자인의 평가

이렇게 구성한 메뉴판은 그 레스토랑에 대해 전혀 모르는 제3자를 통해 평가할 수 있다. 즉 그 레스토랑에 대해 들어 본 적도, 레스토랑경영자와 만나 적도 없는 제3자가 메뉴판을 보아 업태. 고객층. 서비스 등 레스토랑에 관한 모든 것을 알 수 있다면. 우수한 메뉴판이라고 할 수 있다.

- 업소에 대한 전체적 인상 – 업종 – 고객층 – 서비스 – 시설 및 설비 – 시각효과 – 배치 및 표현

레스토랑의 메뉴판은 레스토랑의 상품 카다로그이다. 상품을 소개하는 카다로그가 중요한 역할을 하기 때문에 자동차산업이나 가전산업 및 화장품회사 등에서도 카다로그를 만드는 데 전력을 들여 투자한다. 레스토랑의 메뉴판은 그 레스토랑 콘셉트를 명확하게 표현하고 청결하고 정확해야 고객의 마음을 즐겁게 할 수 있다.

핸드폰도 기능과 함께 디자인이 우선시되는 시대에 있다. 고객에게 어필할 수 있는 기능과 디자인이 차별화된 메뉴판 개발이 고객만족과 함께 레스토랑의 매출향상에 기여할 수 있다고 본다.

(7) 메뉴북 포맷 종류

▶ **싱글패널 - 투패널 폴드 메뉴 - 트라이패널 폴드 메뉴**

한 면으로 구성된 형식으로 한정된 메뉴 혹은 특별히 선택된 메뉴를 제공하는데 일반적으로 사용된다. 반적으로 바(bar), 캐주얼(casual)스타일의 식당에서 볼 수 있는 메뉴 형식이다.

우리가 가장 많이 볼 수 있는 스타일의 메뉴판이라 할 수 있다 이러한 양식은 전통적인 코스요리의 메뉴에서 가장 많이 찾아 볼 수 있다. 또한 가장 널리 이용되기도 있다.

여러 페이지를 가진 두 겹으로 된 메뉴를 말한다. 이 메뉴 북은 요리 품목들의 내용이 길거나 선택의 폭이 다양할 때 사용되는 메뉴이다.

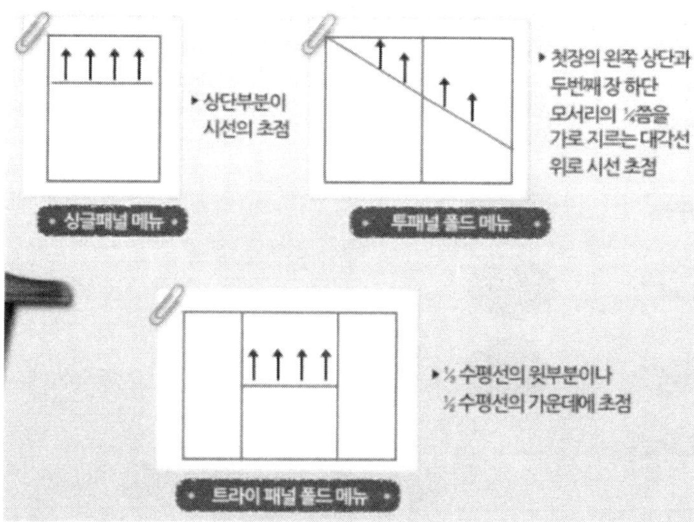

▶ **레이아웃에 따른 시선 이동 분류**

레이아웃에 따른 시선 이동분류

〈表16〉

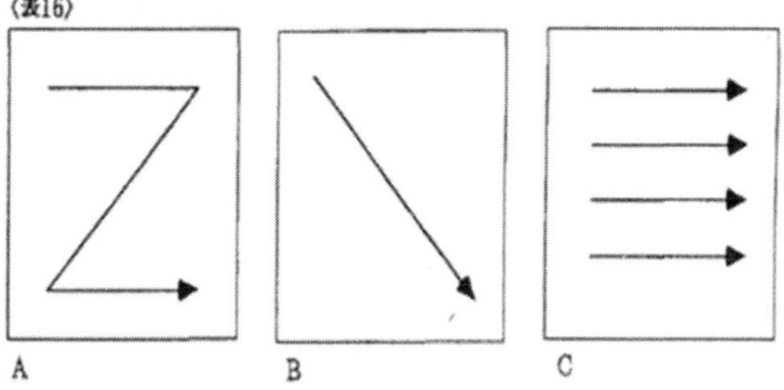

▶ **원주 기준에 따른 이동분류**

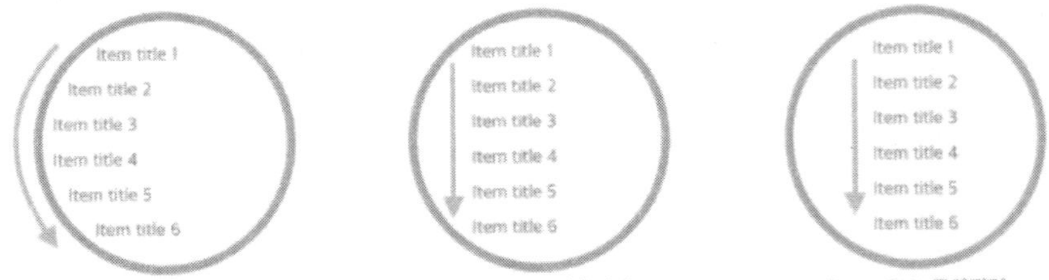

Figure 3-1. 원주를 기준으로 좌측정렬 Figure 3-2. 좌측정렬 Figure 3-3. 중앙정렬

▶ **메뉴서체와 이미지 배열**

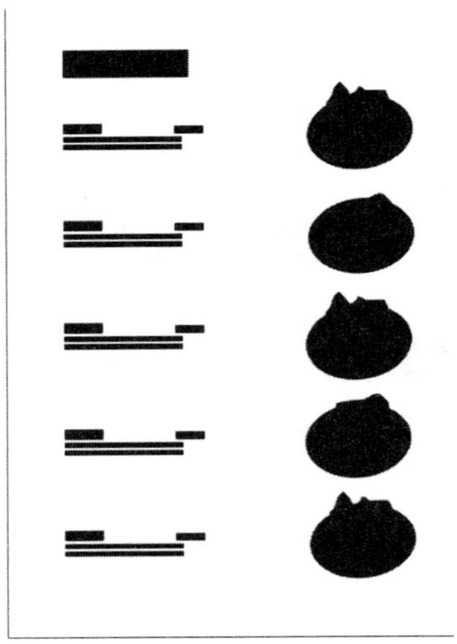

▶ **메뉴 디자인 계획과정**

메뉴의 구성	기본적인 메뉴 품목의 결정
⬇	
시장조사	경쟁업체의 메뉴 조사
⬇	
실제 메뉴의 구성	메뉴의 카피와 구성 형태
⬇	
메뉴의 가격결정	메뉴의 가격 결정과 식재료 비용을 조정 후 메뉴가격경정 및 메뉴 조정
⬇	
실제 메뉴 북 제작	메뉴 북 제작

6) **메뉴 배열**(lay out)

(1) 메뉴 배열의 개념

메뉴에 배열에 따라 메뉴의 전체적인 느낌이나 판매되는 빈도 수에 따른 매출액의 차이로 나타난다. 가장 많이 팔리기 원하는 또는 수익성이 높은 메뉴 품목을 눈에 가장 잘 보이는 영역에 배치함으로써 전략적인 이익의 효과를 얻을 수 있다.

▶ **음식명**

음식의 이름은 고객의 정신적인 이미지의 큰 부분을 차지한다. 대부분의 사람들은 메뉴 음식에 사용하는 특별한 용어를 좋아하지 않는다. 그런 이유로 레스토랑에서는 음식명 은 쉽게 알 수 있는 용어를 사용하여야 한다.

▶ **음식 설명**

음식에 대한 설명은 적절한 음식 설명을 통하여 고객들의 구매 동기를 자극하고자 하는 것이다. 그렇기 때문에 음식에 관한 상세한 설명이 필요하다. 그러나 이용고객이 음식의 내용에 대하여 잘 인지하고 있다면 너무 세부적으로 설명하는 것도 바람직하지 않다. 메뉴 음식의 설명에는 조리방법, 기본 재료, 서비스 방법의 내용이 포함되어야 한다.

(2) 메뉴음식의 배치

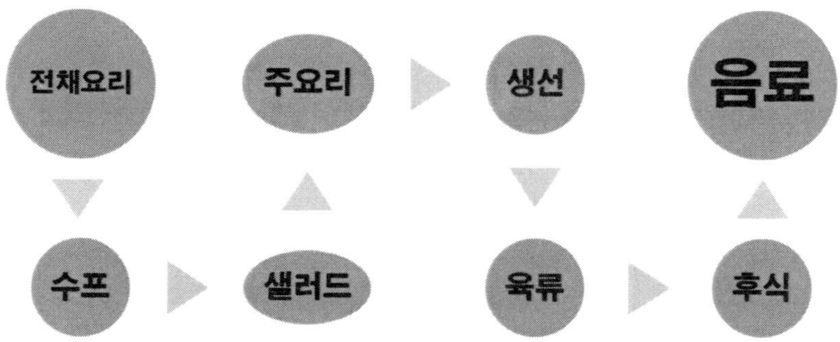

7) 메뉴 디자인 요소

(1) 메뉴 카피의 정의, 종류

▶ **메뉴 카피란?**

메뉴의 품목을 판매하기 위한 설명 문안으로서 고객들에게 서비스를 알리는 중요한 역할을 한다. 카피는 메뉴의 조리 방법, 기본 재료, 사용되는 부위, 크기, 질, 서브 방법 등의 정보를 제공하는 것이다.

▶ **상품에 관한 카피**

메뉴 품목을 나타내는 것으로 상품의 종류를 나타낸다. 식사에 대한 만족감은 요리명에 대한 기대감과 실제 요리가 일치할 때 만족감을 느낀다.

▶ **상품에 관한 강조**

메뉴 품목의 원산지 특징 등을 강조하여 고객들로 하여금 보다 흥미를 유발하고 먹고 싶은 욕구를 느끼게 한다.

▶ **상품에 관한 설명**

고객에게 음식 품목 에 대한 정보를 제공하여 그 음식이 조리되는 과정이나 첨부되는 재료들을 미리 알 수 있도록 해주는 역할이다.

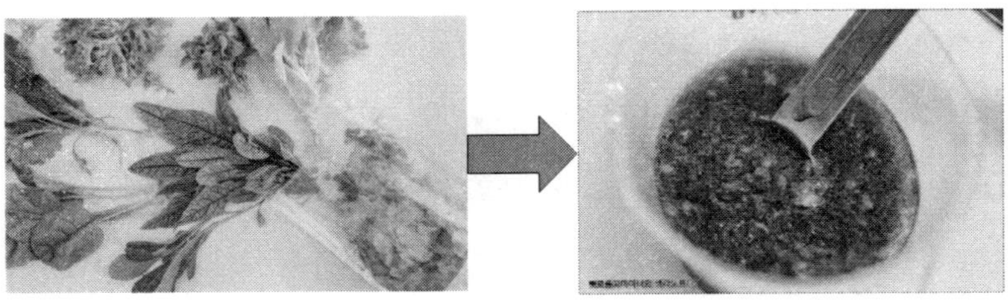

(2) 메뉴 디자인 평가요소

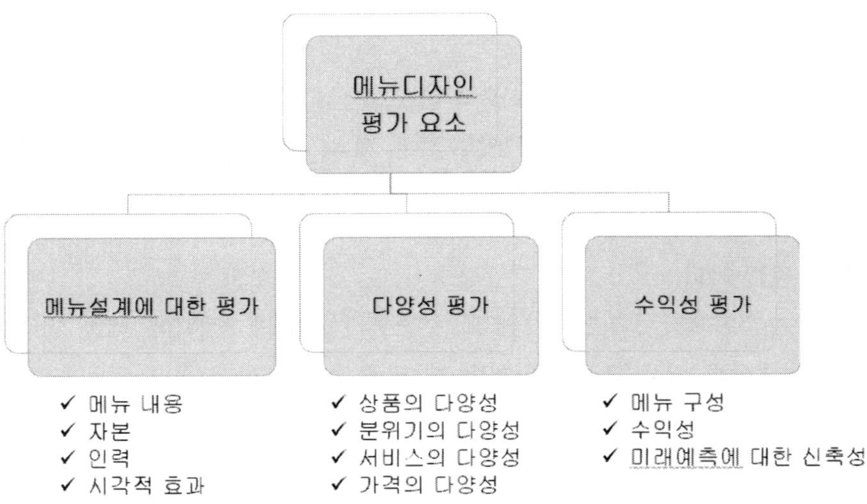

✿ 창업지침서 ✿

초콜릿 카페 사업계획서

1. 사업개요

우리가 생각하는 아이템은 초콜릿 관련 제품만을 전문적으로 취급하는 전문 초콜릿 가게 + 카페이다. 즉, 초콜릿을 전문으로 팔고 카페도 같이 운영하는 곳이다. 이미 유럽에서는 특히 벨기에나 스위스를 비롯하여 기타 여러 나라에서는 직접 초콜릿을 만들고 파는 전문 초콜릿 가게가 많다. 또한 요즘은 기호식품들이 전문화되어 가고 있다. 아이스베리, 아이스크림, 생과일주스 등이 전문화되었고, 커피 또한 전문화 되고있다. 이들은 모두 전문점을 통해서 전문성을 극대화하였고 높은 품질을 추구하고 있다. 이에 맞춰서 초콜릿 또한 전문화 할 수 있는 기호식품이라고 생각하게 되었다. 커피나, 아이스크림 전문점은 이미 시대에 맞춰서 보편화 되었지만 초콜릿 전문점은 아직 성장 가능성 있는 아이템으로 충분히 도전해 볼 수 있다고 판단하여 선택하게 되었다.

초콜릿은 수요가 많은 제품이다. 발렌타인데이, 화이트데이, 빼빼로데이, 크리스마스, 각종 시험 등 여러 가지 행사에 단연코 초콜릿이 빠지는 날이 없다. 그리고 그런 각종 행사들에 있어서 가장 높은 인기를 누리고 있는 것또한 초콜릿이다. 그에 비해 전문점은 다른 식음료 매장에 비해 아직 성장기에 있다고 본다. 하여 본인은 맛과 질을 보완하여 직접 만들어서 파는 수제 초콜릿 전문점을 생각하게 되었다. 그리고 카페 또한 수요가 존재하고 이익이 날 것이라는 생각으로 초콜릿 전문점과 함께 카페를 같이 운영하는 방안을 구상하게 되었고, 초콜릿 카페의 수익은 크게 두 가지로 나눌 수 있다. 카페를 이용하게 되는 고객들이 마신 음료나 그 외의 초콜릿 제품을 구매 하였을 때 지불되는 비용과 카페를 이용하지 않더라도 초콜릿 판매 상점에서 초콜릿을 구매하는 고객들로부터 얻게 되는 수익이다.

2. 사업 환경

1) 초콜릿 분석

(1) 초콜릿의 역사와 기원

① 카카오나무 : 카카오콩을 원료로 한 과자 또는 음료의 형태를 말하는 초콜릿(Chocolate)은 멕시코 원주민이 카카오콩으로 만든 음료를 초콜라틀(Chocolatl)이라고 한데서 유래되었다. 코코아 원산지는 남아메리카의 아마존강 유역과 베네수엘라의 오리노코강 유역으로 일컬어진다. 멕시코 원주민은 카카오나무의 열매 카카오콩을 신이 내린 선물〉이라 부르면서 음료나 약용으로 썼으며, 나아가 화폐로까지 이용하였다. 마야나 멕시코의 아스페인의 황제 칼 5세에 보고했던 내용 중엔 "카카오 빈의 귀중함 때문에 화폐로 통용되었으며 피로 회복 음료, 강장 영양제 등으로 이용하는데 그 효과도 다른

것과 비교할 만한 물건이 없다."라고 기록되어 있었다. 카카오 10알로 토끼 한 마리를, 1백알로 노예 한 사람을 살 수 있을 정도로 귀한 가치로 쓰였고, 공물이나 세금에도 사용되는 등 금전과 똑같이 취급되기도 했다.

② 아즈텍 문화와 초콜릿 : 아즈텍에서는 유럽에 카카오가 소개되기 오래 전부터 카카오를 재배하였으며 왕실에서는 카카오를 볶아 여기에 옥수수, 물, 향신료를 첨가하여 초콜릿을 규칙적으로 먹었으며 결혼 예식이나 기타 신성한 예식을 올릴 때에도 음용하였다. 아즈텍 사람들은 카카오가 영양이 많고 최음 효과가 있다고 믿었으며 이는 후에 스웨덴의 식물학자 린네가 Theobroma cacao라는 학명(라틴어의 뜻은 Food of the Gods라는 말이며 이는 신을 위한 음식 즉, 아주 훌륭한 음식 이라는 의미)을 짓는 유래가 되었다. 아즈텍 왕 몬테수마는 여인들을 만나러 가기 전에 여러 잔의 코코아를 마셨고, 스페인 상류층에서는 성적인 흥분을 높이는 최음제 역할로 쓰였다. 심지어 사드 후작은 칸타리스(악취와 톡 쏘는 맛이 있고, 피부에 닿으면 붉게 발포하여 피부 자극제로 쓰이는 물질)를 넣은 초콜릿 드롭스로 젊은 여인들을 중독 시켰다는 이유로 감옥에 갇혔다고 한다.

③ 유럽으로의 전파 : 유럽에 전해진 것은 15세기 말에 콜롬부스가 아메리카로 4번째 항해를 하던 중 유카탄반도 연안의 카카오 빈을 포함한 농산물을 가지고 돌아간 것이 그 시초인데, 그 후 16세기 중반에 멕시코를 탐험한 스페인의 웨루디난도 코르테스가 음용으로서 스페인의 귀족이나 부유층에 비로소 소개하여 17세기 중반에는 유럽 전토에 퍼지게 되었다. 1679년 초콜릿파우더가 선보인 이후 1828년에 네덜란드인 반 호텐은 카카오를 압착하여 지방을 추출 코코아 버터를 만들었고 이 제조 기술은 각국으로 전파되었다. 그 후 코코아버터 지방의 성질을 이용하여 성형판을 사용. 크림에 초콜릿 입힘이 가능하게 되었고 훨씬 뒤인 1876년 스위스의 Daniel Peters에 의해 오늘날의 밀크 초콜릿과 같은 모양으로 만들어지게 되었다. 커버링 초코는 1976년 린트에 의해 제조돼 소비가 비약적으로 증가했고, 1976년에는 스위스인 D. 피터가 밀크를 첨가하는 데 성공하여 현재의 밀크초콜릿 산업의 문을 열어놓았다.

④ 국내로의 전파 : 우리나라의 경우 초콜릿을 가장 먼저 먹어본 사람은 아마 구한말의 명성황후일 것이다. 당시 러시아 공사 부인이 규방 외교의 일환으로 양화장품과 양과자를 명성황후에게 갖다 바쳤다는데, 그중에 초콜릿이 들어 있었다고 하기 때문이다. 또한 이토 히로부미가 왕궁을 드나들 때마다 임금을 에워싼 상궁들을 회유하려고 초콜릿을 비롯하여 양과자를 선물했다는데 이것이 처음이라는 설도 있다. 1968년 동양제과와 해태제과에서 초콜릿 판매를 시작했고 롯데제과는 1975년 판 제품과 왔다비 등으로 참여해 현재 수위를 점하고 있다. 1980년 쉘라인을 가동하고 1982년엔 아몬드제품을 선보였으며, 1983년엔 국내 처음으로 과자를 이용해 빼빼로를 생산하게 되었다.

(2) 초콜릿의 효능

① 오래가는 맛 : 초콜릿의 지방성분인 코코아버터는 상온에서는 굳어진 결정을 하고 있지만 체온 가까이에서는 급히 녹는 성질이 있기 때문에, 먹을 때에 독특한 맛이 금방

퍼진다. 또한 코코아버터는 일반 유지에 비해 산화되기 어려워 맛이 오래 보존된다. 더욱이 카카오 빈은 천연 산화방지제인 비타민E(토코페롤)를 포함하고 있어 카카오 빈 안의 폴리페놀에도 산화를 막는 기능이 있다는 것이 최근 연구결과 확인되었다.

② 초콜릿은 에너지와 건강의 근원 : 초콜릿 성분 중에서 가장 많은 것은 당류로 설탕과 유당이 주이다. 이들 당은 대부분 포도당이 되어 흡수되지만 쌀이나 빵 등의 전분에 비해 흡수가 매우 빠르고, 곧 에너지가 된다. 포도당은 운동할 때 대량으로 필요하고, 의외로 잘 알려져 있지 않지만, 뇌가 활동하기 위한 유일 에너지원이 된다. 또한 초콜릿에 포함되어 있는 데오브로민이라는 성분은 뇌를 자극하는 기능이 있어, 초콜릿은 파워풀한 기분을 주고, 건강을 위하여 먹는 것이라고 한다. 산에서 조난당한 사람이 초콜릿을 먹고 살아났다는 이야기도 수긍이 간다.

③ 코코아버터는 콜레스테롤에 좋은 영향 : 콜레스테롤이 너무 높아지면 여러 가지 병을 일으킨다. 일반적으로 포화지방산은 콜레스테롤치를 높이지만 코코아버터 안에 있는 포화지방산인 스테아린산 또는 불포화지방산인 올레인산은 콜레스테롤치를 올리지 않는다. 미국 펜실베니아 대학의 연구에서는 초콜릿을 먹은 학생의 콜레스테롤 함량이 높아지지 않은 것이 확인되었다. 또한 클리체프스키 박사의 쥐를 이용한 실험에 의하면 코코아버터는 옥수수기름 보다 콜레스테롤치를 내리는 결과가 나와 있다.

④ 초콜릿은 충치의 원인이 아님 : 이것은 치과연구자들 사이에서는 옛날부터 잘 알려져 있는 사실이다. 가장 유명한 것은 스웨덴의 뷔페훌름 연구(1950년)에서 436명을 총 4년에 걸쳐 조사한 결과로 초콜릿을 계속 먹은 그룹 쪽에 충치가 많이 발생하지는 않았다. 또한 반 헤펜 박사의 1986년 연구에서는 초콜릿을 먹은 횟수와 에나멜질의 용해와는 직접 관계가 없다는 것이 밝혀졌다.

⑤ 꽃과 초콜릿 : 외국의 호텔에서는 방에 초콜릿과 꽃이 놓여 있는 것을 자주 볼 수 있는데, 이것도 "피로회복"이라고 하는 초콜릿의 효용에 의거한 것이다.

(3) 초콜릿 종류

① 다크 초콜릿 : 초콜릿 중 코코아 메스 함량이 40~70%로 가장 많으며 설탕과 약 7~10%의 카카오 버터, 리시틴, 바닐라 등을 섞어 만드는 초콜릿이다. 카카오 버터를 일정량 함유하고 있는 카카오 메스에 별도로 카카오 메스를 첨가하여 유지 함량이 좀 더 높고, 유동성이 높으며, 카카오 함량이 높아 쌉싸름한 맛이 나며 풍미가 강하다.

② 밀크 초콜릿 : 카카오 메스 함량은 25% 정도이고 우유가 함유 되어 부드러운 맛이 있으며, 세계적으로 가장 인기 있는 초콜릿이다.

③ 화이트 초콜릿 : 카카오의 고형분이 전혀 들어가지 않은 것으로 초콜릿 특유의 마호가니 빛을 띄지 않으며, 브랜드에 따라 성분비는 다르나, 보통 카카오 버터 30%와 나머지는 설탕과 유성분으로 구성되어 있다.

④ 카카오 메스 : 카카오 빈(카카오 원두)을 으깨어 페이스트 상태로 만든 것으로 당분이 없는 카카오 고형분과 카카오 버터로 구성된 천연 카카오 가공물이다.

⑤ 카카오 버터 : 카카오 메스를 프레스기에 돌려 분리시켰을 때 추출되는 카카오를 유지분으로 녹이면 맑은 버터와 같은 상태가 된다. 카카오 버터의 함량과 품질이 높을수록 고급 초콜릿으로 분류된다.

⑥ 카카오 파우더 : 카카오 메스를 프레스기에 돌려 분리시켜 유지분을 제거하고 남은 카카오의 고형분을 가루로 만든 것이다.

(4) 원료의 수급 현황

① 설탕 : 설탕은 초콜릿 제조 원료 중 가장 큰 비중을 차지하고 있으며 단맛을 부여하고 제품의 부피를 증대시키는 목적으로 사용하는데 통상 초콜릿 제조용으로는 정백당 및 분당을 사용한다. 전화당 함량이 없어야 하며 전화당 함유 시 미립화(refining), 정련(conching)공정에서 문제가 발생된다. 또 포도당, 건조물엿 등은 극히 제한적으로 사용된다. 현재 제과 4사를 비롯한 초콜릿 생산업체들은 대한제당, 제일제당, 삼양사 등 국내 제당 3사를 통해 설탕을 공급받고 있다.

② 분유 : 초콜릿 중 코코아의 쓴맛을 순화시키고 부드러운 맛을 부여해 주는 분유는 전지분유와 탈지분유로 구분, 사용된다. 전지분유는 시유를 건조시켜 분말화한 원료로 수분 3.5%, 회분 6%, 단백질 25%, 지방 26%, 유당 35%이며 탈지분유는 시유에서 지방분을 제거하여 분말화한 것이다. 초콜릿의 배합 종류에 따라 전지분유와 탈지분유를 선택하여 사용하는데 초콜릿 제조 시 사용되는 분유제품은 대부분 수입산에 의존하고 있다. 이는 국내산의 경우 수급이 불안정하고 단가가 높다는 단점이 있기 때문으로 풀이되고 있다.

③ 카카오 빈(Cacao Bean) : 국내서는 카카오 빈이 생산되지 않으므로 전량 수입에 의존한다. 카카오 빈이라고 하면 아프리카 가나산이 대표적으로 떠오르나 이제는 멕시코, 중남미, 동남아에서도 카카오 빈이 재배되어 주로 이들 국가에서 원료를 수입하고 있다. 국내에서는 향이 좋은 코리오로나 트리니타리오 종류를 가장 선호하는데, 화인(Fine) 또는 플레버(Flavor)라는 이름으로 이전까지 비싸게 거래되기도 하였으나, 현재는 각국의 품종개량 노력 등으로 가격이 평준화되었다. 에콰도르, 베네수엘라 등의 카카오 빈은 플레버 빈(Flavor bean)으로 유명하며 발효, 건조시키면서부터 초콜릿의 풍미의 기초가 형성되어 독특한 풍미를 갖게 되어 특히 이용률이 높다.

2) 시장 환경 분석

(1) 세계 초콜릿 시장 현황

제과시장에서 소비자들의 구매 형태는 맛을 위주로 구매하는 형태에서 점차 건강을 우선시하는 소비로 변해가고 있다. 물론 현재에도 과자를 선택할 때 가장 중요한 요소는 맛이지만 점차 영양, 기능성 그리고 안전성 등이 포괄되어 구매 여부를 결정짓고 있다. 미국과 서유럽에서는 집 밖에서의 간식, 특히 과자와 초콜릿 등을 통하여 하루에 필요한 열량의 30%를 섭취하고 있다는 연구 결과가 보여주듯 특히 선진국으로 사회가 진입할수록 점점 전통적인 식사에 대한 의존도가 떨어지고 있다. 이들 국가들에서는 노령화 인구가 많으며 성인병

발병이 높기 때문에 무설탕 초콜릿과 같은 기능성 제과시장이 점차 확산되고 있다. 전 세계적으로 제과시장은 다국적 기업인 마르스(Mars), 네슬레(Nestle), 캐드베리(Cadbury) 등의 거대 기업에 의하여 시장 흐름이 주도되고 있는데 이와 반대로 자국 기업에 의하여 시장의 흐름이 이루어지는 나라는 대표적으로 미국(Hershey's), 일본(Meiji, Lotte 등)을 들 수 있다. 국내 역시 우리 기업들에 의해 시장이 주도되고 있으나 최근 스니커즈나 허쉬 등의 수입 초콜릿 소비도 증가하고 있다.

① 유럽 시장 : 유럽 시장은 금액으로 202억 달러, 생산량 205만t의 시장 규모를 형성하고 있다. 이중 서유럽이 유럽 초콜릿시장의 83%를 차지하고 있다. 이외 동유럽 국가들과 러시아 시장은 전체 시장의 16%를 차지하고 있으며 점차 시장 규모가 소폭 감소하고 있는 것으로 조사되고 있는데 이는 불안정한 정치 및 경제 상황에 기인하는 것으로 추측할 수 있다. 유럽에서 가장 많은 시장 점유율을 보이는 제품 형태로는 바(bar)타입의 초콜릿이며 그 외에 볼제품 및 복합제품 등이 인기를 끌고 있다. 유럽시장의 흐름을 주도하고 있는 기업은 마르스(Mars), 네슬레(Nestle), 캐드베리(Cadbury) 3사로 전체 시장의 75%를 차지하고 있다. 서유럽에서는 말티톨 등을 이용한 무설탕 초콜릿과 유기농 원료를 이용한 초콜릿들에 대한 수요가 점차 높아지고 있다. 그러나 서유럽의 초콜릿 시장은 이미 성숙단계를 지났기 때문에 새로운 시장의 진입은 어려운 편이라 할 수 있다.

② 미주 시장 : 아메리카 대륙의 초콜릿 시장 규모는 금액으로는 210억 달러, 생산량으로는 240만t 규모로 매년 약 2%의 성장을 보이고 있다. 이 중 미국이 전체 미주 대륙시장의 63%를 차지하고 있으며 라틴 아메리카에서는 브라질이 41억 달러 규모로 전체 라틴 아메리카 초콜릿 시장의 66%를 차지하고 있다. 미국을 비롯한 북미에서의 제품 경향을 살펴보면 마르스(Mars)와 허쉬(Hershey's)가 주도하고 있는 바(bar)타입 초콜릿 제품들이 총 판매액의 약 75%를 점유, 선호도가 가장 높다. 북미의 주요 국가인 미국과 캐나다의 초콜릿 시장은 이미 성숙단계에 접어들어 성장세가 둔화되고 있으며 남미의 개발도상국들을 위주로 현재 성장 속도는 그다지 높지 않지만 충분한 잠재력이 있는 시장이 될 것으로 예상된다.

③ 아시아 시장 : 아시아 시장 중 가장 큰 시장은 일본으로 전체 아시아 초콜릿 시장의 70%인 약 33억 달러 규모, 연간 28만t의 제품을 생산하고 있다. 일본 초콜릿 시장을 주도하고 있는 기업은 메이지(Meiji), 롯데(Lotte), 글리코(Glico), 모리나가(Morinaga) 순으로 가장 많이 소비되는 제품으로는 폴키(Porky, Glico社), 프란(Fran, Meiji社), 킷캣(Kit Kat, Nestle社)순이다. 특히 일본시장에서 폴리페놀 등에 대한 초콜릿 기능성이 널리 알려지며 정체기의 제과시장에서 초콜릿의 매출이 증가하고 있는 점은 국내 업계에 시사하는 바가 매우 크다. 중국 초콜릿 시장은 매년 26% 성장세로 꾸준한 증가를 보이고 있다. 중국은 성장 잠재성이 가장 뚜렷한 지역으로 경제력의 상승에 힘입어 초콜릿이 고급제품이라는 인식이 점차 사라지고 있으며 젊은 층에서는 외국 제품을 선호하는 경향이 두드러져 중국 시장에 외국 기업의 진입이 매우 활발하다. 중국에는 이미 세계 12대 초콜릿 기업이 진출하여 상하이의 슈퍼마켓에만 가도 약 70여 종에 달하

는 수입 초콜릿과 합자 브랜드 초콜릿을 찾아볼 수 있는데, 도브(Dove), 캐드베리(Cadbury), 허쉬(Hershey's), 페레로로쉐(Ferrero Rocher) 등으로 대표되는 외국 브랜드들이 중국 초콜릿 시장에서 절대적 우위와 점유율을 자랑하고 있다. 이에 반해 중국 로컬 기업들은 브랜드가 적고 맛이 비슷비슷하며 가공 설비와 시설이 부족하다는 점, 그리고 상품 개발 능력이 부족하다는 점 등으로 인해 소비자의 기호를 충족시켜주지 못하고 있다는 한계를 지니고 있다.

(2) 국내 초콜릿 시장 현황

초콜릿 시장이 지속적인 경기 불황속에서도 성장양상을 보이는 것은 웰빙바람과 함께 초콜릿의 건강기능성이 알려지면서 기존의 밀크초콜릿에 비해 카카오 함량이 50% 이상 더 들어가 폴리페놀의 기능성이 강조된 하이 카카오 초콜릿의 판매가 크게 늘었기 때문으로 업계는 분석하고 있다. 최근 초콜릿의 효능·효과에 대한 연구는 국내외적으로 활발히 이루어졌고, 특히 카카오에 함유된 폴리페놀 성분이 심장병, 당뇨병 등 각종 성인병 예방과 스태미나에 효과적이라는 보고들이 학계와 언론의 주목을 받아 업계에 미친 긍정적 영향이 컸다. 초콜릿 시장이 지속적인 신장세를 기록하고 있는 이유는 발렌타인데이, 화이트데이, 빼빼로데이, 수험생 합격선물의 마케팅 효과와 함께 식사대용이 가능한 초코바 형태의 제품 소비가 증가했기 때문이다.

3. 사업 계획

1) 메뉴

(1) 공급처

① 초콜릿 : 우리는 초콜릿을 만들어서 파는 것을 목표로 하고 있기 때문에 쇼콜라티에가 가장 중요하다고 할 수 있겠다. 우선 처음에는 전문적인 쇼콜라티에를 영입할 생각이다. 그러다가 어느 정도 경험을 쌓으면 쇼콜라티에 업무를 우리가 할 수 있도록 쇼콜라티에 전문가 과정을 밟을 계획을 가지고 있다. 또한 우리는 다양한 종류의 초콜릿을 구비하는 것을 목표로 하고 있는데 창업멤버 중의 친척 분께서 남대문에서 수입업체를 운영하고 있다. 그 분과 연계해서 다양한 수입 초콜릿을 구비할 생각이다.

② 음료 : 창업멤버가 대학로에 있는 커피숍에서 3년 동안 아르바이트를 했었다. 따라서 커피숍에서 제공되는 음료는 우리가 직접 제조하는 것이 가능하다.

③ 케이크와 쿠키 : 케이크와 쿠키는 우리가 부수적으로 파는 것이기 때문에 직접 만들지 않고 전문적인 업체에서 제공받을 생각이다. 지인이 운영하는 베이커리 매장에서 케이크와 쿠키를 제공받을 계획이다. 케이크 한판(8조각)에 10,000원-12,000원 정도 하기 때문에 우리가 제공받아서 파는데 무리가 없을 것 같다.

(2) 주요 제품

① 음료(3,500원~6,000원선)

– Espresso

에스프레소, 마키아또, 카푸치노, 아메리카노, 카페라떼, 모카라떼, 초코라떼, 카라멜 라떼, 바닐라 라떼, 모카 카라멜라떼, 모카초코 라떼, 핫 바닐라

– Speciality Tea

클래식 라인 차(블랙, 그린, 우롱향의 차, 과일 허브티, 각종 홍차), 골드라인 레어 차

– Tea Latte

차이라떼, 잉글리시 블랙퍼스트 라떼, 트로피칼 패션 라떼, 모로칸 민트 라떼

– 스페셜 초콜릿 음료(Hot & Cold)

초코 블렌디드(커피원액과 더치 초콜릿 파우더를 넣은 음료), 카라멜 초코 블렌디드, 블랙 블렌디드(커피원액, 초콜릿 파우더, 초콜릿 빈과 체리로 만든 특별한 음료), 화이트 초코 블렌디드(커피원액과 화이트 초코 파우더, 달콤한 초콜릿 토핑), 핫초코, 로얄 코코아 밀크티

② 초콜릿(가격은 종류에 따라 다름)

– 수입 초콜릿(일본, 프랑스, 벨기에, 독일 등등)과 수제 초콜릿으로 구성

넛맥트뤼루, 뒤셀로프 트리플, 꿀 트리플, 버터 트리플, 모카 트리플, 키쉬어포인트, 발렌시아, 오랑제리, 아몬드볼, 스플리터 등

③ 케이크(2,500원~3,500원선)

– 치즈 케이크

뉴옥 치즈 케이크, 녹차치즈 케이크, 블루베리 치즈 케이크, 요구르트 치즈 케이크, 마블 치즈 케이크, 시카고 치즈케이크

– 쇼콜라티에 초콜릿 케이크

티라미슈 케이크, 초콜릿 무스 케이크, 초코 퍼지 케이크, 브라우니, 쇼콜라 초코 케이크

– 기타 케이크

애플크럼블, 피칸 파이, 까망베르 치즈 타르트

④ 쿠키류(1,000원~1,500원선)

초콜릿 칩 쿠키, 피넛 초코 쿠키, 아몬드 비스코티, 초코 비스코티, 초콜릿 치즈 머핀

⑤ Lunch Menu : 11시부터 4시까지 스페셜 초코 타임을 만들어서 한가한 시간대에 고객들이 좀 더 저렴한 가격에 음료와 케이크를 먹을 수 있도록 할 것이다.

⑥ Special Chocolate Day : 발렌타인데이나 화이트데이와 같은 초콜릿과 관련된 기념일, 매월 3째 주 토요일에는 Special Chocolate Day를 선정하여 점포를 홍보하고, 다른 카페와 차별점을 둘 예정이다.

2) 조직

구분	직급	근무형태	근무시간
카운터	쇼콜라티에	정규직	am.11-pm.10
	보조(조원1)	시간제	am.11-pm.2, pm.5-pm.8
홀	아르바이트(조원2)	시간제	am.11-pm.5
	아르바이트(조원3)	시간제	pm.5-pm.10

3) 사업 추진 일정

구분	추진 일정															
내용	1주차				2주차				3주차				4주차			
가스배선방수 공사	■	■	■	■												
내부인테리어 공사	■	■	■	■												
인원 채용			■	■												
제품개발 및 맛 연구			■	■	■	■	■	■								
개업									■							
전단지 배포										■		■		■		■
홍보 활동					■	■	■	■	■	■	■	■	■	■	■	■
기타 마케팅									■	■	■	■	■	■	■	■

4) 마케팅

(1) 차별화

① 요즘 트렌드에 적합한 카페 : 과거 여성들 사이에서 각광 받았던 초콜릿은 요즘 남녀노소를 초월하여 선풍적인 인기를 끌고 있는 아이템이다. 달콤한 맛에 끌리는 사람들과 함께 초콜릿이 심장병이나 암등을 예방해 준다는 초콜릿의 효능에 대한 보도 등 역시 초콜릿의 연령층 확대에 많은 영향을 주었다. 따라서 이러한 트렌드를 잘 이용한다면 가능성이 있는 점포라고 생각한다.

② '초콜릿'이라는 테마의 카페 : 요즈음 젊은 층들은 새로운 것을 찾고 경험하고 싶어한다. 그래서 이 점포는 기존에 유형화 되어 있는 차와 음료 등을 마시고 식사를 하는 공간으로 인식 되어진 공간인 카페를 '초콜릿'이라는 아이템을 도입하여 전문화시킴으로써 다양한 고객들의 욕구를 새로운 메뉴와 질 높고 맛있는 초콜릿을 판매함으로써 만족시켜 줄 것이다.

③ 고객들의 기호를 위한 쇼핑, 선물이 가능한 공간 : 기존의 카페들이 차나 커피 등의 음료를 마시는 고객들만을 주 대상으로 한 것에 비해, 우리 초콜릿 카페는 고객들이 자신을 위한 초콜릿 구매나 선물 등이 가능한 공간을 따로 마련할 예정이다. 따라서 단순히 차를 마시고 이야기를 나누는 공간적 의미에서 벗어나 예쁘고 다양한 초콜릿을 고르며 쇼핑 역시 즐길 수 있는 복합적인 공간인 것이다.

④ 아기자기한 인테리어 : 카페는 많지만, 인테리어 측면에서 비슷한 경향을 보인다. 하지만 우리 초콜릿 카페는 프로방스 풍의 아기자기하고 귀여운 인테리어를 이용하여, 다른 경쟁사들과 차별화를 둘 예정이다. 이러한 차별화된 인테리어가 고객들의 욕구를 만족시킨다면, 장기적으로 충성도가 높은 단골고객들을 확보 할 수 있는 기회라고 생각한다.

(2) 프로모션

① 현재 초콜릿에 대한 트렌드를 적극 이용 : 주요 마케팅 전략은 사람 건강에 해롭지 않은 초콜릿 추구와 소비자 즉, 고객들과 함께하는 이미지 구축이다. 일단 요즘 현대인에게 건강이 우선시 되면서 무조건 몸에 좋아야 한다는 웰빙이 새로운 트렌드가 됐기 때문이다.

② 직접 초콜릿을 만들어 판매 : 초콜릿을 직접 만들어서 판다는 신기함과 깨끗함, 그리고 초콜릿에 대한 품질에 대한 자신감을 고객에게 알릴 수 있도록 한다. 또한 초콜릿을 만드는 과정을 보여주기도 하고 초콜릿 만드는 방법도 알려주면서 초콜릿에 대한 많은 관심을 일으키게 한다.

③ 기념일 마케팅 : 경기가 나쁘더라도 발렌타인데이, 화이트데이, 그리고 생일이나 빼빼로데이 등과 같은 기념일에는 어느 정도 소비가 많이 올라간다. 더군다나 이러한 기념일 들은 소비 성향이 가장 높은 10대와 20대 사이에서 붐을 일으키고 있다. 따라서 이런 기념일에 매출을 올리지 못한다면 초콜릿카페에 타격을 입힐 수 있기 때문에 기념일등에 시장을 어느 정도 확보해야 할 것이다. 따라서 기념일에 소비자 직접 제품의 디자인을 할 수 있게 하여 다른 초콜릿과도 차별화를 두고 시장 확보를 해야 할 것이다. 또한 이때 홍보를 하여 초콜릿 전문 카페의 존재를 각인시킬 것이다. 기념일이 홍보의 효과를 크게 극대화 할 수 있기 때문이다. 평소에는 소비자들이 기호식품에 관심이 없을지 몰라도 기념일이 되면 많은 사람들이 여러 가지의 기호식품에 관심을 가질 것이다. 그때 홍보를 효과적으로 하면 평소에도 초콜릿 카페가 관심을 받을 것이다.

④ 정량으로만 초콜릿 생산 : 요즘 시대는 개성을 추구하는 시대이고 사람들은 같은 것을 싫어한다. 이런 고객의 수요에 맞추어서 같은 모양으로는 하루에 일정 수량 이상은 만들지 않는 기본 정책을 편다.

⑤ 무재고 정책 : 하루에 맞춰진 개수의 초콜릿 이상은 만들지 않기 때문에 재고가 거의 남지는 않겠지만, 만일 재고가 남는다면 저녁 일정시간을 정해 가격 할인 이벤트를 해 그 날 만든 초콜릿은 그날 다 판매할 수 있도록 하여 재고가 남지 않고 그 날 만든 "신선한 초콜릿, 방부제가 없는 초콜릿, 깨끗한 초콜릿"의 이미지를 갖도록 한다.

⑥ 다양한 모양과 형태를 추구 : 토끼 모양, 강아지 모양, 꽃 모양 등 여러 가지의 다양한 모양과 형태로 고객들의 다양성 욕구를 충족시켜 주면서 다른 초콜릿들과의 모양에 있어서 차별화를 두는 것이다.

⑦ 맞춤형 메시지 제작 : 고객의 주문을 미리 받아서 낱개의 초콜릿을 포장할 때 그 은박지나 종이에 주문받은 특별한 메시지를 넣어주거나 겉의 포장지에 특별한 문구를 넣은 포장을 해주는 등 하나뿐인 초콜릿을 제공해 준다. 미리 주문만 받는다면 파워포인트 작업으로 간단하게 만들 수 있다고 생각한다.

⑧ 초콜릿 선물 세트 제작 : 여러 개의 초콜릿을 낱개로 사는 번거로움을 피하는 고객의 편의와 다양한 초콜릿을 맛 볼 수 있도록 하기 위하여 초콜릿 선물 세트를 만들어 선물용으로 아주 간편하고 편리하게 이용할 수 있도록 하겠다.

⑨ 초콜릿 제조 과정 공개 : 우리는 우리 카페에서 사용하는 초콜릿의 제조 과정을 고객들에게 공개를 할 것이다. 물론 취급하는 모든 초콜릿을 만드는 과정들을 공개한다는 것은 불가능 할 것이다. 따라서 평소에 테마별로 몇몇 초콜릿들을 만들어주면서, 동시에 고객들에게 초콜릿을 만드는 방법 등을 가르쳐 준다면 점포의 인식을 좋게 할 것이다. 또한, 소비자들과 함께 참여하는 이미지를 구축함으로써 고객들에게 충성도를 갖게 할 가능성도 커질 것이다.

⑩ 카페 홈페이지 운영 : 요즈음 온라인상에 점포들의 홈페이지 등을 운영하는 것이 매우 일반화 되어 있다. 하지만, 카페의 경우에는 대형 프랜차이즈 커피숍들을 제외하고는 홈페이지가 자체적으로 운영되는 경우는 매우 드물다고 한다. 따라서 우리는 초콜릿 카페의 홈페이지를 운영하여 카페와 고객들 간의 지속적인 커뮤니케이션을 가능하게 하고, 새로운 제품의 홍보와 함께 특별한 문구, 온라인을 통한 주문을 가능하게 해 고객의 편의를 향상시킨다. 이러한 홈페이지 운영은 고객들에 의한 입소문 마케팅을 더욱 촉진시킬 수 있을 것이다.

⑪ 시식 등을 통한 적극적인 마케팅 : 여러 다양한 초콜릿을 보면 어떤 것을 살지 많이 망설이게 된다. 시식을 위한 작은 초콜릿을 준비하여 고객에게 시식을 하는 기회를 주어 제품에 대한 맛을 맛보게 하여 제품의 선택에 있어서 망설임 없이 고객 자신이 선택한 것에 자신을 갖게 한다.

⑫ 가격의 다양성 추구 : 고가격부터 저가격까지 다양한 가격으로 고객의 주머니 사정에 맞추어 제품의 가격을 책정하기로 한다. 다양한 가격으로 다양한 제품을 만날 수 있도록 한다. 먹고 싶어도 가격 때문에 부담스러워 먹지 못하는 그런 경우가 없도록 저가격으로도 다양하게 맛 볼 수 있도록 하겠다.

⑬ 1년 내내 정찰제 실시 : 다른 팬시점이나 편의점에서는 화이트데이나 발렌타인데이. 각종 중요 시험을 앞두고 수요가 높아서 가격을 올리는 경우가 많다. 그러나 우리는 1년 내내 같은 가격으로 고객들의 부담과 혼란을 막아주도록 하겠다.

⑭ 단계 가격 사용 : 고객의 예산을 기준으로 구매하는 경우에 대응하는 방법으로 추석이나 설날에 1만 원, 2만 원, 3만 원 하는 식으로 선물세트가 가격단계별로 진열되어 있는 것처럼 초콜릿 선물 세트에 한하여 단계가격으로 딱 떨어지게 하는 방법을 취하겠다.

3) 고객관리

① 적립 카드 제작 : 다른 대형 프랜차이즈 커피숍과 같은 제휴 할인은 어렵기 때문에, 적립 카드를 발행하여 고객들의 만족을 향상시킬 수 있다. 고객이 매장을 방문하여 3,000원 이상 구매할 때마다 횟수를 적립 해 주고 9번 이상 구매 고객에게는 구매 고객의 일정%를 적립금으로 주어 일정 금액을 넘으면 현금처럼 쓸 수 있게 하는 고객 카드 또한 같이 제공하는 것이다.

② 생일 이벤트 : 홈페이지 상에 등록을 한 고객이 생일 날짜 이전, 이후 1주에 방문을 하게 되면 간단한 초콜릿 등의 선물을 제공한다. 사소한 선물일지 모르나 고객에게는 더 큰 만족으로 이어질 수 있을 것이다.

③ 커플 이벤트 : 앞에서 말한 것과 같이 커플들 역시 주고객층이므로 커플 고객에 대한 관리 역시 매우 중요한 부분이다. 이러한 커플들을 위한 서비스로 커플 사진을 찍어준다던지, 기념일 등 특별한 날을 위한 특별한 초콜릿 제공 역시 고객들의 충성도를 높여 단골고객으로 만들 수 있을 것이다.

4. 사업 평가

일단 타 커피숍과는 차별화를 둘 것이며 다양한 초콜릿 이용 음료, 제품 등 여러 가지의 맛과 그리고 여러 가지의 모양으로 제작, 판매할 것이다. 그리고 다른 제과업과의 결합을 할 것이다. 예를 들어 케이크, 과자, 아이스크림 등과 결합하여 최대한 많은 곳에서 우리의 초콜릿을 볼 수 있게 할 것이다. 그렇게 하여 소비자들에게 친숙한 이미지로 다가 설 수 있게 하고 초콜릿 시장을 조금씩 확보해 나갈 것이다. 이러한 것들이 성공하면 점포를 한 개에서 두 개로 두 개에서 세 개로 늘려가면서 조금씩 초콜릿 전문카페라는 사업을 확장 시킬 수 있을 것이다. 또한 소비자들에게 강렬하게 각인될 수 있는 로고를 만들 것이다. 여기서 차별화, 친숙한 이미지 등 많은 것들이 매우 중요 요소로 작용하지만 그중에서도 로고가 제일 중요한 것 같다. 로고가 깊은 인상을 남길 수 있다면 소비자들에게 관심을 끌 수 있고 관심을 끈다는 것은 초콜릿 전문카페가 성공 할 수 있는 틀을 만들 수 있다는 것과 같기 때문이다. 세상은 끊임없이 변화하고 경영환경 및 트렌드도 시시각각 변하고 있다. 시대에 뒤떨어지지 않기 위해서는 변화에 능동적으로 대처하여 틈틈이 각종 세미나나 교육에 참석하여 선진기법들을 자기 것으로 만드는 노력이 필요하다. 사업은 결국 공부하고 노력하는 사람만이 성공하는 것임을 명심해야 한다.

제8장 콘셉트개발, 브랜드 네임 스펙트럼

1. 브랜드 콘셉트

1) 콘셉트의 정의

콘셉트(Concept)이란 한 무리의 개개(個個)의 것에서 공통적인 성질을 때내어 새로 만든 관념(觀念)을 말한다. 즉 콘셉트란 개념(概念)이나 정의(定義)로 나는 누구인가? (who), 그것은 무엇인가? (what)를 나타내 주는 자아의 정체성(Identification)을 말한다.

소비자가 제품을 통하여 얻을 수 있는 실지적 혜택, 기업의 마케팅 전략상 차별화시킬 만한 가치가 있는 새로운 이미지, 속성 등을 추출하여 핵심 콘셉트를 만들어야 한다. 콘셉트가 잘못 선정되면 향후 전개하는 모든 일이 의미가 없어지며 잘못 추출된 브랜드의 콘셉트는 브랜드의 실패를 초래할 수도 있다. 이처럼 콘셉트를 도출하는 것은 브랜드 네이밍 전략에 있어 매우 중요하고 핵심적인 일이다.

콘셉트를 도출할 때는 우선 제품의 속성을 정의하고 경쟁제품과의 강점을 파악한 후 소비자 혜택 요소를 추출해야 하며 그런 다음 차별화 요소는 무엇인지를 분석해야 한다. 이러한 과정을 거쳐 브랜드의 핵심 콘셉트가 전개되어야 한다.

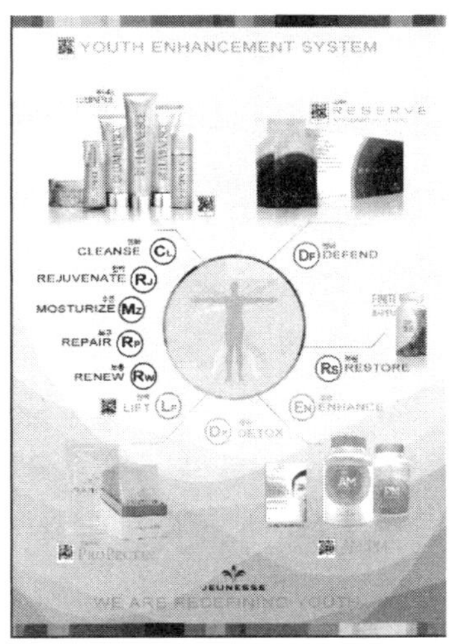

콘셉트는 일반적 의미에서는 개념, 구상, 발상 마케팅 관점에서는 브랜드의 핵심을 소비자에게 전달하는 단순하고 통일된 표현으로 정의한다.

콘셉트를 구성하는 핵심은 브랜드의 본질적인 특징과 차별점을 드러내는 것이어야 한다. 또한 핵심을 강조하는 부가적 속성에는

소비자가 믿을 수 있는 근거(Rationale)

소비자 인사이트(Consumer Insight)

슬로건(Slogan)

이미지(Image)가 포함되어 완성된다.

2) 콘셉트의 종류

콘셉트는 크게 제품 콘셉트와 브랜드 콘셉트, 두 가지로 구분할 수 있다. 우선 제품의 콘셉트는 “제품 자체가 가지고 있는 원시적인 속성이나 개념을 말하고 이를 origin진 concept이라고 부르기도 한다. 이에 반해 “브랜드 콘셉트” 제품의 콘셉트에 브랜드가 더해져서 도출되는 콘셉트로 브랜드로서 승화된 개념의 핵심 아이덴티티나 비전 또는 철학 등을 말한다. 이는 Core concept으로 부르기도 한다.

3) 콘셉트 개발

브랜드 콘셉트 개발은 어떤 브랜드에 대해 표적고객의 입장에서 차별화되고 가치있게 여겨지는 이미지를 파악해 나가는 과정으로 브랜드 콘셉트는 소비자들의 입장에서 볼 때 호의적이고 독특하며 강력한 연상들로 구성되어야 한다. 이를 위해서는 어떤 이미지의 브랜드가 표적고객에게 가치있고 바람직한 것인지를 파악해야 하며, 동시에 이러한 이미지들이 표적시장 내 경쟁 브랜드들 및 자사의 기존 브랜드들과 얼마나 효과적으로 차별화되고 있는지에 대해 검토도 필요하다.

2. 브랜드 네임 스펙트럼은 어떤 것인가?

브랜드 네임 스펙트럼은 상표로써 등록 받을 수 있을 지의 가능 여부를 조금이나마 알 수 있게 해주며 브랜드 네임 개발 시 자사 브랜드의 위치를 분석하는데 도움이 되고 경쟁 브랜드와의 비교분석에 도움이 된다. 이 브랜드 네임 스펙트럼 분류는 크게 미국 상표법에 나와 있는 상표 카테고리와 네이밍 회사의 The naming spectrum을 통해 알 수 있다.

[그림8] Name Screening Point

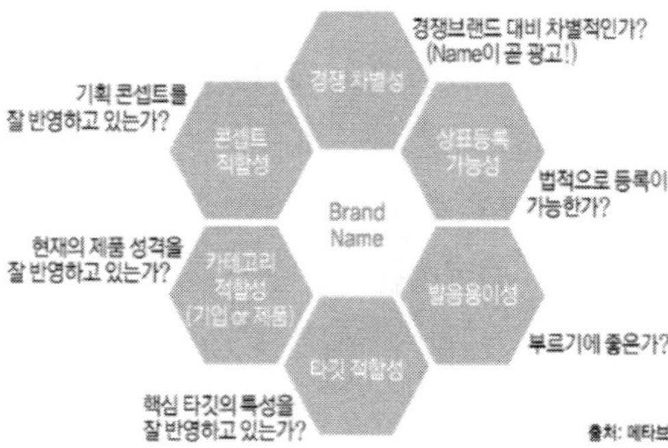

출처: 메타브랜딩

1) 브랜드 네임 스펙트럼의 중요성

브랜드 네임 스펙트럼은 네이밍 전략에 있어 중요한 부분을 차지한다. 브랜드 네임은 브랜드의 다른 요소들과는 달리 언어로 만들어지기 때문에 네임 개발 시 네임 스펙트럼에 따른 분류를 통해 소비자 반응을 알아보는데 도움이 된다. 또한 상표로써의 등록가능 여부 판단 시 네임 스펙트럼에 따라 어느 정도 판단할 수 있다.

브랜드 네임 스펙트럼을 분류함으로써 네임 선정 시 네임 스펙트럼에 따른 제품과 의 적합성을 알 수 있게 도와준다. 또한 네임 개발 시 언어적 위치를 분석하여 각 제품군의 특성에 맞는 전략을 수립하는 것이 중요하다.

2) 네이밍 전문회사의 브랜드 네임 스펙트럼

영국에 본사를 둔 브랜드 네이밍 회사 중 하나인 Interbrand 사의 브랜드 네임 스펙트럼은 크게 설명어군(Descriptive Brand Name), 연상어군(Associative Brand Name), 독립어군(Freestanding Brand Name) 등 세 가지의 어군으로 나누어진다.

(1) 설명어군(Descriptive Brand Names)

미국 상표법 브랜드 네임 스펙트럼에서 서술적 브랜드 네임과 유사한 네임 스펙트럼으로서 제품이나 서비스의 편익이나 속성을 설명해주는 네임을 말한다. 이 어군은 소비자들로 하여금 제품이 무엇인지 명확하게 알려주기 때문에 커뮤니케이션이 쉬워짐으로 인해 판촉비 등이 적게 든다.

단점으로는 기술이 빠르게 변화할 경우 적용시키기가 어려워 부적절하고 차별성의 부족으로 소비자들로 하여금 많은 흥미를 일으킬 수 없으며 상표로써의 법적 보호성이 떨어진다.

예) 요구르트 주스, Home Base, 새우깡, 자일리틀 등등

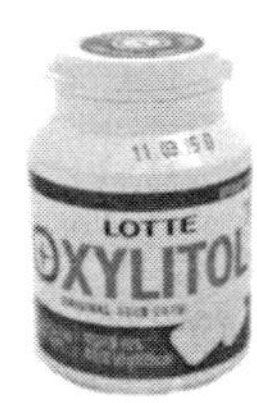

(2) 연상어군(Associative Brand Names)

연상어군은 미국 상표법 브랜드 네임 스펙트럼에서 암시적 브랜드 네임과 유사한 네임 스펙트럼으로써 브랜드 네임이 제공하는 적절한 가치의 연상작용을 전달해주는 네임이다. 예를 들어 Nike스포츠 브랜드 네임은 속뜻이 "승리의 여신"이라는 의미에서 스포츠와의 연상을 불러일으키는 네임이다. 이 어군은 제품이나 서비스가 제공하는 것과 관련된 의미를 전달하고 그들의 차별성 때문에 소비자들에게 기억이 잘되며 상표로써의 법적 등록이 설명어군보다 쉽다.

단점으로는 한 가지 언어나 문화에서 도출된 네임은 다른 언어나 문화에서 완전히 다른 연상작용을 불러일으킬 수 있으므로 네임에 대한 부정연상체크는 반드시 수행되어야 하고 단어 자체에서 제품이나 서비스의 의미가 명확하지 않기 때문에 이를 명확히 소비자에게 전달하기 위해서는 커뮤니케이션 비용이 많이 든다.

예) Nike, Greyhound, VISA 등등

(3) 독립어군(Freestanding Brand Names)

독립어군은 미 상표법 브랜드 네임 스펙트럼에서 임의적인 브랜드 네임과 조어적인 브랜드 네임 스펙트럼과 유사한 어군으로서 네임의 의미가 제품이나 서비스와는 전혀 관계없이 커뮤니케이션 활동을 통해 의미를 부여해 주는 어군이다. 이 어군은 상표 등록에 독점적인 권리로써 등록 받기 쉽고 많은 브랜드들 속에서 차별화되며 단어의 의미를 내세우지 않기 때문에 국제적으로 사용이 가능하다. 즉 언어적 문제의 위험 노출이 적은 편이다.

단점으로는 어떤 의미를 갖지 않기 때문에 커뮤니케이션 비용이 다른 어군에 비해 훨씬 많이 들고 의미를 부여하는데도 시간이 많이 걸린다.

예) Kodak 필름, Xerox복사기 등등

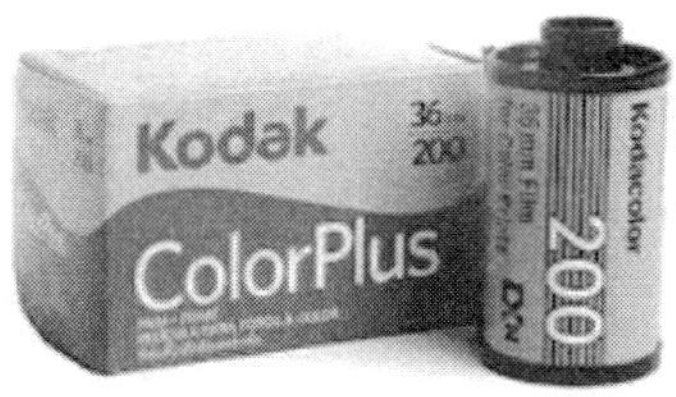

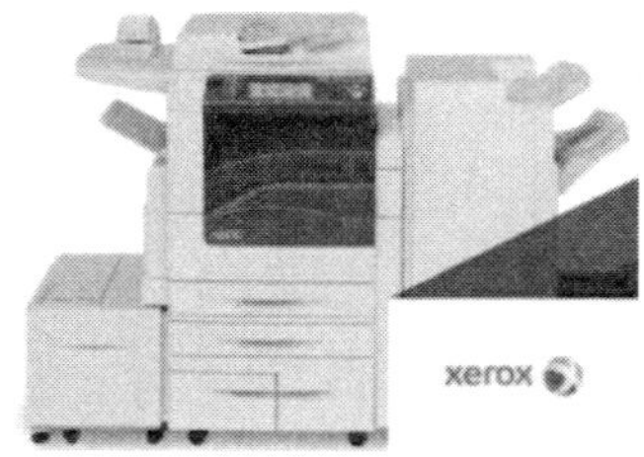

3) 미국 상표법 기준의 브랜드 네임 스펙트럼

미국 상표법에서는 상표에 대해 5가지의 스펙트럼을 제시한다. 이 체계에 따르면 Genehc(보통 명칭) name, Deschptive(서술적) name, Suggestive(암시적) name, Arbitrary(임의적) name, Coined(조어적) name 등으로 구분되며 Generic name은 상표로써 등록받기 어려운 반면 Coined Name은 상표등록 받기가 쉬운 편이다.

(1) Generic(보통명칭) Brand Names

보통명칭 네임은 "컴퓨터", "공부"처럼 상품이나 서비스 자체를 가리키는 일반적인 명칭으로 상표법상 보호를 받지 못한다. 만일 일반 소비자들이 곡식을 나타내는 "보리"처럼 어느 종류의 일반상품을 가리키기 위해 어느 이름이나 표현을 쓴다면 그 이름이나 표현은 보통명칭이며 따라서 보호될 수 없다.

예) 아스피린(Aspihn), 웹스터(Webster)

(2) Descriptive(서술적) Brand Names

서술적 네임은 단순히 제품의 성격이나 색깔, 냄새, 효능, 원료, 크기, 소비자에 대한 정보 등을 전달하는 네임이나 "최고" 혹은 "가장 좋은"등 극찬하는 네임 등으로 상품을 설명하는 것에 지나지 않는다. 다른 경쟁자들이 자기의 제품을 묘사하거나 설명할 때에 같은 용어를 쓸 수 있으므로 서술적 네임은 어느 한 사람만이 독점적으로 소유할 수가 없고 상품의 출처를 가리키는 기능이 매우 약해 상표등록이 쉽지 않다.

예) 홀리데이 인(Holiday Inn), 레이저 젯(Laser Jet)

(3) Suggestive(암시적) Brand Names

암시적 네임은 서비스나 제품에 대한 느낌, 바람직한 아이디어 창출을 위해 명백한 방식에서 평범한 단어를 사용한다. 그러나 단어 자체의 의미대로 제품이나 서비스의 어떤 면을 직접 기술하지는 않는다. 즉, 제품의 특성이나 성격을 암시하지만 일반 소비자가 그 네임과 특정 제품을 연결시킨다는 점에서 보통명칭 네임과 다르고 제품의 특성이나 모습을 직접 기술하지 않는다는 점에서 서술적 네임과 다르다.

예를 들어 버스 서비스사인 "Grey Hound" 네임의 경우 빠르고 날렵한 자동차에 대한 바람직한 속성을 암시한다. 그러나 버스 서비스사의 속성 그대로를 기술한 네임은 아니다. 암시적 네임은 그 자체가 고유의 독특함을 가지고 있기 때문에 상표로써 등록받을 수 있다.

(4) Arbitrary(임의적) Brand Names

임의적 네임은 임의적인 방법에서 일반적인 단어들을 사용하는 네임으로써 그 단어들의 통상적인 의미가 제품이나 서비스에 나타내고자 하는 것과는 아무런 관련이 없는 네임을 말한다. 즉, 본래의 뜻이 제품의 성격이나 특질과는 아무런 관련이 없는 네임으로써 상표로서의 보호 범위가 넓다.

예) Camel 담배, Apple 컴퓨터, Time 담배

(5) Coined(조어적) Brand Names

조어적 네임은 전자 제품 상표인 "소니(SONY)", 필름 상표인 "코닥(Kodak)"처럼 네임 자체는 아무 의미도 없지만 어느 특정 제품을 가리키기 위해 새로 만들어진 네임을 말한다. 상표로써 등록받기가 다른 네임 어군보다 쉽다.

SONY Kodak

4) 외식의 선택속성, 성공요인, 콘셉트, 마케팅 믹스의 관계

① 선택속성 : 매장을 소비자 입장에서 바라보는 시각을 말하며 커피의 맛, 적당한 가격, 종업원의 친절성, 내부인테리어, 분위기, 브랜드 인지도 등을 말한다.

② 성공요인 : 매장을 경영자 입장에서 바라보는 시각-상품력, 입지력, 서비스력, 점포력, 관리력 등이 있다.

③ 콘셉트 : 기획자의 입장에서 카페를 바라보는 시각-경영자, 프랜차이즈 사업자, 인테리어 사업자 등 최대의 만족을 원하는 소비자-최대의 수익을 얻고자 하는 경영자 등이 있다.

④ 마케팅믹스 : 마케터의 입장에서 카페를 바라보는 시각-제품, 가격, 촉진, 상권과 입지, 프로세스, 물리적 증거, 사람 등이 있다.

5) 콘셉트가 갖추어야 할 속성

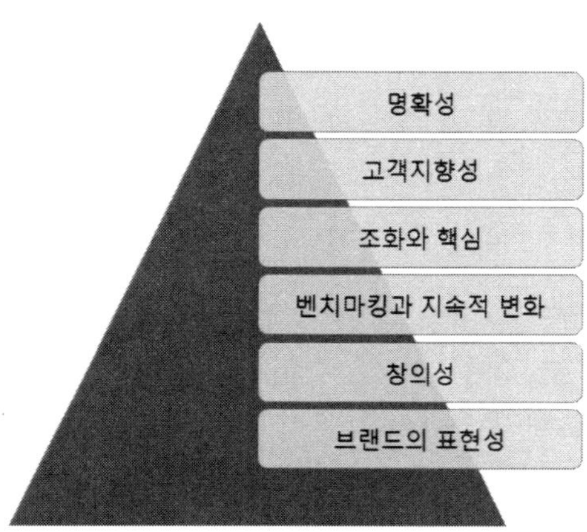

① 명확성 : 테마, 캐릭터, 목적 등을 명확하게 계획하고 실현하는 것.

② 고객 지향성 : 고객의 관점에서 바라보는 사업의 정체성을 말한다.

③ 조화와 핵심 : 카페를 구성하는 모든 유형, 무형의 항목들이 하나처럼 결합되는 것을 의미한다.
④ 벤치마킹과 지속적 변화 : 경쟁자보다 우수한 콘셉트를 만들기 위한 개선활동을 말한다.
⑤ 창의성 : 창의적인 메뉴와 서비스+전달하는 활동을 말한다.
⑥ 브랜드의 표현성 : 상표 및 상호 등록이 가능한 브랜드를 찾아내는 노력을 말한다.

6) 외식의 콘셉트 구성요소

① 테마 : 카페의 이미지나 디자인 스타일, 단일화된 시각화를 의미한다. (예시–수제 디저트와 커피, 책과 모임이 있는 따스한 공간)
② 메뉴와 메뉴의 수 : 카페의 대표적인 성공요인, 경영에 있어서도 핵심적 관리대상이다. 카페 메뉴의 카테고리와 세부적인 종류가 결정되어야 주방 설계가 가능 하며 카페 메뉴에 따라 이미지가 결정되기 때문에 콘셉트의 중요한 요소 중 하나이며, 메뉴 카테고리는 고정메뉴, 순환메뉴, 결합메뉴로 나눈다.
③ 고객의 이용목적 : 카페를 이용하는 고객은 다양한 목적을 가지고 이용하게 되는데 카페는 사회적 기능에 따라 카페를 분류하는데 우선 단순 만남, 식사대용, 비즈니스, 친목도모, 스터디, 힐링, 등 콘셉트 설정에 활용할만한 근거가 될 수 있다.
④ 목표시장(Targeting) : 일반적으로 고객의 특성이 유사한 고객층을 말한다. 여기에는 성별, 나이, 소득, 인구통계적 변수, 사회계층, 생활양식, 등 심리적 변수로 구분하며 제품특성에 따라 브랜드 충성도, 추구편익, 구매빈도 등 행동적 변수로 구분하여 목표시장을 설정한다.
⑤ 상권과 입지(Commercial and Position) : 상권–거래의 범위+입지, 건물이나 상가가 들어서는 물리적 공간을 의미하며 메뉴와 목표시장 등에 따라 오피스 상권, 대학가, 대규모 아파트 상권, 역세권 등의 상권과 입지를 선택하게 된다. 상권과 입지는 수익성을 대변하는 변수에 해당하며 총수요가 얼마나 되는지 소비자의 구매행태와 구매시간별 특성은 어떤지, 주변 경쟁자의 경쟁력은 어떠한지를 조사를 하지 않은 체 창업한다는 것은 있을 수 없다.
⑥ 분위기(mood) : 점포의 내 · 외장식, 객장 및 주방의 설비수준, 청결도 등이 결합되어 표출되며 휴식공간, 소통공간의 역할도 필요하며 카페 외부 장식은 고객의 첫인상을 심어주어 고객의 유인에 큰 영향을 주며 또한 건물의 형태와 전면모습, 간판, 출입구 등으로 이루어지며 내부 분위기는 고객의 정서적 반응을 일으키며 고객이 머무는 사간과 구매 의욕에 영향을 미친다.
⑦ 가격(Price) : 가격은 고객이 상품이나 서비스를 획득 또는 사용함으로써 얻게 되

는 가치에 대해 지불하는 대가로 기업측면에서 수익을 일으키는 수단이며 원가, 경쟁자, 목표고객층 등을 감안하여 결정한다.

⑧ 브랜드(Brand) : 판매하는 제품이나 서비스를 경쟁자들의 것과 차별화하기 위해 사용하는 독특한 이름이나 상징물의 결합체다. 브랜드의 본질적인 특징과 차별점은 소비자가 믿을 수 있는 근거(Rationale), 소비자 인사이트(Consumer Insight), 슬로건(Slogan), 이미지(Image) 브랜드에 4가지가 함축되면 강력한 브랜드가 된다.

⑨ 판매 방법 : 고객이 매장을 방문하여 상품을 구매한다는 점은 같으나 구매방식은 많은 변화가 이루어지고 있다. 우선 테이크아웃, 드라이브스루 셀프 구매 방식이 일반화되고 있으며, 또한 온라인 판매가 활성화 되고 있다. 온라인 판매를 위해서는 제조업을 위한 별도의 공간을 확보 하고 제조업 허가를 받은 후 온라인 유통을 위한 등록 절차가 선행되어야 한다.

7) 창업을 위한 콘셉트 개발 방법

(1) 입지론적 접근법 : 자신이 원하는 카페의 유형을 먼저 확정, 적합한 상권과 입지를 찾는 방법론이다.

(2) 적지론적 접근법 : 점포가 확정된 상태에서 그 점포에 적합한 카페의 유형을 설정해 나가는 방법을 의미한다.

이는 어떤 방식의 접근법이든 가장먼저 카페 컨셉을 설정해야 한다. 앞서 살펴본 콘셉트 구성 요소들을 확정하는 과정을 의미하는데 컨셉 구조는 고객의 관점에서 콘셉트 개발이 이루어져야 한다. 단 매장 운영자가 좋아하는 분야와 전문성과 차별성을 잘 브랜딩한다면 장기적인 관점에서 큰 이점이 될 수 있다.

8) 외식의 유형선택

카페에서 제공하는 상품과 서비스에 따라 어떤 유형의 인기에 따라 고객의 인식은 달라진다. 디저트를 전문으로 하는 식음 목적형, 베이커리 카페, 생과일 전문 카페 등 다양한 카페가 생겨나고 있으며, 테마가 카페의 유형을 결정 하는데 여기에는 북카페, 키즈카페, 강연이나 공연을 하는 모임공간으로 활용하는 카페도 늘어나는 추세다.

판매방법이 카페 유형을 결정하는 저렴한 가격의 테이크아웃 전문 매장, 케이터링 서비스를 제공하는 카페, 늘어나는 1인가구를 위한 딜리버리 서비스 제공하는 카페도 점차 늘어나고 있다. 운영자의 전문적인 지식과 카페와의 브랜딩을 통해 앞으로도 다양한 콘셉트에 카페들이 늘어날 것으로 보인다.

9) 외식의 목표 고객을 설정

카페를 위한 기본적인 아이디어는 목표 고객이 결정되는 것에 따라 메뉴의 적정가격의 콘셉트에 따른 잠재시장이 모두 목표 고객에 의해 영향을 받는다. 목표 고객을 결정한다는 메뉴, 가격, 분위기, 영업일수, 영업시간, 회전율 등 특징적 내용을 결정하는 것과 같다. 고객의 충성도를 높이기 위해서는 적절한 프로모션을 통해 충성 고객을 유인하기 위해 노력해야 한다.

10) 외식의 콘셉트의 구성요소

식음료 매장의 성공적인 콘셉트를 설정하려면 우선 명확성, 고객지향성, 조화와 핵심, 지속 변화 가능성, 창의성, 테마와의 구별, 브랜드의 표현성, 등을 충분히 고려해야 한다.

▶ 콘셉트의 적절성 체크는........?

매장을 구성하는 모든 것이 상권 내 고객의 시각에서 근거하고 있는지?
상권 내 고객이 매장 콘셉트를 쉽게 이해할 수 있는지?
상권 내 고객의 입장에서 일관성과 통합된 콘셉트라 할 수 있는지?
고객이 이해하기 쉬운 언어로 표현되어 있는지?
상권 내 경쟁업체와 확실한 차별성이 있는지?
고객에게 진정으로 원하는 다양한 혜택을 제공하고 있는지?
콘셉트를 전달하는데 있어 중복된 표현을 반복되어 사용하고 있어 불편함을 주는지?
고객에게 명확한 이미지를 주고 있는지?

✿ 창업지침서 ✿

타르트 전문점 창업계획서

1. 사업 아이템 소개
   타르트(Tarte)란?

2. 사업동기와 아이템, 입지선정

3. 자금계획
   3-1) 자금의 예상 비용
   3-2) 자금의 조달방법

4. 생산(서비스) 계획
5. 매출채권
   1) 판매계획
   2) 경비집행계획
   3) 이익계획

6. 사업추진 일정계획
   1) 입지선정 및 장비구입
      ◈ 입지선정
      ◈ 장비구입
   2) 점포계약
   3) 인테리어 및 오픈준비
   4) 개업(이벤트 행사)
   5) 창업 후 업무 및 인력 배치 계획

1. 사업 아이템 소개

타르트(Tarte)란?

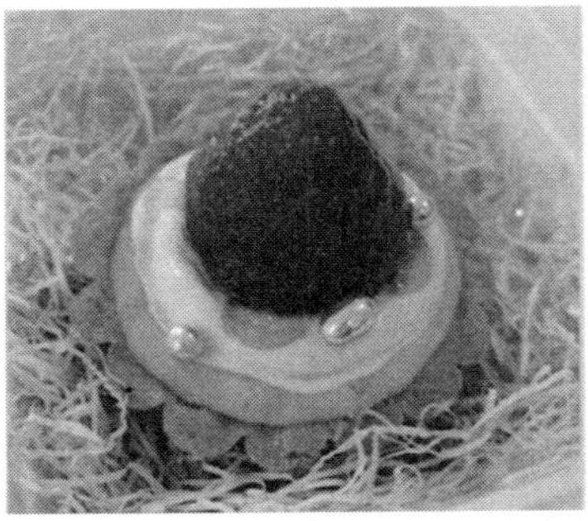

[출처] 타르트[tarte] 네이버 백과사전

밀가루와 버터를 섞어서 만든 반죽을 타르트 틀(파이접시)에 깔고 과일이나 채소를 이용하여 속을 채우고 밀가루 반죽으로 위를 덮지 않아 담겨진 재료가 그대로 보이게 하는 프랑스식 파이.

이러한 기본 타르트에 기능성 성분인 L-카르니틴과 천연재료에서 얻을 수 있는 레몬 속의 비타민 등 여러 요소를 통해 기능성 타르트를 제품화하여 판매하고자 한다.

2. 사업동기와 아이템, 입지선정

요즘 급격히 디저트 수요가 늘고 있다. 대표적인 예로는 외국에서 들어온 커피전문점이 있는데, 과거에 우리나라에서는 주로 인스턴트커피를 타 마셨지만 외국에서의 기타 커피전문점들이 입점한 이후부터 아메리카노 커피에 대한 수요가 수직 상승하며 대기업은 물론이고, 소규모 창업자들도 이를 따라해 창업하여 많은 성공을 이루고 있어 다른 많은 소규모 창업자들의 동기부여를 하고 있다. 이에 따라 상관관계에 있는 디저트도 수요가 함께 상승하였다.

불과 몇 년 사이지만 지금은 셀 수 없을 정도의 카페와 디저트전문 요식업들이 생겨났다. 그러나 이렇게 단기간 엄청난 공급을 통한 급성장이 이루어졌지만 아직 이 시장에 대해서는 무궁무진한 발전가능성이 있다고 생각한다. 또한 관련 대기업들도 디저트 분야에 대한 사업을 계속 늘리고 있는 추세이다.

사회적 산업변화와 수요의 관련하여 타르트 전문점이라는 아이템을 선정하게 되었다. 타르트는 프랑스 전통 파이로서 국내 들어 온지 얼마 되지 않았고 아직 잘 알려져 있지도 않지만 접해본 소비자들의 반응은 새롭고 흥미를 가지고 있다는 점에서 시장성이 높다고 판단되어진다. 다양하고 신선한 재료들로 하여금 타르트의 화려하고 다양한 형태는 소비자들의 수요를 당기고 있다. 상관관계에 있는 커피와 함께 한다면 지금 사회의 전반적인 커피 디저트 요식업 산업의 수요에 부응하는 공급업체가 될 수 있을 것이다.

타르트의 특징은 다른 위에 올라가는 토핑이 한눈에 다 보인다는 것이 특징이다. 이를 이용하여 기본 반죽에 L-카르니틴을 첨가하고 토핑을 차별화하여 토핑 위에 금가루 장식을 통한 다른 파이와의 고급스러움을 보여줌으로 시각적인 차별화 마케팅을 하고자 한다. 또한 식용 꽃을 위에 장식함으로 여성이 가지고 있는 꽃에 대한 행복감을 시각적 효과뿐만 아니라 미각적 효과까지 전달하고자 한다.

간식으로 타르트를 찾는 고객들에게 꽃이 있는 타르트를 제공하므로 신선도 함께 알 수 있도록 한다. 점점 규모가 커지고 있는 이 시장에서 살아남기 위한 차별성은 첫째 제품의 차별화이다. 요즘 서비스는 경험경제서비스가 높은 수요를 얻고 있다. 이를 반영한 인테리어로 매장 내 벽화를 이용하여 고객들로 하여금 다양한 경험을 가져갈 수 있게 하는 특별한 마케팅을 하는 것이다. 커피나 디저트를 드시러 오시는 소비자들은 커피와 디저트 등의 맛을 경험 하러 방문하기도 하지만 그 매장의 분위기를 경험하는 것 또한 큰 가치로 여긴다는 점에서 생각한 차별성이다.

둘째는 L-카르니틴의 효과성이다. 기존에 요식업에 있는 파이나 빵 같은 디저트는 칼로리가 높은 편이다. 실제로 소비자들 중에서도 가장 많은 비중에 있는 20~30대 여성들 중에서도 '먹고는 싶지만 칼로리가 높은 음식이다'라고 하여 먹지 못하고, 먹지 않는다는 고객들도 대다수로 인식되어 있다. 우리가 만들 타르트는 기능성 타르트로서 이런 관념들을 조금 벗어난 디저트 음식이다. 칼로리가 높은 건 제조과정에서 밀가루와 버터 등이 함유되어 높다. 하지만 앞에서 언급되었듯 기능성 타르트임을 잊지 말아야 한다. L-카르니틴이라는 성분을 첨가하여 이 성분이 가진 지방을 에너지로 변화시켜주는 역할을 통해 칼로리는 높지만 몸에 불이익보단 이익을 전달하고자 하는 것이다. 이로 인하여 몸을 생각하여 먹지 못했던 음식을 먹게 하는 수요의 창조를 예상하고 있다. 기존의 고객들도 이러한 점이라면 저희 기능성 타르트에 마음을 돌릴 수 있다고 생각한다.

▶ 식용 꽃

식용 꽃은 식물의 영양분을 응축하고 있으며 미각, 시각, 후각까지 즐겁게 해주고 칼로리는 높지 않으면서도 아미노산, 비타민, 단백질이 풍부하며 꽃가루 속에는 35%의 단백질과 22종의 필수 아미노산, 12종의 비타민과 16종의 미네랄이 함유되어 있다고 한다. 식용꽃은 무 농약으로 재배되며, 국화꽃은 혈액순환을 개선, 모세혈관의 피부를 윤택하게 하며 머리를 맑게 해주고 혈압을 낮추는 효과가 있다. 백합꽃은 기관지염과 신경쇠약을 개선, 종양 세포의 성장을 막는 기능 외에도 체질을 개선시켜주는 효능이 있다고 한다. 금어초는 소화기능을 도와준다. 베고니아 꽃은 몸이 나른할 때 효과가 있고, 상처 난 부위나 염증 치료에 탁월한 효과가 있다. 보리지 꽃은 꽃잎을 과일 화채에 띄우거나 와인에 넣어 색깔 변화를 즐기면 좋다. 몇분 지나면 꽃잎이 청색에서 분홍색으로 변한다. 식용장미는 비타민, A, B, C, E와 니코틴산, 아미드 유기산 등이 들어있다. 사과향이 나는 캐모마일 꽃은 유럽에서 가정상비약처럼 보편화돼 있는데, 이 꽃에서 채취한 에센셜오일은 값비싸다. 감기 기운이 있거나 피로를 느낄 때 뜨거운 물을 부어 차로 마시면 효과가 탁월하다. 팬지는 샐러드나 음료수에 꽃과 잎을 넣으면 좋다. 관절, 류머티즘, 방광염, 기관지염, 백일해 치료 외에도 습진 여드름 치료에도 뛰어난 효과가 있다고 한다. 매화의 향기에는 진통, 진정의 효과가 있다고 한다.

▶ L-카르니틴 [L-Carnitine]

백색 또는 엷은 황색의 결정성 분말로 특이한 냄새가 있는 강화제이다. 화학식은 C7H15NO3이다. 물에 용해되며 아세톤, 에테르에 용해되지 않는다. 육류단백질에서 추출하며 횡문 근육과 간에 존재하고 어린이 영양강화제로 사용한다.

카르니틴(영어 : Carnitine)은 염기성 아미노산 라이신과 메티오닌, 그리고 NH4+(암모늄 이온)을 포함하고 있는 비타민 B 복합체 중 하나이다.

주요기능

1. 혈중 중성 지방량을 감소시키고 체중 감소
2. 에너지 활용성 증가 및 피로회복, 수면의 질적 향상
3. 인지기능 향상
4. 심장병예방
5. 체지방을 연료로 에너지 생산
6. 근육활동증진
7. 정자의 활동성 증진

식품 함유량

양고기 100g 131.6mg 쇠고기 100g 94mg 돼지고기 100g 27.7mg 베이컨 100g 23.3mg 템페 1/2컵 19.5mg 대구 100g 5.6mg 닭가슴살 100g 3.9mg 아메리칸 치즈 100g 3.7mg 아이스크림 100ml 3.7mg 우유 100ml 3.3mg	아보카도 중간것 1개 2mg[9] 호밀빵 100g 0.36mg 아스파라거스 100g 0.195mg 식빵 100g 0.147mg 마카로니 100g 0.126mg 땅콩 버터 100g 0.083mg 쌀밥 100g 0.0449mg 달걀 100g 0.0121mg 오렌지 주스 100ml 0.0019mg

식품 단위 카르니틴 함량

표준 20~200mg/일 정도 카르니틴을 섭취해야 한다. 그러나 채식을 하는 경우에는 하루에 1mg 정도 섭취를 해 주어야 한다. 그리고 최대 카르니틴 섭취량은 하루에 2g 정도로 제한하고 있다.

주요 타깃층으로는 커피나 디저트에 수요가 많은 20~30대 여성들로 선정하여 마케팅 할 것이다. 20~30대 여성은 수요자들로부터 가장 많은 수요와 구매력을 갖추고 있다.

입지선정은 우리가 생각한 수요가 가장 많은 타깃층의 20~30대 직장인 여성들이 가장 많은 유동이 있으며, 비용이 적게 드는 곳으로 중앙동에 터를 잡을 것이다. 20~30대 여성들이 수요가 가장 많기도 하며 이 소비에 대한 비중도 가장 높은 만큼 가장 많은 유동인구를 보유한 곳이라면 충분한 시장성을 갖추고 있기 때문에 이곳으로 입점해야한다고 결정하였다.

3. 자금계획

3-1) 자금의 예상 비용

임차보증금	1,100만 원
임대료 및 관리비	200만 원
장비 및 기계구입	1,500만 원
시설비(인테리어, 간판 등)	2,000만 원
식재료비 및 홍보비	1,000만 원
추가 운영비용	2,200만 원
계	약 8,000만 원

3-2) 자금의 조달방법

각 개인 투자금	3,000만 원
최종 투자자 및 은행 대출	5,000만 원
계	총 8,000만 원

4. 생산(서비스) 계획

- 주요 타깃은 주변의 대형빌딩에 입주한 직장인을 대상으로 한다.
- 타르트는 매일 일정량을 미리 제조하여 냉장 보관한다.
- 제조된 타르트를 제공함으로서 바쁜 직장인들에게 조리시간 동안 기다리지 않아도 되도록 한다.
- 타르트에는 L-카르니틴이라는 성분을 첨가하여 다이어트에 도움이 되는 기능성 타르트를 제조한다.
- 고객들이 기능성 타르트에 대해 제대로 인지할 수 있도록 매장 내에 설명이 적힌 판넬과 안내 팸플릿을 배치한다.
- 전체 종업원은 같은 유니폼을 입어 청결하고, 전문적인 모습을 보여준다.
- 타르트는 기본 원형 6종류와 케이크형 3종류를 만든다.
- 매달 신제품을 하나씩 개발하여 선호도를 조사하고, 반응이 좋은 제품은 기본메뉴에 추가한다.
- 타르트와 음료의 세트메뉴를 만들어 원래 가격보다 저렴하게 판매한다.
- 매장 내 벽면을 벽화로 꾸미고, 조명에 강조를 두어 편하고 아늑한 분위기를 연출한다.
- 고객들은 대상으로 벽화 아이디어 공모전도 함께 가져, 벽화를 약 3개월에 한 번 씩 교체하여 늘 신선한 즐거움을 제공한다.
- 고객에게는 늘 친절히 대할 수 있도록 종업원 교육을 한다.
- 고객들의 재방문을 유도하기 위해 도장을 찍어주어 10번 구매 시 1번 공짜와 같은 쿠폰 또는 할인쿠폰을 제공한다.

- 시간을 내어 주변의 빌딩을 찾아 판촉물과 안내문을 돌리면서 홍보한다.
- 안내문에는 기능성타르트에 대해서 쉽게 알 수 있는 내용도 넣는다.

5. 매출채권

1) 판매계획

타르트는 기본크기 보다 약간 크게 만들고 L-카르니틴 성분을 추가하여 1개당 4000원으로 음료는 1잔에 3000원으로 가격을 책정하여 저가격 저 브랜드가 아닌 전문화를 더하여 고가치를 가져갈 수 있는 곳으로 인식을 심어 주도록 한다.

주변이 회사 밀집 지역이므로 일요일은 휴업하거나, 벽화 변경 작업과 같은 시간이 걸리는 작업을 하도록 한다. 이를 감안하여 매출 계획은 보수적으로 산출한다.

매출액 판단

1일 매출액	타르트 단가(4000원) * 162.5개	65만 원
	음료 단가(3000원) * 50잔	15만 원
1일 총 예상 매출액		80만 원
1달 매출액	65만 원 * 25일	1,625만 원
	15만 원 * 25일	375만 원
한달 총 매출		2,000만 원
1년 매출액	2000만 원 * 12개월	24,000만 원

2) 경비집행계획

- 인건비는 최소화하기 위해 주방장은 조원인 000이가 하고, 카운터 및 재무관리는 000이, 주방장 보조는 000이, 주문 및 음료 담당은 000이 하도록 한다.
- 관리비의 최소화를 위하여 전기와 수도사용은 효율적으로 할 수 있는 방법을 강구한다.
- 실내의 청결을 유지하는 청소는 모두 같이 한다.
- 만일을 위한 권리금의 확보를 위하여 시설의 감가상각비를 계산한다.
- 재료와 재료비 절감을 위하여 가급적 재료는 본인이 구입하는 것을 원칙으로 한다.
- 차입금의 지급이자는 기일을 놓치는 것을 방지하기 위하여 자동이체로 한다.

경비 집행판단

원재료비	단가의 40% 적용	9600만 원
급료(주인)	1명*150만 원 * 12개월	1800만 원
급료(고정 종사원)	4명*130만 원 * 12개월	6240만 원
임대료	107만 원 * 12개월	1284만 원
관리비	777천 원 * 12개월	9324천 원
수도광열비 등 기타 경비	50만 원 * 12개월	600만 원
감가상각비	50만 원 * 12개월	600만 원
지급이자	6000만 원 * 10%(6년)	600만 원
계		216,564,000원

3) 이익계획

-이익 : 매출액(24000만 원)-비용(216,564천 원)=23,436,000(1달에 1,953,000원 이익)

-이는 차입금 6000만원과 세금으로 정산

6. 사업추진 일정계획

1) 입지선정 및 장비구입

입지선정

입지선정은 회사가 밀집되어 있는 지역, 대중교통(지하철역, 버스) 이용이 활발한 지역이고 유동인구가 상당히 많은 부산시 중구 중앙동 4가에 위치한 흥우빌딩 1층으로 한다. 회사가 밀집되어 있는 지역이라 휴식, 점심, 퇴근 시간에 주로 이용할 수 있고 인구가 밀집된 남포동, 부산역과 거리가 가까우므로 또 다른 고객을 확보 할 수 있다. 흥우빌딩 주위에는 카페와 음식점이 거의 없으므로 직장인들은 회사 내의 휴게실을 주로 이용한다는 점에서 좀 더 다양한 음료와 디저트를 제공한다. 그리고 1층에 위치함으로써 입구와 연결되어 편리성을 제공하고 이웃회사들도 편리하게 이용할 수 있다. 또한 서울 중심지의 빌딩 밀집지역의 건물 1층은 각 유명브랜드의 커피전문점과 베이커리들이 들어서 있다. 그만큼 이동거리가 짧은 직장인들을 타깃으로 커피와 디저트시장이 들어섰을 때 큰 이익을 창출한다는 것이다. 이러한 결과들로 보아 중구 중앙동으로 최종 입지를 선정하였다.

▶ 중구 사업체 4320개 - 종사자 36,751명〈중구청 홈페이지 참고〉

▶ 장비구입

다른 제빵가게나 카페와 마찬가지로 비용을 최소화하기 위해 타르트를 만들 때 핵심적인 비용이 큰 오븐기 같은 경우는 새 것과 같은 중고로 구입을 한다. 처음부터 좋은 기계를 사용하면 좋겠지만 창업이라는 점과 자금의 조성이 어떻게 될지 모르는 상황에서 고가의 장비와 기계를 구입하는 것은 무리라는 생각에 우리는 중고를 구입하기로 결정했다. 그 대신 몇 년 이상을 사용한 기계보단 구입 후 사용기간이 짧은 기계 구입을 통해 새 제품 못지않은 기능을 갖춘 기계를 구입하여 예산을 감소한다.

₩1,200,000~2,500,000

₩3,000,000~ 6,000,000 사이

(2) 점포계약

현재 부동산 매물로 올라온 부산시 중구 중앙동 4가에 위치한 흥우빌딩 1층으로 등기부등본 및 기타서류를 정확히 확인 후 계약을 한다.

- 전용면적/임대면적 - 24/37
- 보증금 - 11,100,100
- 임대료 - 1,070,000
- 관리비 - 777,000

(3) 인테리어 및 오픈준비

인테리어는 외부전문가와 본인이 같이 상의를 하고 매일 직접 참여를 한다. 벽면을 비워두게 하여 미술과 디자인 업종에 속한 사람을 고용하여 벽화를 그리게 하고 벽화작업 또한 본인이 직접 참여를 하여 비용을 줄인다. 그리고 매일 똑같은 벽화만 있다면 고객이 지겨워 할 수 있기 때문에 기간을 두고 고객이 원하는 그림을 그려주는 콘테스트를 통해 고객접점화한다. 구체적인 내용은 다음과 같다.

① 2007년 MBC에서 방영된 '커피프린스 1호점'을 떠올리며 벽면과 바닥을 시멘트와 어두운색의 페인트칠을 통해 깔끔함을 강조하며 벽면을 벽화와 조명을 통해 아늑하고 부드러운 분위기를 조성하여 따뜻한 느낌을 제공한다.

② 여성들이 특히 분위기에 약하다는 것을 착안하여 벽면은 심플하면서도 벽화를 통해 포인트를 강조하고 조명을 통해 분위기와 아늑함을 갖고자 한다.

③ 카페 벽면을 벽화로 하여 벽면마다 새로운 느낌을 제공하고자 한다. 벽화와 조명을 통

해 일상속의 한 공간이 아닌 벽화 속에 있는 느낌을 받도록 하며, 벽화를 3개월에 한 번 씩 바꾼다는 약속아래 계절의 변화와 함께 벽화의 변화를 준다.

④ 벽화는 무향 페인트를 사용함으로 인체에 아무런 영향을 끼치지 않도록 한다. 또한 벽화 아이디어 공모전을 통해 고객들의 아이디어를 제공받아 심사결과 채택되는 고객에게는 여러 상품을 제공한다.

인테리어를 하는 동안 미리 인근 지하철역이나 주위 회사에 전단지 및 구두광고를 통해 관심을 끌고 회사가 많은 특정지역이므로 보통 카페와는 달리 이랬으면 한다는 설문을 통하여 오픈 전 마지막 고객의 기대감을 만족시킬 수 있도록 고객과의 생각을 공유하고 오픈 후 자신들이 원하는 생각으로 되었는지 확인할 수 있게끔 방문 · 유도한다.

(4) 개업(이벤트 행사)

개업을 하고 이벤트 행사를 하려면 약간의 소음을 일으킬 수 있기 때문에 회사 밀집지역이다 보니 업무시간에 방해가 되지 않게 소음 없이 조용한 이벤트를 주로 하고 퇴근시간에 맞춰 홍보에 열과 성을 가한다. 개업 후 SNS를 통한 여러 제휴회사와 제휴를 맺기도 하고, 건물의 1층에 위치했기 때문에 가급적이면 배달서비스도 불가피하게 여겨 편리성을 제공한다. 이러한 계획을 통하여 고객의 필요와 기대에 만족감을 주기위해 추후에도 끊임없는 혁신적인 발상과 대책을 강구할 것 이다.

(5) 창업 후 업무 및 인력 배치 계획

- 매장관리자 및 CEO 1人
- 제품관리자 1~2人
- 판매관리자 1~2人

제9장 식음료 매장의 식재료 원가관리

1. 식음료 원가관리의 개념과 목적

1) 식음료 원가관리의 개념

식음료 원가관리란 식재료의 구매, 검수, 입고, 출고, 조리계획, 기초조리활동, 음식의 생산, 분량관리, 판매가격결정, 상품의 수정 및 개선 등과 관련된 원자재의 관리 또는 통제의 경영관리기술을 말한다.

레스토랑의 전체비용 중 식재료비가 차지하고 있는 비중이 높으므로 상품을 구성하고 있는 원가요소 중에서 가장 높은 비중을 차지하고 있는 항목이 식음료재료비이므로 경영상태를 측정하는 일부분으로 재료비 관리상태를 분석한다. 그러나 타 상품에 비해 "다품종 소량생산, 짧은 주문생산, 생산과 소비의 동시성" 등의 특성으로 관리상태를 정확하게 파악하기란 쉽지 않지만, 그러나 경영자 또는 관리자는 과학적이고 효율적인 식음료 원가관리에 대한 지식습득과 실천으로 경영성과를 높이도록 해야 한다.

2) 식음료 원가관리의 목적

식음료 원가관리는 매장의 체계적인 관리를 위한 업무수행과 그에 따른 이익의 극대화를 목적으로 한다. 식음료재료는 매장의 운영비 중에서 차지하고 있는 비중을 살펴볼 때도 중요하지만, 그 특성상 훼손 또는 손실될 가능성이 높기 때문에 체계적인 관리가 어려운 부분이다. 레스토랑의 성공과 실패는 식음료원가를 효과적으로 관리하는 경영능력에 좌우되기 때문에 경영자, 관리자 그리고 모든 직원들의 협조와 관심이 따르는 분야이다.

▶ **식음료 원가관리의 목적은**

① 고객의 욕구에 부응하는 식재료의 정확한 예측을 한다.
② 적합한 식재료의 최적수량를 구매한다.
③ 표준 조리표에 따른 규격과 분량의 조절한다.
④ 식재료의 구매, 조리, 판매과정에서의 낭비와 손실발생 제거한다.

식음료 원가관리 방법으로 푸드 테스팅 프로그램, 구매량예측, 재고관리 시스템, 분량관리 등이 사용되고 있다.

2. 원가관리방법

주방에서 만들어지는 모든 음식에 대한 원가관리방법은 식재료를 이용한 판매수익과 원가를 각 재료에 따라 부문별로 원가요소를 계산하고 부문별로 원가분석을 하여 관리하는 것이다.

음식의 원가관리는 단위생산원가를 계산할 수 있도록 되어 있어 특정품목의 판매일지라도 재료비는 그 재료의 양을 결정할 수 있게 하여주는 것이다. 실질적으로 각각의 음식에 소비된 식재료를 세부항목별로 구분하여 원가를 관리하기란 그리 쉬운 일은 아니다. 그러나 이 방법이 원가관리의 기초적인 정보자료이기 때문에 효과적으로 원가를 절감할 수 있어 널리 이용하고 있다.

1) 양 목표(Standard Recipe)에 의한 원가관리

음식에 대한 단위별, 품목별 가격과 수량이 정확하게 명시되어 있는 명세서는 원가분석의 기초자료가 되며 판매가격을 결정할 수 있는 유일한 원가관리 자료가 된다.

소량, 즉 1인분에 대한 원가계산은 많은 양의 재료를 가지고 만들 때, 소비되는 원가를 계산하여 판매상품별 개수로 나누면 1개 혹은 1인분의 재료비원가를 산출할 수 있다. 예를 들어 어떤 steak를 만들어 원가계산을 한다고 가정할 때, 고기와 야채의 기준량을 정하여 단가를 곱하여 주고 그 외의 재료들은 단위당 개별원가를 산정하여 재료비 원가를 산출하는 것이다.

▶ **양 목표에 의해 원가관리의 장점**

① 조리사들의 조리업무를 합리적으로 수행할 수 있게 한다.
② 원가의식을 직접적으로 보여줄 수 있는 현실적인 방법이다.
③ 식재료 소모량을 계산할 수 있다.

2) 표준원가(Standard costs)에 의한 관리

표준원가에 의한 관리란 미리 표준이 되는 원가를 과학적 · 통계적인 방법으로 정해 놓고, 표준원가와 실제원가와의 차이를 비교분석하기 위하여 실시하는 원가관리방법이다. 표준원가를 설정할 때에는 원가요소별로 직접재료비, 직접노무비, 제조간접비 등 세부항목으로 구분하여 적용시켜야 한다.

▶ **표준원가관리의 필요성**

① 식재료의 원가절감
② 식재료 품목별 표준원가의 공정한 계산
③ 메뉴 및 표준원가 카드 작성
④ 원가에 대한 판매분석이 용이
⑤ 변동원가에 대한 계산이 용이
⑥ 노무비의 할리적인 계산
⑦ 원가보고서 작성
⑧ 경영성과 분석에 의한 적정한 이익 관리

3) 비율에 의한 원가관리

식재료에 대한 원가를 비율에 의한 방법으로 계산할 때는 식재료의 매출총원가를 총매출액으로 나누어서 원가율을 산출하는 절차이다.

장점

① 메뉴의 가격이나 원가변동에 관계없이 비교가 가능하다.
② 적정 식재료 원가를 밝히는데 매우 효과적이다.
③ 식음료를 총체적으로 분석하는 데는 매우 효과적이며 적정수단이다.

단점 : 어떤 특정 메뉴에서 원가의 변동이 있었는지에 대하여 밝혀지지 않는다.

식재료 원가=기초재고+당기매입 기말재고
식재료 원가율=(식재료원가/총매출액)×100

3. 원가차이의 분석

표준원가는 실제원가를 관리통제하기 위한 목적으로 산출되었으므로 계산된 실제원가를 표준원가와 비교함으로써 경영성과를 판단하여야 한다. 여기서 논의될 표준원가 차이는 물론 직접재료비에 대한 것이므로 표준 직접재료비와 실제 직접재료비의 차이를 의미하는데 원가관리의 자료로서 매우 중요하다.

일반적으로 원가차이는 실제원가가 표준에 미달되는 유리한 차이보다는 표준을 초과하는 차이인 불리한 차이가 나타나는 경우가 대부분이다. 그런데 재료원가 차이를 야기하는 원인은 가격의 차이와 수량의 차이로 구분될 수 있다.

1) 재료가격의 차이

이것은 계산시점을 달리함으로써 나타날 수 있으며 표준재료가격과 실제재료 가격과의 차액을 말한다. 즉 (실제소비량×실제가격)−(실제소비량×표준가격)=가격 차이의 등식이 성립되는데, 계산실무상 가격 차이를 계산하는 데는 구입 시의 표준가격 혹은 출고시의 표준가격을 적용하는 두 가지 방법이 있다.

▶ 가격 차이를 발생시키는 원인

① 시장가격의 변동

② 예정가격 자체가 잘못 선정되었을 경우

③ 불리한 구매(구매량, 구입거래처, 구입방법 등)

2) 수량의 차이

재료의 실제소비량과 표준소비량의 차이인데 실제로는 원가차이라는 점에서 가격차이나 수량차이 모두가 화폐가치로 표시되므로 그 구분은 원인의 분류라는 점 외에는 의미가 없다.

수량차이=(실제소비량×표준가격)−(표준소비량×표준가격)으로 표시되는데 이러한 수량차이를 발생시키는 원인은 다음과 같은 것들이 있다.

① 과대한 (Portion size−분량) 제품구입 등의 차이

② 과대한 생산(over production)

③ 불량재료의 사용

④ 부적당한 표준 조리법이므로 표준소비량이 잘못 설정

⑤ 비능률적인 구매 및 정수

⑥ 부적당한 butchering(정육, 도살), 부적당한 조리, 잘못된 carving(조리된 요리) 절차

⑦ 과대한 실패 품

⑧ 부적당한 방법에 의한 나머지 식재료의 이용

⑨ 조리 및 준비의 기기, 설비 및 기계의 변경
⑩ 작업방법의 변경
⑪ 작업능률의 저하
⑫ 도난

3) 원가차이의 처리

표준 자체가 부정확하게 설정됨으로써 발생된 원가의 불리한 차액은 식료재고, 재공품, 매출원가 등에 추가적으로 배부하게 된다. 재료의 가격 차이는 주로 시장가격변동에 의해서 발생하는데 재료가격과 수량에 비례하여 재고, 재공 품 및 매출 원가에 추가 배부한다. 물론 유리한 차액이 발생한다면 그 만큼을 공제하게 된다.

그런데 전체 재료재고에 차이가 발생된 경우에는 모든 식료품목별 재고를 철저히 조사하고 원가차이를 야기 시킨 원인이 어떤 품목의 구매에 있는지를 찾아내어야 한다. 이때에는 모든 식료품을 동일군별로 상품을 구분하여 조사하는 것이 매우 편리하다. 즉 양고기, 송아지고기, 돼지고기, 양고기, 가금류, 해산물과 야채 및 기타 식음료로 나누어 조사하는 것을 말한다.

4. 소비재료의 가치계산

출고된 식재료의 가치계산은 상당한 시간을 요하며, 시장의 변동에 의해 원래 구매할 당시의 구입가격과 사용하는 시점에서의 가격은 상당한 차이를 보이므로 더욱더 계산의 복잡성을 더한다. 소비된 재료의 가치계산 방법은 원가법, 시장가격법, 예정가격법 및 표준가격법 등이 있으나 식료재료의 소비가격을 결정하는데 있어서는 일반적으로 원가법이 많이 사용되고 있다.

원가법이라 함은 구입재료는 구입원가로써 그리고 자가 생산재료는 그 제조원가로써 재료의 소비가격을 계산하는 방법이며 다음과 같은 여러 가지 방법이 있다.

1) **개별법**(lot method)

재료를 구입원가별로 구별하여 보관했다가 사용함으로써 출고할 때는 그 물품이 어떤 가격의 재료였는지를 확인하여 당해 구입원가를 그 재료의 소비가격으로 하는 방법으로 동일한 품목의 재료일지라도 가격별로 구분하고 있다.

실제의 구입원가를 반영한다는 장점이 있기는 하나 실무상 수많은 종류의 식료품목을 저장 관리해야 하는 식당 식음료사업에 있어서는 실현성이 없다. 특히 식료재료는 부패성이 강하여 저장조건이 까다롭고 그 관리비도 상당히 높은 까닭에 이것을 실행하기란 극히 어렵다.

2) **선입선출법**(FIFO : first-in-frist-out method)

선입선출법은 구입원가별로 구분하여 어느 재료가 사용되던 간에 먼저 구입한 것을 먼저 사용한다는 가정하에 장부상의 구입원가에 의하여 매입순위가 빠른 재료가 전량출고 될 때까지는 그 단가를 원가계산의 대상가격으로 하는 방법이다.

장점 : 개별법이 갖는 구입원가별 재료의 분리보관의 필요성이 없으며, 계산도 비교적 간단하다.

단점 : LIFO(후입선출법)방법과 함께 동일시점에서 생산된 메뉴일지라도 그 재료가격이 각기 다른 원가로 표시될 수 있다.

3) **후입선출법**(LIFO : last-in first-out method)

FIFO(선입선출법)과는 반대되는 방법으로 어떤 가격에 구매된 재료인가를 불문하고 최근에 구입된 것부터 순차적으로 출고하여 이용된다고 간주하여 최근 매입량이 모두 없어질 때까지 그 가격으로 계산한다.

가격변동이 심할 때 특히 가격이 상승할 때에 FIFO(선입선출법)에 의해 계산된 식료원가는 실제보다 과소하게 표시되어 상대적으로 이익이 과대하게 표시되는 결점이 있으나 LIFO(후입선출법)에 의하면 그러한 결점을 커버할 수 있으므로 적합하다.

4) **평균원가법**(average cost method)

구입원가가 각기 다른 재료를 보유하고 있을 때, 그 달의 평균 구입단가를 소비가격으로 간주하여 평균단가를 산출하는 방법으로 다음과 같은 것들이 있다.

(1) 산술평균법

산술평균법은 단순평균이라고도 하며 구입한 재료수량을 고려하지 않은 채 매번 구입한 단가만을 산술평균하는 방법으로 계산은 용이하나 매회의 구매수량에 현저한 차이가 있는 경우에는 정확한 구입단가의 계산이 불가능한 단점이 있다.

(2) 총평균법

일정 기간의 매입가격의 합계액을 동일 기간의 매입수량계로 나누어서 단가를 산출하는 방법으로 창고에서 재료를 인출할 때 매번 그 소비가치를 계산하지 않고 원가계산 기말에 구한 평균단가를 그 기간의 전체 재료출고량에 적용시키는 것이다.

(3) 이동평균법

가중평균법이라고도 하며 재료의 매입 때마다 그 수량과 금액을 전의 원장잔액에 가산하여 새로운 가중평균단가를 구하고 이것을 기준으로 출고된 재고의 단가를 기장하는 방법이다.

5. 식음료의 원가관리 차이

통제와 관리 측면에서 본 식료와 음료의 비교

식료	음료
① 관리해야 할 종류가 다종이다.	① 식료에 비하여 종류가 훨씬 적다.
② 저장 기간이 비교적 짧다.	② 저장기간이 비교적 길다.
③ 쉽게 변질된다.	③ 거의 변질이 되지 않는다.
④ 공급자가 다양하다.	④ 공급자가 한정되어 있다.
⑤ 가격의 변화가 심하다.	⑤ 일정기간 유지된다.
⑥ 양의 측정이 곤란한 것이 많다.	⑥ 양의 측정이 비교적 용이하다.
⑦ 재고조사가 상당히 어렵다.	⑦ 재고조사가 비교적 용이하다.
⑧ 재고자산의 평가가 상당히 어렵다.	⑧ 재고자산의 평가가 비교적 용이하다.

1) 식음료관리의 차이

음료의 경우도 음료가 구매되어 소비되는 전 과정을 식료를 통제하고 관리하는 절차와 방식으로 통제하고 관리하면 된다. 여기에서도 중요한 것은 물자의 흐름과 그 흐름을 통제하기 위한 절차와 방법인데 음료의 경우는 식료에 비하여 위의 표 같이 통제와 관리가 상대적으로 용이하다.

위의 표에서 보여주듯이 관리면에서 식료에 비하여 용이하다고 말할 수 있지만 판매와 생산시점에서의 관리는 식료에 비하여 상대적으로 어렵다고 말할 수 있다. 식료와는 달리 음료의 경우는 구매가격의 추적이 용이하고, 재고관리도 병 또는 캔 단위로 되어 있으므로 쉽게 관리할 수 있다. 이동의 경우도 병 또는 캔 단위로 이동하기 때문에 관리와 통제가 비교적 용이하나 실제로 생산시점과 판매시점의 관리와 통제는 식료에 비하여 더 어렵다.

특히 칵테일을 만드는 경우는 표준 레시피가 있기는 하지만 정확한 양의 측정은 현실적으로 어렵고, 고객의 기호에 따라 표준 레시피상의 각 아이템에 대한 양의 조절은 불가피하게 되어 있다. 그 결과 음료를 생산 또는 판매하는데 관계하는 종사원들의 관리가 거의 불가능하다는 것이다. 그러나 이러한 어려움을 부정적인 면으로 판단해서는 안되고 긍정적인 면으로 받아들이되 업장의 특성을 잘 고려하여 개선해 가는 방안의 지속적인 모색만이 최선의 방법이다.

2) 음료 관리 시 구분하는 방법

일단 음료는 주류와 비주류로 나누어 이것을 다시 국산과 수입산으로 나눈다. 보다 세부적으로는 수입산을 다시 수입국별로 구분하여 표기하기도 하며, 호텔에 따라 각각 다른 분류방법을 사용하고 있으나, 요즘은 일반적으로 그룹별로 재고코드번호를 부여하여 관리하기도 하는데, 와인의 경우를 예를 들면, 3-1-00-000이라는 코드번호를 부여한다.

그런 다음 하부그룹 번호를 부여하는데 여기서는 샴페인과 스파클링에 3-1-10-000을 부여한다. 그리고 다시 하부그룹을 샴페인과 스파클링으로 나누고 샴페인에는 3-1-11-000을, 스파클링 와인에는 3-1-12-000을 부여한다.

여기에서 와인의 경우 고유번호가 3-1이고 그 다음 00이라는 수는 하부그룹에 부여하는 수로 99까지를 부여할 수 있고, 또 하부그룹 밑에는 각 아이템에 해당하는 고유한 수로 999까지를 부여할 수 있어서 거의 무한대에 이른다.

3) 판매지점에서 음료는 어떻게 분류하는가

판매지점에서 고객을 위하여 준비하는 주류는 일반적으로 사용용도에 따라 다음과 같이 2가지로 구분할 수 있다.

(1) Call Brands

고객이 주문할 때 특정한 아이템의 이름을 지칭하여 00 위스키 한 잔 주시오라고 칭하는 아이템을 말한다. 즉, 고객이 본인이 원하는 아이템을 직접 주문하는 아이템을 일반적으로 Call Brands라고 부른다.

(2) Pouring Brands

고객이 주문을 할 때 특정한 아이템의 이름을 지칭하지 않고 주문하는 아이템을 말한다. 예를 들어 고객이 위스키 한 잔 주시오라고 한다면 서빙하는 종업원은 여러 종류의 위스키 중에서 어느 위스키를 지칭하는지를 모르기 때문에 이 경우는 종업원의 임의대로 한 가지를 골라 서빙하게 되는데, 이때 사용하는 위스키를 Pouring Brands라고 부른다. Pouring Brands의 경우는 각 그룹에서 가격이 싼 것과 중간인 아이템을 준비하는 것이 일반적이다.

6. 구매 및 검수관리(purchasing control)

구매 관리란? 경제적인 가격으로 필요로 하는 양과 품질을 갖춘 식재료를 적절한 시기에 구입하고 원활한 생산 활동으로 영업을 활성화하여 수익을 높이고자 하는 식재료 관리의 첫 번째 단계이다. 구매는 고객이 지급해야 할 가격결정은 물론, 상품의 질과 수익성에 직접적으로 관련되어 있을 뿐만 아니라 원가관리에도 많은 영향을 미치는 분야이다.

1) 구매부서

식재료의 구매는 조리부서에서의 필요성 또는 구대담당자의 적정재고수준 유지를 위해 구매 청구서가 작성되어 구매부서에 전달됨으로써 시작된다. 구매부서는 식재료의 구매, 식재료의 입고 및 출고와 관련된 전반적인 창고관리는 물론, 시장조사, 식재료사용현황 파악, 재고량 조절 등의 업무도 수행한다. 구매부서는 조리사, 지배인, 납품업체 등과 긴밀한 상호 협력관계를 유지해야 하며, 특히 사용자의 식재료에 대한 수요예측관리능력이 필요하다.

구매부서의 역할은 다음과 같다.

- 구매시기, 수량, 품질기준, 가격의 결정
- 식재료 시장조사
- 시장조사를 바탕으로 한 품목별 구입 여부 판단
- 결재조건, 결재시기, 반품에 대한 조건 등을 납품업자의 협상
- 구입한 식재료에 대한 효용 및 경제성 평가

2) 표준구매명세서(Standard Purchase Specification)

표준구매명세서는 구입하고자 하는 식재료의 품질, 크기, 중량, 수량 등 그 특성을 자세하게 기록한 양식으로 구매품목에 대한 설계도라고 할 수 있다. 표준구매명세서에 기록된 사항들은 식재료를 청구하거나 수령할 때 구매자, 납품업자, 검수자를 위한 지침 또는 점검표가 되는 유용한 자료를 사용된다. 일반적인 식재료품목이 아닌 특별한 품목을 구입하고자 할 때는 보다 상세한 설명이 명시된 표준구매명세서가 요구된다.

① 표준구매명세서에 의한 구매절차
② 적합한 식재료의 등급, 품질, 형태, 단위, 양, 포장방법 등을 결정한다.
③ 구매될 식재료 결정사항에 따른 표준구매명세서를 작성한다.
④ 식재료가 도착되었을 때 표준구매명세서에 기록된 내용과 일치하는가에 대한 점검을 한다.

정확한 표준구매명세서의 작성은 구매자와 납품업자 간의 불명확한 의사소통으로 인한 실수를 줄이고, 불필요한 비용지출을 막을 수 있게 해 준다.

▶ 표준구매명세서에 의한 구매관리의 장점

① 계획적인 활동으로 신속하고 정확하며, 경제적·효율적인 구매행위가 되도록 한다.
② 식재료품목의 표준화 · 규격화로 품질관리기준을 제시한다.
③ 구매자, 납품업자, 실사용자 사이에 명확한 의사소통을 이루게 한다.
④ 구매담당자 부재 시 다른 직원이 그 직무를 대신할 수 있도록 해 준다.
⑤ 원가관리의 기초자료로 유용하게 사용된다.

3) **검수관리**(Receiving Procedure)

검수관리(receiving procedure)란 구매청구서에 의해 주문된 식재료의 품질, 수량, 크기, 가격을 확인하고 일치하지 않는 식재료를 반품시키며, 검수가 끝난 식재료를 적당한 보관장소에 운반하거나 저장하는 것을 말한다.

검수절차(Receiving Procedure)는 배달된 물품의 인수(Acceping) → 물품확인(Validating) → 서명의 절차(Signing)로 이루어진다. 검수업무담당자는 주문한 물품이 기록된 구매청구서의 사본과 비교하여 주문한 식재료품목 이외에 수량, 품질, 가격도 함께 확인한다. 검수한 식재료내역은 검수일지에 매일 기록하며, 검수가 끝나는 즉시 적절한 저장소나 조리실로 운반한다. 무엇보다 배달과 검수과정에서의 손실을 방지하고 품질을 보존할 수 있는 적절한 통제와 함께 계속적이고 반복되는 절차는 검수과정의 필수이다.

식재료검수는 육류, 생선류, 계란류, 과일류, 야채류, 냉동식품 등 품목별 검수 기준에 근거하여 결정한다. 특히 육류는 다른 식재료보다 비싼 고가품목이므로 검수날짜, 공급업자, 무게, 수량, 가격이 표기된 육류 꼬리표(meat tag)를 부착하여 보관한다.

7. 저장 및 출고관리

식재료는 레스토랑의 자산(asset)이다. 자산이 손실되지 않도록 올바르게 보관할 수 있는 저장시설과 그에 따른 체계적 관리는 필수적이다. 식재료를 저장하는 창고로는 식재료 각 품목의 특성에 따라 온도가 다른 냉장, 냉동고, 건조장고 등이 있다. 올바른 식재료의 저장은 식재료의 특성과 사용빈도에 따른 보관위치, 부정유출의 방지 및 보완, 위생상태 온도는 및 습도 등을 관리함으로써 이루어진다.

1) 저장관리(Storing)

저장관리는 적정한 장소, 온도 등 적정조건에 식재료를 보관함으로써 최상의 품질을 유지시키고 부패에 의한 손실과 도난을 방지하려는 활동이다. 저장은 검수와 조리업무를 연결하는 역할을 하고 있으며, 생산하고자 하는 음식의 질에 직접적인 영향을 미치는 중요한 업무이다. 특히 저장 중에 발생할지도 모르는 누수에 의한 손실, 직원이나 외부인의 비행으로 인한 손실, 식재료의 변질과 부패에 의한 관리상의 손실을 최소화해야 한다.

2) 출고관리(issuing)

출고관리란? 식재료를 검수한 후 출고청구서에 의해 실사용자에게 직접 전달되거나 조리장의 요청에 의해 저장창고에 있던 식재료가 인출되는 것과 관련된 업무로 원가관리와 재고관리에 필요한 자료를 제공한다. 출고관리의 기본은 선입 선출(FIFO : First In, First Out)로서 음식의 품질은 물론, 고객의 안전에도 중요할 뿐만 아니라, 창고에서 손실될 수도 있는 식재료를 효율적으로 관리함으로써 원가관리에도 많은 도움을 주는 방법이다.

8. 재고관리

재고관리는 적정량의 식재료를 보유함으로써 계속적인 생산을 촉진시키고 식재료의 유통량이나 가격의 변동에서 오는 불확실성을 줄이기 위한 활동이다. 재고가 적정량 이하가 될 때는 음식생산의 지연과 고객 상실이라는 비용과 손실을 유발시키고, 적정량 이상이 될 때는 과다한 유지비용을 부담하게 만든다. 특히 식재료는 일정 기간 내에 판매되지 않으면 상품으로서의 가치가 없어지는 특성을 지니고 있기 때문에 식재료 재고관리는 매우 어렵다.

1) 재고관리의 중요성

① 물품부족으로 인한 생산계획의 차질을 없게 하는 것이다.

② 최소의 가격으로 좋은 질의 필요한 물품을 구매하기 위함이다.

③ 도난과 부주의 및 부패에 의한 손실을 최소화하는 것이다.
④ 생산부문에서의 요구량과 일치하는 수준에서 재고상 최소한의 투자가 유지되도록 하는 것이다.

2) 재고조사방법

많은 재고비용을 지출하면서도 식재료를 보유하고 있는 이유는 필요한 시기에, 필요한 수량을, 필요로 하는 곳에 조달하기 위한 것이다. 예상판매량에 대한 예측과 올바른 구매와 저장, 그리고 정확한 재고파악을 통해 최소의 비용으로 최적의 재고량을 유지할 수 있도록 해야 한다.

식재료의 재고량조사에는 정기재고조사, 임시재고조사, 월말재고조사, 일일 재고 조사, 창고재고조사, 각 영업장 재고조사 등이 있다. 식재료의 재고량 조사 방법으로는 계속재고조사법과 실사재고조사법이 있다.

(1) 계속재고조사법

계속재고조사법은 저장실로 유입되는 식재료와 주방으로 출고되는 식재료의 양을 계속적으로 기록함으로써 남아 있는 식재료의 양을 파악하고 적정재고량을 유지하는 방법이다. 이 방법은 언제든지 현재의 재고량과 재고자산을 정확하게 파악할 수 있는 반면, 많은 시간과 노동력이 요구된다. 그러나 구매결정을 이용하게 하고 원가관리에 도움을 주는 전산시스템의 발달로 과거에 비해 계속 재고조사법이 많이 사용되고 있다.

(2) 실사재고조사법

실질적으로 레스토랑에서 계속재고조사법을 사용하여 정확하고 계속적인 재고기록을 작성하기에는 현실적으로 많은 어려움이 있다. 실사재고조사법은 계속 재고조사에 의한 정확성을 점검하고 계속재고조사법의 단점을 보완하기 위한 것으로, 현재 보유하고 있는 품목과 수량을 기록하는 방법이다.

한 달에 1회 정도 재고조사를 실시한다고 했을 때의 실제 사용된 식재료의 양은 '전월재고량+당월구매량=총 구매량'을 구하고, '총 구매량 당월재고량=실제 사용된 식재료의 양'을 계산할 수 있다.

(3) 재고자산평가

실사재고조사법에 의한 재고량조사와 더불어 현재 보유하고 있는 재고자산의 평가도 할 수 있다.

▶ **재고자산의 평가방법**

① 실제로 그 식재료를 구입했던 단가로 계산하는 실제구매가법
② 특정기간 동안 총 구입액을 전체구입수량으로 나누어 평균 단가를 계산하는 총 평균법
③ 선입 선출법에 따라 가장 최근에 구입한 식품의 단가를 반영하는 선입 선출법
④ 선입선출법과는 반대로 최근에 구입한 식품부터 사용한 것처럼 기록하는 후입 선출법
⑤ 가장 최근 단가를 이용하여 산출하는 최종구매가법 등이 있다.

3) 메뉴 가격결정방법

(1) 메뉴가격결정의 목적

메뉴가격결정의 목적에는 레스토랑의 매출목표 달성과 수익성 확보, 객단가의 이익 극대화, 고객별 점유율유지, 주방과 레스토랑 경영의 합리화 방안 모색에 그 목적이 있다.

• 가격결정 방법 분류

수요중심가격	경쟁중심가격
• 인지된 가치 방법 • 명성가격 설정법 • 단수가격 설정법	• 가격 선도제 • 관습적 가격 설정 • 시장점유율 확보가격 설정
원가 중심가격	**복합적 가격**
• 원가가산 가격 설정법 • 투자수익률 기준가격 설정법 • 경험곡선에 의한 가격 설정법	• 한계분석에 의한 가격 설정 • 다단계방식의 의한 가격 설정 • 경쟁입찰에 의한 가격설정

(2) 원가 지향적 가격결정

가격을 결정할 때 원가를 중요시하는 방법으로 기타의 변수를 고려하여 판매가를 결정하는 방법이다.

• Fator를 이용하는 방법

고려되는 변수	계산 절차	장점	단점	비고
• 식재료 원가율 • 식재료 원가	1.식재료 원가율 설정 (원하는 원가율) 2. 팩토를 구한다. 3.식재료 원가에 팩토를 구하여 판매가격결정	판매가의 계산 간편	식재료 원가율만 고려	판매가를 100% 기준으로 한다.

- Prime cost를 이용하는 방법

고려되는 변수	계산 절차	장점	단점	비고
• 식재료 원가율 • 식재료 원가 • 직접 인건비	1. 프라임 코스를 구한다. 2. 프라임 코스트율을 비한다. 3. 팩토를 구한다. 4. 판매가 계산	인건비를 고려함	직접 인건비에 대한 산출이 모호함	• 직접 인건비는 전체 인건비의 1/3로 추정. • 소수점 둘째 자리에서 반올림하여 계산함.

- 실제 원가비용을 이용하는 방법

고려되는 변수	계산 절차	장점	단점	비고
• 식재료 원가 • 인건비 • 변동비율 • 고정비율 • 이익률	**1.** 식재료가 원가 가 인건비를 산출한다. **2.**변동비율, 고정비율, 이윤율을 결정한다. **3.** 식재료 원가와 인건비가 차지하는 비율을 계산한다. **4.** 판매가를 계산한다.	모든 원가 요소와 이윤을 포함한 계산방식	계산에 필요한 정보에 따라 정확도에 차이가 있음	비율은 매출액을 기준으로 한다

- 식재료 원가를 제외한 방법

고려되는 변수	계산 절차	장 점	단 점	비 고
• 변동비 • 고정비 • 이윤	1. 식재료 원가를 제외한 변동비, 고정비, 이윤을 결정 2. 식재료 원가가 차지하는 비율을 계산 3. 팩토 계산 4. 판매가 계산	판매가의 계산이 간편		

- 매출 총이이익을 이용하는 방법

고려되는 변수	계산 절차	장 점	단 점	비 고
• 총매출액 • 식재료 원가 • 고객수	1. 메인아이템 이외의 원가를 계산 2. 메인아이템 원가를 계산 3. 판매가 계산	판매아이템의 수가 적을 경우와 아이템 간 원가 차이가 적을 경우 적합한 방식	계산에 이롭적으로 적용하는 부분이 원가와 판매가의 구조에 이상을 초래함	카페테리아 패스트푸드 단체급식에 적합

(3) 수요중심의 가격결정

① 단수가격 : 5000원 10000원 대신 4990원, 9990원이라는 단수금액을 설정하는 것이 소비자에게 싸게 인지됨

② 가격단계 설정법 : 가격점에서는 수요가 탄력적, 가격 점 사이에서는 비탄력적으로 설정함을 말한다.

③ 유인가격 설정법 : 백화점, 면세점 등 주로 대형 쇼핑몰에서 특정 상품을 싸게 판매함으로 다른 상품의 구매 유도하는 방법이다.

④ 틈새전략 : 메뉴가격과 가격 사이에 큰 가격 차이가 발생 시 그 사이에 가격대의 수준에서 맞게 가격 책정전략

⑤ 모방 : 고객에게 제공할 아이템을 선정할 때 메뉴 계획자들의 수준이 거의 같거나 비슷한 동종의 다른 외식업체의 메뉴를 모방하는 방법

(4) 경쟁 중심의 가격결정

① 가격 선도제 : 선도기업이 가격을 결정하면 나머지 기업들은 이에 따라 가격을 결정

② 관습적 가격 설정법 : 기업들이 사회관습에 의해 관행적으로 결정하는 가격

③ 시장 점유율 확보가격 설정법 : 침투가격은 자사의 상품을 처음 판매하는 경우 시도되고 자사가 제시하는 가격이 소비자들이 기존 사용하던 상표를 포기하고 자사 상품을 구입할 것이라는 전제 하에 시도하는 가격설정법

(5) 메뉴할인전략

① 수량할인(quantity discount) : 대량구매를 하는 고객에게 제공하는 가격정책이나 레스토랑에서는 일정 기간 동안 방문한 고객의 추계에 따라 누적할인을 제공하는 것이다.

② 현금할인(cash discount) : 신용카드로 결제하는 것보다 현금결제를 하면 금리, 수수료 등이 절감되므로 현금결제로 유도하는 것.

③ 회원할인(membership discount) : 회원으로 가입된 고객에게 할인을 적용하는 것은 오래된 관행이다. 충성고객으로 확보하기 위해서는 다각적인 마케팅이 필요하다.

(6) 지역, 시간별 가격전략

① 지역별 차별가격 : 지역에 따른 차별가격을 고려해야 하며, 탄력성이 낮은 지역에는 상대적인 고가격, 탄력성이 높은 지역에는 상대적인 저가격정책을 설정하는 것이 필요하다.

② 시간별 차별가격 : 구매의 수요가 적은 때를 인지하여 조기 할인, 계절 할인, 요일 할인, 비수기 할인 등을 고려해 보아야 한다.

4) 영업이익 계산방법

(1) 영업 이익 산출방법은 판매비와 일반 관리비

판매비란? 상품이나 제품을 판매하기 위해 회사가 부담한 비용을 말한다.
일반관리비란? 회사의 일반적인 관리업무를 담당하는 부분이다.

영업이익=매출 총이익-판매비와 일반관리비

(2) 판매비와 일반관리비

▶ 인건비 관리비용

① 교육훈련비 : 식료부문 종사자들의 교육훈련에 지출된 비용
② 급료와 임금 : 정기적인 급료
③ 상여금 : 급료 이외에 주는 보너스
④ 재수당 : 시간 외 수당, 야간수당, 휴일수당, 직책수당
⑤ 퇴직급여 충당금 전입액
⑥ 단체퇴직 급여충당 전입액
⑦ 복리후생비 : 임직원들의 의료, 위생 등을 위해 지급되는 금액
⑧ 계약용역비 : 외부 용역회사와의 계약에 의해 발생하는 비용

▶ 업무관련 비용

① 여비교통비 : 직원이 회사의 업무와 관련하여 출장을 간 경우 지급됨
② 접대비 : 회사의 업무와 관련하여 거래처에 제공되는 식대
③ 보관료 : 창고업자에게 지급하는 외부 보관 수수료, 사용료
④ 포장비 : 상품의 포장을 위해 사용된 비용
⑤ 운반비 : 상품의 운반을 위해 지급된 비용
⑥ 견본비 : 견본품을 무상으로 거래처에 제공하며 사용된 비용
⑦ 광고 선전비 : 광고, 선전을 위해 지급된 비용
⑧ 그라티스 : 음료부문에서 스낵을 무료로 제공하는 경우 발생된 비용

▶ **부대설비 관련비용**

① 통신비 : 회사가 사용하는 전신, 전화 등의 사용료

② 수도, 광열비 : 수도료, 전기료, 가스요금, 석탄, 석유

③ 소모품 비 : 사무용 용지와 문방구 등 구입하기 위해 소용된 비용

④ 지급임차료 : 다른 사람이 소유하고 있는 동산이나 부동산 등의 자산을 일정한 계약에 의해서 사용하는 경우에 처리한다.

✿ 창업지침서 ✿

베이글 전문점 사업계획서

1. 사업개요

사회구조가 변하면서 아침식사를 거르는 사람이 많아지고 있는데 이러한 현상과 반대로 사회 전반적으로는 웰빙 열풍이 불면서 아침식사의 중요성이 커지고 있다. 한 설문조사에 따르면 아침이 중요한데도 아침식사를 하지 않는 이유를 조사해보니 아침잠을 더 자기 위해서(46.2%)가 1위를 차지했고 그 다음이 '습관적으로(37.7%) 먹지 않는다.'이고, 준비해주는 사람이 없어서(23.6%), 입맛이 없어서(20.8%) 등의 이유가 뒤를 있었다. 이러한 결과를 토대로 우리는 짧은 시간에 간단하게 아침을 해결해 줄 수 있는 방법을 생각하다 직장인들과 젊은 층들을 중심으로 웰빙 열풍이 크기 때문에, 그에 맞는 웰빙 푸드인 베이글을 선택하였다.

자본금을 작게 잡아 점포의 규모를 매우 작게 가야 하는 특성상, 애초에 하루판매량을 아주 적게 잡은 외국의 베이글 전문점을 참고하여 아침에만 잠깐 파는 형식으로 한다. 베이글은 기다리는 시간이 없이 간단하다는 장점도 있어 아침시간이 바쁜 직장인들에게 효율적일 것이고, 아침에만 잠깐 팔아도 사람들이 많이 몰릴 시간이라 판매량이 그렇게 적지는 않을 것이다. 고객층은 주로 아침식사를 하지 못한 바쁜 직장인들, 대학생들, 그리고 고등학생들인 젊은 층을, 주고객층으로 한다. 메뉴는 주메뉴인 플레인 베이글, 어니언 베이글 등이 있고, 그 외 보조메뉴인 스콘과 샌드위치 등을 판매한다.

2. 시장 환경 분석

(1) 시장 전반적 상황

사회적으로 '아침형 인간'이 이슈화되면서 '아침밥 시장'은 통계청이 선정한 2007년 기업인이 주목해야 할 한국의 블루슈머(bluesumer) 6개 중 하나로 선정될 만큼 유망사업으로 주목받고 있다.

요즘 서양풍이 불어와 아침식사를 빵과 커피로 하거나 아침식사를 거의 안 하는 사람이 늘어나고 있다. 통계청이 전국 1만2651가구 3만1634명을 대상으로 실시한 '2004년 생활시간조사 결과'에서 아침을 거르는 남성 비율이 15.2%, 여성은 15.4%로 나타났다. 5년 전과 비교하면 남성은 4.0%포인트, 여성은 2.2%포인트 증가했다. 특히 20대 미혼여성은 3명 중 한 명 꼴(36.8%)로 아침식사를 하지 않는 것으로 조사됐다. 이들은 '아침 사양족'이라는 새로운 신조어까지 만들어내며 2007년 유망산업으로 주목받고 있다. 이에 따라 기존 사무실 밀집 지역으로 토스트 혹은 천 원짜리 김밥이 전부였던 아침 시장에 '아침 사양족'을 잡기 위한 경쟁이 시작되었다.

현재 우리나라 직장인들이 아침식사로 대용하거나 이용하고 있는 시장은 꽤나 다채롭다. '수프 전문점', '아침밥 배달 서비스', '베이커리 카페', '유명 프랜차이즈 혹은 패스트푸드', '24시간 분식점', '편의점', '길거리 노점상' 등이 있다. '수프 전문점'에서는 빵, 수프, 샐러드를 아침식사 주요 메뉴로 하고 가격은 1000~3000원 가량이다. 우리에게 아직 익숙하지 않은 '아침밥 배달 서비스'는 한식 도시락을 주요 메뉴로 메뉴마다 가격은 다르지만 약 12회 2인분을 기준으로 대략 8만 4000원 정도이다. 아침밥 배달 서비스 2001년에 비해 5배 증가하여 현재 5000여 가구로 빠른 성장률을 보이고 있다.

'베이커리 카페'로는 투 썸 플레이스(A Twosome Place), 믹스 앤 베이크(Mix & Bake) 등으로 아침시장의 주요 상품으로는 베이글, 크로아상, 샌드위치 등의 베이커리 종류와 커피 혹은 생과일 쥬스 등을 택일로 하여 세트메뉴로 판매하고 있고 가격은 4000~6000원 선이다. '유명 프랜차이즈 혹은 패스트푸드'로 아침밥 시장에 뛰어든 곳은 맥도날드, 롯데리아, 마르쉐 등이 있다. 맥도날드는 '맥모닝 세트'로 마르쉐는 '아침 뷔페'로 롯데리아 같은 경우 일부 매장에서 아침메뉴를 시범운행하고 있다. 가격은 세트 주문 시 대략 3000~5000원 선이다. '24시간 분식점'으로는 김밥 천국, 김밥 나라, 김밥 카페 등이 있으며 1000~3000원 선의 김밥을 주요메뉴로 하고 있다. '편의점'에서는 보다 다양한 상품을 취급하고 있다. 전자렌즈에 간단히 데워 먹을 수 있는 죽과 삼각 김밥, 콘 스프, 김밥, 샌드위치 등을 판매하고 있다. 가격은 700~2000원 선으로 저렴한 가격과 24시간 이용할 수 있다는 강점을 이용하여 기존 아침밥 시장에 큰 축을 차지해왔다.

다음으로는 '길거리 노점상'으로 지하철이나 사무실 밀집 지역에서 흔히 볼 수 있는 토스트나 김밥, 간단한 음료를 판매하는 트럭이나 작은 포장마차 등이 있다. 이들의 가격은 1000원에서 2000원으로 개인의 취향이나 기호에 따른 메뉴선택으로 가격이 보다 다양하다.

아침밥 시장은 '아침 사양족'을 잡기 위해 바쁜 직장인이나 학생 등을 타깃으로 하여, 유동인구가 많은 역주변이나 사무실 밀집지역에 주로 활성화되어 있다.

유명 프랜차이즈나 패스트푸드, 베이커리 카페 등은 TV나 신문 광고를 통해 자신들을 홍보하고 있으며, 또한 이들은 광고뿐만 아니라 고객카드, 마일리지제도, 할인쿠폰, 스탬프카드, 다른 유명회사와 제휴하는 등 여러 가지 촉진 활동을 벌이고 있다. 이에 비해 상대적으로 작은 편의점, 길거리 노점상 등의 소형 브랜드는 기존 고객의 유지와 기존 고객을 통한 구전효과 등으로 충성고객을 유지하고 있다.

(2) 고객(Customer)

직장인이 아침식사 비용으로 지출하는 돈은 평균 3000원 이하로 4000원이 넘어가면 쉽사리 지갑을 열지 않는 성향을 보인다. 아침식사 비용으로 얼마를 지출하고 있냐는 질문에는 응답자의 48.3%가 1000~2000원을, 24.1%가 2000~3000원을 지출하고 있다고 답했으며 3000~4000원이라고 대답한 비율은 12.6%였다. 1000원 미만으로 아침을 해결하는 직장인도 9.2%나 됐다.

아침식사로 지출하는 비용은 소득수준에 따라 다소 차이를 보였다. 300만 원 미만 소득자의 절반 이상이 아침식사 비용으로 1000~2000원을 지출한다고 답한 데 비해 300~400만 원 소득자는 아침식사로 3000~4000원을 지출, 보다 여유 있는 아침식사를 즐기는 것으로 나타났다. 아침식사로 적당한 비용 역시 1000~2000원(40.5%) 또는 2000~3000원(41.7%)이라는 대답이 전체의 82.2%를 차지, 3000원이 넘어가면 구입을 망설이는 것으로 나타났다(3000~4000원 10.7%, 4000~5000원 3.6%). 대다수 외식업체에서 판매 중인 아침메뉴 가격인 3000~ 5000원은 직장인에게 다소 부담스럽게 느껴진다는 의미로도 해석할 수 있다.

소득수준에 따라서는 100~200만 원 소득자의 49.2%와 200~300만 원 소득자의 54.7%가 각각 1000~2000원이 적당하다고 대답했으며 300만 원 이상 소득자는 3000~4000원대의 아침메뉴가 가장 좋다(33.3%)고 응답했다.

(3) 아침 식사의 중요성

다이어트 열풍과 함께 웰빙에 대한 관심도 증가하고 있다. 이 두 가지 큰 관심사를 놓고 볼 때 빠지지 않는 것이 아침 식사에 대한 내용이다. 미국의 경우 소아 청소년에서 아침 식습관은 영양 상태, 체중, 학습 능력과 관련이 있다고 보고하고 있다. 또한 최근 연구에 따르면 아침 식사를 규칙적으로 하는 사람들의 경우 긍정적인 태도와 몸매 유지, 집중력 등에서 더 좋은 결과를 보였다.

섬유질이 풍부한 아침 식사를 하는 경우에 배고픔을 덜 느끼면서 아침 중간 및 점심 때 식사량을 조절할 수 있다. 아침 식사는 부족하기 쉬운 필수 영양소를 충족할 수 있는 현명한 선택이며 웰빙을 추구하는 시대에 적절한 대안 중의 하나일 수 있다.

▶ 아침 식사가 우리의 생활에 가져다주는 이득

① 아침 식사는 다이어트에 도움이 된다. 한국의 비만 인구는 점차 늘어나고 있으며 현재 3명 중의 한 명이 과체중이거나 비만이라고 한다. 비만 인구의 증가는 질병의 패턴도 바꿔 놓아 서구와 비슷한 질병의 양상을 보여 준다. 심혈관 질환, 뇌혈관 질환, 당뇨병, 대장암, 유방암 등 비만과 관련 있는 질병이 늘어나고 있다.

한국의 직장인들 중 40%가 아침 식사를 거르고 있으며 이는 여러 가지 문제로 이어질 가능성이 많아진다. 아침 식사를 거르면 점심 식사, 저녁 식사로 갈수록 식사량이 늘어나는 경우가 많은데 한꺼번에 식사를 몰아서 하는 경우는 생리적인 흐름상 몸에 축적되는 가능성이 높아져 비만이 되기 쉽다. 또한 아침에는 복부 팽만 등의 불편함으로 이어져 다시 아침 식사를 거를 수밖에 없는 악순환으로 접어들게 된다. 아침 식사를 통하여 비만 환자의 80%가 적정 체중을 유지할 수 있었다는 보고도 있다.

② 아침 식사는 영양 상태를 개선해준다. 아침 식사를 규칙적으로 하는 아이나 어른의 경우 비타민 및 미네랄 섭취율이 높았다. 아침 식사를 거르면 영양 불균형을 초래한다. 아침 식사를 하는 경우에 영양 상태가 좋아져 결국에는 주의력, 집중력이 향상되어 학습 능력과 작업 능력도 좋아진다고 한다. 미국의 한 연구에서는 아침 식사를 하는 경우 그렇지 않은 사람들에 비해서 질병에 걸릴 위험도 낮은 것으로 보고하였다.

▶ **아침 식사는 어떻게 하는 것이 가장 좋은가?**

아침을 거르는 가장 큰 이유는 시간이 부족하기 때문이라고 한다. 직장이나 학교에 늦지 않기 위해 일찍 나서려면 아침 식사를 포기하게 된다. 또한 아침 식욕이 없는 경우가 또 다른 이유가 될 수 있다. 시간 부족 및 식욕이 없는 경우의 문제를 한 번에 해결할 수 있는 방법은 미리 계획을 짜서 아침 식사로 가장 적당하다고 생각되는 음식을 선택해 항상 준비해 놓는 것이다. 습관은 사람을 길들일 수 있다. 1주일 정도 계속해서 아침 식사를 하다 보면 나중에 거르게 되는 경우가 더 불편해질 수 있다. 10분만 일찍 일어나도 아침 식사를 준비할 시간은 충분하며 먹을 마음의 준비나 식사 시간도 충분하다. 번거롭게 해야 하는 요리 대신에 저지방 고섬유질 위주로 씨리얼, 곡물, 잡곡 빵, 고칼슘 음식, 과일, 채소, 유제품 등을 선택하는 것이 좋다. 씨리얼, 우유 도는 두유, 칼로리바, 쥬스, 요구르트, 과일, 잡곡 빵 등의 식단을 통해 집이나 아니면 학교, 직장으로 이동하면서 아침을 먹을 수 있다. 물론 단백질을 보충하기 위해 달걀이나 생선 등의 음식을 첨가해서 먹는 경우도 괜찮다.

▶ **여러 가지 상황의 차이에 따른 아침식사 여부**

아침식사 여부가 결혼한 상태, 주거형태에 따라 유의적인 차이를 보여 주었다. 성별에 따른 조사에서는 여성보다는 남성이 아침식사를 많이 하였다. 교사들을 대상으로 조사한 연구 결과에서는 남자 94.2%, 여자 90.6%로 조사되었다.

중, 장년층을 대상으로 하는 조사에 따르면 연령에 있어서는 연령이 높을수록 아침식사를 많이 하는 것으로 조사되었다고 보고하였다. 이는 연령이 높을수록 건강을 위하여 식생활에 좀 더 관심을 가지기 때문이라고 하였다.

▶ **아침식사에 영향을 미치는 요인과 고려사항**

아침식사에 영향을 미치는 요인을 분석한 결과 수면상태, 음주유무, 흡연유무에서는 유의적인 차이가 있는 것으로 나타났다. 사무직근로자는 수면상태가 보통인 경우가 24.5%로 유의적으로 가장 높았다. 음주유무는 생산직 근로자에서는 30.8%로 사무직 근로자 26.5%보다 높게 나타났다. 흡연유무는 생산직이 사무직 근로자보다는 약간 더 많은 흡연자 15.5%로 사무직은 11.3%로 나타났다.

식사의 편식정도는 생산직근로자와 사무직근로자 간에는 유의성이 없었다. 생산직 사무직 모두 '그저 그렇다', '전혀 하지 않는다.', '가려먹는 편이다'의 순으로 나타났다.

식사할 때 가장 주의하는 부분에서는 생산직근로자와 사무직근로자 모두 지방, 염분, 조미료 설탕, 섬유질 순이었다. 영양제의 복용 여부는 생산직근로자보다는 사무직근로자가 거의 복용하지 않는다는 결과가 나왔다. 이는 직업의 특성상 활동량이 많아 칼로리를 많이 필요로 하는 생산직의 근로자가 영양제 섭취를 하게 되리라 생각된다.

▶ **일주일당 아침식사 횟수**

직장인들의 주당 아침식사 횟수를 조사한 결과는 직장인들이 아침식사를 '매일 한다.'가 많아 생산직과 사무직근로자 모두 아침식사의 중요성에 대하여 인식되고 있는 것으로 나타났다. 상대적으로 일주일에 한 번도 아침식사를 하지 않는 직장인들이 놀랍게도 전체 응답자 중 11.8%을 차지하였다. 생산직에서는 1~2회가 11.8%, 3~4회가 7.1%로 나타났고, 5~6회가 8.8%, '매일 먹는다.'는 생산직근로자는 11.8%로 나타났고, 매일 아침 식사를 한다는 직장인들은 전체의 37.7%로 조사되었다.

이와 유사한 연구결과에서도 아침식사의 중요성 여부에 대한 설문 응답을 분석한 결과 전체 응답자 중 93.7%가 아침식사에 대하여 중요하게 인식하는 반면 아침식사에 대하여 중요하게 인식하지 않는다는 답변에 6.3%로 매우 적었다고 보고하였고, 스트레스가 많은 직장인들의 정신활동에 필요한 영양분을 공급해주는 아침식사의 영양적 중요성은 이미 보고된 바 있다. 바쁜 현대인들의 생활을 고려해 볼 때 아침 식사를 직장인들이 많은 것으로 나타났다. 이는 대학생을 대상으로 한 연구에서 각각 48%와 34.1%, 노인을 대상으로 한 한 등의 조사결과에서는 89.9%로 매일 아침식사를 하는 사람의 비율이 본 연구보다 높게 나타났다. 산업체근로자를 대상으로 한 안과 김의 연구 결과는 23.3%로 본 연구보다 낮게 나타났다. 아침식사를 전혀 하지 않는 직장인이 11.8%나 차지하였다.

아침식사를 거르게 되면 점심을 먹기 전에 공복감과 피로감을 느끼게 되고, 뇌의 활동성이 떨어져 집중력이 저하된다. 또한 공복감 해소를 위해 간식을 먹게 되고 과식을 하게 되어 비만해지기 쉬우므로 아침식사의 중요성을 알 수 있다. 최근 Gross 등의 연구결과에서도 여러 부작용을 초래한다고 하였다.

아침식사를 준비하는 사람에 관한 분석의 결과는 생산직은 어머니가 13.9% 가장 많이 나타났으며, 그 다음이 배우자 11.1%, 기타가 10.8%로 나타났다. 이는 조사한 생산직근로자들의 나이가 20~29세의 미혼인 경우가 많기 때문이었다. 이에 비해 사무직은 본인이 직접 준비하는 사람이 22.6%로 가장 많았고, 배우자, 어머니, 기타 순으로 나타났다. 따라서 아침식사 준비는 생산직의 경우는 주로 어머니가 하시고 본인이 직접 하거나, 배우자가 해결을 하는 것으로 나타났다. 사무직의 경우는 본인이 직접 해결하는 경우가 많았고, 배우자가 준비하는 경우가 14,6%, 어머니가 9.0%, 기타의 경우가 6.1%의 순서로 나타났다. 이는 98 ' 국민건강. 영양조사 결과에서도 비슷한 분포를 보였는데 아침식사를 누가 준비하게 되는가에 대한 결과가 아내가 30.5%, 어머니께서 준비한다가 30.1%, 기타가 3.1%으로 나타났다. 아침식사는 주로 기혼인 경우는 아내가, 미혼인 경우는 주로 어머니가 준비하는 것으로 짐작된다.

▶ 아침식사에 이용할 수 있는 간편식

간편식의 이용경험의 유무와 간편식을 언제 이용 하는지, 간편식 이용 동기 및 이유에 대한 결과는 생산직근로자와 사무직근로자의 간편식에 대한 이용 경험에서는 생산직과 사무직근로자는 비슷하게 이용해본 경험을 갖고 있었다. 간편식을 이용한 경험이 생산직은 29.8%였고, 사무직은 30.3%이었다. 간편식의 이용 경험이 없는 생산직근로자는 14.4%이었고, 사무직근로자는 20.2%이었다.

간편식을 '자주 이용 한다'는 항목에서 생산직은 4.1%였고, 사무직근로자는 1.4%로 나타났다. 따라서 간편식의 이용경험은 있었지만 자주 이용하지는 않는 것으로 나타났다. 간편식을 이용한 때에 대해 알아본 결과 생산직은 간식으로 10.1%이고, 기타가 9.7%이고, 다음이 야외식사 대용, 아침식사 대용 8.0%, 점심식사 대용 5.4%고 저녁 식사대용으로 5.0%로 나타났다. 사무직 근로자에서는 야외 식사대용으로 16.7%로 가장 높은 수치를 나타냈다. 기타가 11.8%, 간식으로 8.7%, 아침식사 대용으로, 점심식사 대용으로, 저녁식사 대용으로 순이었다. 간편식을 이용하는 때를 조사한 결과 식사대용으로 보다는 간식으로 섭취한다는 결과가 나왔다.

간편식을 이용하는 이유는 간편해서가 생산직근로자는 25.5%이고, 사무직근로자의 경우 30.2%로 나타났다. 간편해서 이용하는 경우가 가장 높았지만 거의 이용하지 않는 생산직 근로자도 12.5%나 되었고, 사무직 근로자는 15.8%로 나타났다. 그 다음이 생산직과 사무직 근로자 모두는 '맛이 있어서', '식사를 준비해 주는 사람이 없어서', '호기심', '영양적으로 우수해서', '가격이 저렴해서' 순서로 간편식을 이용하는 이유라고 대답하였다.

간편식을 이용하게 된 동기는 본인이 필요에 의해서가 가장 많았는데 생산직근로자는 23.6%이었고, 사무직근로자는 25.5%였다. 그 다음이 광고를 통해 간편식을 이용했는데 생산직근로자와 사무직근로자 각각 7.1%,0.9%이었다. 간편 식인만큼 본인의 필요에 의해서 이용도가 높았다.

3. 경쟁사분석

(1) 던킨 앤 도넛(Dunkin & Donuts) - 아침 & 베이글

해외 브랜드로서 마케팅, 원가관리, 메뉴개발 등에 검증받은 노하우와 강력한 자본력을 갖고 있다. '트랜스 지방 제로화'로 트랜스 지방 함유가 적은 대체 유를 개발하여, 제품 홍보 시 도넛이 건강에 이롭다는 내용보다는 새로운 도넛이 과거의 도넛 보다 낫다는 점을 부각하는데 주력할 방침이다.

국내 빵 시장의 성장으로 던킨 도넛 '1강' 체제로 굳어있던 도넛 시장에 크리스피 도넛, 미스터 도넛에 이어 미국 유기농 수제 도넛인 도넛플랜트 뉴욕시티까지 가세하는 등 외국 유명 도넛 업체들이 속속 국내에 상륙하고 있다. 하지만 던킨 도넛 이미 목 좋은 황금상권을 차지하고 있어 강력한 시장우위를 차지하고 있다.

도넛시장 차별화 위해 호박 찹쌀 츄이스티, 레몬 유자 머핀 등 한국형 메뉴출시하고 커피 휘핑크림을 사용하는 등 음료군 강화하고 있다. 상품으로 '카페 베일리스'는 칵테일 커피 아이리시 크림과 아이리시 위스키를 블랜딩 20~30대 여성 타깃으로 하고 있다. 고객들이 던킨 도넛에서 보다 새로운 맛을 경험해 볼 수 있도록 매달 음료와 도넛의 환상적인 콤비네이션 세트 메뉴를 제안해 함께 하면 즐거운 맛을 지속적으로 알릴 계획이다. '12곡 라떼'를 출시하여 아침 대용식 시장 노리고 있다. 함초(섬유질이 풍부한 해조류)를 이용한 츄이스티, 머핀 등 선보이는 등 신 메뉴 개발 적극적인 모습을 보이고 이다.

이 외에도 수능 입시 제품 출시, 황금 컵 이벤트, 환경 사랑 던킨 도넛 이벤트(일회용품 줄이고 환경을 생각하자는 취지, 유리컵과 쇼핑백 제공, 2007년 7월, 8월), 커피 컵 달리기 이벤트(커피컵 모양의 코스튬 입고 달리기), 미국 던킨 에서 중국산 경품 회수(어린이 질식 위험이 있는 장난감 회수. 이 장난감을 다시 가지고 올 경우 무료로 도넛 하나 제공)하는 등의 촉진 활동을 벌이고 있다.

커피메뉴에 더욱 주력하여 카페 형 매장을 늘리고 세련되고 편안한 인테리어로 바꾸면서 10대와 20대에 한정되어있던 고객의 연령층 넓혀가고 있다.

맥도날드가 아침메뉴 경쟁에 불을 붙임에 따라 던킨 앤 도넛도 아침시장 개척에 힘쓰고 있다. '커피&도넛' 광고 카피를 '아침&베이글'로 바꾸며 적극적인 아침식사 시장 개척에 노력하면서 던킨의 하류 평균 매출은 지난해 보다 다섯 배가량 늘었다.

아침 & 베이글은 아침엔 베이글을 먹는다는 메시지 전달, 광고 속 남성은 맥도날드와 마찬가지로 세련되고 지적인 도시남성의 이미지 보여준다. 남녀가 차안에서 여유 있게 크림치즈 베이글을 즐기는 광고는 아침에 깔끔한 베이글을 먹는 베이글 문화를 만들어냄에 따라 색다른 여유로움까지 강조하고 있다.

(2) 맥도날드

맥도날드 '맥 모닝 세트'는 맥도날드에서 '아침 사양족'을 공략하기 위해 만든 메뉴로써 매장이 오픈하면 오픈한 시점부터 오전 11시까지 판매한다. 일부 24시간 매장의 경우 새벽 5시부터 오전 11시까지 판매하고 있다.

맥도날드 맥 모닝 메뉴는 가장 기본적인 '잉글리쉬 맥 머핀 세트'를 기본으로 하고 있다. 잉글리쉬 맥 머핀 세트는 잉글리쉬 맥 머핀과 감자를 으깨서 튀긴 허쉬 브라운, 커피를 구성품으로 구색을 갖추고 있다. 취향에 따라 커피는 주스류나 핫쵸코 등으로 대체할 수 있으며 기본세트는 3000원이다. 이 '잉글리쉬 맥 머핀 세트'에 소세지나 계란, 베이컨, 핫 케익 등의 추가 유무에 따라 세트의 이름과 가격이 달라진다. 잉글리쉬 맥 머핀에 소세지를 추가하면 '소세지 맥머핀 세트', 소세지와 계란을 추가하면 '소세지에그 맥머핀 세트'가 되고 가격은 200~900원 사이로 올라간다. 핫 케익 3조각과 커피를 기본메뉴로 하는 '핫 케익 3조각 세트'도 있다.

최근에는 '브런치 스타일로 여유롭게' 라는 슬로건으로 '빅 브렉퍼스트'를 출시하여 이를 구매하는 고객에게 머그잔을 함께 주고 있다. 이 세트메뉴는 잉글리쉬 맥 머핀, 소세지, 허쉬브라운, 에그 스크램블, 커피로 이루어져 있다. 이 외에도 핫 케익과 소세지로 이루어진 핫 케이크 & 소세지 세트를 출시하였다.

(3) 롯데리아

웰빙 이미지와 카페테리아 콘셉트 강화하는 등 모닝 에그 프리스토를 비롯한 아침메뉴를

개발하면서 난해 말과 동일한 750개 매장에서 동기 대비 10%의 매출 성장을 기록했다. 지난해부터 정크푸드 이미지 개선을 위한 마케팅 전략 및 메뉴 개발을 통해 인색의 전환을 도모한 결과라는 평가이다. 상반기 롯데리아는 웰빙 트렌드에 부합하는 다양한 메뉴 개발에 초점을 맞췄다. 지난 6월에는 기름에 튀기지 않은 "텐더 그릴 치킨 버거"를 출시해 20대 여성 고객에게 좋은 반응을 보였으며 토네이도 아이스크림 5종을 출시해 메뉴 군을 다양화 했다. 또한 카페테리아 콘셉트를 모토로 매장 리뉴얼 및 신규 매장 인테리어를 전환, 지난 달 이대역점을 카페형태로 리뉴얼하는 한편 분기별로 환경 캠프를 실시, 지난 6월에 이어 이달에도 갯벌 환경캠프를 열어 고객 로열티 강화 및 서비스 만족도를 높이는 데 주력했다. 지난해부터 트랜스 프리 작업을 실시한 롯데리아는 지난 6월부터 프렌치프라이용 오일의 트랜스 프리화에 이어 이달부터는 트랜스 프리 감자를 도입, 전 메뉴의 트랜스지방산 제로화 작업 완료를 목표로 하고 있다. 하반기에도 메뉴 다양화에 주력할 계획이다. 한편 가맹사업이 안정화됨에 따라 점표별 차별화 전략을 펼칠 계획이다. 메뉴보드, pop도 주력 메뉴 및 주 타깃 고객의 성향에 맞춰 매장별 특색을 살린 콘셉트로 바꾸고, 상권 특색에 맞춰 오픈 키친 형태를 도입, 고객 인색을 극대화하기 위한 차별화 전략을 펼칠 예정이다.

(4) 오므토 토마토

오므트 토마토는 퓨전 오므라이스 전문 레스토랑으로 다양한 40여 가지 오므라이스 메뉴를 자랑한다. 외식업계에 '밥' 열풍을 가져온 선두주자로 딱히 새로울 것 없는 오므라이스 시장에 퓨전화로 건강하고 고급스러운 느낌을 가미했다. 메가트렌드인 웰빙과 슬로우 푸드, 메스티지 수요를 공략했다. 오므토 토마토의 기업목표는 '성장목표'로 2007년 오무토토마토의 본격적인 확장을 시도하는 확대경영의 원년으로 선포했다. 현재 직영점 위주로 운영하고 있는 28개 매장을 올해 말까지 50개로 늘릴 계획이고 올해 매출 목표는 첫해 23억 원의 15배를 훌쩍 넘는 352억 원으로 잡고 있다.

촉진활동으로 과거에는 G마켓 디지털 쿠폰 선착순 1만 명 판매 (52%할인된 가격), 3주년 기념행사 100인분 초대형 오므라이스 만들기부터 현재는 수능 기원 이벤트까지 다양한 이벤트 행사를 하고 있다. 오므토 토마토의 성공함에 따라 비슷한 업체인 (주)태창가족 오무스위트, 일본의 (주)지니에프앤비 포무노키비슷 등의 국내외 업체가 생겨나고 있다.

오전 7시부터 11시까지는 아침 메뉴만 선보이고 있는데 다른 아침밥 시장과 차별화되는 다양한 식단 구성을 보여준다. '오!모닝셋트(3,900원)'는 오믈렛, 커피, 토스토와 메이플 시럽, 샐러드 소시지로 이루어져 있으며 '이지모닝셋트(3500원)'에는 수프, 토스트와 메이플 시럽, 커피가 나온다.

오므토 토마토 관계자는 "사무실 근처에서 아침을 사먹는 직장인들이 이제 건강까지 고려하고 있다"며 "패스트푸드나 김밥으로 대표되던 직장인 아침식사가 유기농, 웰빙 등의 트렌드와 접목돼 다양한 건강식 먹거리들이 나오고 있다"고 지적했다.

(5) 크루통

수프 전문점 크루통은 별도의 아침메뉴 대신 기존 메뉴를 활용한 마케팅으로 아침매출을 끌어올린 케이스다. 죽이 아침메뉴로 인기를 얻고 있는 것에서 착안, 포만감과 영양소를 충족시키는 수프 역시 아침메뉴로서의 경쟁력이 충분하다고 판단한 데 따른 것이다. 이에 역삼동 GFC와 GS타워라는 입지특성을 살려 타깃고객인 20~30대 직장여성을 중심으로 한 모닝세트를 출시하며 본격적인 아침메뉴 마케팅에 나섰다.

스몰 사이즈 수프와 빠니니 1/2쪽, 커피로 구성된 모닝세트는 푸짐함 보다는 편리함에 중점을 뒀다. 시간에 쫓기는 직장인을 위해 신속성을 강조한 것도 특징으로 수프와 커피는 주문 즉시, 빠니니는 2~3분이면 제공돼 고객 니즈에 부합한다. 가격은 5400원으로 단품에 비해 저렴하기는 하나 3000~4000원대 단가를 보이는 여타 외식업체 아침메뉴보다는 다소 높은 편. 크루통 관계자는 "가격보다는 품질과 건강을 우선시하는 여성층의 구매율이 높다"며 "최근에는 30대 남성의 테이크아웃 비중도 증가하는 추세"라고 말했다.

(6) 트윈팰리스

여의도 LG트윈타워에 위치한 카페테리아 트윈팰리스는 기존 세트메뉴 위주의 아침메뉴를 최근 들어 뷔페로 변경했다. 콘프레이크와 우유(4000원), 계란요리와 베이컨, 토스트(5500원), 오믈렛(8000원) 등 3가지 메뉴를 샐러드와 과일, 오믈렛, 소시지, 죽, 토스트, 음료 등 20여 가지 메뉴의 뷔페로 교체하면서 가격은 6000원으로 조절, 경쟁력을 강화한 것이다.

트윈팰리스 관계자는 "기존 단품 위주로 구성된 세트에 비해 다양한 메뉴로 가격대비 만족도를 높였다"며 "여성뿐 아니라 양이 많은 남성들에게도 호응을 받을 것으로 기대된다."고 설명했다.

여타 업체에 비해 이른 오전 7시~9시까지의 이용 시간도 차별화 요소다. 아침메뉴 판매시간을 앞당김으로써 출근 전 여유 있는 식사나 조찬 모임을 원하는 직장인 고객의 니즈를 적극 반영한 결과다. 여기에 오믈렛은 주문 후 즉석에서 만들어 제공하는 등 품질을 높여 방문 율을 끌어올린다는 전략이다.

(7) 기타

경쟁사들도 '아침 전투'에 뛰어들고 있다. 식음료 회사들도 아침용 건강 음료, 즉석 죽, 컵수프, 포장용 조각 케이크, 생식용 두부 등 다양한 아침밥 시장 상품을 내놓고 있다. 1만 개

에 이르는 편의점이 이들의 주요 판매처이다. 편의점 아침 메뉴중 하나인 즉석 죽은, 지난해 350억 원 정도로 추정되며 매년 15~20%가량 성장률을 보이고 있다. 대표적인 상품으로 양반 죽 (동원 F&B), 햇반 죽(CJ), 한 컵으로 먹는 수프류 부드러운 한 컵, 든든한 아침(풀무원 녹즙 180ml, 2,200원), 보노(농심 2,400~2,700원), 폰타나 크림수프(30g 3개들이 2,500), '우리 쌀국수 얼큰 국시'(CJ 2인분 4,250원) 등이 있다.

비타민 부족을 우려하는 직장인들 사이에서 샐러드도 아침 메뉴로 등장했다. 카페 베이커리 오봉팽은 샌드위치에 커피, 수프, 샐러드가 딸려 나오는 세트메뉴를 판매하고 있다. 1만 원이란 가격이 아침식사로 부담스럽지만 커피전문점의 달콤한 세트메뉴를 부담스러워하는 이들에게 영양식으로 인기다. 믹스&베이크의 샐러드 팩도 잘 팔리는 아침메뉴다.

호텔들도 모닝 마케팅 대열에 합세하고 있다. 서울 소공동 웨스틴조선호텔의 베키아 앤 누보델리는 지난주부터 오전 7시30분부터 11시30분까지 야채수프와 크림수프 등 2종류의 모닝 수프를 판매하기 시작했다. 서울 태평로 서울프라자호텔의 델리프라자도 패스트라미, 호밀 등 4가지 샌드위치를 절반 사이즈로 커피와 함께 판매하고 있어 인근 직장인들의 입맛을 사로잡고 있다.

커피전문점 스타벅스도 베이글 4종류와 샌드위치 4종류를 아침세트 메뉴로 구성해 팔고 있으며 2008년까지 아침 샌드위치 메뉴를 6500개 미국 전 매장에서 판매할 예정이다. 커피전문점 엔제리너스는 낮12시까지 아침 메뉴인 베이글 세트와 시나몬 세트를 판매한다.

미스터 브라운은 베이글과 크림치즈, 커피로 구성한 테이크아웃 모닝 세트를 판매 중인데 올 들어 매출이 지난해 말보다 100% 이상 늘어났다.

4. 제품 관리

베이글 전문점의 기본 컨셉은 차별화된 맛과 웰빙 스타일의 플레인 베이글, 어니언 베이글, 시나몬&레이즌 베이글이다. 베이글은 무표백, 고단백 밀가루를 사용하여 굽기 전에 생지를 뜨거운 물에 데쳐서 밀가루의 맛을 100% 끌어낸 누가 봐도 건강 지향 빵이다. 들어가는 재료도 소맥분, 물, 이스트 외에는 버터와 계란은 일절 사용하지 않아 보통 빵보다 당분, 지방의 사용이 적으며 소화가 잘되고 맛이 담백한 것이 특징이다. 종류도 소맥분, 물, 이스트 외에 아무것도 첨가하지 않은 일반 '플레인 베이글'에서부터 플레인 베이글에 양파맛을 추가한 '어니언 베이글', 시나몬의 풍미와 건포도의 단맛을 조화롭게 매치시킨 '시나몬&레이즌'이 있다.

- 점포의 운영일 수는 추석, 설, 명절과 같은 임시 휴업일을 제외한 연중무휴로 운영한다.
- 정산 방법은 현금과 신용카드 모두 사용한다.
- 주메뉴 - 플레인 베이글, 어니언 베이글, 시나몬&레이즌 베이글, 세사미 베이글, 크림치즈
- 보조메뉴 - 스콘, 참치 샌드위치, 에그 베이컨 샌드위치, 에그 햄 샌드위치, 햄 치즈 샌드위치, 야채 샌드위치

- 음료 – 아메리카노, 카페 라떼, 카라멜 마끼아또, 주스, 우유
- 매장분위기 : 전체적으로 고풍스러운 분위기를 연출한다.
- 가격대 : 1,100원 선(경쟁업체인 '던킨도넛'은 보통 1,300원선이다.)
- 영업시간 : am7~12, 직장인과 학생들이 많은 아침시간 위주로 한다.

〈메뉴구성〉

구 분	메뉴 명	판매 예정 가격	비고사항
주 메뉴	플레인 베이글	1,100원	
	어니언 베이글	1,100원	
	시나몬&레이즌 베이글	1,200원	
	세사미 베이글	1,200원	
	크림치즈 대	700원	
	소	500원	
	조각 피자 베이글	2,000원	
보조 메뉴	스콘	1,500원	
	참치 샌드위치	2,200원	
	에그 베이컨 샌드위치	2,000원	
	에그 햄 샌드위치	2,000원	
	햄 치즈 샌드위치	1,800원	
	야채 샌드위치	1,500원	
음료	아메리카노	1,500원	주스는 델몬트 오렌지드링크 우유는 서울우유
	카페 라떼	1,800원	
	카라멜 마끼아또	2,200원	
	주스	2,000원	
	우유	500원	

(1) 베이글의 역사

베이글은 프랑스의 크라상, 영국의 머핀, 스콘 등과 같은 미국인과 캐나다인들의 아침 대용으로 맛이 담백한 저지방, 무 방부제의 인기 만점 건강식이다. 도넛과 같은 동그란 모양의 베이글은 노릇한 황금색의 표면과 부드러운 속, 씹으면 씹을수록 깊이 있는 맛이 입속에 퍼지는 것이 특징이다. 그 이유는 최고급의 밀가루를 사용하고 오븐에 굽기 전에 뜨거운 물에 끓여내어 밀가루의 맛을 100% 끌어내고 있기 때문이다. 베이글은 건강식품으로 플레인 베이글을 기준으로 1개당 277kcal이다. 우유나 버터를 넣고 반죽하는 다른 빵들과 비교해 볼 때 현저하게 낮은 칼로리이다.

베이글이 세상에 알려진 것은 1663년 폴란드 바르샤바의 빵 기술자가 황제 쟝 소블레스키의 업적을 기리고자 선물로 바친 빵이다. 쟝 황제는 오스트리아를 터키의 침략으로부터 구한 사람으로 승마의 달인이었다. 빵 기술자는 이스트가 든 빵 반죽을 말등자(말을 타고 앉아 두발로 디디게 되어있는 물건)모양을 닮은 그리고 상하로 찌그러진 원형의 모양으로

결정한 것이다. 오스트리아에서는 말등자를 뷰겔(Beugels)이라고 하는데 베이글은 이러한 어원을 가지고 생겨난 이름이다. 폴란드에서는 아이를 출산할 때 행운의 의미로 임산부에게 주는 선물로 각광받고 있으며 지금까지도 갓난아이들의 놀이감으로 사용된다.

2000여 년 전부터 유태인의 식탁에 등장했던 베이글이 국제적으로 알려진 것은 19세기 미국 동부지방으로 이민을 간 유태인들에 의해 보통빵보다 적은 당분, 지방의 사용으로 소화가 잘되고 맛이 담백하여 육류나 치즈, 버터등과 잘 어우러지는 식사대용으로 저지방이면서 콜레스테롤이 전혀 포함되지 않았기에 선진국인 미국에서도 커다란 호응을 받아 전 세계로 알려지게 되었다.

(2) 주메뉴 – 베이글과 크림치즈

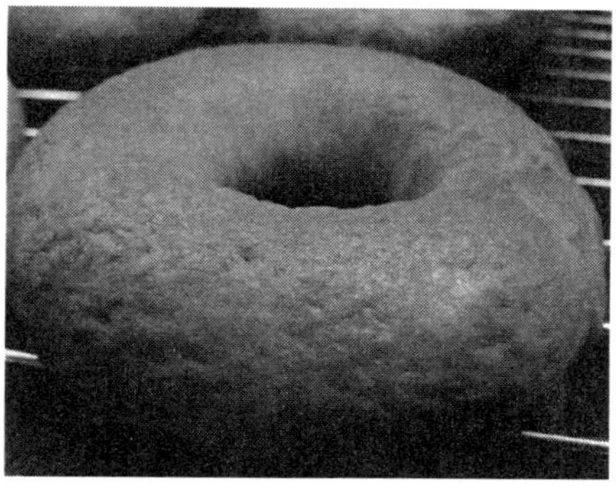

베이글 전문점인 만큼, 베이글을 이용하여 주메뉴들을 구성한다.

종류는 소맥분, 물, 이스트 외에 아무것도 첨가하지 않은 일반 '플레인 베이글'에서부터 플레인 베이글에 양파맛을 추가한 '어니언 베이글', 시나몬의 풍미와 건포도의 단맛을 조화롭게 매치시킨 '시나몬 & 레이즌'이 있다.

우리가 점차적으로 신 메뉴를 개발 늘릴 수도 있다. 베이글의 특성상 조리 방법이 쉽고, 또한, 베이글을 납품하는 업체들에서는 수많은 종류의 베이글들을 구비하고 있으므로, 쉽게 만들기 힘든 베이글들도 구비할 수 있다.

cf) 베이글의 종류들 : 이런 메뉴들을 개발 · 늘릴 수 있다.

사워도우 베이글(Sourdough Bagel)/ 플레인 베이글(Plain Bagel)/ 참깨 베이글(Sesame Bagel)/ 피피시드베이글(Poppyseed Bagel) /양파 베이글(Onion Bagel) /전밀 베이글(Wheat Bagel)/ 잡곡 베이글(Multigrain Bagel) /에브리씽 베이글(Everything Bagel) /블루베리 베이글(Blueberry Bagel) /살사베이글(Salsa Bagel)/ 하비스트 베이글(Harvest Bagel) /저탄수화물 베이글(Reduced Carb Bagel) /소금 베이글(Salt Bagel) /계피건포도 베이글(Cinnamon Raisin Bagel)

크림치즈는 시중에서 많이 이용하는 '크래프트'의 소형 크림치즈보다는 여러 가지 종류의 대형 크림치즈를 구비하여 마치 아이스크림 진열 하듯이 진열을 하여서 손님들이 여러 가지 맛 중에서 하나를 고를 수 있도록 할 것이다.

사진은 시중에서 판매되는 대형 크림치즈 "끼리". 소형 필라델피아의 크림치즈보다 가격이 저렴하다.

그러므로 타 경쟁사에서 조그마한 소형 크림치즈를 800원가량에 판매하는 것과는 달리, '우리 베이글'에서는 크림치즈를 담아주는 컵의 사이즈에 따라 500원에서 700원 선의 저렴한 가격으로 판매하도록 한다.

이는 컵 사이즈를 달리 함으로써, 개인의 취향에 따른 크림치즈의 양을 정할 수 있다는 장점이 있다. 그리고 타 경쟁사에서 기본 크림치즈만을 판매하는 것과는 달리 딸기 맛, 갈릭 맛, 토마토 맛 등 다양한 종류의 크림치즈 들을 구비해 두어서 메뉴를 늘린다.

위의 11가지 종류의 베이글은 해바라기씨, 호두 등 기본적인 영양곡물은 많이 넣어서 건강에 매우 좋게 만들 것이다.

(2) 보조 메뉴

① 스콘 : 커피 등에 맞추어서 판매할 수 있고 노 버터 노 설탕으로 역시 웰빙 푸드인 '스콘'을 판매한다. 스콘 역시나 조리법이 간단하여 직접 만들어 판매할 예정.

② 베이글 샌드위치 : 베이글 만으로는 다양한 영양소를 보충하고, 포만감을 느낄 수 없는 경우를 대비하여 베이글 샌드위치 메뉴들을 만든다. 속 재료로는 참치, 베이컨, 에그, 햄, 치즈, 야채를 시작으로 하여, 점차 메뉴를 늘려나가도록 한다.

(3) 음료

베이글과 어울리는 음료로 '커피'와 '주스' 그리고 '우유'를 판매한다.

- 커피 : 아메리카노, 카페 라떼, 카라멜 마끼아또
- 주스 : 시중에서 판매되는 '델몬트 오렌지 드링크'등의 소형 주스를 판매
- 우유 : 마찬가지로 시중에서 판매되는 우유를 판매

5. 영업 관리

(1) 취급상품의 특징에 맞추어 정한 영업 시각

베이글(Bagle)이라는 상품의 이미지가 브런치(Brunch)라는 점을 고려, 아침부터 점심 시각(대략 7시에서 12시까지)을 주판매 시간대로 잡는다. 실제로 외국에서는 당일 판매할 소량만을 준비하여, 짧은 시간 동안에만 영업을 하는데, 덕분에 점포의 규모가 소규모여도 전혀 불편하지 않다. 실제로 '맥도날드'에서 '맥모닝'이라는 아침 시각 한정메뉴를 판매하고 있는데, 많은 사람들의 아침 식사로 선호도와 인기를 끌고 있음을 예시로 본다면 아침 시간대의 한정 판매가 손해만 보지는 않을 것임을 장담할 수 있다.

(2) 소비자 분석에 따른 영업계획

아침 시간대를 영업시각의 특성상, 그 시간대에 주로 활동하는 학생들과 직장인들을 주 소비자층으로 삼는다.

① 10대의 중 · 고등학생들 : 베이글의 단가가 경쟁상품인 토스트나, 제과점의 빵에 비하여 월등히 높지 않으므로 10대의 학생들도 주 소비자층에 포함할 수 있다. 상권인 서면역 주변에 도합 7여개의 중 고등학교가 위치하고 있음을 확인하였고, 그들 중에서 지하철이나 버스로 지하철역 근처에서 통학하는 학생들이 많음을 알게 되었다. 그런 학생들 중에서는 아침을 제대로 하지 못 하는 학생들이 많은데, 특히나 고등학생들의 경우 이른 아침 시각에 자율 학습 (일명 0교시)을 함으로써 아침 식사를 거르고 나오는 학생들이 많은 점을 고려하여 식사대용으로 간단하게 먹기 편한 베이글을 선호할 것으로 보인다. 어린 학생들이 단지 베이글 만으로는 다른 영양분을 보충 할 수 없다는 점과 학생들의 입맛에는 베이글이 맞지 않을 경우를 고려하여, 베이글에 에그나 야채, 햄과 치즈 등을 끼어 넣은 샌드위치를 만들어 메뉴에 넣음으로써 한정적이지 않은 다양한 고객층과 토스트 등의 타 상품과의 경쟁성도 확보할 수 있다.

② 20대의 대학생들 : 바쁜 대학생들을 고려하여 그들을 20대 소비자층으로 삼았다. 특히나 여대생들은 웰빙(Well-Being) 열풍으로 인하여 몸매 관리에 신경을 쓰고 있다는 점을 겨냥하여, 저 칼로리 저 지방 상품으로 인지도가 높은 베이글의 상품 이미지를 부각시켜, 마케팅을 하도록 한다. 실제로 현재 베이글을 판매하고 있는 '던킨도넛'와 많은 커피 체인점 등의 사례를 볼 때, 가장 많은 베이글 소비자층이 20대의 여성인 점을 알 수 있다. 또한 남학생들의 경우에는 위 10대들과 마찬가지로 여러 가지 재료를 끼어 넣은 샌드위치를 판매하여 소비를 이끌어 낼 수 있을 것이라고 예상한다.

③ 직장인들 : 직장인들이 많이 찾는 간단하게 아침식사 대용으로 삼을 것이 페스트푸드, 토스트, 제과점 그리고 죽 외에는 없다. 그러나 위 상품들은 제과점을 제외하고는 모두 조리 시간을 기다려야 하는 불편함이 있다. 발 빠르게 출근하여야 하는 직장인과 이른 학원 시각에 쫓기는 종합 학원생들은 기다리는 시간이 아깝거나, 혹은 그럴 시간이 없어서 상품을 구매하지 않는 경향이 있다. 베이글은 조리 시간이 거의 없다는 장점을 그들에게 어필한다.

6. 매장 관리

〈매장 분위기 예시〉

7. 인사 관리

(1) 확보인원 : 창업팀원 4명

점포 운영에 필요한 인력은 정식 직원인 우리들(공동창업자)이 주로 하지만, 가장 바쁜 시간에 파트타임으로 아르바이트 직원을 구분하여 주방과 홀에 각각 채용한다.

근무 장소	근무인원	근무시간	직원구분	급여
주방	조리장 1명	FULL Time	공동창업자	
	주방 도우미 1명	am7~12	공동창업자	
	주방 도우미 1명	am7~9	시간제 직원	시급 3800원
홀	지배인·점장 1명	am7~12	공동 창업자	
	홀 담당 1명	am7~12	공동 창업자	
	홀 보조 1명	am7~9	시간제 직원	시급 3800원

주방도우미, 판매 및 서비스 담당 - 아르바이트생 2명 채용.

창업 1차 연도사업은 첫 번째 점포운영을 중심으로 하며 창업인원 4명이 각각 분야를 나누어 담당하며 소요인력을 최소화시킨다. 필요인원은 점포운영을 도울 아르바이트생 2명이 필요하다. 재료조달은 외부업체 한 곳을 지정하여 협력하며 조달과정을 관리한다.

창업 3차 연도사업은 두 번째 점포를 세우는 것이 관건이다. 이에 따라 점포운영과 재료를 관리해줄 정식직원이 필요하며 아르바이트 인원도 더 요구된다.

창업 5차 연도에는 점포수를 3개로 늘리고 본격적인 프랜차이즈 사업으로 확장될 예정이다. 이에 따라 소요인력이 대거 늘어나는 만큼 인력확보가 필수적이며 조직관리 전략이 필요하다.

8. 재무 관리

(1) 초기자본

① 자본 : 창업인원 김경진, 김대영, 이경미, 양재혁이 각 천만 원씩 출자(총 사천만 원)

② 초기투자비용

- 임대료 : 보증금 2000 월 50
- 내부공사비용 : 1000만 원
- 식기 및 재료비용 : 500만 원
- 인건비 : 500만 원
- 총 초기 비용 : 4000만 원

(2) 예상수익(손익계산서)

매출	1800만 원	영업비	50만 원
매출원가	500만 원	잡비	40만 원
상품매출 총이익	1300만 원	영업 외 비용	30만 원
판매비와 관리비	530만 원	당기순이익	650만 원

- 한 달 당기순이익 : 650만 원
- 손익분기점 : 점포개설 4개월 후, 총 당기 순이익이 2600만 원이 되면서 손익분기점을 넘어선다.

9. 마케팅전략

아직 경쟁업체인 베이글이 생소할 수 있는 지역이기 때문에, 홍보방법이 매우 효과적이어야 한다는 생각이 들었다. 그래서 우리는 효과적인 홍보방법으로 시식회를 선택하였다. 시간대는 아침, 점심, 저녁으로 하루에 3번 정도 한 달 동안 할 계획이고, 간단하게 각 종류의 베이글과 스콘 등을 작게 썰어서 바구니나 그릇에 담아, 지나가는 사람들에게 한 개씩 집어 먹을 수 있도록 배치한다.

(1) 홍보

① 시식회 : 판매에 앞서 베이글의 존재를 모르는 사람들이 있을 수 있고, 안다고 해도 한 번도 접해보지 않은(들어 봤어도 먹어보지 않은 사람이 있을 수도 있다.) 사람이 있을 수 있다. 그래서 사람들에게 우리 슈먼 베이글의 존재를 알리기 위해, 대중교통 주변과

점포 주변에서 시식회를 할 것이다. 시간대는 아침, 점심, 저녁으로 하루에 3번 정도 한 달 동안 할 계획이다. 왜냐하면 베이글을 식사대용으로 생각하는 사람이 많기 때문이다. 또 그렇게 생각하지 않는 사람에게는 '식사대용으로 해보는 것이 어떻겠느냐'는 권유가 들어가 있기도 하다. 시식회는 거창하지는 않고 간단하게, 각 종류의 베이글과 스콘 등을 작게 썰어서 바구니나 그릇에 담아서 한 개씩 집어 먹을 수 있도록 배치해서 지나가다가 아주 간단하게 먹어볼 수 있게 할 것이다. 우리는 한곳에 머물러서 매장이나 역 주변에 가서 시식회를 하는 것이 아니라 먼저 버스 정류장이나, 지하철역에서 홍보활동과 시식회를 할 것이다. 버스나 지하철을 기다리시는 동안 가서 잠깐 동안 시식을 할 수 있게 하기 위해서 그쪽(지하철이나 버스 정류장)에 가서 대기를 하다가 주변 사람들에게 슈먼 베이글이라고 홍보를 하면서 한 번씩 먹어보라고 권유할 것이다.

② 명함 : 우리가 판매할 베이글과 점포의 이미지와 어울리는 개성 있는 명함을 준비할 것이다. 따뜻하면서도 귀엽고 친근한 이미지로 디자인한다. 칼라는 브라운을 바탕색상으로 하여 따뜻한 느낌을 주고, 옐로우를 사용하여 로고나 포인트 되는 부분에 귀엽고 친근한 이미지를 살린다.

③ 이벤트 : 풍선 등의 소품을 이용하여 창업 당일 날과 초기에 사용한다. 풍선 등을 이용하여 아침시간 유동인구가 많을 때, 걸어놓고 멀리서도 눈에 띄게 하는 효과를 주게 한다. 또한, 창업 초기에 베이글 간판 부근에만 풍선으로 장식하여, 베이글의 이미지와도 잘 어울리고, 사람들에게 신 점포임을 알리고, 우리 점포의 이미지도 각인시키는 효과를 얻도록 한다.

④ 사은품 : 베이글의 이미지에 맞게, 점포에 방문하는 고객들에게 귀엽고 저렴한 사은품을 제공한다. 요즘 맥도날드에서 사용하고 슈렉 캐릭터 인형 같은 경우는 저렴하면서도 귀엽고 베이글의 이미지와도 잘 맞을 것이라 생각한다. 우리는 이런 캐릭터 상품을 이용하긴 하지만, 조금 더 실용적이게 필기구 등의 사은품들을 생각한다.

⑤ 구전 마케팅 : 지역에서 유일하고 특성화된 베이글 전문점으로 성공하기 위해서 구전 마케팅은 필수적이라고 생각하여 하기로 하였다. 따라서 직장인, 학생, 주부 등 소문의 진원지가 되는 계층을 겨냥해서 다양한 홍보 전략을 구사하기로 한다. 다소 시간이 걸리기는 하겠지만, 인내심을 가지고 좋은 소문이 날 때까지, 홍보활동을 지속할 생각이다.

(2) 서비스관리

① 이른 영업시간 이용 : 베이글 전문점은 아침 매출이 중요하다. 직장인들과 학생들이 베이글을 식사대용으로 많이 찾기 때문이다. 특히, 오전 9시 이전에 매출액이 30%가 발생하는 경우가 많아서 늦어도 오전 7시쯤에는 문을 열 것이다.

구분	내용	비고 사항
이른 영업시간 이용	am7~9	아침 직장인들, 학생들 공략
재고의 할인판매	전날 팔리지 않은 제품 할인	가격40% 할인
한정된 수량판매	하루생산량 정하기	재고를 최대한 줄인다.
단체고객 배달서비스	베이글·스콧 30개 이상 주문 배달서비스	
그날의 메뉴선정	고객의 편의 제공	재구매 확률 높일 수 있음

② 한정된 수량판매 : 우리 베이글은 하루에 생산하는 제품의 양을 한정할 것이다. 일주일은 그 수량을 파악하기 위해서 임의로 정해서 팔고, 그 다음에는 하루에 팔리는 수량이 파악이 되고 나면, 그에 적당한 수량을 정해서 생산하여 재고를 최대한 줄일 것이다.

③ 그날의 메뉴선정 : 달력을 만들고 그날의 메뉴를 선정하여 할인해 준다. 그날그날 메뉴를 정해서 할인해 줌으로써 고객들이 다양한 베이글을 저렴한 가격에 이용하도록 도와준다. 한 번씩 돌아가면서 먹을 기회를 주어 판매를 촉진시킬 수 있고, 할인으로 동기부여가 되어 구매했던 고객들은 다른 메뉴를 먹어 본 후 입맛에 맞으면 다음번에 재구매를 할 확률을 높여 줄 수 있다.

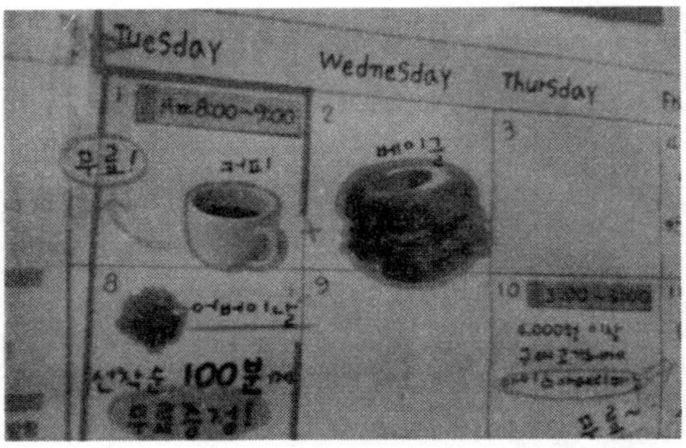

④ 재고의 할인판매 : 한정된 수량을 판다고 해도, 완벽하게 다 팔리지 않는 날이 있을 수도 있다. 그런 날은 다음과 같이 처리할 것이다. 전날에 팔리지 않은 제품은 다음날에 묶어서 할인을 통해 파는 것이다. 남은 베이글과 스콘을 묶어서 그 안에 들어있는 실제 가격을 40% 할인해서 파는 것이다. 그 묶음은 어제 팔고 남은 수량에 따라 적어질 수도 있고, 많아질 수도 있다.

⑤ 단체 고객 배달서비스 : 단체로 주문을 할 경우에 배달서비스를 시행할 것이다. 베이글과 스콧 중 30개 이상을 구매하시는 분에 한하여 배달을 해준다.

(3) 홍보 준비 과정

날짜	진행 사항	비고 사항
오픈 6일 전	명함 제작	알리고자 하는 내용의 중요성 위주로
오픈 4일 전	사은품 제작	저렴하면서 점포의 이미지와 맞게
오픈 3일 전	구전 마케팅	소문의 진원지가 되는 계층 겨냥
오픈 1일 전	풍선 마케팅	제작 후 전면에 설치
오픈 당일	무료 시식회	우리들(공동창업자)이 직접
오픈 이후	그날의 메뉴 선정, 단체고객배달서비스	고객들의 입맛에 맞게 편의 제공

10. 결론

창업기업의 시장이 사업경영의 비전을 제시하지 못하고 기업경영에서 일어나는 여러 가지 사안에 대해 적기에 판단을 내리지 못하고 머뭇거리는 경우가 많다. 이럴 때 회사나 점포는 어떻게 되겠는가. 점차 시장의 권위와 신뢰는 땅에 떨어지고 종업원 다루기가 더 어려워 질것이다. 끊임없이 변화하고 경영환경도 시시각각 변하고 있다. 시대에 뒤떨어지지 않기 위해서는 변화에 능동적으로 대처하여 틈틈이 각종 세미나나 교육에 참석하여 선진기법들을 자기 것으로 만드는 노력이 필요하다. 결국 공부하고 노력하는 사람만이 성공하는 것이다. 창업을 위해서는 무엇보다 고객의 Needs를 파악하는 것이 중요하다.

주변 사람들의 말만 듣고 막연히 창업을 시작한다면 실패할 확률이 매우 높은 것을 명심해야 한다. 무리한 차입으로 인한 수익성 악화는 조급함으로 이어져 실패를 초래하는 경우가 많다. 또한 과소투자로 경쟁력을 약화시켜 처음부터 고객을 끌지 못하는 요인도 있다. 과소투자 과잉투자 두 가지 경우 철저하게 손익분석을 해봐야 한다.

경쟁점포와 주위 상권에 대해 철저히 분석하고 준비하여 차별화된 서비스 제공만이 성공적인 창업의 길임을 명심하자.

제10장 식음료 소비자의 이해

1. 식음료 소비자의 생활패턴 분석

환경의 변화는 식생활의 패턴을 급속도로 변화시키고 있다. 기성세대의 경우 전통고유음식을 선호하지만 신세대는 맛의 서구화가 이미 길들여져 또 다른 서구음식을 기대하는 욕구로 변해 가고 있다. 즉 젊은 층이나 신세대의 식습관은 대체로 양식이나 선진국형 가공식품을 선호하면서 인스턴트성 식품을 즐겨 먹는다. 또 음식을 선택함에 있어서 맛을 최우선으로 하고 있지만 분위기의 감성화에 쉽게 적응하며 금액지불에 있어서도 아끼지 않는 소비성향을 가지고 있다. 서울소비자 상대로 전체선호도조사를 연령별 식생활태도를 분석한 결과는 다음과 같다.

1) 맛에 대한 선호도

비싸도 맛있는 집 선호에 있어서는 가격과 관계없이 맛있는 음식점을 찾는 사람이 40% 수준이며, 연령별로는 20대 이하의 긍정적인 응답이 18.5%로 매우 높으며 연령층이 높을수록 낮아지고 있다. 특히 공무원, 전문직, 자영업종사자가 가격에 관계없이 맛에 따라 음식점을 선호하는 경향이 두드러지게 나타남은 알 수 있다.

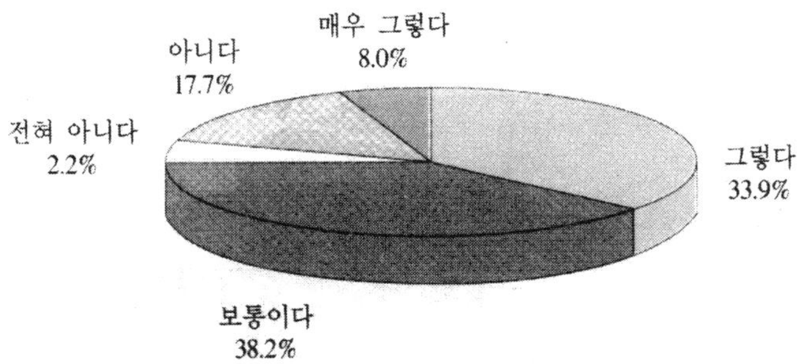

그림1. 가격이 비싸더라도 맛있는 음식점 선호 비율

2) 지불금액에 대한 가치평가

외식 시 지불가치평가 그림2에서 보는 바와 같이 외식에 대한 지불가치를 아깝게 여기고 있지 않음을 알 수 있다.

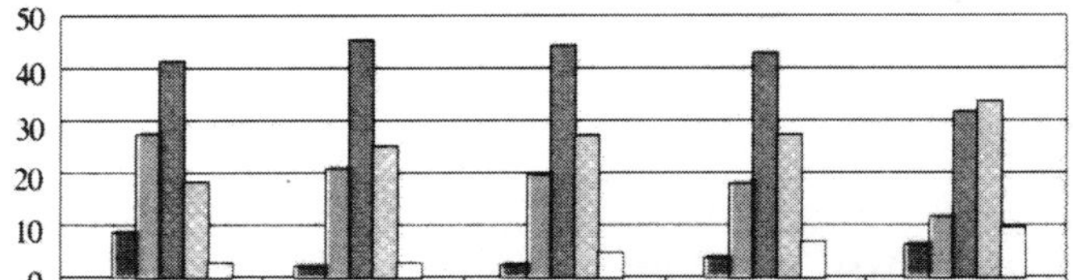

	10대	20대	30대	40대	50대
매우 그렇다	11	2	1	5	6
그렇다	27	22	20	19	13
보통이다	41	47	47	44	34
아니다	18	26	28	27	37
전혀 아니다	3	3	5	6	10

그림2. 연령별 외식 시 지불가치

3) 소비자 점포선택 시 재방문 특성

매장방문에 대한 재방문은 70%에 가까운 응답자가 주로 다니는 단골집을 이용하는 편으로 나왔다.

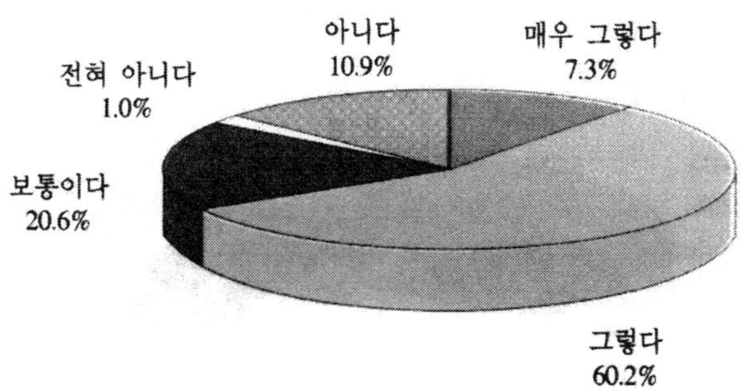

그림3. 외식장소의 반복적 습성

4) 인스턴트식품에 대한 선호도

선호하는 인스턴트식품의 비중은 10% 정도로 낮게 나타났으며, 그림4에서 보는 바와 같이 연령별 선호도는 50대와 10대가 가장 선호하는 것으로 나타났으며 20가 가장 선호하자 않는 것으로 나타났다.

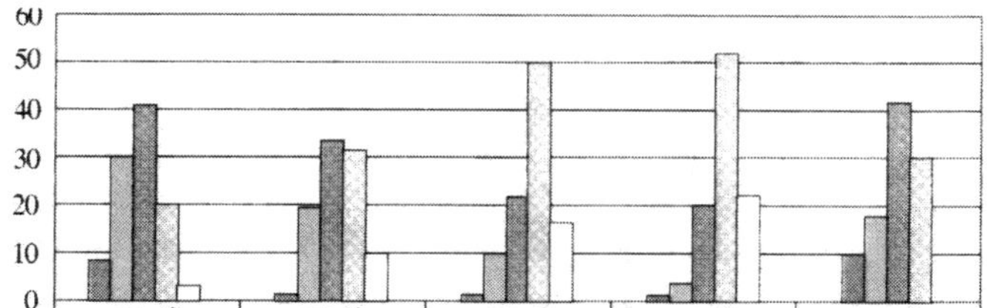

	10대	20대	30대	40대	50대
매우 그렇다	8	2	2	2	9
그렇다	30	18	9	4	17
보통이다	41	36	23	20	44
아니다	19	34	50	53	30
전혀 아니다	3	10	16	22	-

그림4. 연령별 인스턴트식품의 선호도

5) 식생활의 서구화 선호도

한식과 양식의 선호도 측정결과 한식에 대해서는 부정적 견해가 67.7%로 나타나 아직까지 양식을 좋아 하는 것으로 나타났다. 그림5는 20대 이하의 경우 부정적인 견해가 37%에 불과해 우리 식생활의 서구화가 빠르게 진행되고 있음을 보여 주고 있다.

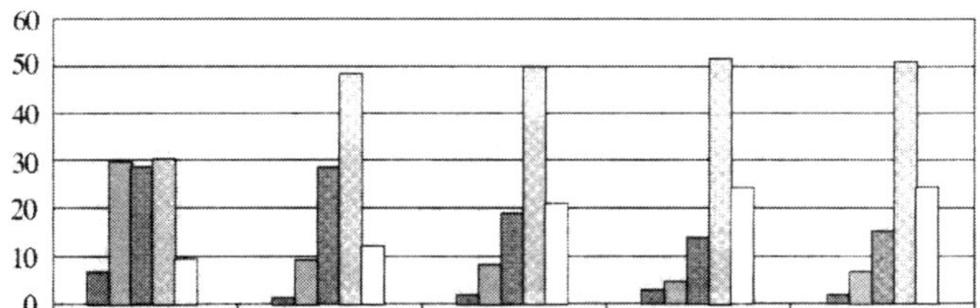

	10대	20대	30대	40대	50대
매우 그렇다	7	2	3	4	2
그렇다	30	9	8	6	7
보통이다	27	29	19	14	16
아니다	30	47	50	52	51
전혀 아니다	8	14	21	25	25

그림5. 연령별 한식 선호도

2. 외식 소비행태의 분석

1) 외식빈도

월평균 외식빈도는 2번 이상이 27.4%로 가장 높고, 4번 23.5%, 거의 안함 20.5% 순으로 나타났으며, 월 4회 이상 외식한 연령별 비중은 20대가 38%, 40대가 35%, 50대가 34%이며, 기혼자보다는 미혼자와 교육수준이 높을수록 외식을 더 자주하는 것으로 나타났다.

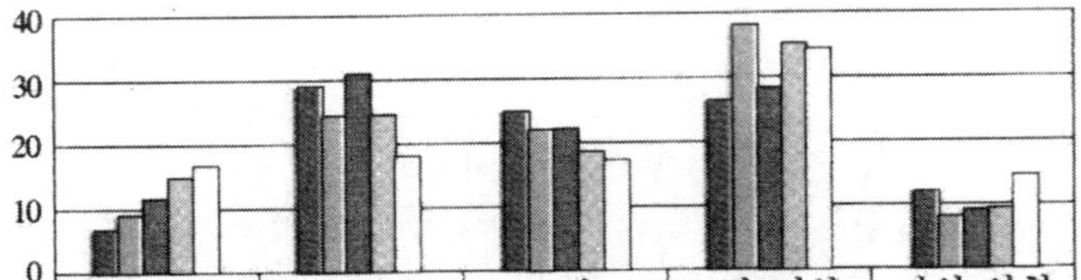

	1번	2번	3번	4번 이상	거의 안함
10대	7	29	25	27	12
20대	9	24	22	38	8
30대	11	31	22	28	9
40대	14	24	18	35	9
50대	17	18	17	34	14

그림6. 연령별 월평균 외식횟수

2) 지출액

외식비는 그림7에서 보는 바와 같이 월평균 7~10만 원이 22.5%, 3~5만 원이 20.8%, 5~7만 원이 18.8%순으로 나타나 거의 10만 원 미만의 비용을 지출하는 것으로 나타났다. 또 40대 이상의 경우 월 10만 이상 지출이 20% 이상으로 매우 높게 나타나고 있다. 특히 월평균 외식횟수와 같이 교육수준이 높을수록 외식비지출이 많았다.

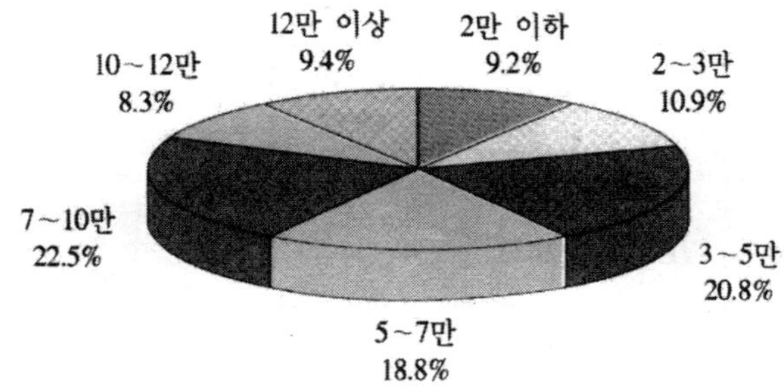

그림7. 월평균 외식비용

3) 외식동기

외식동기는 주로 친목을 목적으로 하며, 친구와 동료의 어울림이 32.5%, 가족과 함께 27.3%로 나타났다. 동행인으로는 가족 45.4%, 친구 33.3%, 직장동료 및 사업처 19.7% 순으로 나타나고, 주부의 경우 가족과 함께 하며, 학생의 경우 친구와 함께 하는 비율이 매우 높게 나타났다.

4) 매장 체류시간

외식에 소요되는 시간은 그림8에서 보는바와 같이 평균 1시간 정도이며, 1~1시간 30분 정도가 43.2%로 가장 많고, 30분~1시간이 38.2%로 그 다음인 것으로 나타났다. 한편 20대 이하는 30분 이내가 18.5%로 나타나고 있는데, 이는 인스턴트식품과 패스트푸드를 선호하는 것과 상관관계가 있는 것으로 보인다.

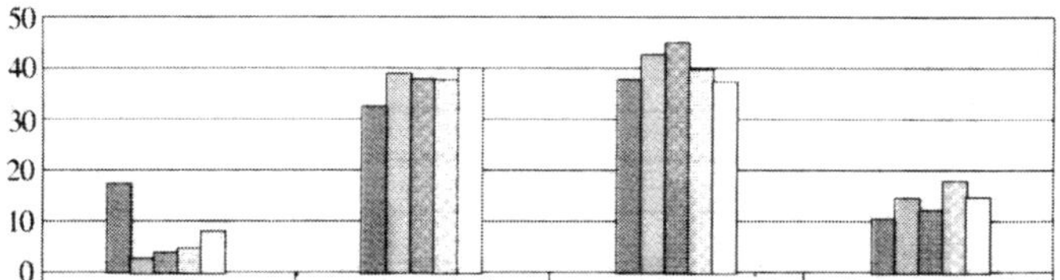

	30분	30~1시간	1~1시간 30분	1시간 30분 이상
10대	18	33	38	11
20대	3	39	43	15
30대	4	38	46	12
40대	5	38	40	18
50대	8	40	38	15

그림8. 연령별 체류시간

5) 외식 선호업종

외식선호 업종에 있어서는 한식 70.1%로 가장 높고, 양식 8.2%, 일식 6.5%, 간단식 4.2%의 순으로 나타났다. 최근 각광을 받고 있는 패스트푸드점과 패밀리레스토랑은 각각 3.3%와 3.9%로 나타나고 있으며, 중식 2.5%로 매우 낮게 나타났다. 특히 고령일수록 한식 선호하며, 양식과 패스트푸드점은 저 연령층에서 선호도를 보이고 있다.

6) 외식 소비자의 불만족도

가장 불만을 느끼는 사항은 전반적인 서비스부족이 37.6%로 가장 높게 나타났으며, 젊은 세대일수록 분위기에 큰 비중을 두고 있다.

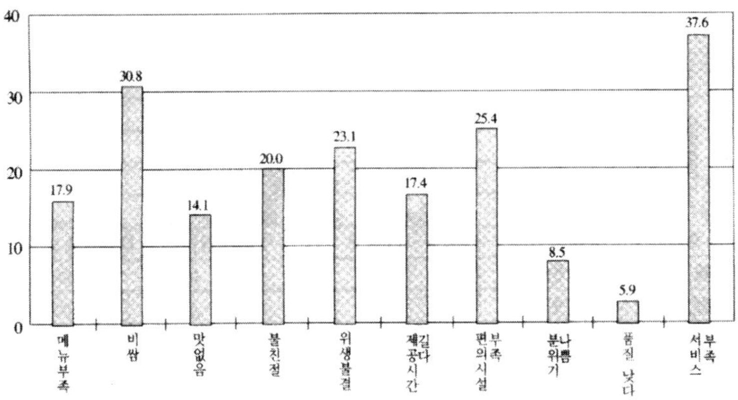

그림9. 외식 시 불만사항

7) 정보의 취득경로

외식정보의 취득경로는 주로 주변사람이나 SNS를 통해 외식에 관한 정보를 얻는 것으로 나타났다.

8) 외식 서비스의 평가

우리나라 외식의 서비스 수준이 2~3년 전과 비교했을 때 2/3 정도가 서비스 수준이 향상된 것으로 느끼고 있는 반면, 불만사항으로 서비스가 제일 높게 나타난 것으로 보아 아직도 더 개선해야 할 여지가 있는 것으로 판단된다.

9) 외식 선호입지의 유형

외식 시 주로 이용하는 교통수단이 승용차인 것과 관련, 집 주위 22.9%보다는 교외가 32.6%로서 양호했으며, 시내는 33.2%를 선호하여 주로 교외나 시내에서 외식하는 경우가 많고, 남자는 교외지역(37.0%), 여자는 도심지역(40.9%)을 선호하고 있다. 특히 연령이 높아질수록 집 주위를 선호하며, 30대 이하는 도심지역을, 30대 이상은 교외지역을 더 선호하는 경향을 나타내고 있다.

또한 주부는 집근처(40.1%)에서, 학생·전문직·생산 및 기술직은 도심지역을 지향하고, 공무원·자영업자는 교외지역을 선호하는 것으로 조사되었으며, 기혼자들의 경우 집 주위에서, 미혼자들은 도심지역에서 외식하는 것을 선호하였다.

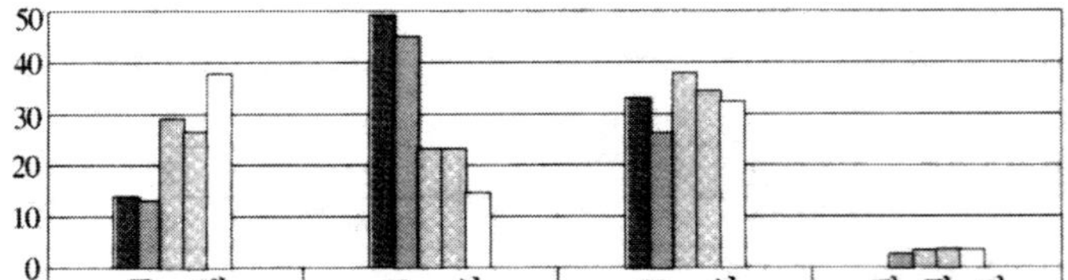

	주 택	도 심	교 외	관 광 지
10대	14	49	33	-
20대	13	46	27	3
30대	29	23	38	4
40대	27	23	35	4
50대	38	15	33	4

그림10. 연령별 외식 시 선호입지유형

✿ 창업지침서 ✿

스터디 카페전문점 사업계획서

1. 창업계획 개요

– 창업 아이템 소개, 창업동기

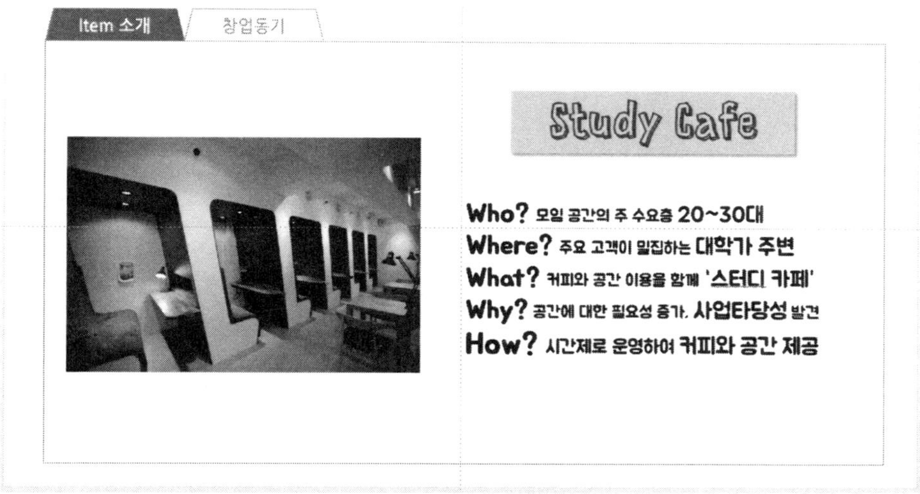

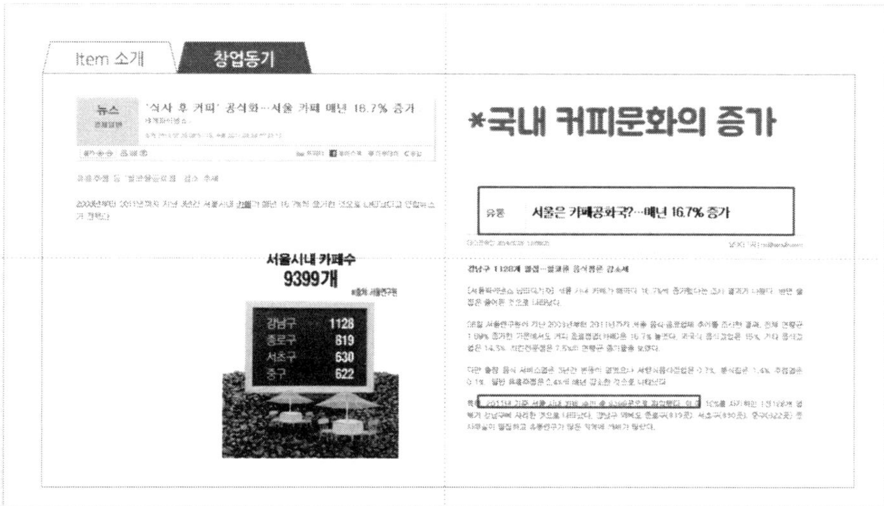

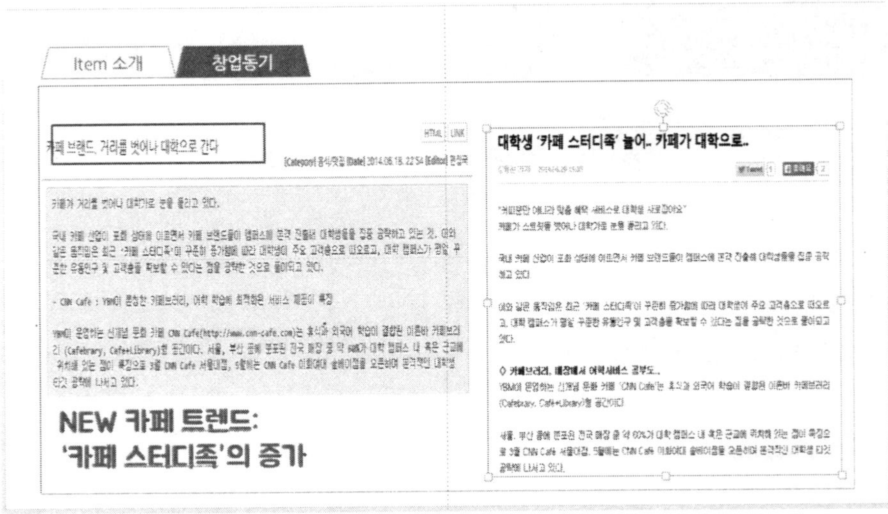
Item 소개
창업동기
카페 브랜드, 거리를 벗어나 대학으로 간다
대학생 '카페 스터디족' 늘어.. 카페가 대학으로..
NEW 카페 트렌드:
'카페 스터디족'의 증가

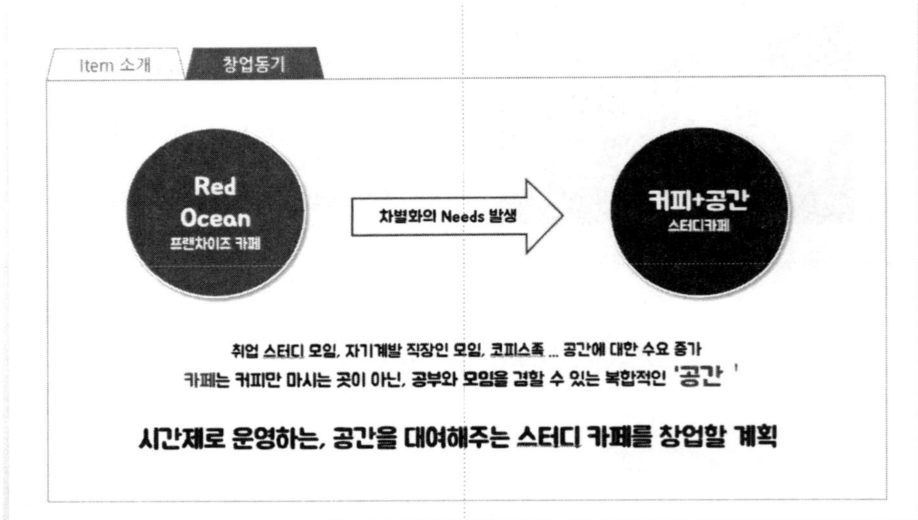
Item 소개
창업동기
Red
Ocean
프랜차이즈 카페
차별화의 Needs 발생
커피+공간
스터디카페
취업 스터디 모임, 자기계발 직장인 모임, 코피스족 ... 공간에 대한 수요 증가
카페는 커피만 마시는 곳이 아닌, 공부와 모임을 겸할 수 있는 복합적인 '공간'
시간제로 운영하는, 공간을 대여해주는 스터디 카페를 창업할 계획

2. 시장 현황 및 분석

– 시장현황, 상권, 입지, 마케팅 전략

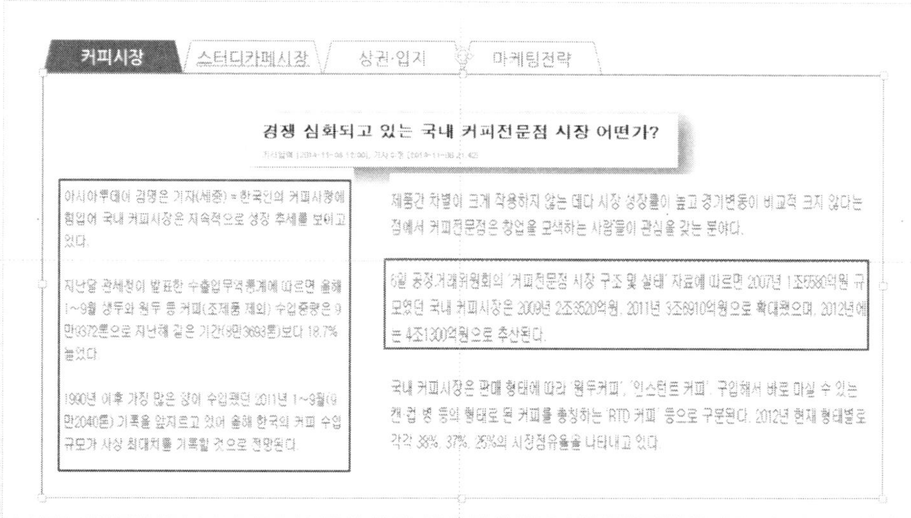

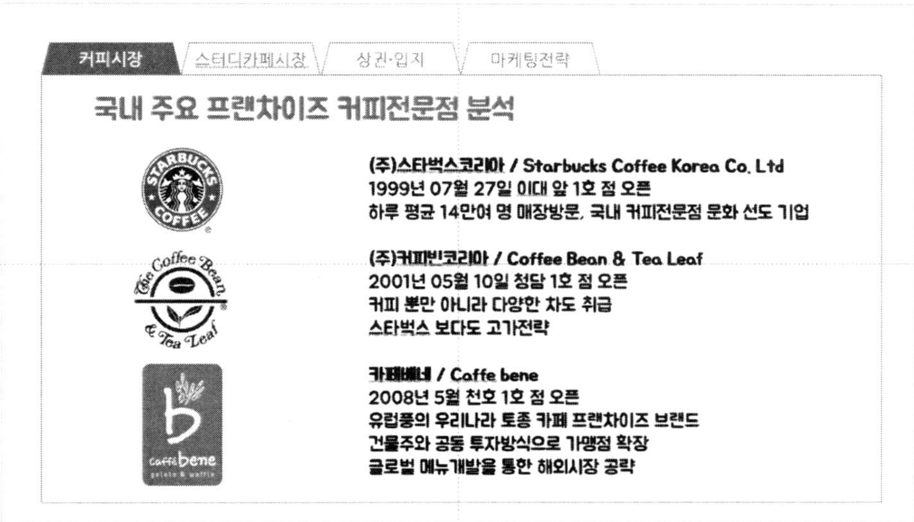

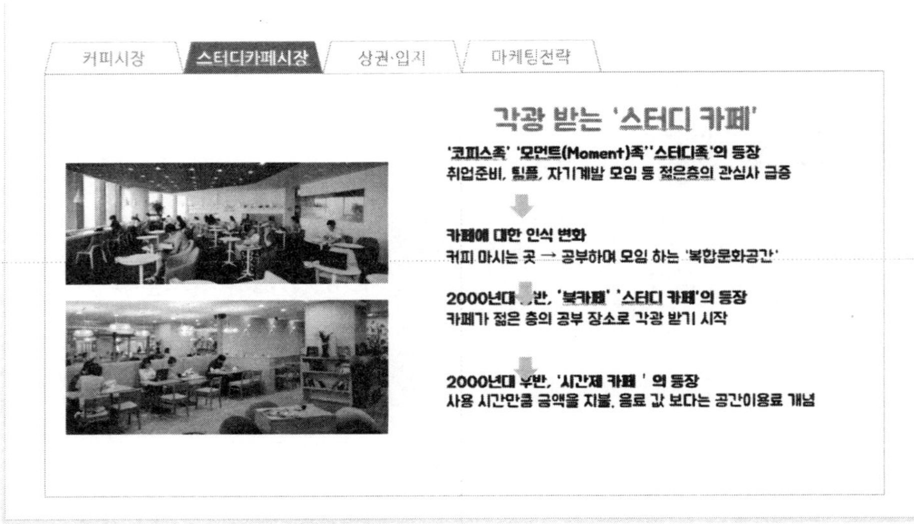
커피시장
스터디카페시장
상권·입지
마케팅전략
각광 받는 '스터디 카페'
'코피스족' '모먼트(Moment)족''스터디족'의 등장
취업준비, 팀플, 자기계발 모임 등 젊은층의 관심사 급증
카페에 대한 인식 변화
커피 마시는 곳 → 공부하며 모임 하는 '복합문화공간'
2000년대 중반, '북카페' '스터디 카페'의 등장
카페가 젊은 층의 공부 장소로 각광 받기 시작
2000년대 후반, '시간제 카페 ' 의 등장
사용 시간만큼 금액을 지불, 음료 값 보다는 공간이용료 개념

커피시장
스터디카페시장
상권·입지
마케팅전략
Wing Study
cube
CAFE CUBE
ABLE SQUARE
스터디 카페 = 카페 + 독서실
카페와 독서실의 중간개념, 기존의 카페와 달리 단체 모임 등을 위한 시설 장비 및 공간이 마련되어 있음
강남역과 홍대, 종로 등 서울의 주요 번화가에서 스터디 카페가 성행 중이다.
회전율, 시설미비 등 기존 커피전문점들의 한계점을 보완할 수 있는 대체재

커피시장 | 스터디카페시장 | 상권·입지 | 마케팅전략

커피랑 도서관 (용인 보정점)

- 위치: 경기도 용인시 기흥구 보정동 1208-4 303호
- 대표전화: 1666-1640(4)
- 북 카페 + 스터디 카페 컨셉으로 유명세 타기 시작
- 죽전 아파트단지 + 단국대학교 상권 내 고객 확보

커피시장 | 스터디카페시장 | 상권·입지 | 마케팅전략

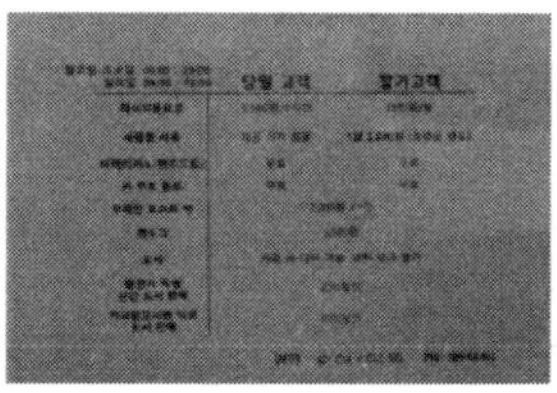

- **운영시간:** 월~토 08:00~23:00
  일 09:00~22:00
- **가격:** 당일고객 (1,500원/1시간) & 1일권 (8시간-10,000원)
  장기고객 (월 15만원)
- **무료제공:** 아메리카노 및 무료 음료
- **무제한 토스트 바**(2,000원), **사물함**(3,000)원 등 **추가 서비스 운영**

*** 공간 구성:**
개방형 (1인책상) + 알막형 (1인용 칸막이 책상) + 스터디룸 + 휴게실

- **2개의 Study Room 운영:** 2~8인 수용, 선 예약제 운영
- **휴게실:** 600권 이상의 책 구비 + 노트북 및 아이패드 대여

커피시장
스터디카페시장
상권·입지
마케팅전략
xx대학교 후문 (광교 신도시 상권)

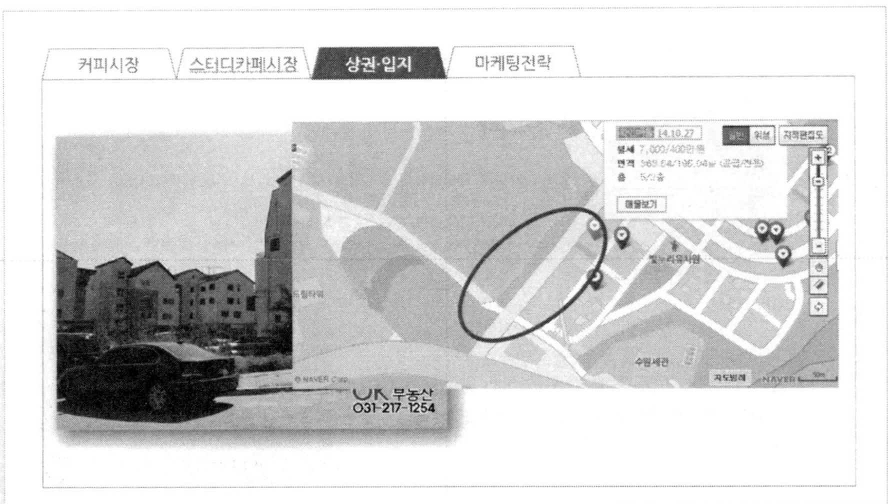
커피시장
스터디카페시장
상권·입지
마케팅전략
OK 부동산
031-217-1254

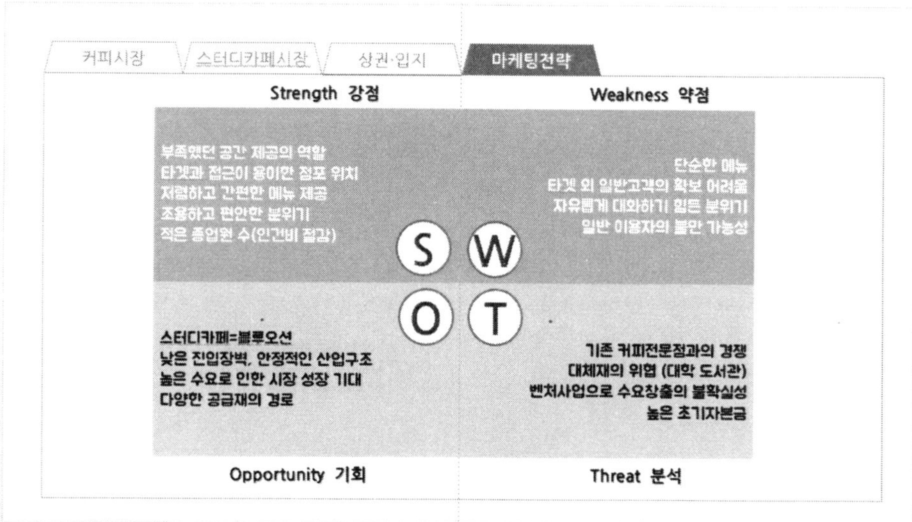
커피시장
스터디카페시장
상권·입지
마케팅전략
Strength 강점
부족했던 공간 제공의 역할
타겟과 접근이 용이한 점포 위치
저렴하고 간편한 메뉴 제공
조용하고 편안한 분위기
적은 종업원 수(인건비 절감)
Weakness 약점
단순한 메뉴
타겟 외 일반고객의 확보 어려움
자유롭게 대화하기 힘든 분위기
일반 이용자의 불만 가능성
S
W
O
T
스터디카페=블루오션
낮은 진입장벽, 안정적인 산업구조
높은 수요로 인한 시장 성장 기대
다양한 공급재의 경로
기존 커피전문점과의 경쟁
대체재의 위협 (대학 도서관)
벤처사업으로 수요창출의 불확실성
높은 초기자본금
Opportunity 기회
Threat 분석

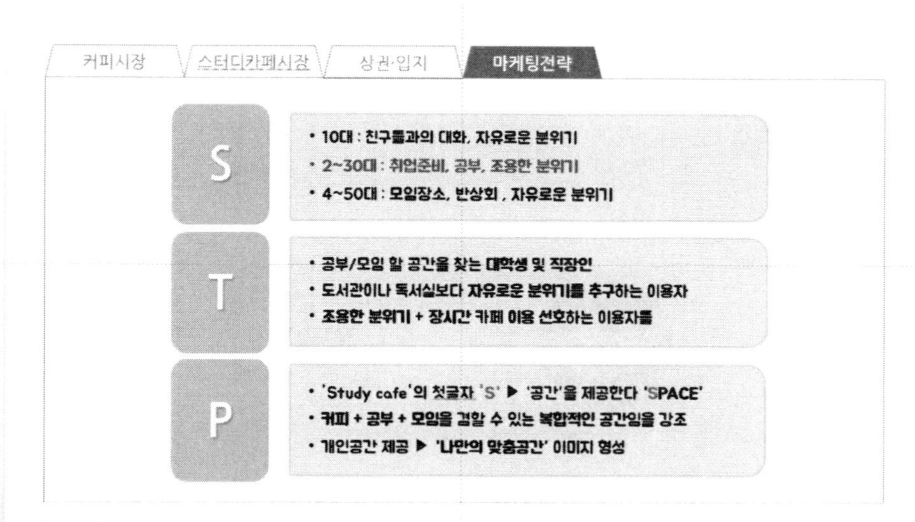
커피시장
스터디카페시장
상권·입지
마케팅전략
S
• 10대 : 친구들과의 대화, 자유로운 분위기
• 2~30대 : 취업준비, 공부, 조용한 분위기
• 4~50대 : 모임장소, 반상회 , 자유로운 분위기
T
• 공부/모임 할 공간을 찾는 대학생 및 직장인
• 도서관이나 독서실보다 자유로운 분위기를 추구하는 이용자
• 조용한 분위기 + 장시간 카페 이용 선호하는 이용자들
P
• 'Study cafe'의 첫글자 'S' ▶ '공간'을 제공한다 'SPACE'
• 커피 + 공부 + 모임을 겸할 수 있는 복합적인 공간임을 강조
• 개인공간 제공 ▶ '나만의 맞춤공간' 이미지 형성

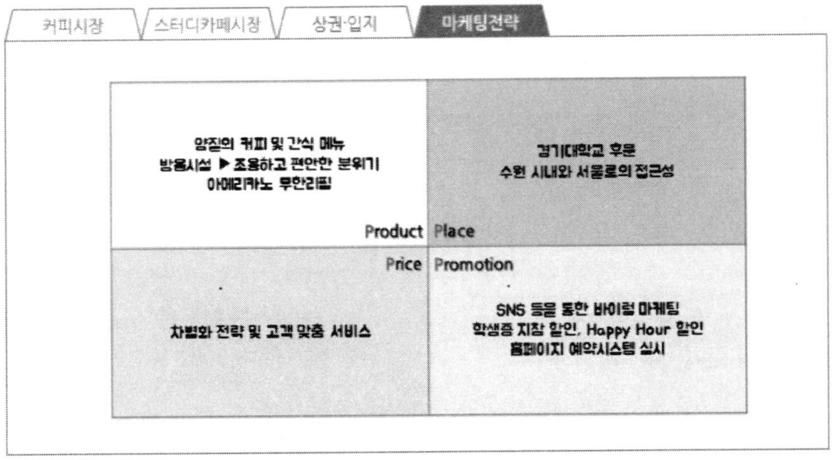

3. **세부 사업계획**

– 영업계획, 판매촉진, 차별화전략

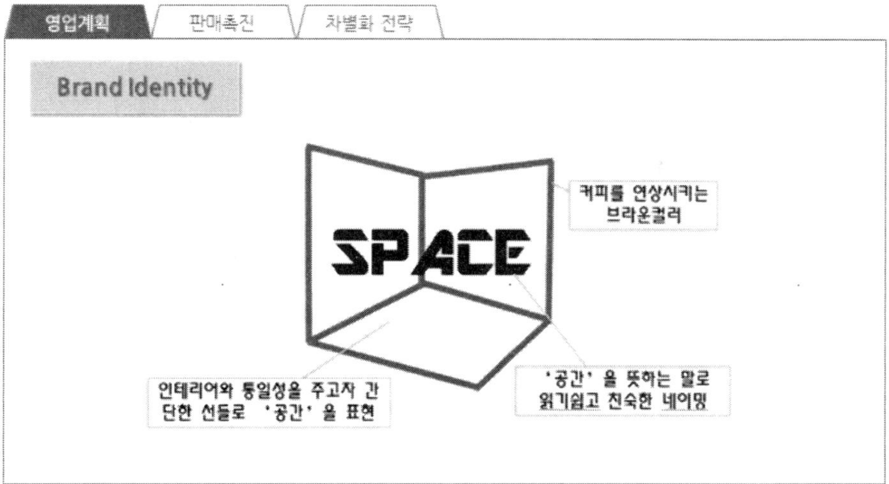
영업계획
판매촉진
차별화 전략
Brand Identity
커피를 연상시키는 브라운컬러
SPACE
인테리어와 통일성을 주고자 간단한 선들로 '공간' 을 표현
'공간' 을 뜻하는 말로 읽기쉽고 친숙한 네이밍

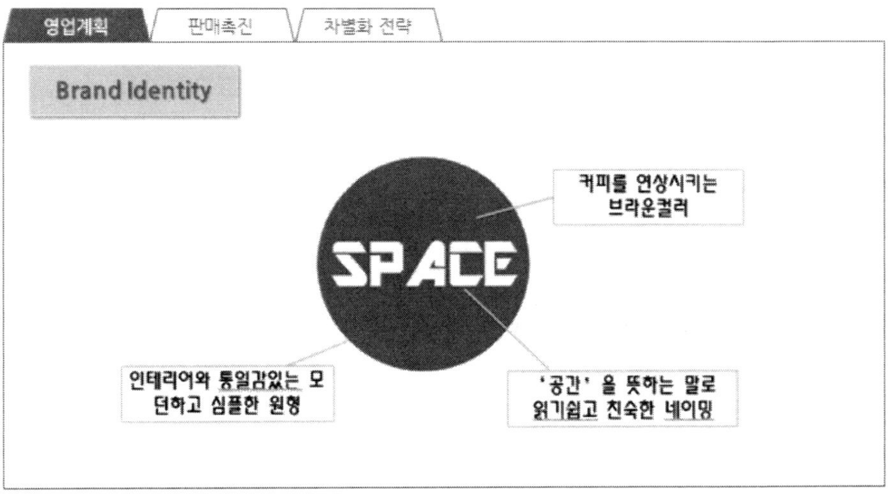
영업계획
판매촉진
차별화 전략
Brand Identity
커피를 연상시키는 브라운컬러
SPACE
인테리어와 통일감있는 모던하고 심플한 원형
'공간' 을 뜻하는 말로 읽기쉽고 친숙한 네이밍

영업계획 | 판매촉진 | 차별화 전략

OPEN HOURS

365일 연중무휴

MON~SUN 10:00~23:00

영업계획 | 판매촉진 | 차별화 전략

Price

The Space 이용요금

	요금	비고
기본권 (3시간)	₩5,000	추가 시 30분 당 500원
월 정액 권	₩150,000	30일 간 무제한 이용 가능
Happy Hour	1시간 당 ₩1,000	12:00 이전 / 22:00 이후

- 회전율을 고려해 기븐 3시간 이용로 책정 (₩5,000)
- 다양한 이용 패턴에 맞게 월 정액 권 등의 요금 운영하여 적정한 회전율 유지
- 할인 프로모션 운영: Happy Hour, 학생증 지참 시 5% 할인 등

영업계획
판매촉진
차별화 전략
Menu
Menu
* 에스프레소 - 2,000원
* 아메리카노 - 2,500원
* 카페라떼 - 3,000원
* 카푸치노 - 3,000원
* 카페모카 - 3,000원
* 카라멜 마끼아또 - 3,500원
* 아이스 티 - 2,000원
* 핫 초코 (ice) - 3,000원

영업계획
판매촉진
차별화 전략
Interior
카페 예시 이미지
은은한 백열등 ▶ 집중되는 효과
전체적인 화이트 톤 + 짙은 색상의 원목가구 ▶ 세련되고 따뜻한 느낌
독특한 가구를 사용한 차별화

영업계획 | 판매촉진 | 차별화 전략

Floor Chart

1인석 17석
8인석 8석
10인석 20석

총 45석

영업계획 | 판매촉진 | 차별화 전략

Details

- Book section ▶ 취업 관련 도서, 자기계발서, 잡지 등 읽을 거리 구비
- 단골손님들을 위한 사물함 제공 및 운영
- 자료 검색용 PC, 프린트 복사기 설치, 노트북 대여 서비스 (시간당 500원)
- 콘센트를 곳곳에 설치, Free wi-fi 제공

영업계획
판매촉진
차별화 전략
대학 커뮤니티 활용
학생들 이용이 잦은 학교 커뮤니티 홍보 게시판을 통한 홍보 활동

영업계획
판매촉진
차별화 전략
SNS 마케팅
Facebook, Twitter등 SNS를 활용한 홍보, 자발적 광고 효과 도모 (Viral Marketing)

영업계획 | 판매촉진 | **차별화 전략**

1. 외출 Coupon 제도

장시간 이용객 대상, 식사를 위한 외출 시 20분의 잔여 이용시간 Keep
외출 시 귀중품 보관 서비스 : 직원용 사물함에 보관

2. 커피 리필제도

매장 내부고객 - 커피 무한리필(아메리카노만)
매장 외부고객 - 당일 영수증 지참시 아메리카노만 1회 리필

3. 근처 식당과의 제휴 할인

근처 식당에서 식사 후 그 식당에 구비 된 명함 제출시 커피 10% 할인

4. 소요자금 추정, 조달

- 소요자금, 자금조달

소요자금 | 자금조달

<매장관리>

구분	내용	비고
실 평수	59평형	
주방면적	5평형	
홀 면적	홀 - 46평형 / 25석 룸 - 4평형 / 20석	
화장실	4평	
영업시간	AM 10:00 ~ PM 11:00	

소요자금 | 자금조달

<매장관리 - 비품>

항목		금액
책상	1인용 책상*17 8인용 책상*1 10인용 책상*2	49.800원*17 = 846.600원 (의자포함) 98.500원*1 = 98.500원 (의자포함) 203.030원*2 = 406.060원
책장	(5x3) 2개, (3x3) 1개	77.800원*2 + 71.780원 = 227.380원
도서	도서 20권 메뉴판용 보드 사물함 21칸	50.000원 (중고도서 위주 구매) 33.3000원 49.800원*21 = 348.600원
식기류	일반 머그잔*20 아이스용 잔*5 티스푼*5	4950원*40 = 198.000원 5490원*40 = 219.600원 1000원*5 = 5000원

소요자금 | 자금조달

< 매장관리 - 비품>

항목			금액	
운영 용품	커피머신 냉장고 정수기 얼음 제조기 소화기 와이파이 기기	438.000원 395.000원 235.100원 268.000원 13.500원 19.800원	POS 기계 컴퓨터 복사기 대여용 노트북*4 스탠드*26 카페용 스피커*4	432.000원 530.000원 (hp) 810.000원 30만원*4=120만 335.400원 259.000원
비용	7,447,640원			
기타비용	잡비 (향초, 화분, 휴지, 담요, 종이컵, a4용지 등)		약 100만원 여분비용구비	
총계	8,447,640원 (약 850만원)			

소요자금 | 자금조달

〈소요자금 - 창업 전〉

항목	금액
점포구입비용 (실평수 60평 198.3㎡)	보증금 7,000만원 권리금 없음 중개수수료 400만원
점포인테리어비용 (내/외부 공사)	3,000만원
비품, 집기, 물품	844만 7,670원
광고선전비용	전단지, 팜플렛, 판촉물 등 약 50만원
합계	102,947,640원

소요자금 | 자금조달

〈소요자금 - 창업 후〉

항목	금액
점포 유지 비용	월 임대료 400만원 수도광열비+통신비 70만원
인건비용	200만 8,800원 (2015년 최저시급 5,580원 적용)
상품비용	218만 5천원 (원두, 설탕 등 재료구입비)
이자비용	12만 7,500원 / 136만 8209원 (미소금융 4.5% 12개월 거치기간, 48개월 원금상환)
보험료	30만원 (상가화재보험 및 분실보험)
소모품, 사무용품대	30만원 (종이컵, 휴지, A4용지 등)
감가상각비	12만 4,127원 (정액법 5년, 7,447,640/5년 = 1,489,528)
기타비용	10만원 (가스밸브등 잔돈 등)
합계	9,942,927원

소요자금 | 자금조달

<총 소요자금>

창업 전 소요자금	102,947,640원
창업 후 소요자금	9,942,927원
합계	112,890,567원

소요자금 | 자금조달

<자금 조달 방안>

자기자본	6명 공동 투자 (1인당 1,000만원)	6,000만원
타인자본	미소금융 사업장 임차 보증금 대출	6,000만원
합계	자기자본 6,000만원 + 타인자본 6,000만원 = 12,000만원	

5. 재무계획

– 매출계획, 손익분기점분석

매출계획 / 손익분기분석

<총 매출액>

총 매출액		
구분	수익	비고
평일 하루 매출액 [성수기]	5.000*80+2500*(80+70) =775,000	좌석이용료+커피 (테이크아웃포함)
주말 하루 매출액 [비수기]	5.000*30+2.500*(30+50) = 350,000	좌석이용료+커피 (테이크아웃포함)
월 매출액	18,300,000원	775.000*20+350.000*8
연 매출액	181,536,000원	18.300.000*8+8.784.000*4

매출계획 / 손익분기분석

<추정 손익계산서>

과목	금액		비고
	월간실적	1년 차	
Ⅰ매출액	18.300.000	181.536.000	성수기*8+비수기*4 (성수기 : 3,4,5,6,9,10,11,12월) (비수기 : 1,2,7,8월)
Ⅱ매출원가	2.185.000	21.984.800	
Ⅲ매출총이익	16.115.000	159.551.200	Ⅰ- Ⅱ
Ⅳ판매관리비	7.732.927	92.795.124	1~7번 과목 합계
1.급료	2.008.800	24.105.600	2015년 최저시급 5,580원 적용 6시간 파트타임 종업원 3명 주 5일 근무
2.임차료	4.000.000	48.000.000	
3.수도광열비	700.000	8.400.000	전기세, 수도세, 가스비 등
4.보험료	300.000	3.600.000	상가화재보험 및 분실보험

매출계획 | 손익분기분석

〈추정 손익계산서〉

과목	금액		비고
	월간실적	1년 차	
5.감가상각비	124.127	1.489.528	비품에 한해 정액법 5년 가정
6.소모품비	500.000	6.000.000	컵홀더, 텀블러, 빨대, 종이컵, 휴지, A4용지 등
7.기타비용	100.000	1.200.000	거스름돈용 잔돈교환 등
Ⅴ영업이익	8.382.073	66.756.076	Ⅲ-Ⅳ
Ⅵ영업외비용	225.000	2.700.000	미소금융 연 4.5% 거치기간 12개월 2.700.000 원금상환기간 48개월 16.418.508
Ⅶ경상이익	8.157.073	64.056.076	Ⅴ-Ⅵ
Ⅷ법인세비용	815.707	6.405.607	법인세 10% 적용
Ⅸ당기순이익	7.341.366	57.650.469	Ⅶ-Ⅷ

매출계획 | 손익분기분석

〈현금흐름〉

구분	초기	1기	2기	3기
투자자본	(112,890,567)			
매출총이익		159.551.200	167.528.760	175.905.198
판매관리비		92.795.124	97.434.880	102.306.624
영업이익		66.756.076	70.093.880	73.598.574
이자비용		2.700.000	16.418.508	16.418.508
경상이익		64.056.076	53.675.372	57.180.066
법인세		6.405.607	5.367.537	5.718.006
당기순이익		**57,650,469**	**48,307,835**	**51,462,060**

매출액 5% 상승 가정, 판매관리비 5% 상승 가정, 이자비용 4.5%(거치기간 12개월), 법인세 10% 가정

매출계획 | **손익분기분석**

<순현 가법>

구분	초기	1기	2기	3기
	(112.890.567)	57.650.469	48.307.835	51.462.060

- 10% 할인율 가정

현재가치(PV): 57,650,469/(1,1)+48,307,835/(1,1)(1,1)+51,462,060/(1,1)(1,1)(1,1)
=52,409,517+39,923,830+38,664,207
=130,997,554

순현가(NPV): 현금 유입의 현재가치 - 현금 유출의 현재가치
130,997,554-112,890,567=**18,106,987**

NPV가(net present value) **양의값(≧0)을 가지므로 수익이 투자보다 큼 =>** 투자가능

매출계획 | **손익분기분석**

<IRR>-Internal rate of return

구분	초기	1기	2기	3기
	(112.890.567)	57.650.469	48.307.835	51.462.060

$$\frac{57,650,469}{(1+IRR)}+\frac{48,307,835}{(1+IRR)^2}+\frac{51,462,060}{(1+IRR)^3}-112,890,567=0$$

IRR(Internal rate of return) = **0.13794985...**
내부수익률IRR(13.79%)>자본비용R(10%) =>투자안 채택

제11장 외식 소비자 행동 분석

1. 소비자 행동의 의의

1) 소비자 행동분석의 정의

소비자 행동(consumer behavior)이란 소비자가 자신의 욕구를 충족시키기 위해 필요로 하는 제품이나 서비스에 대해 자기의 소득수준에 따라 참여하는 의사결정과정과 활동을 말한다.

소비자들은 자신의 욕구를 충족시키기 위해서 상품을 구매하며, 자아실현에 대한 욕구를 해결하기 위해서 구매 행동이 개성화되고 자신들의 가치를 표현해주는 상품을 구매하고자 하는 성향이 있다.

Cohen(1991)은 소비자 행동을 (개인뿐 아니라, 가족이) 경제적 제품과 서비스를 획득하고 사용하는데 직접적으로 관련된 의사결정을 포함한다고 정의했다. 소비의 주체로서 개인은 물론이고 가족도 포함시키고 있어서 소비자에 대한 범위를 분명히 하고 있다고 할 수 있으며, 제품이나 서비스를 구매하거나 사용하는 것 이외에도 그와 관련된 의사결정 과정을 중시했음을 알 수 있다. 또한 소비자 행동을 개인, 집단, 조직이 제품과 서비스 및 그 밖에 자원들을 획득하고 사용할 때, 그리고 제품과 서비스에 대한 사후적인 경험을 통해서 나타나는 행동, 과정 및 사회적 관계로 정의하기도 하였다.

소비자의 선택을 결정하는 영향요인은 광범위하지만 개인소비자와 환경으로 압축할 수 있다. "개인소비자는" 상표특징에 대한 지각, 소비자의 욕구, 개성특징 등이 상표선택에 영향을 미친다. 소비자의 구매환경은 사회계층, 대면계층, 문화, 커뮤니케이션 등이다.

매장이 경쟁력을 갖기 위해서는 보다 다양하고 개성적인 소비자들의 욕구를 충족시켜줄 상품을 생산해내는 것이 중요하다. 시장이 형성되는 초기에는 소비자의 욕구가 일반적으로 경영자의 주관적인 판단에 맞게 흘러갔지만, 시장 환경이 점점 복잡해지면서 마케팅관리자의 주관적인 판단만으로는 소비자의 욕구를 정확하게 파악하기가 어려워졌고 또한 매장의 마케팅활동에 대하여 소비자들이 어떻게 생각하고 있는지를 파악하기도 몹

시 어려워졌다.

이제 외식은 소비자의 욕구를 정확하게 파악하지 못하게 된다면 시장세분화나 표적시장의 선정 등과 같은 마케팅활동을 효과적으로 수행할 수가 없게 되고, 소비자는 해당 매장에서 생산해내는 상품이나 서비스에 대해서는 관심을 갖게 되지 않을 것이다. 따라서 마케팅관리자는 급변하는 외식시장 환경 속에서 다양한 소비자 욕구를 만족시킬 수 있는 마케팅 전략을 수립하기 위해 소비자행동을 체계적으로 이해하고 있어야 한다.

소비자 행동의 정의 속에는 소비자를 의사결정단위(decision-making units)로 보며, 소비자 행동을 구매의사결정과정(필요의 인식 → 정보의 탐색 → 대안의 평가 → 구매의사결정 → 구매 후 행동)으로 보기 때문에 신체적 행동(physical activity)과 심리적 결정과정(mental decision process)이 포함된다.

2. 소비자행동 연구의 필요성

소비자는 구매행동에 있어 여러 변수의 영향을 받는다. 이러한 변수들은 상호 간에 서로 연결되면서 복합적으로 작용하기 때문에 이들을 정확히 분석한다는 것은 매우 어려운 일이다. 그래서 목표시장의 구매행동은 효과적인 제품계획, 가격, 광고 소구(상품이나 서비스의 특성이나 우월성을 호소하여 공감을 얻는 것), 유통경로 등 프로그램의 선정에 유리하게 작용한다.

소비행동에 관한 연구의 목적은 우선 일반적인 인간의 행동양식과 그 원인을 이해하고 마케팅의 효율적인 운용으로 마케팅활용의 효과를 증진시키며, 나아가서는 소비자보호와 공공정책의 효율적인 수립을 도모하기 위함이다.

소비자행동 분석의 중요성은 다음과 같다(이학식 외, 1997).

- 소비자행동 연구는 복잡한 인간행동, 특히 "소비자의 동기"를 알 수 있게 한다.
- 소비자의 구매의사결과에 대한 이해를 증진시켜 우리로 하여금 보다 좋은 소비자가 될 수 있도록 한다.
- 마케팅 커뮤니케이션을 보다 활발하고 신속하게 이루어지게 함으로써 소비자 설득에 있어 유리한 강점을 지니게 한다.

Marketing Concept 등장, 실천으로 인한 소비자행동 연구의 중요성이 급증했고, "제품수명주기의 단축화"에 따른 지속적인 신제품 개발 필요성 증대로 소비자행동 연구의 중요성은 급부상하였으며, 효율적인 시장 세분화 전략 수립을 성공적으로 진행하기 위해서, 마케팅의 제반환경(예를 들면, 환경, 생태보호, Consumerism, 자원 결핍, IT 기술의 발달 등)변화에 대한 창조적 대응을 위해 그리고 비영리 마케팅의 등장과 기능 및 역할 증대로 인해 당해 표적 집단과의 효율적인 교환의 필요성이 증대되었다.

3. 소비자 구매의사결정의 유형

소비자는 소비문제와 관련하여 구매, 사용, 평가 등의 일상 활동을 수행하기 위하여 여러 단계의 복잡한 의사결정을 하게 된다. 그런데 소비자의 개인적 특성이나 직면하고 있는 상황 등에 따라 이러한 의사결정 처리 방법과 과정은 달라질 수 있다. 그러나 이러한 것들은 결국 상황의 제약과 마케팅 자극의 범위 내에서 자신의 욕구나 동기를 가장 잘 충족시켜 주는 대안을 발견하는 문제해결의 과정이라고 할 수 있다.

"의사결정이란" 여러 가지 대안들 중에서 어느 하나 이상을 선택하는 것이라고 할 수 있다. 따라서 복수의 대체 안이 존재하지 않는 경우는 의사결정이라고 할 수 없다. 이런 관점에서 대체관계에 있는 브랜드 중에서 특정 브랜드를 선택한다든가 또는 선택 여부를 결정하는 것은 의사결정의 영역에 포함된다고 할 수 있으나, 일방적으로 강요된 구매나 특정 브랜드 이외의 선택대안이 존재하지 않는 경우는 의사결정이라고 할 수 없다. 그러나 소비자의 선택상황 중에서 대체 안이 존재하지 않는 경우는 극히 드물기 때문에 의사결정의 문제는 모든 소비자들이 당면한 현실적 과제라고 할 수 있다(임창렬, 1999). 한편, 의사결정 주체인 소비자는 패러다임의 차이에 따라 다음과 같이 네 가지 유형으로 구분 인식된다.

1) 경제적인 소비자

경제학의 연구대상이 되는 소비자는 합리적 의사결정의 주체인 경제인으로 정의된다. 이러한 견해는 소비자가 경제적 이득을 극대화하고 지출을 극소화한다는 의사결정을 한다고 가정하고 있다. 그러나 소비자가 경제이론대로 완전경쟁시장에서 구매의사결정을 할 후 없는 현실에서 소비자 행동에 관한 경제적 이론은 이상적이고 단순하다는 비판을 받고 있다.

2) 수동적인 소비자

수동적 이론은 경제적 이론과 정반대로 소비자를 마케팅 관리자의 촉진 노력에 대해 종속적인 행위를 하는 인간으로 보는 견해이다. 이와 같은 소비는 자신의 이익에 도움이 되는 것만을 추구하며, 기업의 마케팅 활동에는 수동적으로 반응하는 인간이라고 가정한다. 따라서 소비자는 충동적이고 비합리적이며, 마케팅 활동에 의해 통제될 수 있다고 본다. 판매사원에 대한 교육훈련에서 강조하는 소비자설득을 통한 판매기법인 AIDA(Attention interest desire action)의 개념을 이용한 커뮤니케이션 등은 이런 관점에서 발생된 것이다.

그러나 수동적 차원의 소비자 개념은 구매상황에 있어서 소비자가 절대적으로 우월한 입장이 아니라 할지라도 적어도 평등한 입장에서 정보를 탐색하며 자신에게 적정한 대체 안을 발견하기 위해 행동한다는 사실을 무시하고 있다는 비판이 있다.

3) 인지적으로서의 소비자

인지적 소비자란 소비자가 선택한 브랜드와 상점에 대한 정보를 수집하고 평가하는 정보처리시스템으로서의 소비자 즉, 자주적 사고의 주체로서 문제 해결자를 의미한다. 따라서 소비자란 자신의 욕구를 충족시켜 주거나 생활의 질을 향상시켜 줄 수 있는 제품이나 서비스를 적극적으로 탐색하여 이를 수용하는 태도를 취한다고 본다. 특히, 이러한 관점은 소비자의 상표선택 또는 점포 선택을 위해 정보를 탐색, 평가하는 과정에 초점을 맞추고 있다.

이러한 모든 행동은 자극의 인식과 이로 인한 위험으로부터 소비자 자신을 보호하기 위해 노력하는 문제 해결자라는 인식에서 출발하고 있다. 따라서 인지적 인간으로서의 소비자는 정보처리자로 간주될 수밖에 없다. 소비자를 정보처리자로 간주하게 되면 마케터는 소비자 선호의 확립과 그에 따른 구매의도를 강화시키는 마케팅 전략을 추구해야 한다.

4) 감정적으로서의 소비자

감정적 관점에서 본다면 소비자의 구매 전 정보탐색은 그다지 중요한 것이 아니며 대신 구매당시의 분위기나 느낌이 더욱 중요하게 된다. 소비자의 감정을 충족시키는 제품의 구매행위는 매우 이성적 행동이라고 할 수 있다. 그러나 여러 가지 브랜드에 대한 대안들 중에서 하나를 선택하는 행동은 오히려 이성적인 것과 무관한 경우가 대부분이다. 특히 유명 브랜드만을 고집하는 소비자는 그것이 상대적으로 우수하기 때문에 구매하기보다는 해당브랜드가 감정상의 만족도를 크게 제공한다면 이런 의사결정은 매우 합리적 행동이라고 할 수 있을 것이다. 왜냐하면 이런 유형의 구매선택행위는 대개 충동적 감정에 의해 즉각적으로 이루어지는 것이 일반적이기 때문이다.

4. 소비자 구매행동과 선택과정

1) 문제인식

문제인식은 회구하던 상태와 현실적 상태의 차이 지각에서 발생하는데, 소비자의 구매동기가 발생하고 구매의 필요성을 느끼는 단계이다. 소비자 행동 측면에서의 문제 인식이란 사회적, 심리적, 환경적 변수 간의 상호작용까지도 포괄하는 지각적인 상태이므로 매우 복잡한 단계이며 구매 욕구에 대해 인식하게 되는 과정이다. 이러한 욕구의 인식이 곧 소비자가 어떤 목적을 갖고 구매 결정 활동에 들어가도록 자극되었음을 의미한다(석종태, 2006).

2) 정보탐색

정보탐색은 인식된 문제를 해결하기 위해 발생되는 두 번째 단계이다. "정보란" 어떤 요인이나 사실에 대하여 얻어진 지식이며, 탐색은 의사결정을 용이하게 하기 위한 정신적, 물리적 정보추구와 정보처리 활동이다. 탐색은 능동적일 수도 있고 수동적일 수도 있으며, 외부탐색과 내부탐색으로 구분할 수 있다.

내부탐색은 소비자가 문제인식을 경험한 후에 발생하는 단계이며, 이 과정은 구매상황과 연관하여 기억 속에 있는 정보를 되돌아보고 상기시키는 정신적 과정이다.

외부탐색은 기억에서 상기할 수 있는 정보 이외에 다른 정보원으로부터 입수하는 과정이다. 이러한 정보원은 광고, 친구, 판매원, 상점의 상품 진열 등을 포함한다.

여기서 소비자가 탐색에 참여하는 이유는 첫째, 적절한 평가기준을 확인하고 둘째, 잠재적으로 문제를 해결할 가능성이 있는 제품의 존재를 믿으면서 그 제품의 성격을 알아보는데 두게 된다. 다시 말해, 구매의사결정을 위한 정보를 탐색하는 단계로 소비자는 과거에 습득했던 제품의 정보를 기억해내기도 하고 광고, 사람 등의 외적인 정보원에 의해 정보를 탐색하기도 한다. 관여도가 낮은 제품의 경우 정보를 찾으려는 의지도 작고 공고의 노출이 수동적이다. 그러나 관여도가 큰 제품일수록 정보탐색의 의지가 크고 다양한 정보원을 이용하고 적극적으로 탐색하게 된다.

3) 대안평가

탐색한 정보를 가지고 소비자는 몇 개의 상표로 구성된 고려 상표군을 형성하고 이들 각 상표를 평가하는 것이다. 이렇게 해서 선정된 고려 상표 대안 중에서 최종 상표를 고른다. 여러 대안을 평가할 때 소비자는 먼저 몇 개의 평가기준을 설정한 후 평가기준이 되는 각 제품 속성의 중요성을 정한다. 거의 모든 소비자가 가격을 평가 기준으로 쓰지만 사람에 따라서 가격의 중요성은 다르다. 끝으로 소비자는 각 상표를 제품이 갖고 있는 속성들과 각 속성의 중요성에 따라 평가한다.

4) 구매 결정

평가된 결과에 따라 구매의사를 결정하게 된다. 소비자는 구매의향을 갖게 되고 잠정적 구매결정을 하게 된다. 이러한 잠정적 구매결정이 그대로 구매로 이어지는 것은 아니다. 특히 예상치 못한 상황요인이나 주위의 준거집단의 평가에 의해서도 영향을 미친다. 또한 최종 구매시점에서 태도와 구매 행동 간의 불일치가 일어날 수 있다.이렇게 여러 요인들에 의해 대안평가에 의거해 반드시 최종 구매결정으로 이어지는 것이 아니므로 잠정적인 구매결정으로 보는 것이다.

또한 구매선택 단계로서 구매과정은 구매의사 결정뿐만 아니라 구매와 직접 관련된 활동도 포함되어 있으므로, 의사결정 그 자체의 단계는 평가과정을 바탕으로 한 선택적 활동이 포함된다. 이 단계의 활동 역시 나머지 단계 활동의 영향을 많이 받는다.

(1) 구매선택 의사결정

일반 소비자가 상품을 구매하기로 의사결정하면 이 결정과 관련된 몇 가지 유형의 행동이 생기게 되는데, 여기에는 지지방법에 대한 의사결정, 제품의 설치와 사용에 대한 의사결정 ,제품이나 서비스에 대한 의사결정 등의 세 가지 활동이 기본적으로 중요시된다.

(2) 구매유형

구매유형은 두 가지로 나눌 수 있는데 하나는 소비자의 반복적 구매이고 다른 하나는 소비자들의 비계획적 구매유형이다. 그러므로 구매유형에는 브랜드 충성도와 구매에 초점을 둔다.

5) 구매 후 행동

구매 후 구매행동의 원인을 찾고 만족여부와 그 원인을 규명하는 단계이다. 소비자들은 제품을 사용하면서 구매한 제품에 대해 만족하기도 하고 후회하기도 한다. 만족하지 못했을 때는 부조화라는 심리적 갈등을 겪는다. 즉, 인지 부조화가 나타난다(오아름, 2009). 소비자의 인지 부조화를 해소하려는 노력에는 자신의 선택을 지지해 주는 정보 추가를 수집하며 주변 사람들에게 자신의 선택을 합리화 하는 것이다. 이러한 구매 후 평가는 기억 속에 저장된 경험의 폭을 넓혀주고 제품이나 매장을 선택하는데 소비자로서 해야 할 방법을 제시해 주며 미래 구매전략에 유용한 피드백 역할을 한다.

5. 소비자의 구매 선택영향에 미치는 요인

마케팅 전략은 소비자 구매선택에 영향을 미치는 요인을 전제로 한다. 소비자의 행동모델은 마케팅 관리자와 소비자 간의 상호작용을 강조한다. 소비자 의사결정, 즉 상표에 대한 정보를 지각하고 평가하는 과정으로서 여러 대인적인 상표가 소비자의 욕구를 어떻게 충족시키는가를 고려한 후, 한 상표를 결정하는 과정으로서의 핵심적인 구성요소이다(서정, 2009).

이러한 소비자 행동모델은 두 가지의 광범위한 영향요인이 소비자의 선택을 결정하게 한다.

개인소비자로서, 그 소비자의 욕구, 상표특징에 대한 지각 및 대안적 상표에 대한 태도 등이 상표 선택에 영향을 미친다. 이에 추가하여 소비자의 인구 통계적, 라이프스타일 및 개성특성 등도 상표선택에 영향을 미친다.

소비자 의사결정에 영향을 미치는 두번째 요인은 환경이다. 소비자의 구매환경은 문화(그 사회의 규범과 가치관), 하위문화(어떤 특별한 점에서 독특한 규범과 가치관을 가진 사회의 한 부분) 및 대면집단(친구, 가족 및 준거집단) 등이다. 마케팅 기업은 소비자의 환경 중 그 일부분으로서, 이러한 마케팅 기업은 소비자의 욕구를 충족시킬 수 있는 제공물을 공급하기 때문이다(윤훈현 역, 2001).

일단 소비자가 의사결정을 한 후, 개인소비자에게 피드백 되는 것으로 나타나는 구매후 평가가 일어난다. 평가하는 동안, 소비자는 경험을 통해서 학습하게 되고 또한 정보획득, 상표평가 및 상표선정 등에 대한 행동유형을 변경할 수도 있다. 소비경험은 소비자가 동일한 상표를 다시 구입할 것인가에 직접적으로 영향을 미친다.

피드백 과정은 다시 환경으로 되돌아간다. 즉, 소비자는 그들의 구매와 소비경험을 가족과 친구들에게 정보를 공유 한다. 마케팅 관리자는 역시 소비자로부터 정보를 추구하는데, 시장점유율과 판매 자료의 형태로 소비자의 반응을 탐색·조사한다. 그러나 그러한 정보는 소비자가 구매하는 이유를 마케팅 관리자에게 알려주지도 않을 뿐만 아니라, 경쟁사의 상표와 비교하여 자사상표의 강점과 약점에 대한 정보를 제공하지도 않는다. 그러므로 마케팅 조사를 통해서 그 상표에 대한 소비자의 반응, 그리고 미래의 구매의도에 대한 소비자의 반응을 결정하기 위해서 마케팅 조사가 행해져야 한다. 이러한 정보를 이용하여 관리자들은 소비자의 욕구를 보다 더 충족시킬 수 있는 마케팅 전략을 다시 수립할 수가 있게 된다.

이와 같이 소비자 행동을 바탕으로 소비자들이 제품을 선택하는데 영향을 미치는 요인은 여러 가지로 대변되는데 Day(1984)는 소비자의 태도와 환경적 요인으로 구분하였으며, 또한 Kotler(2004)는 구매행동에 영향을 미치는 요인을 구매자, 제품, 구매자 상황적 요인으로 분류하였고, 이 중 구매자 요인에 속하는 것으로 "문화적 요인, 사회적 요인, 개인적 요인, 심리적 요인"들을 제시하였다. 이를 보다 세분화시켜 보면 다음과 같다.

제품 특성으로 제품의 다양한 특성이 브랜드 선택에 영향을 미친다. 즉, 제품의 모양, 스타일, 품질, 가격, 서비스에 구매자는 관심을 갖는다. 따라서 마케팅 관리자는 이러한 제품특성을 결정지을 수 있으므로 표적시장(target market)에서의 제품요구를 극대화할 수 있도록 이들 특성을 설계해야 한다.

판매자 특성으로 제조업자의 신용도와 서비스에 대한 이미지, 소매점은 제품지식, 친절성, 서비스에 대한 인상으로부터 판매행동에 영향을 받는다.

상황특성으로 다양한 상황특성 요인이 구매에 영향을 미치게 되는데 시간의 급박과 같은 요인은 제품에 대해 완전한 정보를 얻지 못한 상태에서 판매자의 작용에 의해 구매결정을 하게 된다. 이와 같은 상황적 요인으로는 구매 목적, 기후, 경제상황 등을 들 수 있다.

즉, 구매에 관하여, 점포의 유형(소규모의 뷰티크 또는 백화점), 구매의 목적(선물 또는 자기용), 그리고 구매의 맥락(혼자서, 친구와 쇼핑, 판매원의 도움을 받아서 쇼핑) 들은 소비자에게 영향을 미칠 가능성이 높다. 소비에 관하여, 소비자는 "내가 선택한 상표는 내가 그것을 사용하는 방법, 시기, 장소 및 이유에 좌우된다."고 말할 수 있다.

문화적 특성으로, 문화란 한 사회를 특정 지우고 다른 사회와 구분할 수 있는 특유한 행동양식과 사회적 관계를 말한다. 문화는 개인의 욕구와 행위의 가장 근본적인 결정요인이 된다. 또한 문화는 인간행동에 가장 지속적인 영향을 미치기 때문에 인간은 그가 속하는 문화권의 사회풍습에 동화되고, 이질적 요소가 나타나기 전에는 그것을 절대적으로 정당하다고 믿게 된다.

하위문화, 즉 모든 문화는 다시 하위문화를 갖는데 이것이 그 구성원에게 훨씬 더 구체적인 일체감과 사회화를 부여해 주는데, 하위문화는 지역을 중심으로 형성되는 경우가 많은데 그 이유는 빈번한 상호작용으로 인하여 사고와 행동이 비슷하게 하기 때문이다. 그리고 사회계층은 비교적 동질성을 가지며 구성원의 가치관, 관심 및 행위가 비슷하고 계층적 순위를 가지는 부문으로 볼 수 있다. 같은 계층에 속하는 사람들은 비슷한 행동을 하고, 사회적 계층에 따라서 열등적, 우월적 지위로 서열이 정해지며, 사회적 계층은 어느 한 가지 변수에 의해서 정해지는 것이 아니고, 직업, 소득, 재산, 교육, 가치관 등이 가중함수로서 정해진다.

사회적 특성으로 이에는 일차적 집단(primary group)으로서 가족, 친구, 이웃, 동료 등이 있고 친척조직과 같은 이차적 집단이 있다. 이 외에 인기 탤런트나 영화배우 같은 열망집단도 사람들의 행동에 영향을 미치게 되며, 가족은 인간의 기본적 태도형성에 가장 지속적이며 강한 영향을 미친다.

개인적 특성으로 구매행동은 구매자의 연령, 생활주기, 직업, 경제상태, 라이프 스타일 등의 개인적 특성에 의해서도 영향을 받는다. 이에는 연령 및 생활주기(life-cycle)에 따라 인간은 상이한 욕구와 흥미를 가지게 되며 생활주기에 따라 구매에 대한 권한,

상대적 영향력도 달라진다. 직업에 따라 제품이나 서비스에 대한 욕구가 상이하므로 마케팅 관리자는 자사의 제품에 어떤 직업종자들이 관심을 가지고 있는가를 조사해야 한다. 구매자의 소득, 저축, 재산 등의 경제적 상황이 구매행위에 영향을 미친다. 라이프스타일(life style)에 따라 동일한 하위문화, 사회계층, 직업에서도 개인의 서로 다른 생활스타일을 가지므로 담당자는 생활스타일이 구매행위에 어떻게 작용하는가를 파악하여야 한다.

심리적 특성으로 구매자의 구매상황을 4개의 주요한 심리적 단계인 동기유발, 지각학습, 신념과 태도 등에 의해서도 영향을 받는다. 이러한 상황변수들 중 특히 개인의 심리적 변수는 특히 비중이 크다고 볼 수 있다.

이상에서와 같이 소비자의 구매의사결정은 하나의 과정이 아니다. 아래 그림은 두 개의 차원, 즉 ① 구매의사결정의 범위, ② 구매에의 관여의 정도에 근거하여 소비자 의사결정의 형태를 제시한다.

■ 소비자의사결정

	고관여 구매 의사결정	저관여 구매 의사결정
의사결정 (정보탐색, 대인적 상표 고려)	복잡한 의사결정 (자동차, 전자제품, 사진기 시스템)	제한적 의사결정 (성인용 시리얼, 스낵식품)
습관 (정보탐색이 없거나, 거의 없음. 한 가지 상표만 고려)	상표 충성도 (운동화, 성인용 cc 시리얼)	타성 (깡통에 든 야채, 종이 수건)

첫 번째 차원은 의사결정으로부터 습관까지의 연속선상의 정도를 나타낸다. 소비자는 정보탐색과 대안적 상표의 평가라는 인지적(사고)과정을 바탕으로 의사결정을 할 수 있다. 한편, 소비자가 어떤 특정한 상표에 만족하고, 또한 그것을 지속적으로 구입하는 경우에는 의사결정이 거의 일어나지 않는다.

두 번째 차원은 고관여로부터 저관여 구매까지의 연속선상의 정도를 나타낸다. 고관여 구매(high involvement purchase)란 소비자에게 중요한 것으로서, 그러한 구매는 소비자의 자아 및 자아이미지와 밀접하게 연관된다. 또한 그러한 고관여 구매는 소비자에게 몇 가지 위험, 즉 재무적, 사회적 또는 심리적 위험 등과 연관된다. 그러한 경우, 소비자가 신중하게 대안적인 제품을 고려하기 위해 사용하는 시간과 에너지는 가치가 있는 것이다. 저 관여 구매(low involvement purchase)는 소비자에게 중요하지 않은 것으로서 재무적, 사회적 및 심리적 위협 등이 거의 크지 않다. 그러한 경우, 소비자가 상표에 대한 정보를 탐색하고, 또한 광범위하게 대안적인 상표를 고려하는데 소요되는 소비자의 시간과 노력은 별 가치가 없다.

■ 소비자 의사결정과정

	고관여 관점	저관여 관점
정보탐색	• 능동적 제품 및 상표정보탐색	• 제한적 제품 및 상표의 정보탐색
정보처리과정	• 철저한 정보처리과정 수행	• 일부 과정 생략
인지적 반응	• 불일치 정보에 대한 저항 • 반대주장이 많음	• 불일치 정보도 수동적으로 수용 • 제한된 반대주장을 가짐
태도변화	• 태도변화가 어려움 • 일단 변하면 지속적인 태도형성	• 빈번한 태도변화 • 일시적인 태도형성
메시지 반복	• 메시지의 수보다 내용이 중요	• 빈번한 반복에 의한 설득 가능
인지적 부조화	• 빈번하며, 이의 극복 위해 노력	• 미미한 수준의 인지부조화

이상에서 볼 때 의사결정 대비 습관, 그리고 저 관여 대비 고 관여에 의해서 네 가지의 유형의 소비자 구매과정이 조성된다. 첫 번째 과정인 복잡한 의사결정(complex decision making)은 관여도가 높고, 의사결정이 이루어지는 경우에 이루어진다. 예로서는 가정용 컴퓨터, 자동차 또는 소비자에게 매우 중요한 것으로 의복 등을 구매하려고 결정하는 경우이다. 그러한 경우, 소비자들은 보다 더 세밀하게 정보를 탐색하고 정보를 처리하는데 시간을 소비한다. 즉, 소비자는 자동차의 경제성, 내구성 및 서비스와 같은 특별한 속성을 적용함으로써 대안적 상표를 평가하고 고려하기 위해서 이러한 정보를 사용한다.

6. 소비자 의사결정단위(decision-making units)과정

매장에서 소비자의 행동을 구체적으로 파악하기 위해서는 기본적으로 “어떠한 사람이, 언제, 어디서, 무엇을, 어떠한 이유로, 어떻게 구매하였는지” 등을 분석해 보아야 하며 구체적으로는 다음과 같다.

소비자 행동의 구성요소인 인지, 행동 및 환경은 서로 상호작용을 하는 것이다. 인지는 소비자 마음의 내부에 일어나는 정신활동을 말하고, 행동은 이러한 인지에서 나타난 것이 외부로 표현됨을 나타낸다. 또한 환경은 소비자의 외부세계에 존재하는 물리적, 사회적 자극체인 것이다.

■ 소비자행동분석

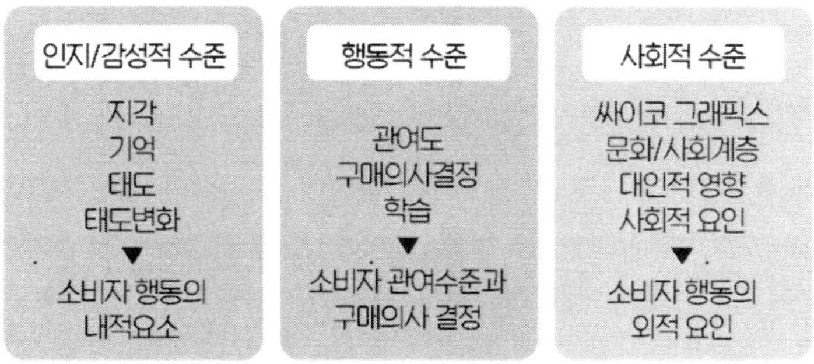

소비자 행동은 정적인 것이 아니라 동적인 개념이다. 이것은 시대나 환경, 계층에 따라 변하기 때문에 소비자 행동에 대한 일반화는 특정시점, 특정제품, 특정사람들에 한정되는 것이다.

소비자 행동은 사람들 사이의 교환을 취급한다. 소비자 행동에 대한 연구는 소비자, 학자, 마케터, 기업, 정부, 소비자단체, 각종 비영리 조직에서 절실히 필요하다. 소비자가 무엇을 구매하며, 왜 구매하며, 어떻게 구매하는가를 분석한다면 보다 현명한 소비 선택을 할 수 있다. 학자는 소비자 개인들의 소비행위에 대한 내적 · 외적 요인을 이해하며 개인적 성향, 구매행동, 사고과정을 통하여 인간행동을 전반적으로 이해한다.

매장은 소비자의 욕구를 잘 파악하여 보다 효과적인 소비자 욕구에 맞는 마케팅 프로그램을 계획하고, 마케팅 전략을 수립할 수 있다. 정부는 소비자들의 이익을 도모하기 위하여 어떻게 하면 유통업자들을 적절히 규제할 수 있는가 등과 같이 소비자보호를 위하여 공공정책 입안에 필요한 정보와 자료를 제공한다. 효율적인 공공정책을 수립하기 위해서는 소비자를 바르게 이해할 필요가 있다.

이와 같은 소비자행동에 대한 정보는 마케팅 전략수립의 토대가 되기 때문에 매우 중요하다고 볼 수가 있다. 그리고 이처럼 매장이 소비자를 파악하기 위해서 그들의 심리나 소속집단, 의사결정요인 등을 조사하는 것이 소비자행동분석이라고 정의할 수가 있다.

공통된 욕구와 선호도를 갖는 소비자 집단을 나누어 소비자의 욕구를 파악하고, 소비자 행동에 관한 정보를 얻음으로써 마케팅 관리자는 시장세분화(market Seg-mentation)와 표적시장(target market)을 선정하며, 소비자에게 최대한 만족을 제공할 수 있도록 마케팅 전략을 수립해야 한다. 이것은 마케팅 믹스(marketing mix)라고 할 수 있는데 표적시장의 욕구와 선호를 효과적으로 충족시켜 주기 위해 기업이 조절할 수 있는 마케팅 수단으로서 상품, 가격, 유통, 촉진으로 구성되어 있다.

또한 소비자 반응조사를 통하여 마케팅 전략의 평가를 할 수 있으며, 이러한 결과로서 제품 포지셔닝 전략(Product positioning), 광고계획 및 매체전략 등을 평가할 수 있다. 그리고 결과적으로 미래 소비자 행동의 변화 추이를 예측할 수 있다.

소비자의 속마음을 알기란 외식 기업으로서는 상당히 힘든 일이라고 볼 수가 있다. 그러나 적어도 소비자들이 선호하는 장소가 어디 인지, 선호하는 잡지가 무엇인지, 어떤 스타일의 삶을 살아가는지는 구분할 수가 있다. 예를 들어 아이스크림을 판매하기 위해서 거리와 유원지, 역이나 터미널 앞, 젊은이들이 많이 찾는 번화한 거리 등 사람들이 많이 모이는 장소에서 판촉을 하면 이익을 얻을 수 있다.

소비자행동은 소비자에게 합리적이고 계획적인 구매행위를 할 수 있도록 도와주고, 외식 기업에게는 복잡한 시장 환경 하에서 소비자 행동에 영향을 미치는 요인을 찾아냄으로써 경쟁 매장과의 전략을 차별화하고, 시장기회를 확보함으로써 이익을 창출할 수 있게 되는 것이다.

7. 소비자 행동의 특성

(1) 소비자행동은 동기에 근거한 행동이다

소비자는 자신의 필요, 욕구 혹은 만족을 위하여 행동한다. 즉 소비자는 어떤 특정한 목표나 목적을 달성하기 위하여 자신의 동기에 따라 행동하는 것이다. 이러한 행위는 목적을 위한 수단인데, 자신의 욕구나 필요를 만족시키는 것이 목적이다.

(2) 소비자행동은 소비자의 여러 가지 형태의 활동을 모두 포함한다

소비자행동은 단지 소비자의 행동만을 말하는 것이 아니다. 우리는 소비자로서 실제 물건을 구입하는 행동 이외에 생각하고, 평가하고, 느끼고, 토론하고, 계획하고, 결정한다. 소비자행동은 이러한 복합된 활동을 모두 포함한다.

(3) 소비자행동은 일련의 과정이다

소비자행동이 일련의 과정으로 이루어진다. 소비자행동은 구매 이전의 행위, 구매행위, 구매 후 행위로 나누어지며 이 모든 일련의 과정이 모두 소비자행동에 포함된다. 소비자의 실제 구매행위는 이러한 여러 가지 관련된 행위의 일부이다.

(4) 소비자행동은 시간과 복잡성에 따라 여러 가지 형태로 나타난다

시간이란 소비자가 언제 구매의사결정을 하는가, 그리고 그 과정이 얼마나 오래 걸리는가를 말한다. “복잡성이란” 의사결정에 관련된 수많은 활동과 그 결정 자체의 어려움을 의미한다.

소비자행동은 꽤 복잡한 과정을 통하여 이루어진다. 특히 제품 가격이 비싸거나, 구매 빈도가 뜸한 자동차, 냉장고, 가구 등 고관여 제품을 구입할 때 소비자는 많은 정보를 추구하고, 상표 간 비교하기 때문에 구매의사 결정과정은 매우 복잡하다. 그러나 인간은 복잡한 것을 회피하려는 경향도 있다. 즉 복잡한 것을 회피하고 단순하게 행동하려고 한다.

그래서 최상의 선택보다는 "만족할 만한 선택"을 하며, 구매결정 시 타인의 의견을 듣기도 하지만, 보통 과거에 구매했던 동일한 제품이나 상표를 구매하려는 성향이 높다. 일반적으로 시간과 복잡성은 높은 상관관계를 보인다. 의사결정이 복잡할수록 시간이 많이 걸리고, 단순할수록 시간이 덜 걸리는 것이 보통이다.

(5) 소비자행동은 여러 가지 다양한 역할을 포함한다.

우리는 소비자로서 물건을 구매하기도 하지만, 다른 사람의 구매에 영향을 미칠 수도 있고, 또 다른 사람이 구매한 제품을 사용하기도 한다. 소비자행동은 구매에 영향을 미치는 사람(influencer), 구매자(purchaser), 사용자(user) 등의 다양한 역할을 모두 포함하며, 경우에 따라 이 역할은 여러 가지 조합으로 나타난다.

(6) 소비자행동은 소비자의 개인적 요인과 외부적인 요인에 의해 영향을 받는다.

소비자행동에 영향을 미치는 주요한 외부적 요인은 문화, 하위문화(subculture), 사회계층, 가족, 준거집단, 마케팅 환경, 상황적 요인 등 다양한 요인들에 의해 영향을 받는다.

(7) 소비자행동은 사람마다 각기 다르다.

소비자행동은 개인에 따라 다르다.

개인은 태도, 동기, 욕구, 필요, 라이프스타일, 인구통계적 특성, 개성 등에 있어 모두 다르기 때문에 소비자로서 각기 다른 행동을 한다. 따라서 광고와 마케팅에 있어서 시장세분화 전략이 중요한 것이다.

8. 소비자 행동의 참여자

(1) 제안자

어떤 물품을 사자고 제안한 자를 지칭한다. 예컨대 여자친구가 남자친구에게 뭔가 사

달라고 말했다면 이 여자 친구는 제안자가 된다.

(2) 영향력 행사자(influencer)

상품을 구매하는데 영향력을 행사하는 자를 지칭한다. 만약 교사가 학생에게 준비물을 사오라고 하는 등의 어떤 상품의 구매를 하는 데 영향력을 행사하는 모든 환경이 포함된다.

(3) 구매결정자(decider)

어떤 물건을 구매하는 데 있어서 구매에 직접적으로 관여하는 자를 지칭한다.

(4) 구매자(buyer)

구매 결정 후에 직접 구매행위를 하는 자를 지칭한다.

(5) 사용자(user)

어떤 제품을 싫을 때 그 제품을 실질적으로 사용하는 자를 지칭한다.

(6) 판매자(seller)

효과적인 판매촉진 활동으로 구매자에게 영향력을 행사하는 자를 지칭한다.

9. 현대적 소비자 행동의 모델

1) 소비자행동 모델의 기본성격

인간은 다른 역할행동과 마찬가지로 소비자의 역할행위도 욕망과 욕구충족 시키는 것을 그 주요한 목적으로 삼고 있다. 그리하여 소비자는 이러한 소비자의 역할행위를 통하여 음식에 대한 생리적 욕구를 미용에 대한 심리적 욕구를, 지위에 대한 사회적 욕구를 각각 충족시킬 수 있는 것이다. 소비자의 행동에는 다음과 같은 세 가지 중요한 사항이 그 근저(사물의 뿌리나 밑바탕이 되는 기초)에 깔려있다고 맥니일(J. U. McNeal)은 지적하였다(박형진, 2002).

한 개인의 소비자 행동유형은 전 생애를 통하여 나이를 먹어감에 따라 자꾸 달라진다. 특정 시점에 있어서 한 개인의 소비자 행동은 과거의 소비자 행동의 영향을 받는다. 특정한 시점에 있어서의 소비자 행동과 관련된 한 개인의 태도와 지식은 소비자역할에 참여한 전 기간 중의 모든 태도와 지식의 총화이다. 그러나 상기한 세 가지 사실에도 불구하고 소비자 행동을 예측하기란 여간 어려운 일이 아니다. 다행히 동일인종집단 및 동일회사계급과 같은 특정 집단 내 구성원들은 소비자역할에 대해서 유이한 태도 및 지식을 가지는 경향이 있기 때문에 이러한 경향이 구명되면 특정 집단 내 소비자행동의 예측은 한결 더 쉬워지는 것이다.

한편 소비자 행동모델에는 Howard모델을 위시해 여러 가지가 있으나 비교적 중요하다고 생각되는 Engel모델, Howard모델, Nicosia모델만 고찰해 보기로 한다. 그런데 상기 세 모델은 모두 시스템이라는데 특징이 있다. 이 시스템모델 이론은 인간을 하나의 시스템으로 파악하고 행동은 자극과 같은 투입에 대한 산출로 이해하고 있는데 전기한 세 모델은 묘사된 행동과정을 구체적으로 나타내는 흐름표(flow chart)에 불과하다. 그러나 이 시스템 모델은 적어도 다음과 같은 공헌을 했다고 할 수 있다.

- 조사연구를 위한 참고기준의 제공
- 모델 적용에 의한 조사결과는 전체적인 소비자행동 분석을 위해서 유용하고 종합적으로 공헌할 수가 있다.
- 소비자 행동의 이론 정립에 있어서 이 시스템모델은 대단히 유용하다.

이 세 모델은 소비자행동시스템을 단순히 기술하지 않고 체계적으로 분석 설명해 주고 있다.

2) 엔겔모델(The Engel Model)

오하이오 주립대학의 마케팅교수인 엔겔(James F. Engel)은 기존의 모델의 결점을 보완하기 위하여 집중적인 조사연구를 실시하여 마침내 보다 포괄적인 모델을 제시하였다. 엔겔모델(The Engel Model)은 일종의 '자동제어모델'로서 소비자 개개인을 환경으로부터의 투입물과 생산물로써 구성된 하나의 시스템으로 파악하였다. 이 투입과 생산간에 발생하는 모든 과정과 매개단계는 흐름도표 형태로 표현하고 있다.

이 엔겔모델을 일명 '소비자동기부여 및 행동모델'이라고도 하는데 그 내용을 살펴보면 비교과정, 구매의사결정과정의 둘로 이루어져 있는데 엔겔모델은 기본적으로 전통적인 지각과정을 커버하고 있는 '비교과정'에 역점을 두고 있다.

엔겔에 의하면 소비자 투입물을 받았을 때 일어나는 현상은 '비교과정'이며 '비교과정'의 산출물이 바로 구매의사결정과정이라는 것이다. 개개인의 심리구조는 다음과 같은 구성요소인 비교과정과 의사결정과정을 좀 더 자세히 설명해 보기로 한다.

(1) 비교과정(The Comparison Process)

소비자를 하나의 시스템으로 보면 이 시스템은 매우 활동적이고 또 가해지는 모든 관련성이 있는 자극에 대해서 대단히 조심스럽게 경계한다. 사람은 자기가 보는 것, 듣는 것, 그리고 느끼는 것에서 어떻게 다른 방법으로 어떤 의미를 찾는가하는 문제에 늘 부딪친다. 사람은 누구를 막론하고 끊임없이 자기에게 가해지는 모든 외부로부터의 자극에 대해서 의식적으로 주의를 기울일 수는 없다.

따라서 인간은 기억 속에 저장된 투입물과 새로 들어온 투입물을 상호 비교하는 '비교과정'을 통하여 선택적으로 여러 가지 투입물을 지각하고 평가하게 되는 것이다. 이것은 소비자행동이 고도로 선택적이고 대개의 경우 자기에게 아무관련이 없는 자극에 대해서는 아무런 주의를 기울이지 않는다는 것을 의미한다. 그리하여 인간은 욕구가 환기되면 자기를 보는 것, 느끼는 것, 만지는 것 그리고 냄새 맡는 것을 일연의 환기된 욕구를 충족시키는 것과 상호 관련된 투입물에 대해서는 별로 관심이나 주의를 기울이지 않는 것이 사실인데 그것은 인간이 전술한 '비교과정'을 거쳐 행동을 결정하기 때문이다. 인간의 지각도 욕구의 환기가 없는 경우에도 대단히 선택적이다. 예컨데 인간은 자기의 가치관이나 태도에 대한 도전에 대해서는 늘 저항하는 것이다.

(2) **의사결정과정**(the decision-making process)

전술한 '비교과정'의 산물이 곧 문제의식 및 문제해결인데 문제해결에 앞선 문제의식은 복잡한 의사결정과정의 제1단계라 할 수 있다.

- 대체안 탐색
- 대체안 평가
- 구매라는 3단계를 포함하고 있다.

그런데 의사결정은 문제해결뿐 아니라 매일 반복되는 일상적인 의사결정도 포함되기 때문에 특정 문제해결을 위해서는 소비자가 정보나 대체안의 '탐색 및 평가'를 많이 하지만 일상적인 의사결정은 어떤 관습에 입각해서 행동하기 때문에 대체안의 탐색과 평가를 하지 않는 경우가 많은 것이다.

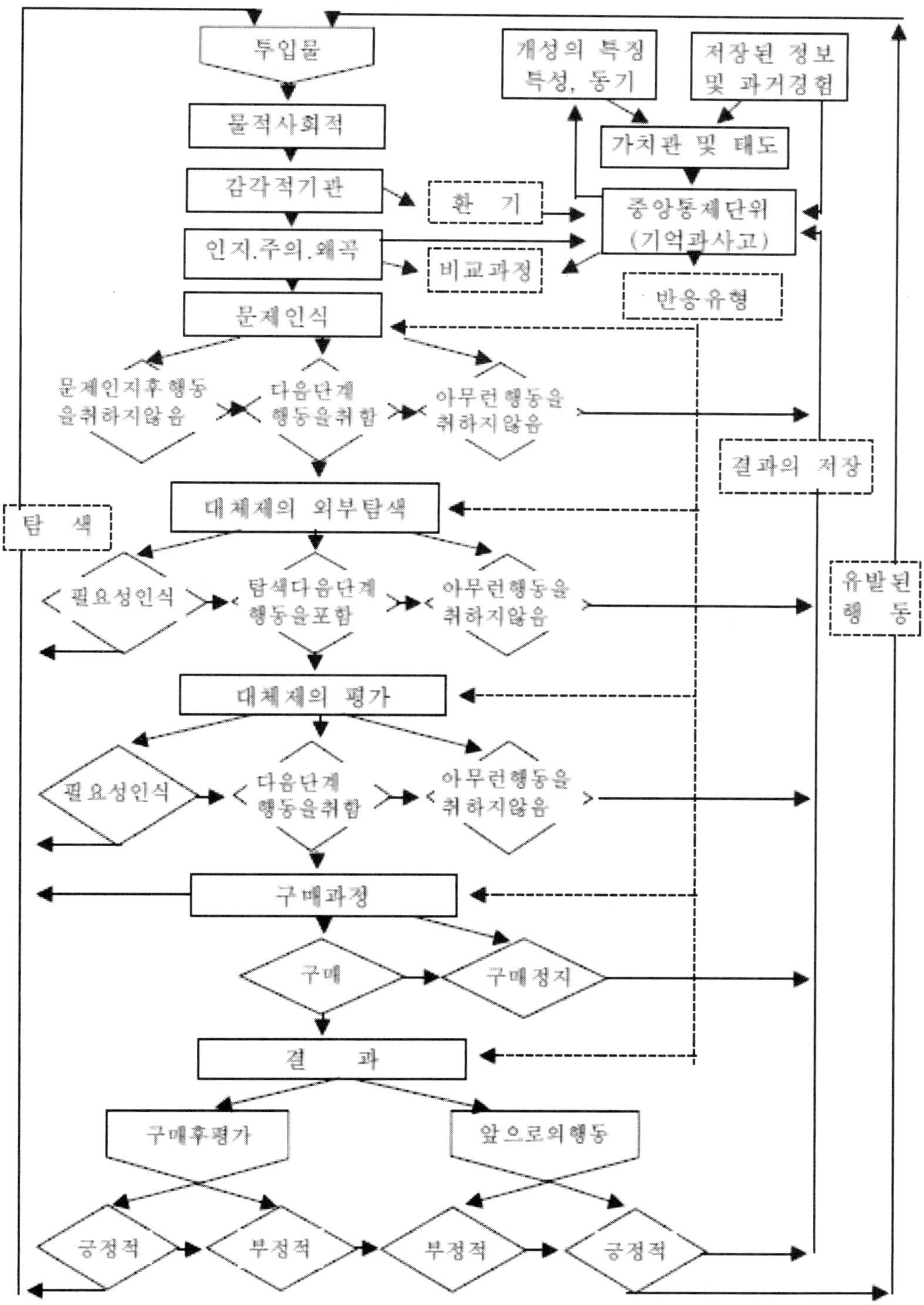

■ 엔겔모델(The Engel Model)

이제 사고결정과정의 내용을 살펴보면 다음과 같다. 첫째, 대체안의 탐색 : 한 소비자가 어떤 문제에 부딪쳤을 때 대부분의 이제 사고결정과정의 내용을 살펴보면 다음과 같다.

대체안의 탐색 : 한 소비자가 어떤 문제에 부딪쳤을 때 대부분의 경우 그 문제해결을 위한 대체 안에 대한 지식이 거의 없는 것이 사실이다.

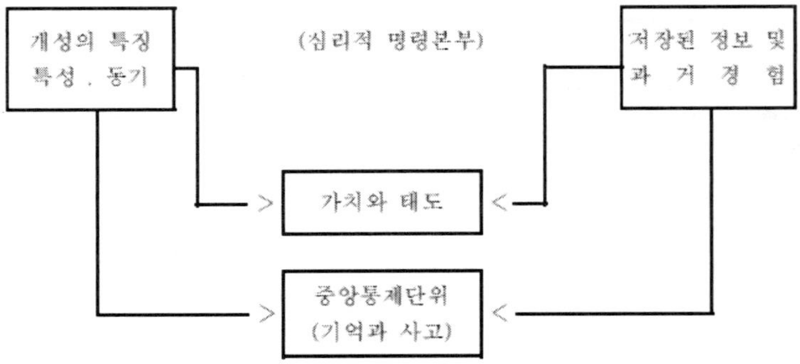

■ 중앙통제단위

예컨대 스마트폰을 구매하려는데 전에 스마트폰에 대한 정보가 없다고 하면 이 구매자는 친구, 동료, 광고, 전문점을 통하여 정보를 탐색한 후 여러 대체안의 장단점을 비교 검토하여 최종결정을 내리게 된다. 반면에 구매가 관습에 의해서 이루어지는 반복적인 행위일 때는 의사결정은 대체안의 탐색이 없이 이루어진다.

대체안의 평가 : 대체로 소비자는 구매행동에 있어서 신중하기 때문에 기억 속에 저장된 정보만 가지고 구매행동으로 옮기는 것을 꺼리는 경향이 있다. 그 결과 어떠한 경우에도 오로지 기본 정보에만 의지하여 구매행동을 하지 않고 언제나 새로운 정보를 탐색하게 되는 것이다. 이러한 정보탐색은 대체로 비일상적인 의사결정을 필요로 할 경우에 많이 행해지는 것이다.

구매 : 소비자는 앞서 말한 특정상품 및 구매에 관한 정보와 대체 안을 탐색 평가한 후 긍정적인 의사결정이 내려졌을 때 나타나는 행동이 구매이다. 만약 부정적인 의사결정이 이루어지면 소비자는 해당 상품구매를 포기하거나 또 다른 대체 안을 탐색하든지 아니면 대체상품을 구매하든지 한다. 그리고 구매 후 행동도 소비자행동 연구에 있어서 상당히 중요하다. 왜냐하면 일단 구매를 하겠다고 결정하든지 또는 안하겠다고 결정하든지 어느 경우에든 두 가지 추가적인 일이 일어날 수 있기 때문이다.

즉, 구매를 현명하게 했는지의 여부에 대한 의문을 구매의사결정을 정당화하기 위한 정보탐색을 유발시킬 수 있고, 구매 이후의 결과는 장래 행동의 자극으로서 역할을 하는데 충분할 만큼 환경의 변화를 가져올 수 있다는 사실이다.

지금까지의 주로 소비자 개인행동에 대해서 언급했지만 소비자행동에 미치는 사회적 영향이 크다는 점은 결코 간과되어서는 안 될 것이다. 한 소비자행동의 산물은 다른 소비자행동에 대해서 투입물로서 작용할 수 있기 때문이다. 상기한 엔겔모델(The Engel Model)은 단순히 소비자 개인뿐 아니라 가족과 같은 집단의 구매과정도 설명할 수도 있는 것이다.

이제까지 설명한 엔겔모델(The Engel Model)은 본질적으로 니코시아모델과 상당히 유이하다. 그러나 단순한 니코시아모델(The Nicosia Model)에 비해서 엔겔모델(The Engel Model)은 소비자행동을 하나의 시스템으로 파악하는 점에서는 별 차이가 없으나 니코시아모델(The Nicosia Model)보다 더 합리적인 시스템 approach로 소비자행동체계를 "비교과정, 의사결정과정, 구매행동과정"의 셋으로 체계화하여 소비자행동모델을 더욱 발전시켰다는 점에서 그의 모델은 높이 평가 받을 만하다.

그러나 엔겔모델(The Engel Model)이 의사결정과정에 미치는 제 요인분석에서 심리적, 사회적, 문화적, 영향요인을 보다 명확하고 체계적으로 분석 설명하지 못하고 있다는 점이 엔겔모델(The Engel Model)의 커다란 결점으로 지적될 수 있을 것 같다.

3) **하워드모델**(The Howard Model)

하워드(John A. Howard)는 1963년에 종합적인 소비자행동모델(특히 구매모델)을 제시한 최초의 마케팅학자이다. 하워드의 주요한 공헌은 소비자행동분석에 있어서 체계적이고 완전한 「학습이론」(Learning Theory)의 활용에서 찾아볼 수 있다. 그는 '진정한 문제해결행위'(limited problem-solving behavior) 및 '제한된 문제해결행위'(limited problem-solving behavior)와 '자동적인 반응행위'(automatic response behavior)를 명확히 구별하였다.

하워드모델(The Howard Model)에 의하면 개인행동은 '목표'로 대표되는 욕구와 추진력으로서 시작되는데 개개인은 이러한 목표달성을 위하여 행동하도록 하는 동기유발의 실마리에 항상 주의를 기울이게 되며 이 행동유발의 실마리는 소비자로 하여금 행동의 선택과정을 갖게 하는데 이 선택과정은 보통 심리적 경향에 의하여 크게 영향을 받게 된다는 것이다.

하워드는 소비자의 심리적 경향을 소비자의 구매 후 평가에 의하여 크게 영향을 받게 되어 그 평가가 좋다면 좋을수록 구매했던 상품을 다시 반복해서 살 가능성은 훨씬 더 커진다고 설명하고 있다.

하워드는 소비자의 심리적 특성을 보다 더 자세히 설명하였는데 그에 의하면 여러 가지 환경적 자극에 대한 '지각과정'(the process of perception)이나 평가는 개개인의 태도나 심리적 특성에 의해서 왜곡되기 쉽다고 지적하면서 "사람들은 보기 원하는 것만

보려고 하는 경향"이 있다고 하였다. 하워드에 의하면 구매는 소비자가 어떤 확신을 가지고 상품을 선택할 수 있도록 해줄 수 있는 충분한 정보를 모집했을 때 이루어지는데 이러한 경험은 구매 후 평가로서 소비자의 기억 속에 저장되어 장래의 구매의사결정에 영향을 미친다는 것이다. 하워드의 소비자행동모델은 소비자행동분석에 있어서 "학제적 접근(interdisciplinary approach)"를 강화 발전시키는데 크게 공헌하였는데 그의 모델은 학습이론의 세련된 적용을 통한 최초의 포괄적인 '소비자행동모델'이라고 할 수 있다. 그러나 하워드모델이 완전한 모델이라고 할 수 는 없다.

무엇보다도 소비자행동의 모델이 지나치게 서술적이고 분석이 못 된다는 결점은 아무도 부인치 못할 것이다. 특히, 하워드가 모든 외면적인 실마리를 지각상의 편견에 의하여 영향을 받을 수 있다고 지적한 것은 옳은 말이다. 그러나 편견이 언제나 작용하는 것은 아니다. 왜냐하면 소비자행동은 편견 이외의 여러 가지 요인에서 결과는 복잡한 현상이기 때문이다.

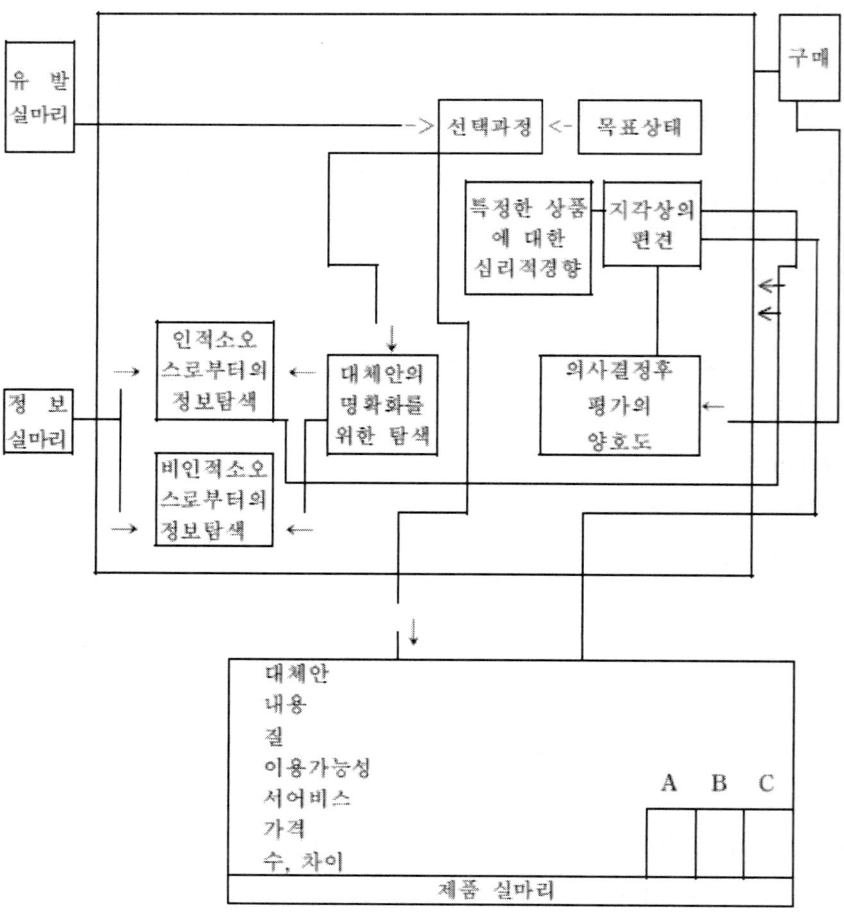

■ 하워드모델(포괄적인 문제해결행위)

학제적 연구[interdisciplinary approach]란
다학문 영역간 접근(연구) 혹은 종합적 연구라고도 불린다. 오늘날 기존의 개별학문 영역만의 접근으로서는 복잡한 연구대상이 가진 성격과 속성을 충분히 해명할 수 없고 나아가서 정책적 대응에도 지장을 초래하는 상황이 많이 발견되고 있는 실정이다. 학제적 연구는 바로 이러한 곤란을 극복하기 위하여 여러 학문분야의 이론과 기법을 동원하여 문제를 다면적 혹은 체계적으로 파악하려고 하는 것이다. 환경문제를 비롯해 각종의 사회경제개발계획 등에서 그 전형을 볼 수 있다. 사회복지학도 학제적 연구가 필요한 영역이다.

4) 니코시아모델(The Nicosia Model)

니코시아(Nicosia)는 소비자행동에 있어서 제 요인과 제 관계를 구명 설정하는데 있어서 '컴퓨터 흐름도표기법(The Technique of Computer flow Charting)'을 사용하여 구매의사결정을 도식화 한 후 소비자의사결정과정을 보다 명확하게 설명 해 주고 있다. 즉 도표에서 보는 바와 같이 니코시아모델은 네 개가 fields로 이루어져 있고 또 첫 번째의 fields(분야)는 두 개의 subfields(하위범주)로 이루어져 있다. Field one(한 분야)은 기업으로부터 광고메세지의 산출과 이러한 메시지를 받는 소비자는 광고는 상품을 전에는 알지 못했었다는 것을 전제로 지정하고 있다. 그러나 기업의 메시지가 소비자에게 도달되면 메시지는 소비자의 심리적 특성으로 구성된 subfield two(두번째 범주)속으로 들어가는 투입물로써 작용한다. 그리하여 메시지가 소비자에게 전달된 후 어떤 내용으로든지 작용하게 되면 기업제품에 대한 소비자의 태도형성이라는 산출물을 낳는다. 이 산출물은 field two(두번째 범주)의 투입물이 된 것이다.

Field two(두번째 범주)는 광고상품 및 선택 가능한 대체안의 탐색 및 평가를 나타낸다. 이 field won로부터의 산출물이 광고상표품을 구매하도록 하거나 또는 못하도록 하는 동기를 부여하게 된다. 이러한 동기부여는 곧 Field two에로의 투입물이 되는데 동기를 바로 구매행동으로 옮기는 것이 이 투입물인 것이다. 또 최종적으로 field three(세번째 범주)는 구매한 상품의 저장 또는 사용을 나타내는데 field four의 산출물은 기업에 대한 판매결과의 field four(네번째 범주)와 구매자의 기억 속에 구매경험을 간직하는 것 두 가지다.

이상에서 설명한 니코시아모델(The Nicosia Model)을 흐름도로 나타내면 아래 그림과 같은 순서가 된다. 니코시아모델이 하워드모델(The Howard Model)보다 진일보한 것은 사실이지만 니코시아모델(The Nicosia Model)의 지나친 단순성은 복잡한 소비자의 구매의사 결정과정 및 구매행동을 설명하기에는 지나치게 부족하다는 평은 면할 수가 없으며 특히 그의 모델이 오직 한 가지 극단적인 제한된 상태(광고에의 노출)와 그에 따른 태도형성에 입각함으로써 하워드모델(The Howard Model)이 있는 '자동반응행

위'(광고의 노출 없이 소비자가 자동적으로 보이는 반응)에 대해서 전혀 언급이 없어 니코시아모델(The Nicosia Model)이 불완전성을 드러내고 있다.

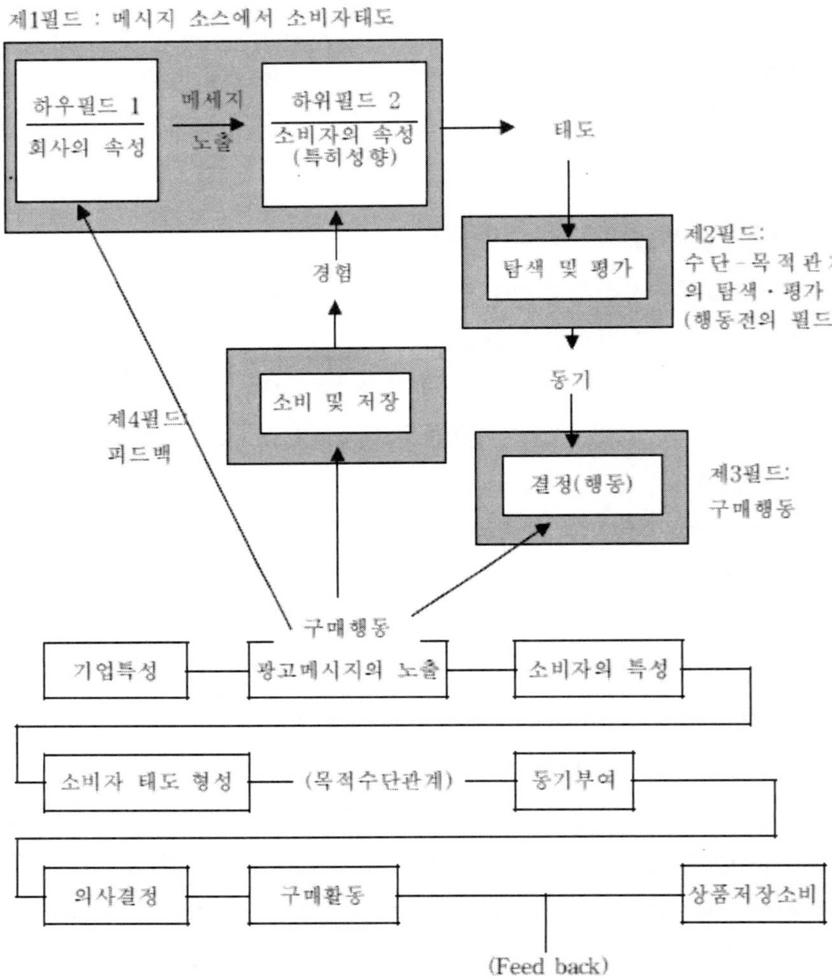

■ 니코시아 모델(The Nicosia Model)

✿ 창업지침서 ✿

외식 소비자 행동분석

외식소비자 행동

목차

- 서론

1. 소비자행동
2. 외식소비자행동의 중요성

- 본론

1. 외식소비자행동의 변화
2. 현 기업의 소비자 행동처리 (사례)
3. 소비자 구매행동 유형

- 결론

한식의 세계화 전략방안

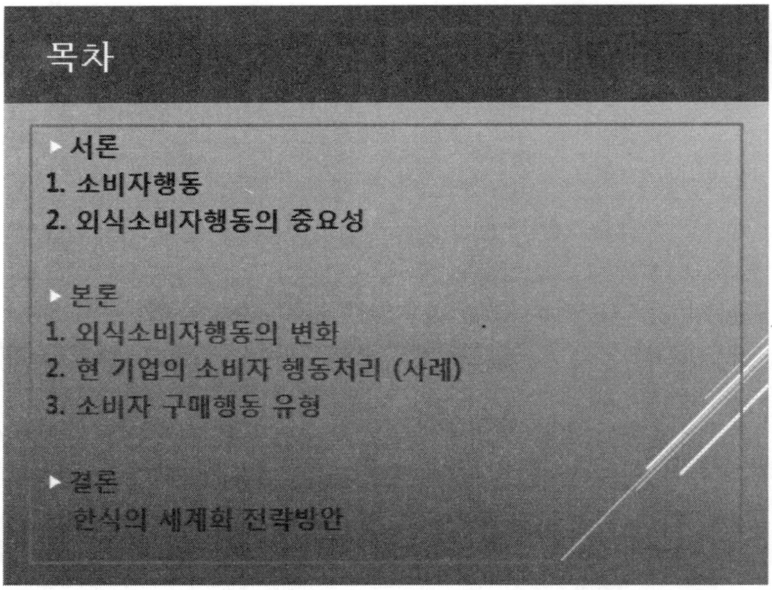
목차
▸ 서론
1. 소비자행동
2. 외식소비자행동의 중요성
▸ 본론
1. 외식소비자행동의 변화
2. 현 기업의 소비자 행동처리 (사례)
3. 소비자 구매행동 유형
▸ 결론
- 한식의 세계화 전략방안

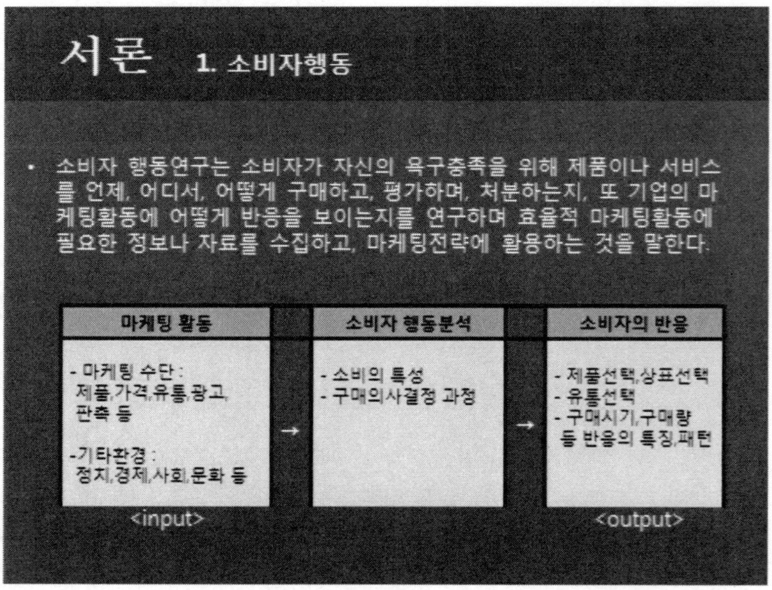
서론 1. 소비자행동
• 소비자 행동연구는 소비자가 자신의 욕구충족을 위해 제품이나 서비스를 언제, 어디서, 어떻게 구매하고, 평가하며, 처분하는지, 또 기업의 마케팅활동에 어떻게 반응을 보이는지를 연구하며 효율적 마케팅활동에 필요한 정보나 자료를 수집하고, 마케팅전략에 활용하는 것을 말한다.
마케팅 활동
- 마케팅 수단 : 제품,가격,유통,광고, 판촉 등
-기타환경 : 정치,경제,사회,문화 등
<input>
→
소비자 행동분석
- 소비의 특성
- 구매의사결정 과정
→
소비자의 반응
- 제품선택,상표선택
- 유통선택
- 구매시기,구매량 등 반응의 특징,패턴
<output>

서론 2. 외식소비자행동 이해의 중요성

- 외식산업에서 시장을 구성하고 있는 소비자를 만족시키는 것이 가장 중요한 활동
- 이러한 소비자들을 만족시키려면 먼저 그들의 욕구가 무엇이고, 욕구가 발생하는 이유가 무엇이며, 욕구를 가장 잘 만족시켜주는 방법은 무엇인가에 관하여 숙지해야 함
- 즉, 소비자를 철저히 이해하고 분석해야 함

목차

▸ 서론

1. 소비자행동
2. 외식소비자행동의 중요성

▸ **본론**

1. 외식소비자행동의 변화
2. 현 기업의 소비자 행동처리 (사례)
3. 소비자 구매행동 유형

▸ **결론**

한식의 세계화 전략방안

본론 1. 외식소비자행동의 변화

❖ 외식 소비자 트렌드

- 여성들의 사회진출이 늘어나면서 외식시장의 주도권이 바뀌어가고, 여성들의 외식 빈도와 외식소비 시장점유율이 높아감
- 간편하고 서구화된 음식을 선호하게 됨에 따라 테이크아웃, 택배전문점, 홈 리플레이먼트 제품의 비중이 높아감
- 건강식에 대한 선호도가 높아짐에 따라 건강과 자연주의는 음식점의 모토로 많이 활용되고, 복고풍의 메뉴와 퓨전음식의 대중화 현상이 일어남

⇒ 외식소비자의 소비 트랜드 모델은 한 공간에서 장시간 머물고 있는 일시적인 현상이 아니라, 다각적으로 변해가는 사회구조와 환경에 의해 지속적으로 변해갈 것이라 예상됨

본론 1. 외식소비자행동의 변화

❖ 일본의 '홈 밀 리플레이스먼트(HMR. Home Meal Replacement) 산업

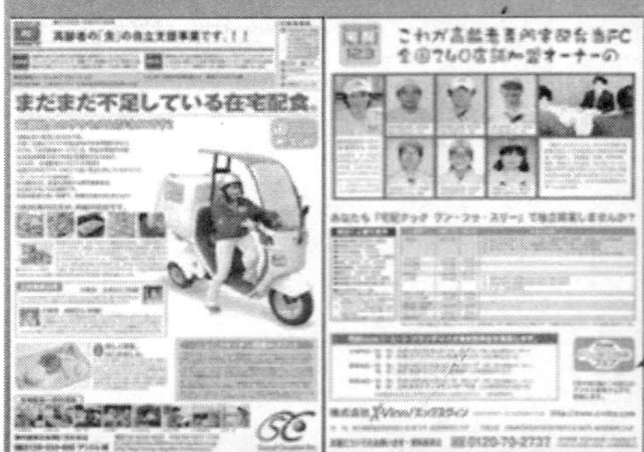

고령화 사회의 비즈니스로 자신의 원하는 시간대에, 배달해주며 배달된 음식은 간편하게 데워먹을 수 있다

<택배 쿡 원 투 쓰리> 고령자 전문 배달 도시락 사업

<니코니코 키친> 재택 배식, 쇼핑 대행 사업

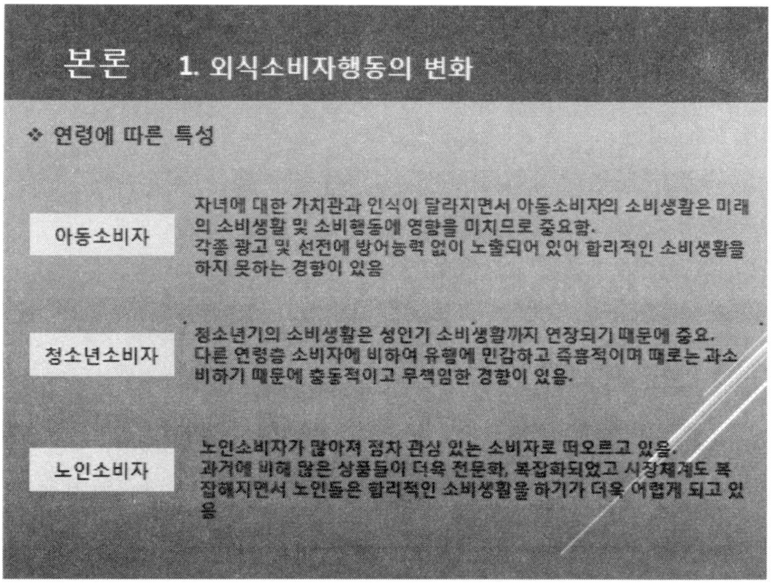
본론 1. 외식소비자행동의 변화
❖ 연령에 따른 특성
아동소비자
자녀에 대한 가치관과 인식이 달라지면서 아동소비자의 소비생활은 미래의 소비생활 및 소비행동에 영향을 미치므로 중요함.
각종 광고 및 선전에 방어능력 없이 노출되어 있어 합리적인 소비생활을 하지 못하는 경향이 있음
청소년소비자
청소년기의 소비생활은 성인기 소비생활까지 연장되기 때문에 중요.
다른 연령층 소비자에 비하여 유행에 민감하고 즉흥적이며 때로는 과소비하기 때문에 충동적이고 무책임한 경향이 있음.
노인소비자
노인소비자가 많아져 점차 관심 있는 소비자로 떠오르고 있음.
과거에 비해 많은 상품들이 더욱 전문화, 복잡화되었고 시장체계도 복잡해지면서 노인들은 합리적인 소비생활을 하기가 더욱 어렵게 되고 있음

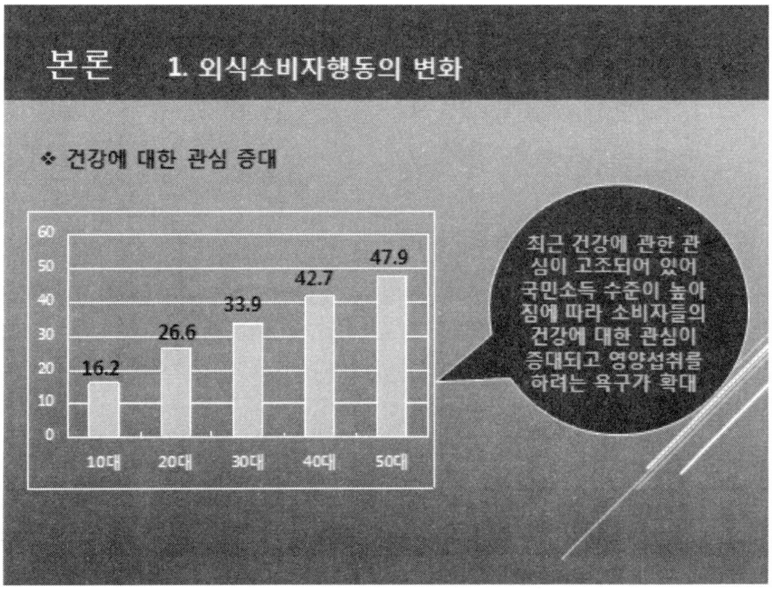
본론 1. 외식소비자행동의 변화
❖ 건강에 대한 관심 증대
60
50
40
30
20
10
0
16.2
26.6
33.9
42.7
47.9
10대
20대
30대
40대
50대
최근 건강에 관한 관심이 고조되어 있어 국민소득 수준이 높아짐에 따라 소비자들의 건강에 대한 관심이 증대되고 영양섭취를 하려는 욕구가 확대

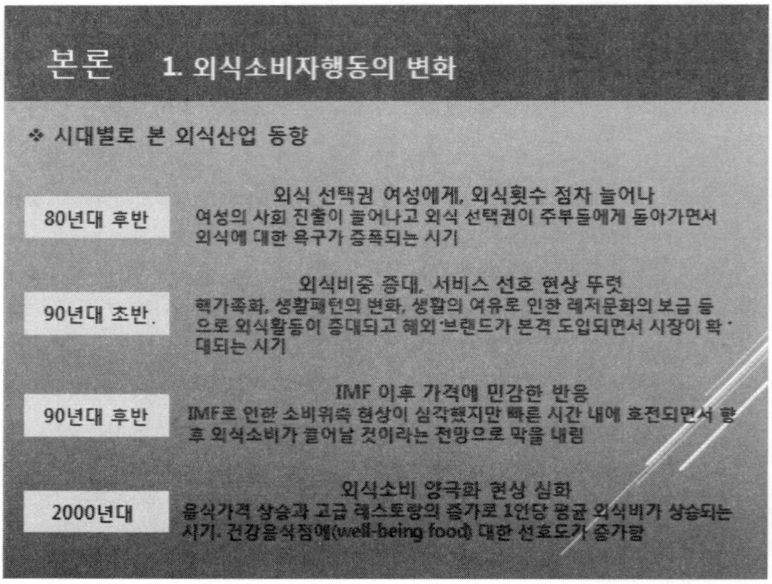
본론 1. 외식소비자행동의 변화
❖ 시대별로 본 외식산업 동향
80년대 후반
외식 선택권 여성에게, 외식횟수 점차 늘어나
여성의 사회 진출이 늘어나고 외식 선택권이 주부들에게 돌아가면서 외식에 대한 욕구가 증폭되는 시기
90년대 초반
외식비중 증대, 서비스 선호 현상 뚜렷
핵가족화, 생활패턴의 변화, 생활의 여유로 인한 레저문화의 보급 등으로 외식활동이 증대되고 해외 브랜드가 본격 도입되면서 시장이 확대되는 시기
90년대 후반
IMF 이후 가격에 민감한 반응
IMF로 인한 소비위축 현상이 심각했지만 빠른 시간 내에 호전되면서 향후 외식소비가 늘어날 것이라는 전망으로 막을 내림
2000년대
외식소비 양극화 현상 심화
음식가격 상승과 고급 레스토랑의 증가로 1인당 평균 외식비가 상승되는 시기. 건강음식점에(well-being food) 대한 선호도가 증가함

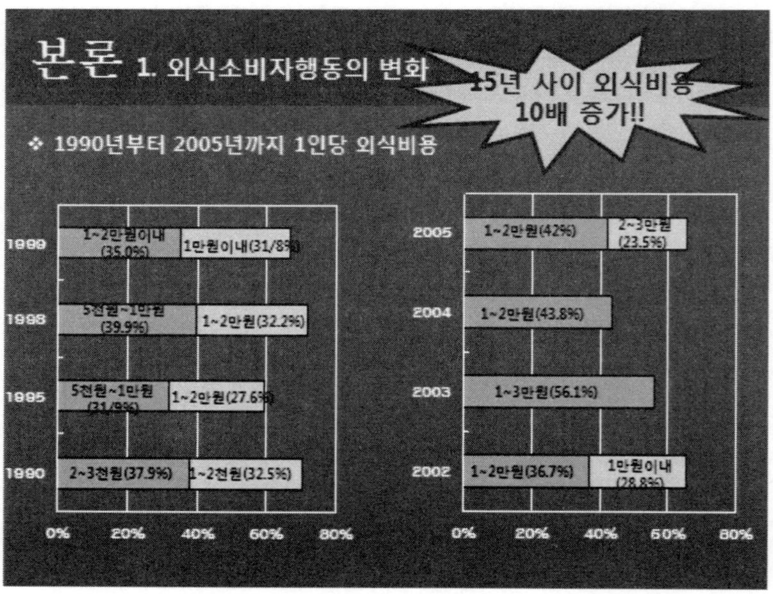
본론 1. 외식소비자행동의 변화
15년 사이 외식비용 10배 증가!!
❖ 1990년부터 2005년까지 1인당 외식비용
1999
1~2만원이내 (35.0%)
1만원이내(31/8%)
1998
5천원~1만원 (39.9%)
1~2만원(32.2%)
1995
5천원~1만원 (31/9%)
1~2만원(27.6%)
1990
2~3천원(37.9%)
1~2천원(32.5%)
2005
1~2만원(42%)
2~3만원 (23.5%)
2004
1~2만원(43.8%)
2003
1~3만원(56.1%)
2002
1~2만원(36.7%)
1만원이내 (28.8%)
0%
20%
40%
60%
80%

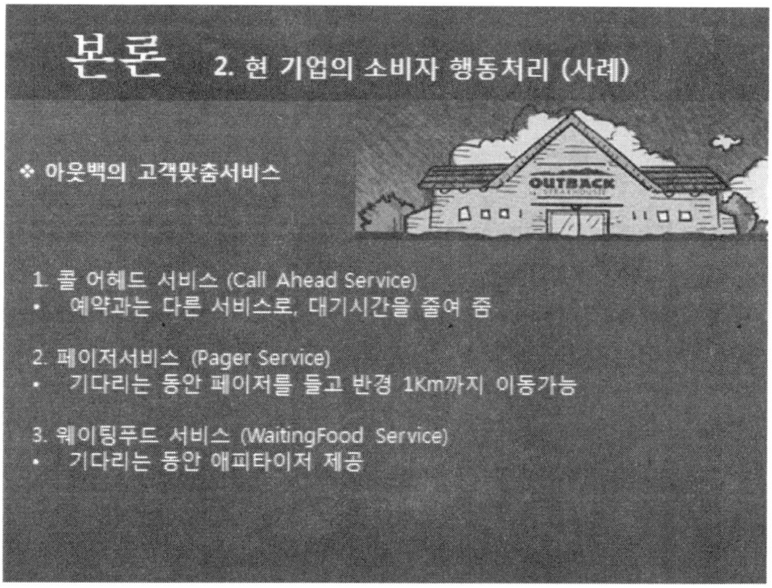
본론 2. 현 기업의 소비자 행동처리 (사례)
❖ 아웃백의 고객맞춤서비스
OUTBACK
1. 콜 어헤드 서비스 (Call Ahead Service)
• 예약과는 다른 서비스로, 대기시간을 줄여 줌
2. 페이저서비스 (Pager Service)
• 기다리는 동안 페이저를 들고 반경 1Km까지 이동가능
3. 웨이팅푸드 서비스 (WaitingFood Service)
• 기다리는 동안 애피타이저 제공

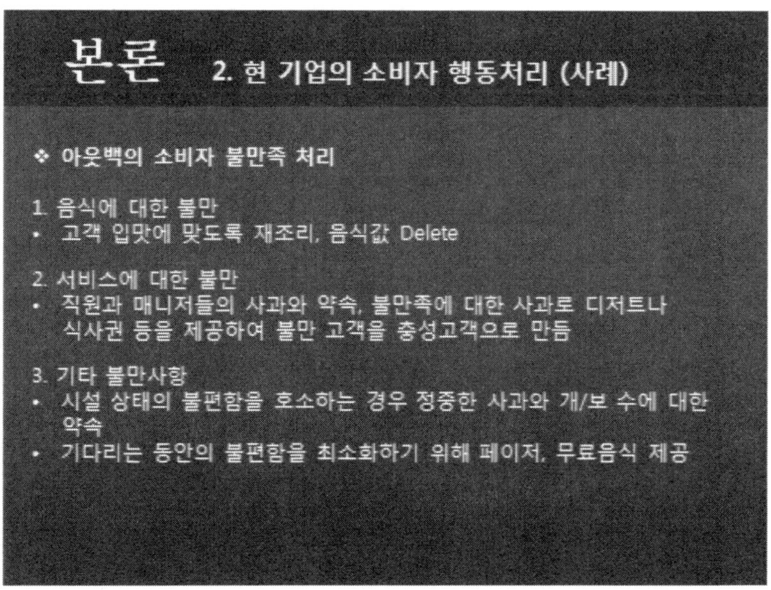
본론 2. 현 기업의 소비자 행동처리 (사례)
❖ 아웃백의 소비자 불만족 처리
1. 음식에 대한 불만
• 고객 입맛에 맞도록 재조리, 음식값 Delete
2. 서비스에 대한 불만
• 직원과 매니저들의 사과와 약속, 불만족에 대한 사과로 디저트나 식사권 등을 제공하여 불만 고객을 충성고객으로 만듬
3. 기타 불만사항
• 시설 상태의 불편함을 호소하는 경우 정중한 사과와 개/보 수에 대한 약속
• 기다리는 동안의 불편함을 최소화하기 위해 페이저, 무료음식 제공

본론 2. 현 기업의 소비자 행동처리 (사례)

❖ 아웃백 홈페이지의 고객센터

본론 3. 소비자 구매행동 유형

❖ Stone의 구매태도 4가지 유형

경제적 소비자	사교적 소비자	도의적 소비자	무관심한 소비자
상품의 가격, 품질 등에 민감하게 반응하는 비교적 이성적인 소비자	점원과의 개인적 친교에 따라 상점선택 및 구매행동이 결정되는 소비자	약자나 다소 어려운 처지의 판매자의 제품, 서비스를 구입하는 경향의 소비자	구매자체에 관심이 없어 가격,품질 등 관심을 두지 않고 편리한 장소에서 구입하는 경향의 소비자 (예:남성소비자)

본론 3. 소비자 구매행동 유형

❖ 관여도에 따라 두 유형으로 분류

고관여 구매행동	저관여 구매행동
복잡한 구매행동 부조화 감소 구매행동 ex) 자동차	습관적 구매행동 다양성 추구 구매행동 ex) 치약, 생필품

⇒ 외식상품 구매에서도 이와 같은 구매양상을 보임

본론 3. 소비자 구매행동 유형

❖ 어느 수준의 관여도 상품을 진출시킬 것인가에 대한 계획이 필요 함

고관여 상품	부조화 줄이기 위해 고품질, 좋은 맛, 서비스, 고급스러운 분위기 연출
저관여 상품	저렴한 가격, 부담없는 이미지로 반복 구매 유도

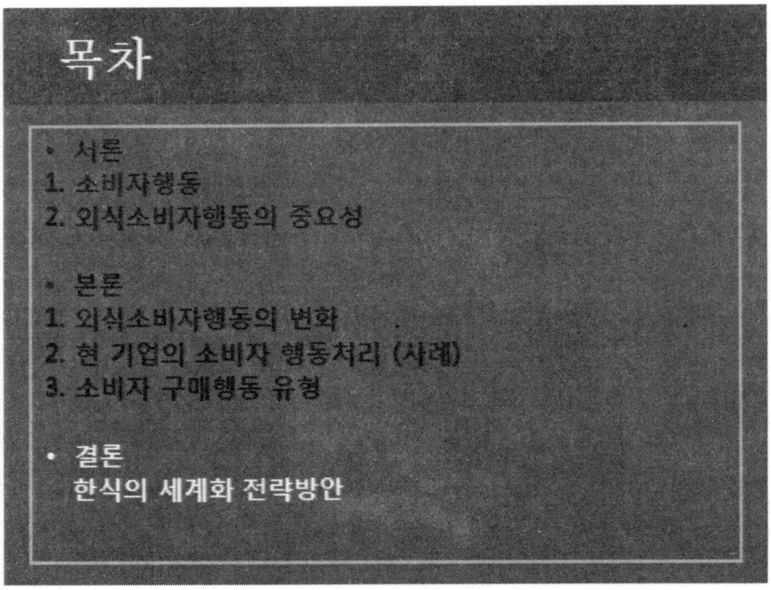
목차
• 서론
1. 소비자행동
2. 외식소비자행동의 중요성
• 본론
1. 외식소비자행동의 변화
2. 현 기업의 소비자 행동처리 (사례)
3. 소비자 구매행동 유형
• 결론
한식의 세계화 전략방안

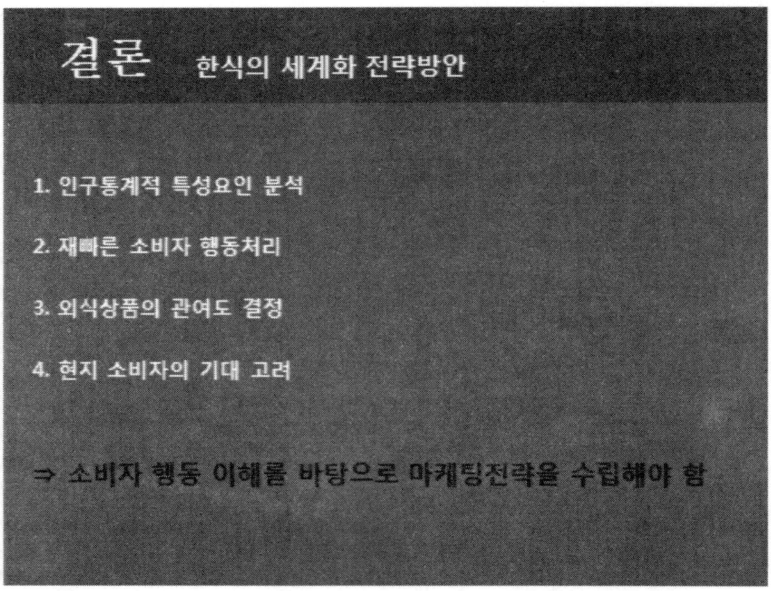
결론 한식의 세계화 전략방안
1. 인구통계적 특성요인 분석
2. 재빠른 소비자 행동처리
3. 외식상품의 관여도 결정
4. 현지 소비자의 기대 고려
⇒ 소비자 행동 이해를 바탕으로 마케팅전략을 수립해야 함

제12장 외식창업 시 점포(매장)의 개발과정 심층분석

1. 점포(매장)의 개요

고객이 여러 점포 가운데 한 점포를 선택하여 상품을 사기까지 점포의 존재를 인식하고, 상품을 만나고 하는 과정을 통하여 구매를 결정한다는 사실을 이해하는 것이 중요하다. 상품을 사는 고객의 뒤를 따라 다녀보면 알겠지만, 고객은 여러 점포에서 많은 상품을 만나고, 구매가 가능한 여러 매장을 돌아다니지만, 막상 그들이 구매하는 상품은 아주 적다는 사실을 알게 될 것이다.

점포에 대한 고객의 기대는 원하는 상품이나 서비스가 다양하게 갖추어져 있어 많은 상품 가운데서 고르고 싶다는 것이 가장 크고, 그 기대에는 저렴한 가격이면서 품질도 우수한 상품이란 욕구도 포함되어 있다.

고객은 구매 시 구매에 대한 판단을 가능케 하는 질이 높은 정보를 점포에 대해 요구하고 있는 것이다. 그러므로 그와 같은 기능, 즉 상품의 선택을 가능하게 하는 기능을 어떻게 구성하면 좋은가를 설계하는 일이 필요하다. 그러기 위해 점포는 다른 점포와 차별화 된 감각을 풍기는 점포, 고객의 쇼핑이 편리하고 종업원이 근무하기에 능률적이 점포를 만들어야 한다.

2. 점포(매장)의 구성요소

점포는 소매 유통업 입장에서 보면 고객과 상품이 만나는 유일한 장소이므로 기업 목표 실현을 위한 수단으로서 조건을 제대로 갖추어야 한다. 또한 고객의 구매욕구를 충족시켜 줄 수 있는 편의성과 서비스를 제공할 수 있는 여건을 갖추고 있어야 한다. 이를 위해 점포는 다음과 같은 점포를 구성하는 요소를 제대로 갖추어야 한다.

점포 구성 요소는

- 상품 구성
- 적합한 가격대
- 점포 입지 조건
- 점포 밖에서 볼 때 매력 있는 점포 외관
- 점포의 기본 설비와 시설
- 매장 배치
- 진열 및 판매 수단(진열집기, 진열장, 곤돌라, 진열선반, 계산대 등)
- 상품 및 내부 장식물
- 점포 및 판매원들이 풍기는 분위기

이들 점포를 구성하는 요소 모두가 고르게 조화를 이룸으로써 효율성 있는 점포 환경이 조성되어 매력있고, 고객으로부터 사랑받는, 보다 좋은 점포로 만들어지는 것이다.

3. 점포(매장)의 콘셉트설정

1) 점포콘셉트와 점포개발단계

(1) 점포콘셉트(concept)의 전제조건

점포란 점포 철학인 소매 경영이념과 시장으로부터의 소비자 니즈에 따라 그 개념이 확립된다. 따라서 소매점이 성공과 번영을 구가하기 위해서는 경영자가 명확한 점포 콘셉트(concept)를 확립하고 적절한 업종과 업태를 선택하여 투자하며, 표적고객에 대해 충분한 상품과 서비스를 제공함으로써 비로소 고객으로부터 점포 가치에 대한 응당한 대가로 내점 및 구매 지지를 받게 될 것이다 다시 말해 이 같은 단계를 통해 궁극적으로 점포 경영자에게 투자에 대한 충분한 보상(이익)을 가져다주게 되며 그 점포는 성공하게 된다.

따라서 점포에 대한 콘셉트를 확립하기 위한 전제조건은 다음과 같다.

① 경영이념 : 경영자 및 판매원이 실현해야 하는 유통이상

② 내적환경 : 점포의 환경(시설과 매장구성)과 인적자원 그리고 각종 상품과 정보의 완벽성

③ 외적환경 : 시장환경, 고객변화, 입지조건에 대한 충분한 숙지

다시 말해 점포 콘셉트는 개념에 대한 전제조건을 중심으로 경영이념이 수립되고 경

영이념에 따라 점포기획이 이루어지게 된다.

점포 콘셉트 확립을 위한 전제조건은 내점을 원하는 표적고객, 적절한 장소와 시기에 상품 · 서비스, 고객에게 부여할 수 있는 가치관, 구매방법과 가치제공의 방법 등이다.

경영이념 수립은 경영자의 인생관 및 직업관과 완수해야 할 사회적 역할로부터 지역고객과 스탭으로부터 얻을 수 있는 찬동을 경영이념으로 승화시켜야 한다.

구체적인 점포기획 순서는 경영이념(사회적 사명) 확립 → 점포 콘셉트(점포 경영노선) 확립 → 점포 이미지와 영업형태 수립 → 상업설비 장치 → 영업시스템 구성 → 상품구색 갖추기 → 점내연출, 레이아웃, 디스플레이 시작 → 서비스 시스템 구성 → 영업 및 판매기획 등에 대한 판촉활동을 전개한다.

(2) 점포개발을 위한 개발자의 업무과정

점포개발자(developer)는 다음 네 단계를 거쳐 점포개발 업무를 수행하게 된다.

제1단계 : 경영이념의 파악-경영운영 실적 데이터를 근거로 하여 경영자원을 파악(내적 환경의 분석과 3M 정보)하며, 시장에서 공개된 자료조사에 의한 수집을 통해 시장환경을 파악(외적 환경 분석, 상권 내 시장동태 분석, 전체 시장동태 분석)

제2단계 : 시장기회의 발견(점포의 강약 분석, 시장 내 포지셔닝 파악, 장래 가능성 파악)

제3단계 : 점포콘셉트 확립-상품구색, VMD(visual merchandising) 계획, VI(visual identity) 계획, 접객 및 서비스 계획, 점포계획, 판촉계획 등을 수립

제4단계 : 점포 콘셉트의 판단과 평가-계수면 · 운영면과 문제점을 정확히 파악하고 오류가 발생할 때 장단기 계획에 따라 수정 또는 보완

2) 점포 아이덴티티를 위한 콘셉트 수립

(1) 점포 아이덴티티 콘셉트와 구성요인

점포의 아이덴티티(identity, 통일성 · 주체성 · 동질성)은 점포 콘셉트를 확립하는 중요한 요인이 된다. 따라서 점포 아이덴티티를 확립하기 위해서는 기본적인 경영이념에 입각하여 집객력과 생활제안형 점포 구축을 위한 전략적 통일성(strategic identity)을 중심으로 MI(mind identity), BI(behavior identity), VI(visual identity)를 믹스하여 통일적 콘셉트를 확립해야 한다.

첫째로 MI는 업종과 업태를 결정하는 일로서 여기에는 전략 콘셉트, 입지 콘셉트, 풍요로운 생활제안 콘셉트로 구성된다.

둘째로 BI는 머천다이징 콘셉트(제안하는 코드의 폭과 깊이, 상품 라인, 가격, 상품구색, 서비스), 인간적 콘셉트(접객서비스를 중심한 접객능력과 고객의 불만처리), 생활제안 콘셉트(컨설턴트 능력)를 확립하는 일이다.

셋째로 VI는 전략 구체안을 표현하는 점포명 · 점포외장 콘셉트, 발신정보 콘셉트로서 광고 · PR · POP · DM · 포장지, 이벤트콘셉트를 구축하는 일이다.

3) 점포 콘셉트의 판단기준과 평가도구

일반적으로 점포 콘셉트의 판단기준은 몇 가지 점포 콘셉트를 수립한 다음 이를 평가기준에 의해 분석 평가한 다음 최종적인 점포 콘셉트를 확립하게 된다.

점포 콘셉트 설정과 평가도구는 점포 이미지를 분별하는 척도로서 주로 점포시설, 점포에의 도달 편의성, 제공되는 상품, 가격, 점포 종업원, 점포광고, 친구와 점포에 대한 몇 가지 앙케이트를 만들어 이를 구체적으로 분석 · 평가하는 경우가 많다.

4) 점포 콘셉트 수립과 스탭 구성

점포 콘셉트이 최종적으로 확립되면 점포를 운영할 수 있는 구체적인 스탭을 구성하여야 한다. 여기서는 점포 생산성 향상을 위한 스케줄 관리와 예산관리를 중심으로 다음과 같은 분야별 인적 자원을 확보해야 한다.

① 상품구색 계획 : 판매담당자(세일즈맨) 및 구매담당자
② VMD 계획 : 매장담당자(디스플레이 코디네이터, 데코레이터)
③ VI 계획 : 홍보담당자(디자이너, 카피 라이터, 인쇄업자)
④ 접객 서비스 담당자 : 판매원, 판매원 교육담당자
⑤ 점포관리 담당자 : 설비담당자(점포디자이너, 시공회사, 집기회사, 설비업자)
⑥ 판촉담당자 : 판촉담당자(SP업자, 이벤트 업자)

4. 점포(매장)의 환경적 영향

1) 주변 환경(ambient conditions)

환경의 지각 및 환경에 대한 인간의 반응에 영향을 주는 요소에는 주변 환경이 있다. 주변환경에는 온도, 조명, 소음, 음악, 향기 등의 배경적 환경특성이 포함된다. 일반적으로 주변환경은 오감에 영향을 미친다. 주변환경을 구성하고 있는 요소들이 오감에 영향을 미치기는 하지만 때로는 전혀 느낄 수 없을 정도의 미미한 것일 수도 있고 확실하게 영향을 미치는 것일 수도 있다.

소비자분야의 연구에서 소수의 실증연구가 주변환경요소들이 소비자반응에 영향을 미칠 수 있다는 사실을 증명해 보였다. 예를 들어 레스토랑과 슈퍼마켓 연구에서 음악의 템포는 쇼핑의 속도, 체류시간 및 소비금액에 영향을 미칠 수 있는 것으로 나타났다(Milliman, 1986). 또 다른 연구에서는 백화점환경에서 연주되는 음악의 친숙성은 소비자가 얼마나 오랫동안 쇼핑을 하고 있는가를 지각하는데 영향을 미치는 것으로 나타났다. 즉 음악이 피실험자에게 익숙하지 않으면 피실험자는 쇼핑 시간이 많이 지나간 것으로 믿게 된다는 것이다(Yalch & Spangenberg 1993). 수백 개의 작업장에서 수십 년간에 걸쳐 연구해 본 결과 조명, 온도, 소음, 음악 및 색상은 모두 종업원 성과 및 직무만족에 영향을 미칠 수 있다는 것을 발견했다.

2) 공간배치 및 기능성

서비스가 이루어지는 환경(service encounter environments)은 소비자의 특수한 욕구를 충족시키기 위해 존재하는 의도적 환경이기 때문에 공간배치 및 물리적 환경의 기능성은 특히 중요하다.

공간배치는 기계, 설비, 및 가구가 정돈되는 방법, 그러한 품목들의 크기와 모양, 그들 사이의 공간적 관계를 말한다. 기능성은 기계, 설비, 가구 등이 성과 및 목표의 달성을 용이하게 할 수 있는 능력을 말한다.

조직행동 및 심리학의 많은 실증연구들이 공간배치와 기능성 차원의 효과를 설명하고 있는데 모두 종업원의 관점에서 보고 있다. 또한 소매점포의 배치, 혼잡 및 방향지시물(orientation aids)의 사용에 관한 몇몇 연구를 제외하고는 상업적 서비스환경에서의 공간배치 및 기능성이 고객에 미치는 효과에 관해서 출간된 것이 거의 없다.

소매점포의 공간배치 및 기능성은 종업원의 도움에 의존할 수 없이 소비자 스스로 활동해야 하는 셀프서비스환경에서는 소비자에게 아주 중요하다. 또한 공간배치 및 기능성은 수행되어야 할 과제가 단순할 때보다 복잡할 때 더욱 중요하다. 그리고 소비자가 시간압박을 받고 있을 경우 이러한 소매점포의 효율적인 공간배치 및 기능성은 소비자의 과제수행을 용이하게 해 줄 것이다.

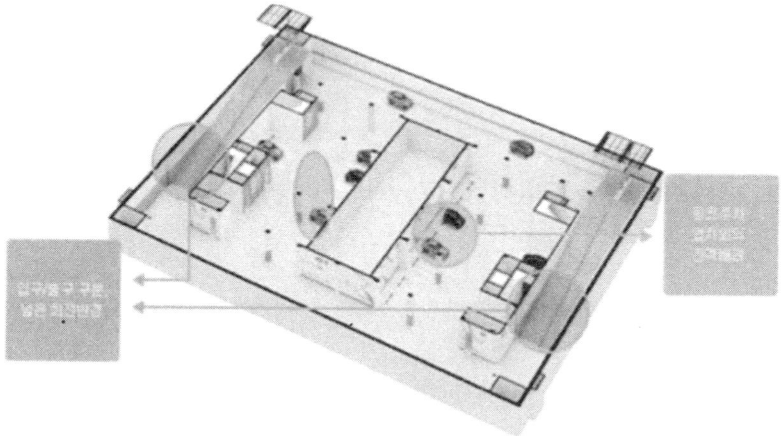

3) 표시, 상징 및 인공조형물

물리적 환경 내에 있는 많은 품목들이 명시적 또는 암묵적인 신호로 작용하는데 이러한 신호는 어떤 장소를 사용하는 사람에게 그 장소에 대하여 커뮤니케이션하는 역할을 하게 된다.

건축물의 외부와 내부에 전시된 표시(signs)들은 명시적인 커뮤니케이션 수단의 예이다. 표시는 기업명, 부서명을 표시해 주는 것과 같이 표찰로 사용될 수 있고 입구, 출구와 같이 방향 지시적인 목적을 위해 사용될 수 있으며 금연이나 어린이는 반드시 보호자가 동반해야 함과 같은 행동규칙을 전달하기 위해서 사용될 수 있다. 표시는 또한 기업이미지나 점포이미지를 전달하는데 있어서 중요한 역할을 할 수 있다.

건축에 사용된 재료의 품질, 수공예품(artwork), 벽에 걸려있는 인증서 및 사진, 바닥 덮개 등은 모두 상징적 의미를 전달할 수 있으며 전체적인 미적 인상을 만들어낼 수 있다. 예를 들어 레스토랑의 경우에 하얀 식탁보와 잔잔한 조명은 완전한 서비스를 제공하며 가격은 상대적으로 높다는 것을 상징적으로 전달한다. 반면에 레스토랑의 카운터 서비스, 플라스틱 가구, 밝은 조명은 셀프 서비스 내지는 가격이 저렴하다는 것을 상징적으로 전달하게 된다.

사무실 환경에서 책상의 크기 및 위치 등의 어떤 단서들은 책상 주인의 지위를 상징하며 전문적 이미지를 나타내기도 한다. 그러한 상징적이며 미적인 커뮤니케이션은 의도적으로 전달될 수도 있고 또는 우연히 전달되기도 하는데 아주 복잡해서 여러 가지의 해석이 나올 수 있으므로 의도된 결과뿐만 아니라 의도되지 않은 결과를 초래할 수도 있다.

5. 점포(매장)의 입지 선정

1) 외식업 입지전략 수립

소형점포 : 큰 도로변이 불리(이면도로, 사람이 많이 다니는 곳)

대형점포 : 대로변, 주차장완비는 필수적 입지별 특성에 대한 명확한 인식이 필요하다.

(1) 번화가

- 선택받은 곳(초심자 주의, 실패할 확률이 높다)
- 번화가고객은 통과 FREE고객, 뜨내기손님이 많다.
- 유명한 CHAIN점 및 대형점 등의 강적이 존재 불리한 여건
- 눈에 번쩍 띄는 입구의 개성창조가 필요(간판, 입구, 샘플 케이스 등)

(2) 오피스가

- 점심시간 TIME이 대단히 중요(주 5일 영업)
- 주 고객이 주변 샐러리맨(편리성 최대 추구)
- B/D 내는 배달업무의 병행(객석 확대효과)

(3) 주택지

- 음식점이 안 된다는 고정관념을 탈피하자
- 단골고객 유치가능, APT지역은 배달위주의 간단한 음식(구매력 약화, 경쟁점 치열, 배달주문 습성)

(4) 도로변

- 체인점보다는 전문화 형태가 유리
- 간판의 시계성을 확보
- 주변에 볼거리를 제공하여 흡입효과를 높힐 것
- 교통체증이 심한 곳은 피할 것

(5) 대학가

- 메뉴는 경양식쪽이 타 메뉴 업종보다 강하다.
- 타 입지보다 영업하기가 힘들다.
- 음식점보다는 음료, 커피 위주의 영업

2) 입지선정을 위한 체크리스트

(1) 배후지역의 세대수 및 인구 현황

점포 배후지역의 세대수 및 인구현황은 업종선택의 중요한 판단근거가 된다.

- 젊은 부부 거주 배후입지
- 중장년 층 거주배후 입지

(2) 후보지 인근 경합점 현황

경쟁업소가 많으면 불리하다.(나누어 먹기식 업종)

(3) 후보지의 유동인구 유발요소와의 접근성 및 시계성

① 유발요소 파악 : 극장, 금융가, 오피스가, 전철역, 버스정류장

② 접근거리는 해당 후보지에서 길을 건너지 않은 지역에 있는 유동인구 유발요소에 한정

(4) 후보지 앞에서의 유동인구 현황 및 내용점검

① 후보지 앞 잠재고객, 대상고객 층 을 겨냥한 업종선택

② 유동인구가 많아도 점포 내에 유입되지 않으면 실패확률도 높다.

(5) 후보지의 점포비용과 수익률

① 매출이 많아도 점포비용이 과다하면 실제 수익률은 낮다.(점포비용과 수익률의 상관관계를 면밀히 조사하라)

② 총개점비용/예상매출액/예상수익/수익률 등을 꼼꼼히 따질 것

매출액=고객 수×1인당 평균 객단가

매출액=통행인수×입점률×객단가

매출액=좌석 수×회전율×객단가하여야 할 것이라고 믿는다.

6. 점포(매장)의 개발 과정

점포개발 순서와 마스트 플랜을 작성한다. 점포개발 순서와 흐름으로는 다음과 같다.

1) 점포개발 방식

점포개발에서는 그 진행상 몇 가지 방법이 있다.

첫째로 외부의 전문 점포계획 및 개발업자(내장 개발업자 포함)에게 일괄 의뢰하는 방식으로서 이 경우 의뢰인(점주)은 점포 콘셉트, 머천다이징 시스템, 운영 시스템 수립과 이에 필요한 내장(시설 및 매장구성) 설계에서 시공에 이르기까지 점포설립을 위한 모든 절차를 외부 전문업자에게 일괄적으로 위임하는 개발시스템을 들 수 있다. 그러나 이 경우 명성있는 몇몇 디자이너가 비슷한 프로젝트에 반복적으로 참여함으로써 점포특성이 동질화되거나 생동감과 신선감을 감소시킬 수도 있다.

둘째로 의뢰인인 점주가 점포 콘셉트, 머천다이징 시스템, 운영시스템을 자체조직내의 인력을 동원하여 결정한 뒤 점포계획업자에게 설계와 시공을 의뢰하는 공동 개발시스템을 들 수 있다. 그러나 이 경우에는 자체 전문인력(계획 및 디자인)을 가진 대규모 유통업체를 제외하고는 종합력있는 전문개발업자에 일괄적으로 위임하는 경우가 많아 공동개발의 범위를 규정하는 것이 대단히 불분명한 경우도 많다.

셋째로 대형 유통업체로서 자체 개발전문가와 디자이너실을 보유하거나 전문 건설팀(계열건설회사 소유)을 보유하고 있는 경우에는 스스로 개발팀을 구성하여 자체 점포콘셉트의 규정에서 시작하여 머천다이징, 운영시스템, 설계와 시공을 담당하는 자체 개발시스템을 가동할 수도 있다. 그러나 유통업체로서 대형 유통그룹을 제외하고는 자체 디자인팀이나 시공회사를 가진 업체는 별로 없기 때문에 전문인테리어 내장업체에게 시공을 위임하고 자체 개발팀에서는 감리만 담당하는 경우가 많다.

2) 점포개발 순서

점포개발계획의 순서는 기본전략계획(basic strategic plan) → 마스트 플랜(master plan) 작성 → 점포계획(store plan) 작성 → 점포디자인(store design) 실시 → VMD-상품계획의 시각화 실행(visual merchandising implementation) 등으로 진행된다.

(1) 기본전략계획

- 점포 포지션 ⇒ 표적 포지션 ⇒ 이미지 컨셉 ⇒ 점포 콘셉트 결정
- 여건 확인 생활자 동향 종합적 이미지 설정 전사적 위치
- 건축구조 라이프스타일 분석 머천다이징 이미지 점포 디자인 계획
- 인재 · VMD 계획 중심대상 고객층 결정 점포 디자인 이미지 점포 문화 확정

(2) 마스터 플랜 작성

- 상품기본정책 ⇒ VMD 기본정책 ⇒ 판촉기본정책 ⇒ 영업기본정책
- 상품구성, 취미수준 IP 기본정책 광고계획 조직운영, 업무운영
- MD분류 IP 기본 정책 이벤트 계획 능력계발계획
- 브랜드, 거래업체 테마 계획 시설배치 · VDM 계획

(3) 점포계획(plan) 작성

마스트블럭 플랜 ⇒ MD(merchandising) 블럭 플랜 ⇒ VDM 플랜 ⇒ 점포환경계획 층 구성, 플로어 콘셉트 매장 구획 배치 벽면 기능과 배치 기본 동선 계획

상품분류별 배치 매장블럭 배분, 인접창고 VMD기본방침 수립 상품배치계획, 시설, 서비스 시설배치 면적, 서비스 시설배분 프레젠테이션 풀 계획 배치계획, VMD 계획

(4) 점포 디자인 실시

- 디자인 계획 ⇒ 기존시설계획 ⇒ 설비계획 ⇒ 디자인 계획결정
- 전망 집기 배치도 천정도, 전개도 기본디자인, 벽면디자인
- 벽면 부분 상세도 상세 설계도 벽면 배치도 집기 디자인
- 집기디자인, 소재, 칼라 사양도, 범위도 정원 배치도 소재, 칼라

(5) VMD(visual merchandising) 실행

- 아이템 제시 ⇒ 포인트 제시 ⇒ 비주얼 제시 ⇒ 머천다이즈 제시
- 상품분류 정리 틀 디자인 테마계획 아이템, 포인트 표현

- 상품 인접성 포밍 표현계획 비주얼 MD
- 페이싱, IP기능 웨어링 테마소품 디자인 프레젠테이션

3) 기본전략과 마스터 플랜

(1) 기본전략계획

① 건물개요와 건축 스케쥴, ② 점포개발 전체의 스케줄, ③ 마케팅 연구 : 정치 · 경제 · 사회 · 기술 혁신에 대한 동향 분석, 입지 · 상업 지역 분석(도시계획, 개발계획 분석, 예측), 소비 동향(소비자 의식조사, 소비자 행동분석), 시장환경 및 동향분석(상권분석), 경쟁점 분석, 자사점포 분석(실용자원 분석), 상품 및 자원공급처 분석 등

(2) 마스터 플랜 작성

① 중점대상 고객층 설정, ② 점포 콘셉트 설정(종합적인 점포 이미지) : 점포컨셉의 기본방침, 점포이미지 기본방침, VMD 기본방침, 점포디자인 기본방침, 이미지 칼라 기본방침, ③ 영업 기본 전략 : 영업기본정책, 머천다이징 기본정책, 부문별 상품기본정책, 판촉기본정책, ④ 업무운영 및 종업원에 관한 기본정책, ⑤ 인재 육성, 능력개발에 관한 기본정책, ⑥ 투자계획에 대한 기본정책 : 부문별 매출효율 설정, 운영계획 수립, 투자계획 수립, 계획일정표 작성

(3) 점포 플랜 작성

▶ 마스터 블록 계획

점포계획이란 매장배치 계획과 상품배치 계획이 주체가 되는 머천다이징을 위한 제계획으로서 다음과 같은 몇 가지 중요 단계별로 나눌 수 있다. 먼저 마스터 블록 계획을 설명하면 다음과 같다.

① 층 구성, 플로어 컨셉, 플로어 네이밍 설정, ② 층별 상품 구성과 상품 분류 배치계획 수립, ③ 상품 분류별 매출액과 대면재고 설정, ④ 상품 분류별 매장면적과 창고면적 배분, ⑤ 서비스 시설의 면적배분과 배치계획 수립, ⑥ 동선을 중심한 층 구성과 인접 층 상품배치의 상호 연관성 검토

▶ 머천다이징 블록 계획

① 동선부분을 제외하고 상품 분류별 매장면적과 인접 창고면적 결정, ② 상품 분류별 매장블럭의 배분과 배치계획의 결정, ③ 동선부분의 면적을 제외한 서비스 시설의 면적배분과 배치계획 수립, ④ 상품 분류별 매장구획과 서비스 시설을 중심으로 한 층

별 고객동선 결정, ⑤ 점포 전체의 매장배치, 서비스 시설의 배치, 수직 · 수평동선의 관련성 검토

▶ **VMD 계획**

① 전체 환경계획의 수립(칼라 링, 자재 및 재료계획), ② 점포 디자인 이미지 계획, ③ 점포 디자인 전체의 방향 검토와 결정, ④ 공유공간의 디자인, ⑤ 고객동선 부분의 디자인, ⑥ 기본적인 바닥(상), 기둥, 천정 부분의 디자인, ⑦ 기본적인 벽면 부분의 디자인, ⑧ 기본적인 조명계획, ⑨ 기본적인 집기 디자인, ⑩ 매장 블럭별 VMD 계획, ⑪ 기본매장의 이미지 계획, ⑫ 점포 주요부분의 완벽한 스케치 , ⑬ 동선 부분의 검증

▶ **머천다이즈 고정계획**

① 각 블럭의 고객동선, ② 블럭내 상품배치에 따른 집기의 결정 및 배치, ③ 각 블럭내 평장, 부틱, 숍의 조정과 배치, ④ 벽면기능의 배치, VP 스테이지의 배치, 서비스 시설의 배치와 최종결정

✿ 창업지침서 ✿

도시락 창업계획서

1. 업체현황 및 사업개요
2. 콘셉트설정
3. 입지설정
4. 상권분석
5. 메뉴계획
6. 판매 및 마케팅 계획
7. 주방 및 인테리어 계획
8. 조직 및 인력계획
9. 재무계획

1. 업체현황 및 사업개요

1) 회사소개

주요 타깃을 유동인구가 아닌 고정인구(주변상가+회사+거주)로 잡고 배달(Delivery Service)과 포장판매(Take Away/Out)를 주력으로 하며 내식(매장 내에서의, Eat-in)을 병행하는 도시락 전문점이다.

2) 창업동기

사업은 본인이 잘 알거나 경험이 있고, 취향에 맞아야 한다는 점에서, 1년 전 TV에서 회사에 점심 도시락을 배달해 먹는 직원들의 인터뷰를 본 후 줄곧 저런 사업을 해보고 싶었다는 생각에서 착안, 업종을 결정하였고 성장전망과 가능성을 따져본 결과 비전 있는 사업이라고 자신하여 창업을 결정하였다.

3) 사업목표와 사업전개방향

우리의 목표는 잠실권 맛집으로 자리매김하여 충성고객을 확보해 꾸준한 이윤을 창출하는 것이다. 사업의 특성상 고객발견도 중요하지만 고객육성이 더 중요하다. 적절한 마케팅으로 개업 초반 일단 잠재 고객들에게 널리 알리는 데에 주력한다. 청결한 위생과 상품력(메뉴의 맛, 선택의 폭과 가격), 고객과의 친밀도를 유지할 수 있는 서비스 제공, 철저한 고객관리로 사업이 번창할 수 있도록 한다.

4) 사업전망, 성장가능성

국내 도시락 시장 규모는 따로 알려진 것이 없지만 도시락 산업이 발전한 일본과 비교해 추정이 가능하다. 일본의 외식산업 10위권 내 3개가 도시락 브랜드이며 2008년 기준 약 20조 엔으로 추정되는 일본 외식 시장 규모의 약 8조 5천억 엔(약 127조 원)이 도시락 시장이다. 이는 1995년 5조 엔, 2005년 6조 3000억 엔으로 지속적인 성장을 이루고 있는 것이다. 국내 외식 시장 규모는 약 60조 원으로 추정되며 우리나라의 도시락 시장의 경우 일본시장의 전철을 그대로 밟아오고 있음에 미루어 볼 때 국내의 도시락 시장도 향후 더욱 성장할 것으로 예상된다. 실제 짧지 않은 시장 역사지만 생산기반과 기술력의 상향평준화를 이룬 국내 도시락 시장은 소비자의 만족도를 높이면서 인기에 가속도를 붙이기 시작했다. 냉장식품으로 유통되는 편의점 도시락의 경우도 지난 2008년부터 본격적인 증가세를 보이고 있다. 2011년 현재 기준으로 전년 대비 100%를 상회하는 폭발적인 성장세를 기록하고 있다. 또한 여성의 사회활동이 증가하고 핵가족화와 고령화 현상이 뚜렷하게 나타남에 따라 HMR(home meal replacement · 간편가정식) 시장이 점차 그 영역을 확대해나가고 있다. 도시락 사업은 이러한 트렌드와도 부합한다.

도시락의 특성상 특별히 계절성이나 유행을 타지 않기 때문에 수요의 성수기와 비성수기에 대한 걱정이 적어 위험도가 낮은 아이템이라 할 수 있으며 점포가 위치할 잠실역 근처는 우리의 주 목표시장인 회사와 지하상가, 젊은 부부 가정이 많은 대규모 아파트 단지, 오피스텔 단지가 밀집해 있어 최소한의 수요는 보장될 것으로 보인다. 또한 '자원의 절약과 재활용촉진에 관한 법률' 시행규칙으로 규제돼 왔던 환경부의 1회용 도시락 사용금지 규정이 대체용기 확보가 현실적으로 불가능하다는 이유로 2008년 6월 삭제됨으로서 우리가 사용할 일회용 용기에도 문제가 없다.

2. 콘셉트설정

1) 메뉴품목

백반식(주력), 다이어트식, 고단백질식, 샐러드, 음료

2) 목표시장

잠실역 지하상가 상인, 주변 회사의 직장인, 배후 아파트/오피스텔 단지 거주자, 기타 유동인구

3) 입지

잠실역 롯데캐슬 건물 1층

4) 가격

일반 도시락 : 5,000~7,000원대
특식(야유회, 기념일 등) : 10,000~12,000원대
샐러드 : 4,000~5,000원대
음료 : 1,000~2,000원대

5) 서비스형태

배달(Delivery Service)과 포장판매(Take Away/Out)를 주력으로 하며 내식(매장 내에서의, Eat-in)을 병행

6) 점포규모와 분위기

15평(49.5m^2) 규모

깔끔한 인테리어와 고객에게 오픈된 주방으로 청결하고 위생적인 분위기

7) 영업시간

평일(월~금요일) : 9:00AM ~ 9:00PM

주말(토~일요일), 공휴일 : 7:00AM ~ 12:00PM

평일 배달주문은 8시 30분까지 받으며 주말과 공휴일은 점심 도시락을 사가려는 나들이객의 수요를 대비해 평일보다 일찍 개장하여 정오까지만 운영한다.

8) 경영형태

공동창업, 동업

9) 상호(brand)

"안(安)도시락" : 청결한 위생환경에서 좋은 식재료로 만들어 믿을 수 있고 집에서 잘 차려진 집밥을 먹는 듯 편안하게 먹을 수 있는 도시락이라는 의미

3. 입지선정

1) 입지선택의 이유

잠실역의 유동인구는 2010년 기준 14만 8850명으로 서울역(18만 6308명)과 강남역(17만 4709명)에 이어 3번째로 많다. 또한 8개 지점의 버스 정류장을 통과하는 버스 노선만 무려 50개에 달하여 서울 강동 지역뿐만 아니라 성남, 구리, 하남지역 등 수도권을 연결하는 중심지이다. 이러한 유동인구를 바탕으로 우리의 주요 타깃인 업무단지와 상가, 주거단지가 고루 발달해 있어 선택하게 되었다.

2) 사업장의 위치, 규모

잠실역 7번 출구(롯데백화점 대각선)

롯데캐슬

15평(49.5m^2)규모 지상 1층

롯데리아, 퀴즈노스, 던킨도너츠, 파리바게트, 엔제리너스, 파스쿠치 등 입점

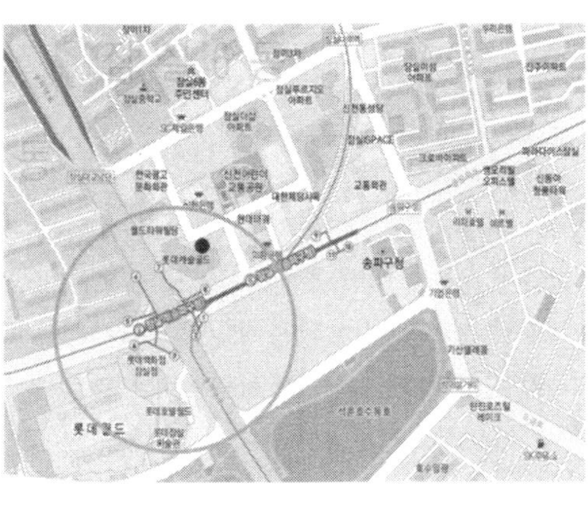

4. 상권(Trade Area) 분석

1) 전체상권 분석

잠실역 상권은 인근의 신천역과 방이동의 상권과 함께 송파지역을 대표할 수 있는 상권이다. 잠실역 상권은 롯데월드, 롯데백화점, 롯데호텔, 롯데마트와 같은 대규모 유통시설과 강남, 고속터미널 등과 함께 손꼽히는 지하상권으로 배후거주민뿐만 아니라 외부에서 인구를 유입할 수 있는 요소가 많다는 것이 특징이다. 우선 위와 같이 롯데월드와 호텔 등의 시설로 서울과 수도권에 이르기까지 광역적으로 인구를 흡입할 수 있으며 지하철은 물론 서울도심과 수도권의 성남, 분당, 하남, 구리 등으로 연계되는 광역버스망과 근교의 캠퍼스로 등,하교를 하는 대학생들의 셔틀버스 승·하차지역이기도 하다. 또한 주변에 송파구청과 서울아산병원과 같은 관공서와 의료시설, 이에 더해 석촌호수공원, 종합운동장, 올림픽공원 등 생활과 문화의 편의 시설이 잘 갖추어져 있어 배후에 잠실 아파트 단지 등 주거단지가 밀집되어 있다. 또한 잠실역 7, 8번출구와 3번출구 쪽으로는 업무단지가 조성되어 있다.

2) 경쟁업체 분석

- 편의점 도시락 : 주 소비자가 10대, 20대 학생들이며 맛이나 질이 낮고 신선도 떨어진다는 인식이 있다.
- 야미가(B) : 일식, 양식, 퓨전음식 등 보통 밖에서 사먹는 메뉴들이다. 도시락 가게라는 느낌이 없다.
- 푸드짱(E) : 특식가격이 15,000~30,000원 선으로 너무 비싸다 아무리 특식이라지만 도시락을 그 가격에 먹을 바에야 출장뷔페나 다른 레스토랑을 이용할 듯하다.

주변 도시락 업체(야미가와 푸드짱-B, E)는 입지에서 우리 점포(A)보다 잠실역과 떨어져 있어 유동인구, 상가인구, 직장인들에게 가시성과 접근성이 떨어진다. B와 E 배후 아파트단지에서의 접근성은 좋지만 배달서비스가 되기 때문에 크게 문제되지 않는다. 또한 이들 업체는 우리의 주된 콘셉트(매일 바뀌는 집밥 느낌의 백반)과 달리 메뉴가 정해져 있어 외식의 느낌, 즉 물리게 되며 따라서 매일같이 먹게 되지 않는다.

프렌차이즈의 특성상 재료를 본사에서 공급받기 때문에 위생이나 신선도 역시 떨어질 수밖에 없다.

3) 소비자 분석

거주인구 : 여성의 사회진출로 맞벌이 부부가 증가함에 따라 퇴근 후 피곤하고 귀찮은 마음에 저녁 시간대에 수요가 예상된다. 같은 맥락에서 서로 바쁘기 때문에 아침식사에 대한 배달수요도 예상되는데 개점 초기에는 점심과 저녁식사에 주력하고 아침식사는 나중에 사업이 번창하면 추가할 계획이다.

아파트 면적별 세대수(33㎡ ≒ 10평)

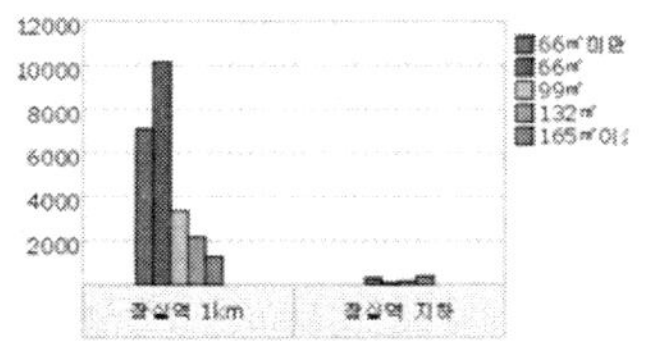

상권명	66㎡미만	66㎡	99㎡	132㎡	165㎡이상
잠실역 1km	7,112	**10,153**	3,310	2,109	1,212
잠실역 지하	0	300	5	119	**336**

자료 : 국토해양부 2010. 12 기준

위 자료를 보면 잠실역 주변 1km 아파트 면적별 세대수 중 66m²(약 20평) 이하의 아파트에 사는 세대 수가 전체의 약 73%에 이른다. 이는 젊은 부부와 소규모 핵가족으로 이루어진 세대가 많기 때문이라고 추정되는데 이것은 아래의 자료에서 30대 인구의 비중이 높다는 점에서도 확인할 수 있다.

잠실역 지하상가 상인들 : 잠실역 대규모 지하상가의 수많은 상인들 또한 우리의 주 타깃이다. 잠실역 지하상가의 영업시간은 오전 9시~오후 10시까지로 점심과 저녁 도시락 판매가 가능할 것으로 본다.

유동인구 : 점포가 입지할 곳이자 잠실역 사거리 주변에 유일하게 지상 상권이 형성되어 있는 지역인 7번 출구 쪽에서 측정한 유동인구를 보면 1시간 평균 유동인구가 1,500~2,000명에 달한다(소상공인진흥원, 2010).

직장인 : 직장에서 점심 고르는 좋은 방법 있나요? [2011.11.28 제887호]

연령별 성별 인구구성

출처 : 통계청 주민등록인구통계 2010.12 기준(단위:명)

상권명	단위	총인구수	연령						
			10세이하	10대	20대	30대	40대	50대	60세이상
잠실역 1km	전체	94,422 (100%)	3,150 (10%)	11,489 (12%)	15,466 (16%)	**17,521** (19%)	15,201 (16%)	14,042 (15%)	11,554 (12%)
	남	45,566 (100%)	4,663 (10%)	5,993 (13%)	7,406 (16%)	**8,268** (18%)	7,329 (16%)	6,604 (14%)	5,403 (12%)
	여	48,956 (100%)	4,487 (9%)	5,595 (11%)	8,060 (16%)	**9,253** (19%)	7,872 (16%)	7,438 (15%)	6,151 (13%)
잠실역 지하	전체	2,474 (100%)	217 (9%)	341 (14%)	398 (16%)	376 (15%)	**415** (17%)	400 (16%)	327 (13%)
	남	1,188 (100%)	109 (9%)	174 (15%)	**197** (17%)	167 (14%)	194 (16%)	192 (16%)	155 (13%)
	여	1,286 (100%)	108 (8%)	167 (13%)	201 (16%)	209 (16%)	**221** (17%)	208 (16%)	172 (13%)

(한겨레 21, 2011. 11. 28)

[대전] "도시락이요? 회사 생활에 엔돌핀이죠"

직장인들은 점심을 먹을 때마다 무엇을 먹을지 고민이다. "아무거나 먹자"지만, 메뉴를 말하면 "또?", "거기 별로야", "그거 빼고"라는 반응이 나오기 일쑤다. 백반식으로 매일 바뀌는 식단이기 때문에 메뉴를 고민할 필요도 없고 따뜻한 집밥을 추구하는 우리의 도시락을 먹게 됨으로서 짧은 점심시간에 외부에 다녀오는 시간도 줄이고 점심을 함께 먹으며 직원들 간 커뮤니케이션이 늘고 팀워크가 좋아질 수 있다. 예부터 우리나라 사람들은 밥을 먹으면서 친해진다는 말이 있듯이 일 때문에 생긴 껄끄러운 감정이 있었더라도 함께 도시락을 먹으며 감정이 풀어질 수 있다.

(뉴스천지, 2011. 11. 17)

4) 상권 발전전망 분석

잠실 주공 1, 2단지와 잠실 시영 아파트가 재건축이 진행되고 3, 4단지의 입주로 신소비층이 증가하고 있다. 주변 재건축에 의한 신소비층과 잘 정비된 잠실 일대는 업무, 행정, 주거, 유통, 교통의 복합적인 기능이 함께 작용하는 시너지 효과를 발휘할 것으로 보이는 전망이 매우 밝은 상권이다. 현재도 충분한 상권 요소를 갖추고 있는 것을 감안할 때 일대의 아파트 재건축과 2011년 3월 착공식을 시작으로 2014년 완공예정인 향군 잠실타워와 일대의 최대관심사인 제2롯데월드가 들어선다면 잠실역 일대는 그야말로 서울의 선두 상권으로 부상할 것이다.

5. 메뉴계획

현재 국내 최대 도시락 업체인 한솥도시락은 도시락을 저가 마케팅으로 접근한 업체이다. 소비자들로부터 사랑은 받고 있지만 저가 제품인 만큼 식단의 구성과 맛, 영양적인 측면에서 허술한 것이 사실이다.

KTX홍보물에 인쇄된 도시락

실제 판매되고 있는 도시락

한편 KTX의 도시락은 7,500원이라는 가격에 맞지 않게 부실한 내용의 도시락으로 소비자들의 빈축을 사 공청회와 품평회까지 열어야 하기도 했다. 우리의 도시락은 이러한 저가 제품과 고가 제품의 단점을 보안하고 장점을 강화한 도시락이라 할 수 있다. 다음은 우리의 콘셉트와 유사한 '천지성 도시락'에서 실제 5,000~ 6,000원에 판매되고 있는 도시락이다.

우리의 주력메뉴는 가정식 백반이다. 직접 매일매일 장을 봐서 공급하는 신선한 재료들로 영양소를 고려하여 식단을 짜며 시즌에 맞게 제철음식으로 구성한다. 대부분 전조리 과정을 거쳐 매장에 공급되는 도시락 전문점의 특성을 깨고 신선한 재료를 당일 공급해 매장에서 조리하는 시스템이다. 냉동제품을 사용할 경우 대형 냉동고 등을 사용해야 하기 때문에 관리가 제대로 되지 않아 매장이 지저분해질 수밖에 없으며, 이를 지양하고 깨끗한 이미지를 확립하기 위해 당일 공급 및 매장 조리를 하는 것이다.

주요 타깃이 10대, 20대가 아니기 때문에 '가격대비 품질이 우수하고 균형잡힌 한 끼 식사로 먹을만하다'라는 인식을 심어줄 수 있다면 점심, 저녁 식사 값으로 5,000~7,000원은 충분히 지불할 것이다.

기존 대부분의 도시락 프렌차이즈들은 메뉴가 정해져 있고 한식/일식/퓨전 등 외식의 느낌이 있어 매일같이 사먹지 않게 된다. 우리의 콘셉트는 매일매일 바뀌는 소비자로 하여금 가정식 백반으로 집에서 만들어온 집밥을 먹는 것 같은 느낌을 주는 것이 목표이다.

기타 메뉴

다이어트식 도시락 : 저지방, 저칼로리로 식단으로 구성

고단백질 도시락 : 몸짱을 꿈꾸는, 운동하는 사람들을 위한 메뉴

특식(10,000~12,000원대) : 회사 야유회나 기념일을 위한 특식 도시락

사이드메뉴

샐러드(4,000~5,000원대, 식사 주문 시 기본 샐러드 소량 제공)

과일(시가)

음료(1,000~2,000원대)

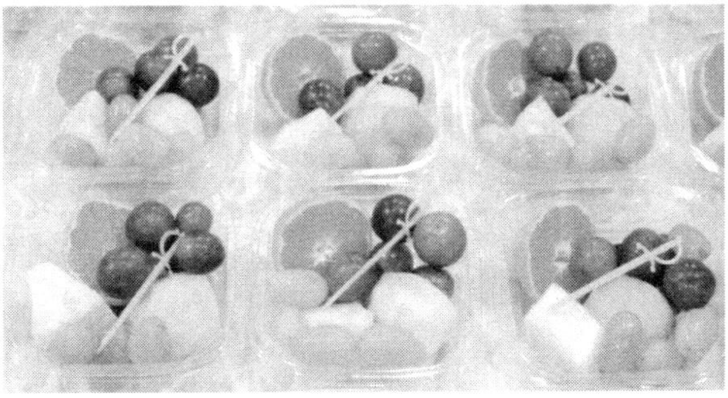

6. 판매 및 마케팅 계획

1) 판매방식 : 배달+포장판매(주력), 내식(eat in)-부주력

주요 판매방식은 배달(Delivery Service)과 포장판매(Take Out/Away)이다. 영업의 효율성을 위해 2인분 이상 배달이 가능하다.

2) 마케팅

아파트 단지 내에 들어가는 주변 상가들의 정보를 모은 광고묶음책자에 광고를 싣는다. 고객들로 하여금 책자를 넘기다 멈출 수 있게끔 P.O.P형식을 사용해 시선을 끈다. 옥외간판과 입간판은 가시성을 살리기 위해 맥도날드의 M마크처럼 우리 가게만의 상징을 개발해 세워 놓는다. 다음 일주일의 식단을 미리 매장 앞 입간판에 적어놓고 배달 시에 다음 주 일주일치 식단 메뉴를 배부해 원하는 요일에 주문해 먹을 수 있게끔 한다.

우리는 사업 특성상 고객발견도 중요하지만 고객육성이 중요하다 현금환불판촉(지속적인 구매에 대한 인센티브(할인 등)을 주어 브랜드 충성도를 유지시키는 판매촉진 기법)과 주문 시 생일이라 하면 미역국을 서비스로 제공하는 등 철저한 고객관리를 통해 우리집에서 밥을 먹는 듯한 느낌이 들게끔 한다. 이렇게 고객과의 끈끈한 관계를 유지해 놓음으로서 4, 5월과 9, 10월 회사 야유회 시즌에는 수요가 급증하는 도시락 업체의 특성상 야유회 특수를 노릴 수 있다.

최근 화두인 먹을거리 안전에 대한 소비자들의 신뢰를 꾸준히 유지하는 것도 중요하다. 도시락의 경우 제조과정에서 각종 이물질 및 오염에 노출된 것은 아닌가, 재료는 괜찮은 것을 쓰는가 하는 의심이 들 수 있다. 이같은 불안을 해결하기 위해 매장 내의 주방을 매장 안팎에서 모두 볼 수 있게끔 제조과정을 오픈해 안전한 먹을거리라는 사실을 꾸준히 소비자에게 알린다. 친환경 포장용기 또한 자체 제작해 깔끔하다는 이미지를 한층 배가시킨다. 포장용기는 또한 일회용이기 때문에 회수하러 갈 필요가 없어 인력을 줄일 수 있고 설거지 수고를 덜어주며 음식물 쓰레기 처리 부담도 줄여준다.

7. 주방 및 인테리어 계획

1) 외부장식

“안(安)”을 활용한 디자인의 입간판을 세우고 간판은 입체 형식으로 깔끔한 이미지로 한다.

2) 내부장식, 인테리어

색을 많이 쓰지 않고 전체적으로 깔끔한 인테리어로 구성한다. 메뉴를 여기저기 붙여놓지 않는다. 위생적인 환경에서 조리하는 것이 최우선 방침으로 주방을 오픈형 주방으로 구성해 고객들로 하여금 매장 안팎에서 제조과정을 볼 수 있게 해 위생에 대한 고객의 의구심을 해소한다.

8. 조직 및 인력계획

대표 :

조리 :

배달 :

9. 재무계획

1) 창업비용

일반적인 33~49.5m^2(10~15평)규모 도시락 전문점의 순수창업비용은 3500~6000만 원대이다.(권리금, 월세 제외)

도시락 프랜차이즈 현황

브랜드	매장 수	특징	창업비용
한솥도시락	549	한식 기반 테이크아웃형	33㎡ 기준 5100만원
토마토도시락	87	고객맞춤형 테이크아웃형	33㎡ 기준 3500만원
오봉도시락	67	신개념 테이크아웃형	33㎡ 기준 3800만원
본도시락	3	수제 테이크아웃형/배달형	본사 규정
임생	72	매장형/배달형/테이크아웃형	26.4㎡ 기준 3600만원
벤또랑	32	매장형/테이크아웃형 수제도시락전문점	50㎡ 기준 5500만원
미야오	7	매장형/테이크아웃형 일본식 수제도시락전문점	49.5㎡ 기준 6700만원
돈호야	14	매장형/테이크아웃형 일본식 도시락전문점	49.5㎡ 기준 6300만원

*자료:창업경영연구소

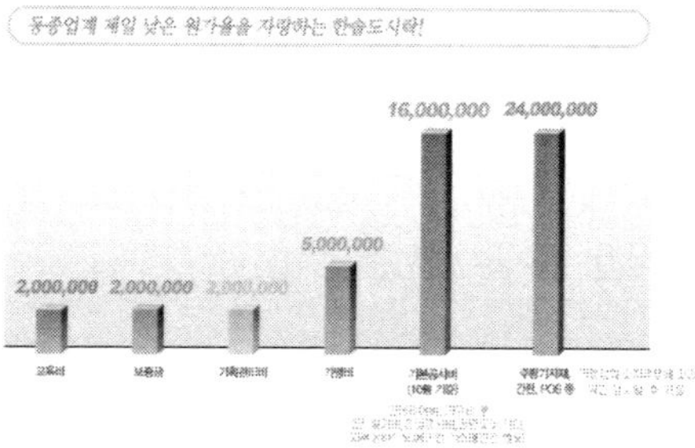

(자료 : 한솥도시락)

국내 최대 도시락 체인업체인 한솥도시락의 10평 기준 창업비용은 위와 같다. 여기서 1평 추가당 1,750,000원이 들어간다고 한다. 프렌차이즈가 아니므로 교육비, 기획관리비, 가맹비를 제외하고 점포의 규모와 현지 시세를 적용한 예상 창업비용은 다음과 같다.

항목	금액
권리금	70,000,000
보증금	50,000,000
기본공사비(인테리어 등)	18,000,000
기자재, 간판	25,000,000
합계	163,000,000

2) 재무추정

다음은 같은 본 점포가 입점할 롯데캐슬에 입점해 있는 파리바게트(30평)와 던킨도너츠(25평)의 매출내역과 지출내역이다.

	내역	금액	%
	월매출	5,500 만	100 %
매	월경비	4,300 만	78.2 %
출	월순익	1,200 만	21.8 %
	수익률	5.45 %	

	내역	금액	%
	인건비	600 만	14 %
경	재료비	3,300 만	76.7 %
비	임대관리비	100 만	2.3 %
	제세공과금	0 만	0 %
	유지보수감가	0 만	0 %
	홍보및기타	0 만	0 %

매출내역(기준:최근6개월 평균)		월지출 세부내역	
월매출	**5,000 만원**	재료비	2,200 만원
월지출	3,700 만원	인건비	700 만원
월순수익	1,300 만원	월세	23 만원
월수익률	5.91 %	관리비	35 만원
매출근거	포스	기타경비	742 만원

(자료 : 창업프로)

이를 통해 유추해 본 "안도시락"의 추정 손익계산서는 다음과 같다.

월매출		50,000,000
월지출	재료비	25,000,000
	인건비	2,500,000
	월세	1500,000
	관리비	500,000
	광고비	500,000
	기타경비	1000,000
월순익		19,000,000

3) 재무추정 분석 및 향후 수익전망

4명이 함께 일하기 때문에 인건비에는 아르바이트생 2명의 월급만 포함시켰다. 수도료, 냉 · 난방비, 전기료 등의 내역은 관리비에 포함되는 것으로 확인했다. 광고비는 아파트 단지 내에 들어가는 근처 상가들의 광고 묶음 책자에 내는 광고와 기타 광고비이며 일회용기 등 소모품비는 기타경비로 계산했다. 추정 손익계산서대로라면 개점 9개월 만에 손익분기점을 넘어설 것으로 보인다. 도시락 업체의 성수기인 4, 5월과 9, 10월에는 월순익이 더 발생할 것으로 보이며 특별한 위기가 오지 않는다면 잠실권의 발전과 더불어 무난한 성장이 예상된다.

제13장 호텔레스토랑 메뉴관리

1. 메뉴의 정의

1) 메뉴의 유래

현재 사용되고 있는 메뉴의 역사적 유래는 1541년 프랑스 브룬손윅 공작이 연회행사에서 음식을 제공할 때 순서가 틀리거나 하는 번거로움과 불편함을 해소하기 위해 음식에 관한 내용과 순서 등을 메모하여 식탁 위에 놓고, 그 순서대로 요리를 제공하기 시작하였고 이것이 나중에 후작이나 백작들에게 좋은 평을 받아 이로부터 귀족 간에 유행되었으며, 차츰 유럽 각국에 전래되어 식탁의 차림표로 사용되게 되었고, 이때 사용되던 메모가 오늘날 정식요리 메뉴의 효시로 전해지고 있다.

그 후 19세기 초 프랑스 파리의 팰리스 로얄이라는 레스토랑에서부터 일반화되어 사용한 것이 오늘날 우리가 사용하고 있는 메뉴의 시초라고 전해지고 있다.

2) 메뉴의 개념

(1) 메뉴의 정의

메뉴는 본래 프랑스말로서 카트(carte)라고 불리나 메뉴가 세계공통어로 사용되고 있다. 오늘날 우리가 일반적으로 사용하고 있는 메뉴라는 말은 프랑스어로 그 어원은 라틴어의 'Minutus', 영어로는 'Minute에 해당되며, 'small'(작은), 또는 'small list'(작은 목록표)란 뜻이다. 영국에서는 메뉴의 또 다른 표현으로 'bill of fare'라고도 하는데, 'bill'이란 '상품목록'(itemized list)을 의미하고, fare는 '음식'(food)의 의미이다. 따라서 이를 '음식의 상품목록'이라 부르고 있다.

우리나라에서는 메뉴를 차림표 또는 식단이라고 하며, '웹스터사전'에 의하면 메뉴란 A detailed list of the foods served at a meal, 즉 식사로 제공되는 음식의 상세한 목록, '옥스퍼드사전'에서는 Adetailed list of the dishes to be service at banquet or mael 즉 연회 또는 식사에 제공되는 음식들의 상세한 목록으로 각각 설명되어 있다. 위에서 언급된 내용을 종합해 볼 때 메뉴를 식사를 서비스하는 레스토랑에서 제공되는 요리를 상세히 기록한 목록이라 정의할 수 있다.

(2) 메뉴의 개념변화

메뉴의 단순한 사전적 정의도 시대에 따라 변화하였다. 1960년대에 메뉴가 '차림표'의 개념으로 정의되었다면, 1970년대부터는 '마케팅과 관리'의 개념이 첨가되어 '차림표'로 정의되었고, 1980년대부터 '차림표'의 개념이 삭제된 강력한 '마케팅과 내부통제도구'로 정의되고 있다. 또한 1960년대와 1970년대 메뉴의 계획과 디자인에 관한 저서, 논문 및 아티클(articles)도 주로 주방에서 일하던 조리사와 식품영양학을 전공한 사람들에 의해서 주도되었기 때문에 영양가적인 측면 및 조리방식과 조리표를 중심으로 한 생산지향적인 면이 강조되었다. 그러나 1980년대에 들어서는 실무와 이론을 겸비한 사람들에 의해 메뉴를 보는 시각이 조리표 중심에서 관리중심으로 변화하였다. 그 결과 메뉴에 대한 정의도 마케팅과 관련되어 양면이 강조되어 정의되고 있다.

이러한 메뉴의 사전적 정의와 시대에 따른 메뉴의 정의를 종합해 볼 때, 메뉴는 단순히 판매하고자 하는 상품의 표시, 안내, 가격만을 나타내는 단순한 목록이 아님을 알 수 있다. 메뉴는 판매상품의 이름과 가격, 그리고 상품을 구입하는데 필요한 조건과 정보를 기록한 목록으로써 생산 및 원가관리 등의 내부적 통제는 물론, 고객과 레스토랑을 연결하는 판매촉진의 도구로서 궁극적으로는 매출과 이윤이 직결되는 영업장의 얼굴과 같은 중요한 역할을 담당하고 있다.

2. 메뉴의 역할

종래적 의미의 식당관리에 있어서는 메뉴가 단순히 식료의 종류를 기록, 나열하는 기능을 수행한 것에 불과했던 때도 있었으나, 현대 식음료 레스토랑사업에 있어서는 판매와 관련하여 가장 중요한 상품화의 수단으로 그 역할이 증진되어 왔으며, 식당사업의 목표달성을 위하여 관리되어야 할 중요한 분야가 되었다. 고객을 정확히 알고 있다는 것은 레스토랑경영에서 뿐만 아니라 그 어떤 사업에서도 중요한 요소이다. 만일 레스토랑에서 고객이 마음속에 원하고 있는 상품으로 구성된 메뉴를 판매하고 있다면, 고객은 그 가치에 대한 대가를 분명히 지급하게 될 것이고, 그 결과 레스토랑은 성공적인 경영을 할 수 있게 된다.

1) 메뉴의 기본적 역할

메뉴의 기본적 역할은 첫째, 상품을 고객에게 전달하는 것이다. 외부적으로는 판매가능한 음식, 가치, 가격을 고객에게 전달하고, 내부적으로는 레스토랑에서 생산하는 상품이 무엇인가를 직원에게 전달하는 것이다. 그러나 메뉴의 진정한 의미를 단순히 알리는 것 그 이상의 역할을 하고 있다. 둘째, 메뉴는 레스토랑 경영에서 가장 기본이 되는 도구로서 경영의 청사진과 같은 역할을 한다.

메뉴가 가지고 있는 최대매력은 고객으로 하여금 식욕을 일으켜 즉각적인 구매동기를 가져올 수 있게 계획되어 고객이 무엇을 원하는가를 찾아서 구매욕구를 충족시켜 레스토랑 영업에 강력한 판매촉진도구로 사용되어야 하며 특징적인 인상을 줄 수 있도록 시각적인 디자인을 고려하여 제작되어야 한다.

2) 메뉴의 역할

(1) 메뉴는 기업의 경영순환과 같은 역할을 하고 있다.
- 경영 정책(policy)
- 판매 계획(planning)
- 분석(analysis)
- 판매(sales)

(2) 메뉴는 레스토랑의 상품판매수단으로 기업주와 고객 간의 매개체의 역할을 한다.

(3) 메뉴는 판매촉진도구로서의 역할을 한다.

(4) 메뉴는 레스토랑의 실내 장식과 큰 조화를 이룬다.
- 메뉴의 선택
- 메뉴의 색채
- 메뉴의 문자구성

3) 메뉴의 종류

(1) 지속기간에 따른 분류

▶ 고정메뉴

고정메뉴(static menus, fixed menu)는 새로운 메뉴가 등장하기 전까지 몇 개월 또는 그 이상 사용되는 메뉴로 일정 기간 동안 메뉴 품목이 변하지 않고 제공되는 메뉴이다. 커피숍, 패스트푸드, 패밀리 레스토랑, 기타 체인 레스토랑 등에서 많이 사용하고 있다.

고정메뉴의 장점은 상품의 통제와 조절이 용이하고 상품이 많지 않아 전문화시킬 수 있다. 그러나 단점은 상품이 오랫동안 고정되어 있고, 환경변화에 둔감하여 고객이 싫증내기 쉬우며, 시장이 제한적일 수도 있다.

▶ **순환메뉴**

순환메뉴(cycle menu)는 일정한 주기, 즉 월 또는 계절에 맞추어 변화하는 메뉴이다. 리조트호텔 또는 카지노호텔은 식음료업장, 학교 카페테리아, 병원급식, 단체급식, 교도소급식 등에서 많이 사용하는 메뉴이다. 순환메뉴의 장점은 메뉴에 변화를 주어 고객에게 신선함을 전달할 수 있고, 계절에 따라 메뉴조정이 가능하다. 그러나 단점은 식재료의 재고율이 높을 수 있으며, 계절에 따른 메뉴품목을 생산하기 위해서는 아주 숙련된 조리사가 필요하다.

▶ **일시적 메뉴**

일시적 메뉴는 특별한 행사기간에 판매되는 메뉴로 페스티벌 메뉴(fevestival menu), 일일특별 메뉴(daily special menu), 계절메뉴(seasonal menu), 가벼운 메뉴(light menus), 건강식 메뉴(health food menu), 야채 메뉴(vegetable menu) 등이 있다.

4) 메뉴의 선택방식에 따른 분류

레스토랑에서 제공하는 음식의 종류는 식사내용 및 가격에 따라 크게 타블도트 메뉴, 알라카르트 메뉴 그리고 위의 두 가지를 혼합한 결합메뉴(combination menu)와 연회메뉴(banquet menu)로 구분한다.

(1) 타블도트 메뉴

타블도트 메뉴는 정식요리 또는 코스요리로 제공되는 메뉴를 말하며, 아침, 점식, 저녁 등 식사시간에 따라 각기 정해진 메뉴품목으로 구성되어 있다. 가격은 코스에 따라 일정하게 정해지든지, 아니면 메인코스를 무엇으로 정하느냐에 따라 다른데, 보통 애피타이저, 수프, 주요리, 샐러드, 후식, 차 등의 순서로 구성되어 있다. 대표적으로 뷔페 메뉴와 커피하우스 메뉴를 들 수 있다.

▶ 뷔페메뉴

뷔페메뉴(buffet menu)는 가격과 행사의 성격에 따라 간단히 손으로 음식을 집어 먹을 수 있는 약식 뷔페 메뉴에서부터 고급 메뉴들로 가득 찬 정식 뷔페메뉴에 이르기까지 종류와 질이 매우 다양하다. 뷔페메뉴는 결혼피로연, 리셉션, 회의만찬 등 큰 모임이 있는 경우에 자주 제공된다.

▶ 커피하우스 메뉴

커피하우스는 유럽에서 흔히 볼 수 있는 커피전문점으로, 음료는 물론 간단한 식사메뉴도 제공된다. 우리나라 호텔 커피숍에서도 음료와 스낵, 그리고 코스요리를 축소시킨 세트요리를 제공하고 있다.

(2) 알라카르트 메뉴

알라카르트 메뉴(a la carte menu)는 일품요리 메뉴를 말하며, 고객의 주문에 따라 조리사의 독특한 기술로 만들어진 요리가 품목별로 가격이 정해져 제공되는 요리이다. 알라카르트 메뉴는 그릴 또는 전문레스토랑(specialty)에서 많이 제공하고 있지만, 정식요리 메뉴를 전문적으로 제공하고 있는 레스토랑에서도 메뉴의 구성상 몇 가지 알라카르트 메뉴는 한 번 작성되면 장기간 사용하게 되므로 요리준비나 재료구입업무가 단순화되어 능률적이라 할 수 있다.

그러나 식재료의 원가상승에 의해 이익이 줄어들 수도 있으며, 단골고객에게는 신선하고, 새로운 맛을 주지 못하고, 지루함을 주어 판매량이 감소할 수도 있다. 따라서 알라카르트 메뉴 레스토랑은 고객 욕구를 감안하여 새로운 메뉴개발노력을 지속적으로 해야만 한다.

(3) 연회메뉴와 결합메뉴

연회메뉴(Bauquet menu)는 연회예약을 접수할 때 행사내용 또는 주최측의 요구에 따라 다양한 알라카르트 메뉴 또는 타블도트 메뉴로 구성되는 메뉴를 말한다. 결합메뉴(combination menu)는 타블도트 메뉴와 알라카르트 메뉴를 혼합한 형태의 메뉴로 중국 레스토랑이나 특정국가의 고유메뉴(ethnic menu)를 판매하는 레스토랑에서 많이 사용되고 있다.

5) 식사시간에 따른 메뉴

메뉴는 유형에 따라 그 범위가 다양하다. 식사시간에 따른 기본적 메뉴의 유형은 조식, 중식, 석식으로 구분되며, 그 밖에 고객의 욕구와 마케팅전략에 따른 다양한 특별메뉴(specialty menu)가 있다.

(1) 조식

서양의 일반적인 조식은 보편적으로 일정 메뉴품목으로 구성되어 있다. 메뉴 품목이 간단하고 음식제공이 빠르며, 가격이 저렴하다. 조식메뉴(breakfast menu)는 대표적으로 미국식 조식메뉴(American breakfast)와 대륙식 조식 메뉴(continental breakfast)로 구분된다.

(2) 브런치

브런치 메뉴(brunch menus)는 브렉퍼스트(breakfast)와 런치(lunch)가 합쳐진 용어로 미국의 레스토랑에서 많이 사용하고 있는 메뉴로서 아침과 점심식사의 중가쯤에 있는 식사 메뉴를 말한다. 특히 바쁜 도시생활을 하는 사람들에게 적용되는 메뉴이다.

(3) 중식

중식 메뉴(lunch menus)는 근무 중의 피로함을 덜하기 위해 석식보다는 조금 가볍고 간단한 음식으로 샌드위치 등 기타 일품요리로 구성된 메뉴이다.

(4) 애프터눈 티

애프터눈 티(afternoon tea)는 영국인의 전통적인 식사습관으로써, 밀크 티(milk tea)와 시나몬 토스트(cinnamon toast) 또는 멜바 토스트(melba toast)를 점심과 저녁 사이에 간식으로 먹는 것을 말한다. 그러나 지금은 영국뿐만 아니라 세계 각국에서 오후에 티타임(tea time)이 보편화되고 있다.

(5) 석식

모든 사람들에게 석식(dinner)은 하루 중 가장 중요한 식사시간으로 좋은 음식을 시간적인 여유를 갖고 즐기기 원한다. 따라서 석식 메뉴는 음식의 개정이 강하고 정교하다. 고객은 석식을 통해서 서비스, 분위기, 장식 등 레스토랑에 대한 새로운 경험을 기대하며, 이를 위해 기꺼이 조식과 중식보다 높은 가격을 지불한다. 또한 석식은 메뉴선택의 폭이 넓은 편으로 스테이크(steak), 로스트(roasts), 치킨(chicken), 해산물(seafood), 파스타(pasta) 등의 주요리로 구성되어 있다.

(6) 밤참

서퍼(supper)란 본래 격식 높은 정식 외 만찬을 의미하였으나, 근래에 와서는 그 의미가 변화되어 늦은 저녁 밤참(supper)으로 제공되는 것을 말한다. 늦은 저녁 행사(음악회, 오페라 등의 큰 모임) 후의 식사로써 가벼운 음식과 간단한 코스(2~3 코스)로 구성되며, 진한수프(thick soup)에다 소시지와 랄 또는 샌드위치, 음료 정도의 경식으로 제공된다.

3. 메뉴계획

어떤 음식서비스 경영이라도 기본적인 경영활동 또는 최초의 통제단계로 메뉴계획을 포함하는 통제단계의 시스템으로 보일 수 있다. 호텔 식음료부분의 운영과 관리에 있어서 고객의 필요와 조직의 목표를 평가한 후에 행해지는 중요한 단계는 메뉴의 계획이다. 메뉴계획은 호텔 식음료부분의 성공적인 운영과 관리에 있어서 가장 중요한 과업중의 하나이며, 고객만족을 통한 이익의 근대화라는 목표에서 시작되는 레스토랑 마케팅 전략의 출발점이다. 레스토랑에서 상품 판매를 통하여 매출을 극대화시키려 할 때 메뉴는 판매를 촉진시킬 수 있는 가장 기본적으로 주요한 수단이 된다. 물론 영업장의 설비나 서비스, 장식, 서비스 직원의 태도와 음식의 질 등도 판매를 촉진시키는 수단이 되지만, 고객이 레스토랑에 들어오면 실질적인 상품을 표시해 놓은 메뉴가 가장 중요한 판매도구가 된다. 메뉴는 통제단계 유지를 위한 기초이다. 즉 구매, 저장, 준비, 조리, 서비스 등이다. 이러한 기본단계에서부터 고객이 원하는 상품을 생산하기 위해서는 그에 맞는 메뉴가 계획되어야 한다.

1) 메뉴계획의 목적

메뉴계획은 음식의 질, 양, 서비스 등으로 고객을 만족시켜 이익을 창출할 수 있도록 하는 것을 그 목적으로 한다. 이러한 목적을 성공적으로 달성하고 있는 바람직한 메뉴에는 다음과 같은 내용이 포함되어 있다.

▶ 메뉴의 담겨진 내용

시장성 : 메뉴는 목표하고자 하는 고객의 특성에 맞도록 한다.

경제성 : 최소한의 원가로 최대한의 이익을 달성하도록 한다.

우수성 : 우수한 맛과 질을 유지할 수 있는 능력이 있어야 한다.
진실성 : 메뉴에 기록된 내용(식재료 음식의 양, 조리방법)과 일치해야 한다.
경쟁성 : 고객에게 매력을 줄 수 있는 품목 및 가격, 디자인이 있어야 한다.

2) 메뉴계획 시 고려사항

처음부터 내·외부적 환경을 정확히 분석하여 기획된 메뉴만이 성공을 기대할 수 있다. 치밀한 메뉴계획으로 작성된 메뉴는 고객이 메뉴에 갖는 기대를 만족시키거나 초과하여 레스토랑의 경영목표를 달성하게 한다. 그렇지 못한 메뉴는 매출 및 그에 따른 이익을 증대시키는데 실패하고 만다. 메뉴계획의 기본은 레스토랑의 콘셉트와 사명을 정확히 설정하고 이에 따른 사항들을 정확히 반영시키는 것이다.

(1) 주방시설

모든 메뉴품목을 조리할 수 있는 시설과 주방기기 및 기물을 갖추어야 하지만, 주방면적이 좁은 경우에는 가공식품을 이용한 메뉴를 선택할 수도 있다.

(2) 조리인력

조리사의 인원, 조리능력과 시간, 식재료 저장능력 등을 감안하여 원가의 상승요인이 되는 품목은 제외한다.

(3) 식재료

식재료 구매가 어려운 품목은 시기에 따라서는 원가의 상승요인이 된다. 이러한 메뉴는 원활치 못한 식재료공급으로 고객의 신뢰를 잃을 수 있으므로 제외시키고, 계절에 따른 특별메뉴를 계획한다. 또한 다양한 식재료를 필요로 하는 메뉴도 원가의 상승요인이 되므로 동일한 재료로 다양한 맛을 낼 수 있는 메뉴 품목을 선택하는 것이 좋다.

(4) 마케팅조사

마케팅조사도 메뉴계획을 할 때 중요한 고려사항 중의 하나이다. 상권현황, 경쟁업소, 변화에 따른 고객의 욕구와 필요 등 정확한 마케팅조사에 따른 메뉴계획이 수행되어야 한다.

(5) 원가관리

레스토랑은 궁극적으로 이익을 목표로 하는 활동이다. 따라서 정해진 원가의 범위를 초과하는 품목은 수익성을 감소시키므로 지나치게 표준원가를 초과하는 품목은 제외시킨다.

(6) 영양가

고객의 외식활동은 생리적 욕구충족과 휴식, 오락 등을 즐기는 것 외에 식사를 통한 건강증진도 그 목표가 된다. 메뉴의 구성은 필요한 영양소를 균등하게 제공할 수 있게 계획한다. 특히 단체급식에서의 메뉴계획은 적절한 영양가에 대한 배려가 중요한 고려사항 중 하나가 된다.

(7) 콘셉트

메뉴는 레스토랑의 운영방침, 테마와 객단가, 서비스방법, 실내장식 분위기 등 레스토랑이 추구하는 경영 컨셉에 적합한 메뉴로 작성되어야 한다. 또한 음식도 유행에 민감한 상품이므로 사회, 문호에 따른 변화도 중요한 고려사항이다.

3) 고객의 메뉴선택요인

레스토랑의 이미지가 조명과 전체적인 톤 및 인테리어 등에 영향을 받는 것처럼 메뉴구성의 형태 또한 고객에게 많은 영향을 미치는 상품력 증진요소의 하나이다.

고객의 메뉴를 선택할 때는 가장 먼저 자신의 경제적 사정을 고려할 수밖에 없다. 아무리 마음에 드는 메뉴를 선택하려 해도 자급능력이 없으면 뜻대로 선택할 수 없게 된다. 고객의 입장에서 메뉴를 선택할 때 금전적인 요소 외에 영향을 주는 요소들과 메뉴선택의 다양성을 제공하는 요소들은 다음과 같다.

(1) 메뉴선택의 요인

- 메뉴의 수
- 음식의 질

- 음식의 양
- 변치 않는 맛
- 향기 및 색깔
- 적정온도의 음식제공
- 주메뉴 외에 서비스로 제공되는 음식 및 음료

(2) 메뉴선택의 다양성

레스토랑에서 제공되는 메뉴의 종류와 다양성은 식사할 때의 경험과 느낌에 따라 커다란 영향을 미친다. 여기서 말하는 메뉴선택의 다양성이란 자신이 지급할 수 있는 가격과 그에 따른 만족도의 객관성을 의미한다. 예를 들어 단골고객 이외의 다른 고객이 자신이 선호하는 메뉴를 발견하지 못했을 때 일반적으로 메뉴가 고객에게 줄 수 있는 선택력이 떨어진다고 할 수 있다. 이렇듯 레스토랑에서 메뉴선택이 다양성을 고려하여 메뉴를 구성할 수밖에 없는 가장 큰 이유는 가격, 식사시간, 메뉴의 수 때문이고, 그 밖의 요소들로는 외식을 자주하는 고객층과 주방시설, 조리기술 및 메뉴의 수익성 등이 있다.

▶ 가격

어느 고객이 호텔 레스토랑에서 일반 레스토랑의 메뉴가격을 예상하고 풀코스 정식요리를 찾는다면, 그 고객은 정상가격을 지불하고 메뉴를 선택하는 고객에 비해 심리적으로 훨씬 메뉴선택의 폭이 제한될 수밖에 없다. 따라서 업종, 상권, 경쟁자 등에 따라 알맞은 가격을 책정하도록 한다.

▶ 식사시간

식사시간에 따른 메뉴의 구성도 고려해야 할 사항이다. 레스토랑의 성격에 따라 다르겠지만, 고객의 순수하게 식사만을 위해 소비하는 시간은 보통 30분, 길어야 1시간, 단체의 경우에는 2~3시간 정도이다. 그러나 우리나라 대부분의 고객은 메뉴를 단순하게 선택하며, 식사시간도 오래 걸리지 않는 편이다.

▶ 메뉴의 수

규모가 작고 질이 낮은 레스토랑에서 너무 많은 종류의 메뉴품목을 제공하게 되면 오히려 고객에게 부담감을 줄 수 있다. 이와 반대로 비교적 고급에 속하는 레스토랑에서는 선택할 수 있는 메뉴가보다 다양한 것이 좋다. 고급레스토랑을 찾는 어떤 고객은 가능한 많은 메뉴품목 중에서 선택하기를 좋아하며, 조리장의 특별요리를 충분한 시간을 갖고 즐기고자 한다.

(3) 메뉴가격

화폐효용의 가치에 대한 개념은 산업영역 또는 소비자에 따라 각기 다르다. 사람들이 어느 특정 레스토랑을 자주 이용하는 것은 음식이 마음에 들기 때문이기도 하지만, 그 레스토랑에서의 식사가 그만큼 가치가 있는 것으로 인식하고 있기 때문이다. 일반외식업소의 경우에는 고객이 사전에 메뉴가격을 인식하고 오기 때문에 자신이 식사를 하면서 얼마를 지급해야 할 것인가 염려하는 경우는 거의 없다. 호텔의 식음료업장이나 패밀리 레스토랑은 보통 한 끼 식사를 구성하는 메뉴마다 가격이 따로 설정되어 있다.

(4) 메뉴작성

메뉴를 작성하는 절차는 레스토랑의 여건에 따라 여러 가지가 있겠지만, 일반적인 메뉴작성의 절차는 첫째, 기존의 레스토랑에서 성공하고 있는 품목 또는 경쟁 레스토랑에서 판매하고 있는 품목들을 인력, 기술, 시설에 관계없이 가능한 범위에서 종합하고 둘째, 레스토랑의 콘셉트에 맞는 품목을 선별하는 것이다.

메뉴품목을 선택할 때 고려해야 할 사항은 다음과 같다.

① 메뉴품목을 조리할 수 있는 능력과 기술이 있는가?
② 책정된 원가기준에 크게 초과하지 않는가?
③ 조리방법과 절차가 어렵지 않은가?
④ 서비스하는데 어려움은 없는가?
⑤ 맛과 품질의 변화가 빠르게 일어나지 않는가?
⑥ 주방기기 및 기물을 새로 구입해야 하는가?

4. 메뉴디자인

메뉴디자인은 메뉴계획에서 선별된 아이템을 메뉴판을 통하여 어떻게 고객에게 제시하는 것이 가장 이상적인 것일까를 구상하여 실행에 옮기는 것이라고 정의할 수 있다. 즉 메뉴를 마케팅도구로, 또는 광고의 도구로 정의하여 디자인하는 것이다. 메뉴의 근본적인 역할은 알리는 것이며, 제대로 구성된 메뉴는 수익을 높이고, 고객에게 만족을 줄 수 있는 훌륭한 광고 및 판매매체가 된다. 또한 섬세하게 디자인된 메뉴북은 레스토랑 분위기에 일익을 담당하며, 각각의 음식을 항목별로 적절하게 분류하여 작성된 메뉴북은 상품판매의 중요한 역할을 한다. 메뉴계획에서 최종적으로 아이템이 선정되면 메뉴를 디자인하게 되는데 잘 디자인된 메뉴란 메뉴계획자가 의도한 대로, 배열, 설명,

활자, 메뉴의 크기, 모양, 컬러 등이 레스토랑의 전체적인 개념, 주제와 조화를 잘 이루고, 기능적으로 메뉴의 역할을 잘 수행할 수 있도록 디자인된 메뉴를 말한다. 이렇듯 메뉴를 효율적인 판매수단이 되도록 디자인할 때는 음식의 배열 및 내용, 시각적 구성, 지면, 활자체 등 메뉴북의 제작에 따른 여러 요소들이 조화를 이루도록 해야 한다. 메뉴는 레스토랑(독립된, 체인시스템, 큰, 작은, 전체서비스, 제한된 서비스)에 따라 다양한 책임이 있다. 레스토랑의 선택과 조직구조가 다양하며, 어떤 레스토랑은 전문적인 메뉴디자이너, 광고회사, 광고 카피라이터와 연계를 맺는다.

메뉴디자인의 책임이 할당된 사람과 관계없이, 모든 계획자와 레스토랑 매니저가 참여하도록 인식하는 것의 과정에 익숙해지기 위해 많은 모험이 필요하다.

✿ 창업지침서 ✿

이탈리아 레스토랑 전문점 사업계획서

1. 회사 개요
2. 조직 및 인력
3. 제품의 특징 및 메뉴와 인테리어
   1) 이탈리아 음식 특징
   2) 제품 및 서비스 특징
   3) 메뉴구성 및 레시피
   4) 메뉴 엔지니어링 및 전략
   5) 인테리어
4. 상권 및 시장 분석
   1) 입지의 특성 - 입지의 위치적 특성
   2) 접근성, 편리성
5. 경영 전략 - 4P
   1) 제품(product)전략
   2) 가격(price)전략
   3) 판매촉진(promotion) 전략
   4) 유통(place)전략
6. 경영 전략 - SWOT
7. 향후 계획 및 목적
   1) 지향해야 할 경영마인드
   2) 외식산업이 나가야 할 방향
8. 마치며 - 사업계획서를 작성하고 나서

참고자료

1. 회사개요

회사명	시리우스[Sirius]
대표자	이승엽
설립일	2008. 07. 12
사업장 주소	제주시 용담 3동 2572-3
자본금	3억
대표자 연락처	010-3993-1547
주제품	이태리식 레스토랑
사업장 규모	60평 2층 규모

회사명(업소명)은 시리우스(Sirius)로서 뜻은 하늘에서 가장 밝은 별이라는 뜻이다. 이 이름은 짓게 된 것은 많은 영화나 책에서 나오는 스토리도 있지만 천랑성이란 이름답게 밤하늘에서 빛나는 별과 같은 존재가 되라는 의미에서 이름을 지어보았다. 장소는 제주시 용담동에 위치하여 주변 경관과 자연 환경이 뛰어나고 접근성도 좋으며 같은 업종인 패밀리 레스토랑이 많은 지역으로 선정하였다.

자본금은 3억으로서 나중에 자본금 형성 내역을 상세히 공개하기로 한다. 사업장 규모는 2층으로 나누어서 각 층은 60평 규모로 한다. 주가 되는 메뉴는 이탈리아식 레스토랑 이며 랍스타나 패밀리 레스토랑의 메뉴와 카페의 역할도 할 것이다.

▶ 정통 이탈리아식 레스토랑- 시리우스[Sirius]를 선정한 이유?

제주도에는 이태리식 음식점이 많지만 대중화 되어있다고 보기는 힘들다. 시내에 많이 있지도 않고 이태리 요리가 고급 요리로 가격에서 부담을 갖는 사람들이 많다고 생각한다. 다른 음식점에서나 값싼 가격에 가족이나 연인들이 한끼 식사를 하는 것으로 생각하며 이탈리아식 요리를 약간 거리를 두는 시점에서 이처럼 맛보기 힘든 정통 이태리식 레스토랑을 이젠 '시리우스'에서 보다 적은 부담과 편안한 분위기에서 고급스런 맛을 볼 수 있다.

현재 제주시내 이탈리아식 레스토랑은 많이 알려지기 시작한 '화이트하우스' 정도이며 이 요리 전문점은 패밀리 레스토랑 콘셉트를 갖추고 있다.

'시리우스'는 밤하늘에서 가장 밝게 보이는 뜻을 강조하여 해안가에서 가장 존재감이 있고 친근한 느낌으로 다가서며. 듣기에 귀에 쏙 들어오는 단어로 이태리에서 많이 선보여지는 새우요리와 그 밖에 한국인이 좋아하는 여러 가지 해산물 요리를 제공한다. 또한 보통 이태리 음식의 양은 그리 많은 양이 아니기 때문에 배를 채우기는 조금 부족함을 후식이나 애피타이저 등으로 해결 하는 등의 해결책을 마련하여 다른 음식점과는 차별점을 두었다.

2. 조직 및 인력

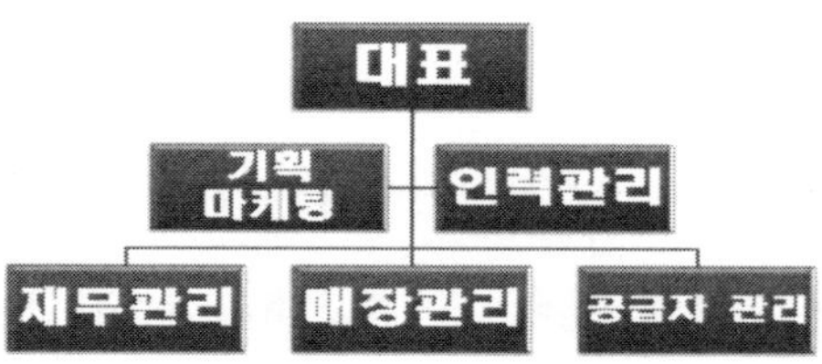

시리우스의 조직 모형도

위의 조직 모형도처럼 기획 마케팅 인력관리의 전반적인 스텝 업무는 관리자를 두어서 사업을 관리하며 재무업무는 사업주인 본인이 회계학과 재무 등을 공부하였으므로 본인이 담당한다. 매장관리는 서빙을 하는 직원이 그리고 공급자 관리는 직접 대면하고 관리해야 하는 요리사를 통하여 관리하기로 하였다.

사업은 되도록 간단하고 빠른 의사결정을 위해 최고경영층을 단순화하고 발달한 전산시스템으로 본부의 크기는 줄이고 영업장과 공급사슬 관리에 많은 역량을 투입할 수 있는 단순한 조직구조로 각 담당 부서에서 할 수 있는 최대한의 권한을 주어 각 부서에서 적절한 조치를 취할 수 있는 권한을 부여했다.

요리사는 2명을 둘 것이며 주방보조는 3명 홀은 4명이 담당할 것이다. 이탈리아 요리인 만큼 이탈리아 음식을 전문으로 하는 해외에서 요리의 경력이 있는 쉐프 2명을 고용할 것이며 이들에 의해 요리의 맛이 좌우되기 때문에 충분한 책임감과 자부심을 가지게 해줄 것이다. 쉐프를 통해 소개받은 주방보조나 조리과를 졸업한 예비 요리사들을 쉐프와 함께 일을 하게 할 것이며 이들은 쉐프의 지시를 받도록 한다. 홀은 아르바이트가 아닌 직원으로 4명을 고용할 것이며 남 2명과 여 2명을 둘 것이다. 용모가 깔끔하고 친절한 인상을 가진 사람을 뽑을 것이며 이들은 매니저의 철저한 서비스 교육을 받도록 한다.

3. 제품의 특징 및 메뉴와 인테리어

1) 이탈리아 음식 특징

고대 로마의 문화와 르네상스의 중흥기를 거치면서 또 유럽 상업 중심지로서 일찍부터 음식문화의 발달이 이어졌으며 프랑스에 그 음식문화를 전수할 만큼 음식에 대해서는 자부심이 강한 나라이기도 하다.

오늘날 이탈리아의 음식은 세계에서 가장 인기 있고 유명한 음식들 중 하나다 다양한 세계 각국의 요리가 상존하고 있으나 많은 사람들이 이탈리아리음식을 조리하고 먹고 있으며 그 인기가 날로 더해 가고 있다 그 이유는 무엇일까? 이태리요리는 크게 나누어 공업이 발달한 밀라노 중심의 북부지방요리와 해산물이 풍부한 남부요리로 대별된다. 이탈리아는 지형적으로 장화 모양의 우리나라처럼 삼면이 바다로 둘러싸인 반도이다 이런 점에서 우리나라 요리와 비슷한 점이 많다.

이탈리아 요리는 요리에 사용할 각각의 식재료의 특성에 대하여 잘 알고 적합하게 사용하여 요리하기 때문에 발전한 것이며 오늘날에도 이러한 전통은 여전하다 다른 나라의 조리사들은 재료들을 서로 혼합하거나 변형시키는 데 중점을 두지만 이태리인들은 각각의 식재료 개별적인 맛을 강화시키는 것이 생각하여 재료의 특성과 성질을 이용한 요리를 한다. 즉 날것과 익은 것, 덜 자란 식재료와 다자란 식재료, 하나의 식재료 또는 혼합된 것, 그리고 끓임, 지짐, 굽는 것, 또는 튀김 중 어느 것이 나은지 세심하게 고려하고 구별하여 음식을 만든다.

이탈리아 요리를 이해하기 위해서는 각 지방의 특징적인 요리를 필수적으로 알아야 한다. 왜냐하면 각 지역은 역사적, 지리적 차이에 따라 그 나름대로 독특한 각 지역의 요리를 갖고 있기 때문이다.

예를 특면 북부지방의 파스타는 일반적으로 별로 변형 없이 평평한 형태로 신선한 계란과 밀을 이용하여 만들어졌으며, 주로 버터를 이용한 요리가 많다. 반면에 남부지방은 비교적 향신료를 많이 사용하며, 올리브유를 이용한다.

이탈리아에 유명한 음식 파스타 그리고 피자가 있다 파스타는 밀가루로 만든 음식의 총칭이며 스파게티도 파스타에 포함된다. 우리가 알고 있는 라자냐, 카로니도, 파스타라고 본다 물론 이것은 세계적으로 유명해진 이태리 음식이다, 이태리 음식의 주식은 빵이며 일반적으로 서구권과 같다고 볼 수 있다. 하지만 이태리에도 밥이 있다. 리조또라고 하며 우리나라에서 나오는 일반적인 쌀과는 다르다.

쌀이 길죽한 것이 월남미와 비슷하며 찰기가 별로 없어 이걸 팬에 생쌀을 넣고 물과 함께 계속 저으면서 익혀서 양념하고 그런 식으로 볶아서 음식을 만든다. 이게 이태리식 볶음밥 리조또이다. 또한 이탈리아도 반도라 해산물을 이용한 음식이 굉장히 발달한 편이다. 새우요리나 해산물의 요리 또한 세계적으로 고급으로 치며 특히 새우요리는 세계 최고 수준을 자랑한다. 개인적으로 좋아하는 음식인 새우는 신장에 좋은 식품이며 혈액 순환 촉진에 도움이 되는 음식이다.

2) 제품 및 서비스 특징

맛있는 음식은 좋은 재료에서 나오게 마련이다. 맛이 가장 좋다는 재료를 사용한다. 수입한 재료는 압축 냉동해 보관하는데 신선도를 위해 유통기한을 넘기지 않는다.

고객이 들어오면 먼저 안내를 하고 너무 어려운 메뉴에 대한 거부반응을 줄이고자 미리 오늘의 주방장 메뉴와 추천 음식등을 설명하여 이해를 돕고 최대한 고객이 원하는 메뉴를 찾아낸다. 선택한 음식를 오픈된 주방에서 쉐프가 요리를 하여 요리하는 모습을 손님들이 볼 수 있도록 한다. 요리가 완성이 되면 직접 손님이 와서 음식을 가져가도록 한다.

또한 샐러드바를 만들어 선택으로 여기에는 기본적인 샐러드와 드레싱뿐만 아니라 칵테일 새우가 들어간 여러 가지 샐러드를 제공한다. 또한 여러 가지 싱싱한 과일을 위주로 하여 보다 깔끔하고 신선한 샐러드를 제공하며 손님에게 접시를 샐러드 접시를 제공해주고 직접 샐러드를 선택하여 먹도록 한다. 음료수 또한 샐러드바와 함께 리필이 되며 직접 여러 가지 음료 중에 선택하여 마실 수 있도록 하는 셀프 서비스를 하도록 한다.

와인은 선택으로 저렴한 가격인 화이트 와인을 몇 가지 준비하여 원하는 손님에게 제공한다. 전반적으로 셀프서비스를 이용하여 좀 더 편안한 분위기를 만들 것이며 종업원은 서빙 등보다도 손님이 입맛에 잘 맞는 요리를 선택할 수 있도록 도와주는데 주력을 한다.

3) 메뉴구성 및 레시피

▷샐러드 (1인)- 3000원
▷와 인 (1잔)- 3000원
▷음료수는 무료로 제공함

샐러드바 와인 음료수에 관한 메뉴

<table>
<tr><td colspan="2">▶ 메뉴 1 : 〈왕새우 구이와 구운 야채〉 가격 11,000원 원가 7,000 공헌이익 4,000</td></tr>
<tr><td>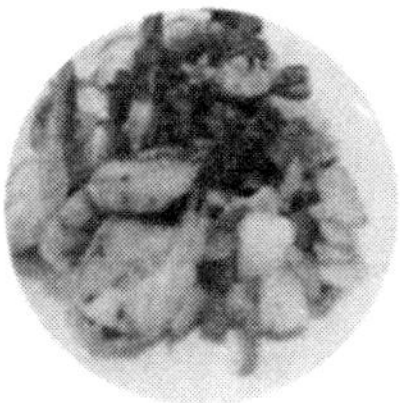
선호도 : ★★★</td><td>1. 왕새우는 깨끗이 손질한 다음 타임, 바질과 마늘(1쪽), 후추, 샐러드 오일, 소금에 마리네이드한 후 160도 오븐에서 10분간 굽는다.
2. 감자는 삶아서 으깬 후 버터, 소금, 후추, 와사비와 잘 섞는다.
3. 호박과 새송이버섯은 슬라이스하여 볶는다.
4. 나머지 야채도 한입크기로 잘라 마늘(2쪽)과 올리브오일에 양념하여 팬에 볶은 후 접시에 보기 좋게 담는다.</td></tr>
<tr><td colspan="2">▶ 메뉴 2 : 〈쇠고기 파에야〉 가격 20,000원 원가 8,000 공헌이익 12,000</td></tr>
<tr><td>
선호도 : ★★★★</td><td>1. 쇠고기 등심으로 국물을 낸다. 냄비를 중간 불에 올린다.
2. 화이트 와인을 붓고 졸이다가 물 5컵을 붓고 큼직하게 대강 자른 채소, 월계수 잎을 넣어 센 불에 끓인다.
3. 쌀은 씻어서 체에 건져 물기를 뺀다. 마늘은 다지고, 양파는 채썬다.
4. 파에야 냄비에 올리브오일을 두르고 고기를 볶다가 어느 정도 익으면 껍데기 색이 붉게 변하면 꺼낸다.</td></tr>
<tr><td colspan="2">▶ 메뉴 3 : 〈버섯 쇠고기 꼬치〉 가격 13,000원 원가 7,000 공헌이익 6,000</td></tr>
<tr><td>
선호도 : ★</td><td>1. 고기 쇠고기 안심으로 카레 가루와 올리브 오일, 소금, 후춧가루에 재운다.
2. 달걀에 녹말물을 넣어 잘 섞은 후 고기에 입혀 튀긴다.
3. 양송이버섯은 통째로 볶는다. 파프리카도 양송이버섯 크기대로 썰어 볶는다.
4. 꼬치에 재료를 꿰어 밥과 함께 낸다.</td></tr>
<tr><td colspan="2">▶ 메뉴 4 : 〈새우 버터 소금 구이〉 가격 18,000원 원가 7,000 공헌이익 11,000</td></tr>
<tr><td>
선호도 : ★</td><td>1. 새우를 반 갈라 넓적하게 편 후 소금과 후추로 간을 한다.
2. 철판에 버터를 살짝 녹이고 밑간한 새우를 굽는다.
3. 핫소스를 위에 살짝 뿌려주고 파마산 치즈를 살짝 뿌려 준다.</td></tr>
<tr><td colspan="2">▶ 메뉴 5 : 〈감자채말이 칠리〉 가격 15,000원 원가 7,000 공헌이익 7,000</td></tr>
<tr><td>
선호도 : ★★★★★</td><td>1. 새우에 물기를 제거하고 후추, 생강가루 약간 뿌려 놓고 소스를 만든다.
2. 다진마늘, 다진대파, 마른고추를 고추기름에 볶다가 생강가루와 청주, 케첩, 두반장, 설탕, 물 넣고 저어준다.
3. 물녹말을 넣어 농도를 걸쭉하게 조절하고 기호에 따라 소금과 핫소스를 넣어 마무리한다.
4. 새우에 감자나 소면을 말아 기름에 바삭하게 튀겨낸다.</td></tr>
</table>

<table>
<tr><th colspan="2">▶ 메뉴 6 : 〈마소스를 올린 닭고기〉 가격 12,000원 원가 8,000 공헌이익 4,000</th></tr>
<tr><td>
선호도 : ★★</td><td>1. 닭은 껍질을 벗겨 등 쪽의 내장을 제거하고, 배 부분에 칼집을 낸 후 닭고기 양념 재료에 재운다.
2. 감자는 곱게 채썰어 물에 담가 녹말을 뺀 후 물기를 뺀다.
3. 닭고기 몸통에 녹말을 묻혀 씨를 뺀 풋고추 안에 넣고, 채 친 감자를 말아 고정시킨다.
4. 감자를 만 고추에 녹말을 꾹꾹 눌러가며 묻힌 후 다시 털어서 식용유에 튀긴다. 채 친 깻잎도 튀긴다.</td></tr>
<tr><th colspan="2">▶ 메뉴 7 : 〈칠리 스파게티〉 가격 11,000원 원가 8,000 공헌이익 3,000</th></tr>
<tr><td>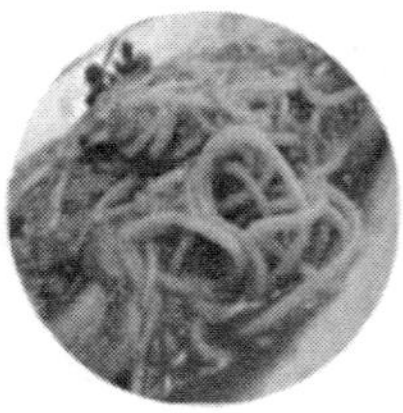
선호도 : ★</td><td>1. 흐르는 물에 씻어 다듬어 놓는다.
2. 끓는물에 소금을 약간넣고 스파게티 면을 8분정도 삶아 건진 후 서로 붙지 않게 올리브유를 약간 발라놓는다.
3. 달궈진 팬에 올리브유를 두르고, 다진마늘을 볶은 뒤 새우를 넣고 볶는다.
4. 새우에 붉은기가 생기면 화이트와인 또는 미림을 넣어 잡내를 없앤 뒤 육수를 붓고 바질잎을 넣어 뚜껑을 덮은 뒤 익힌다.</td></tr>
<tr><th colspan="2">▶ 메뉴 8 : 〈토마토 미트소스 스파게티〉 가격 13,000원 원가 10,000 공헌이익 3,000</th></tr>
<tr><td>
선호도 : ★★★★★</td><td>1. 감자전분 50g을 2시간 전에 찬물을 부어 가라앉혀 윗물은 버리고 앙금은 물전분으로 사용한다.
2. 기름에 두번 튀겨낸다.
3. 당근· 피망·양파를 사방 1㎝로 썬다.
4. 프라이팬에 식용유를 두르고 간장과 토마토 케첩을 볶는다.
5. 모두 넣고 볶다가 물을 넣어 끓이면서 설탕과 식초를 넣는다.</td></tr>
</table>

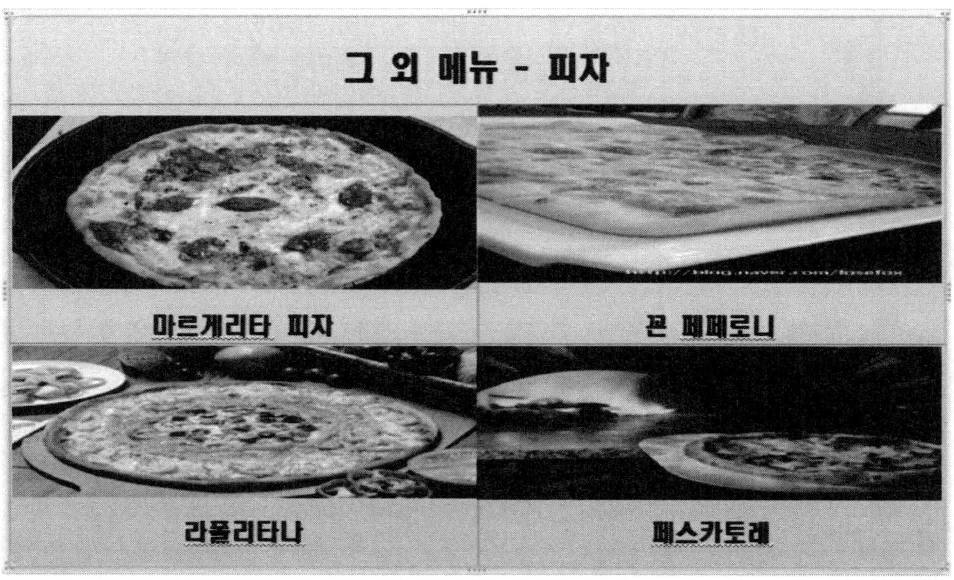

Pizza Margherita(마르게리타) : 피자판 위에 토마토소스와 모짜렐라만을 올리고 향신료인 바질을 뿌려서 만든 피자, 이 피자는 옛날 마르케리타 여왕이 연 피자 경진대회에서 일등을 했기 때문에 이런 이름이 붙여졌다고 한다. 제일 간단하고 싸지만 맛이 제일 깔끔함.

Pizza con peperoni(꼰 페페로니) : 피망(페페로니)을 얹은 피자

Pizza pescatore (페스카토레) : 페스카토레는 어부란 뜻으로 각종 해산물을 얹은 피자.

Pizza napolitana (나폴리타나) : 나폴리식 피자. 토마토와 모짜렐라, 앤초비(소금에 절인 작은 생선)를 올림.

4) 메뉴 엔지니어링 및 전략

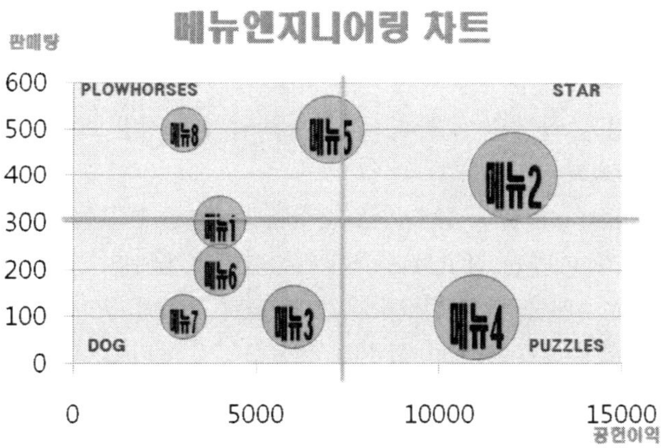

BCG모형으로 메뉴 구성을 파악하니 DOG 항목이 상대적으로 많고 STAR 상품군은 적은 것을 알 수 있다. DOG 항목인 메뉴 6번〈마소스를 올린 닭고기〉과 메뉴 6번〈칠리 스파게티〉을 메뉴에서 제외시키거나 많은 노력을 통해 개선을 해야 할 것으로 보인다. 메뉴 4번〈새우 버터 소금 구이〉은 앞으로 메뉴의 판매량을 늘려서 스타 상품군으로 개선해야 하는 과제가 있다 PLOWHORSE 에 있는 메뉴는 앞으로 원가 절감의 필요성이 인식된다.

5) 인테리어

가게는 5층 정도의 높이에 위치하여 넓은 창가에서 낮에는 환하게 빛이 들어올 수 있으며 밤이면 야경을 즐길 수 있도록 한다.

욕심을 내어 테이블을 꽉꽉 채우지 아니하여 좀 더 쾌적하고 편안한 분위기를 제공한다. 전체적인 실내의 컬러는 많은 레스토랑처럼 브라운을 선택하되 어둡지 않고 밝은 계열을 선택하여 차분하고 고급스런 분위기를 자아 내도록 한다. 인테리어 소품을 따로 하지 않고 심플하게 조명을 이용하여 인테리어를 한다.

셀프 서비스를 주로 함으로 손님의 이동이 잦기 때문에 특별한 인테리어는 거추장스럽게 하지 않고 테이블 배열도 깔끔하게 한다. 다음사진이 가장 흡사한 분위기를 자아내는 분위기이다.

4. 상권 및 시장 분석

상권이란 잠재 고객과 경쟁 업체가 위치한 지리적 영역을 의미하는데 식당업은 상권이 매우중요해서 입지 산업이라 불릴 정도로 입지가 차지하는 비중이 크다. 따라서 입지 전략은 매우 중요하며 그 만큼 위치 선정은 어렵고 힘들다. 한마디로 입지 선정만 잘 되면 성공률은 60% 이상인 셈이다.

대부분의 경우 점포의 매출은 그 점포가 어느 장소에 있는가에 따라 정해진다. 장소가 좋으면 노력하지 않아도 팔리고, 장소가 나쁘면 참고 노력해도 잘 팔리지 않는다는 것이 일반적인 견해다. 일반적으로 입지에 의한 매출과 영업력에 의한 매출의 비율은 7 : 3 정도. 이 같이 매출을 좌우하는 장소가 있는 것은 경험적으로 알려진 사실로 '입지'라고 일컫는다.

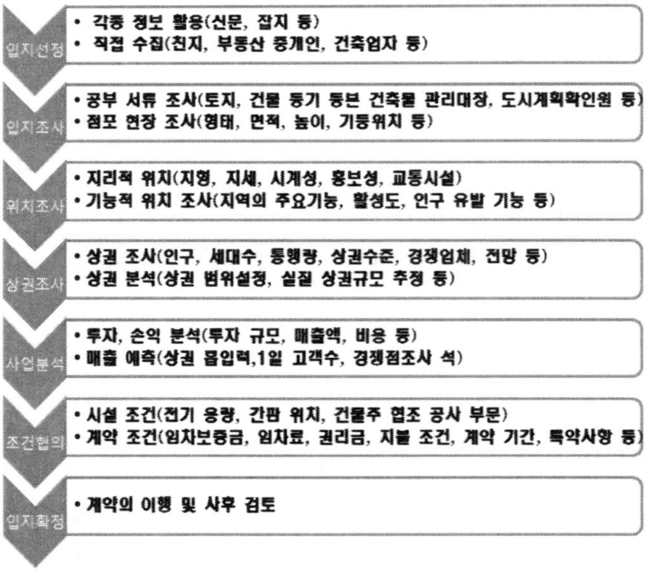

1) 입지의 특성 – 입지의 위치적 특성

해안도로는 직장인들뿐만 아니라 많은 젊은이들이 찾는 곳이다. 낮이면 바다의의 많은 경치와 절경을 구경할 수 있고 밤이면 야경 등의 볼거리와 즐길 수 있는 많은 것들이 있는 수 있는 젊음을 느낄 수 있는 장소 중에 하나이다. 유동인구가 많은 만큼 많은 음식점과 카페 등이 위치해 있으며 하나같이 훌륭한 인테리어와 분위기를 자아내고 있다.

2) 접근성, 편리성

학교를 끼고 있고 뿐만 아니라 많은 문화를 즐기기 위해 젊은이들이 찾는다. 대학생, 직장인 관광객 등 지나치는 도로 옆을 올 수 있으며 교통이 잘 발달해 있어 타 지역에서도 찾아오기 쉬우며 위치 찾기에도 쉽다.

5. 경영 전략 – 4P

마케팅 믹스란 식당에서 세워놓은 계획하에 목표를 달성하기 위한 마케팅 프로그램에 필요한 마케팅 도구들의 집합이라고 말할 수 있다. 일반적으로 마케팅 믹스를 대부분 4P로 표현하지만 식당경영 마케팅에서는 4P가 많이 사용된다.

1) 제품(product)전략

주메뉴 – 이탈리아 요리
부메뉴 – 피자, 커피 등
무료서비스 – 음료

식당에서의 제품으로 메뉴, 음식, 서비스, 분위기 등 여러 가지를 말할 수 있겠지만 메뉴에 대해 관점을 가장 많이 두어야 한다. 새로 시작하는 가게인 만큼, 그리고 아직까지 널리 알려진 유명 전문점이 없는 만큼 계속해서 메뉴에 대한 점검이 필요하다. 메뉴점검을 통해 우리 식당에서 잘 팔리는 메뉴는 무엇인지, 잘 팔리지 않는 메뉴는 무엇인지, 가장 이익을 많이 내는 메뉴와 가장 이익이 남지 않는 메뉴가 어느 것인지 분석해야 한다. 그리하여 가장 인기가 있으면서도 이익이 괜찮은 메뉴를 선택하여 모든 레시피나 서비스 등을 재정립하고 교육하여 영업활동에 들어간다.

2) 가격(price)전략

남이 올린다고 올릴 것이 아니라 가격에 대한 현재 고객의 가치가 상승하고 있는가 하락하고 있는가를 파악한다. 고객의 가치는 메뉴의 총가치에서 비용을 공제하는 공식으로 파악되는데, 이런 공식에 의거하여 조사한 후에 가격조정을 해야 한다.

몇 천원부터 몇 만원까지 가격은 다양하며 경재적인 능력이 된 만큼 즐길 수 있다, 샐러드바는 피자집에서 제공하는 샐러드들 보다 조금은 높은 가격이라고 할 수 있겠으나 우리 샐러드 바에서는 새우라 들어가는 샐러드, 신선한 여러 가지 열대과일 등을 제공함으로써 그만큼의 충분한 고객이 만족할 만큼의 제품을 제공하여 절대적으로 1인 3500원이 높은 가격이 아님을 느낄 수 있게 한다.

3) 판매촉진(promotion) 전략

우선 새로 생긴 음식점인 만큼 존재를 알리는 것이 중요하다. 이를 위해 오픈되기 전부터 홍보를 함으로서 호기심을 자극 시킨다. 가게에 대형 브로마이드를 걸어서 '꿍하'라는 새우 음식점이 들어설 것이라는 것을 알려 기대심을 발휘하게 한다.

오픈과 동시에 샐러드바 무료이용권을 나누어 줌으로써 일단 가게에 들어설 수 있게 한다. 오픈 기념품으로 새우캐릭터가 있는 볼펜을 증정하여 새우를 강조하게끔 한다. 요새 티비에서 많이 선보여지는 맛집 소개 프로그램 등에 출연하도록 하며 학생들이 즐겨보는 패션잡지에도 소개글을 올린다. 고급스러운 분위기를 홍보하면서 분위기는 고급스럽지만 가격은 그렇지 않다라는 점을 잘 강조하여 홍보하도록 한다.

또한 인터넷에 홈페이지를 개설하여 보다 많은 고객에게 접근을 시도한다. 많은 젊은이들이 인터넷으로 맛집을 검색하기 때문에 인터넷 홍보가 중요하다. 새우전문점, 홍대의 새우전문점, 홍대 음식점 등을 검색하면 찾을 수 있도록 하여 홍대뿐만 아니라 넓게는 서울을 방문하는 전국 사람들에게 홍보할 수 있게 한다.

그 후 단골손님을 위하여 5번 이상 방문하신 고객에게는 VIP카드를 발급하여 회원관리에 힘쓴다. VIP카드는 소지한 손님에게는 음식값의 10%를 적립해주는 카드를 제공하며 각종 이벤트의 대상이 될 수 있다.

4) 유통(place)전략

새우는 수입산을 사용하기 때문에 수산물 수입 및 유통업체와 계약을 하여 새우들을 엄선하여 유통하도록 한다. 경성무역에서는 여러종류의 수입산 새우들을 취급하고 있으며 태국산 새우가 많기 때문에 이를 유통하도록 한다. 또한 조리를 위한 여러 가지 재료들은 도매업체에서 배달 구입을 하며 신금농산에서 싱싱한 샐러드 재료들을 구입하도록 한다.

6. 경영 전략 – SWOT

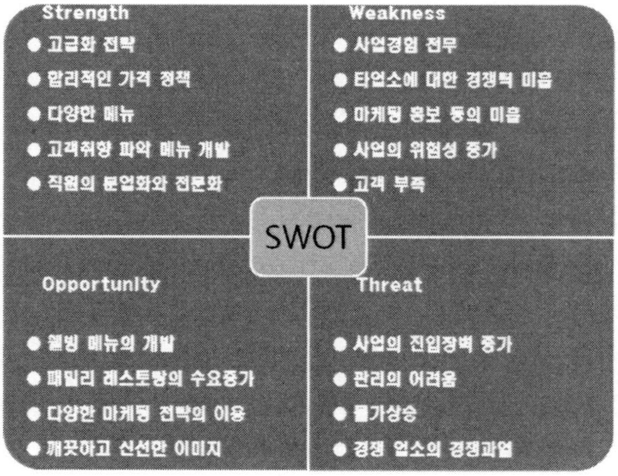

기업의 환경분석을 통해 기업이 직면한 외부의 기회(Opportunity)와 위협(Threat)요인을 기업 내부의 강점(Strength) 및 약점(Weakness)요인과 연결시킴으로써 기업이 택할 수 있는 네 가지 전략적 상황을 제시하고 이를 토대로 기업 내·외에서 발생하는 긍정적이고 위협적인 내용을 분석하여 기업이 나아가야 할 전략과 방향을 제시하는 방법이다.

7. 향후 계획 및 목적

1) 지향해야 할 경영마인드

'시리우스'가 지속적으로 외식시장에서 선두주자로 남기 위해서 먼저, 우리는 성공적인 외식 사업을 위하여 마케팅 근시안적인 생각과 시각에서 벗어나 마케팅 전략과 전술을 수행할 수 있어야 하며, 고객의 다양한 욕구를 충족시키기 위해서는 신속한 메뉴개발과 개성 있는 분위기를 연출할 수 있는 능력을 끊임없이 개발해야 할 것이다. 또한 다양한 메뉴개발과 신경영기법을 도입하여 새롭게 등장하는 경쟁업체들과의 경쟁에서 살아남을 수 있도록 노력하고 연구하는 자세 역시 필요하며, 단지 음식이라는 상품을 판매하는 일방적 차원에서 벗어나 지역사회와 공존하고 있다는 긍정적인 인식을 고객들에게 심어 주는 노력이 필요하다.

그리고 우리 '시리우스'가 가장 간과해서는 안 될 점은 고객은 왕처럼 모시면서도 정작 그들을 직접 상대하는 직원을 소홀히 함으로 서비스의 품질을 올리려는 모순적 사고에서 벗어나는 것이라 할 수 있다. 즉, 고객과의 일대일 대면산업인 레스토랑 비즈니스에서 직원은 '전쟁터의 전사'들임을 항상 잊지 말아야 할 것이다.

소비자의 생활양식이 점점 세분화. 다변화되어 가면서 개성이 강조되고 소비욕구 충족에 대한 기대가 커지고 있는 이 시점에서, 소비자의 행동양식이 세대별로 다양화되고 있다. 이 말은 곧, 이들이 각자 지향하는 시장 또한 점점 세분화되어 간다는 것을 의미한다. 따라서 앞으로의 외식업 경영은 소비자의 욕구를 충족시킬 수 있는 마케팅 전략에 입각한 전략적 경영이 뒷받침되어야 할 것이다.

2) 외식산업이 나가야 할 방향

외식산업은 단순히 음식을 제공하는 차원에서 고객의 욕구를 충족시키고 사회.문화적 가치를 부여하는 여가와 문화의 장으로 의미가 변해가고 있다. 더욱이 해외 다국적 외식업체가 밀려오고 대기업의 자본이 외식산업에 진출하면서 전통음식이 위축되는 상황에 직면하고 있는 실정이다. 그렇기 때문에, 원가관리, 매뉴얼 개발, 메뉴변화 및 개발, 주변상권에 대한 주기적인 조사와 분석을 통한 대응능력 향상, 서비스 수준 향상, 경영주의 자질 향상, 탄력적인 가격전략, 효과적인 판촉 및 마케팅 전략 개발 등을 해결하도록 노력해야 할 것이다.

또한, 식당업이 3D업종으로 분류되면서 종사자 및 경영주의 직업의식이 확립되지 못한 상황에서 이직과 전업이 속출하고 있는 것도 한국 외식사업의 미래를 어둡게 만들고 있다는 것도 인식해야 한다. 즉, 외식업이 발전한 선진국에서는 전문직종으로 분류되면서 사회적으로 각광받고 있는데 직업의식이 결여되어 있는 현실은 외식업의 장래를 불투명하게 만들고 있다. 또한 외식산업에 대한 전문인력 부족현상은 산업기반의 미정립, 질적 수준 저하, 경영능력 부족의 문제를 야기하면서 연구와 개발 풍토가 정립되지 못하게 만들어 전근대적인 경영환경에서 벗어나지 못하게 만들고 있다. 그렇기 때문에, 산학협동체계 구축과 대학에 식당경영관련학과를 신설하여 국내 실정에 맞는 외식경영기법을 개발해 나가야 한다. 하지만 변화하는 사회, 경제환경에 대처할 수 있는 법규 및 행정제도로 개선되지 못하고 규제 위주의 전근대적 제도가 지배하고 있다. 외식업이 대외경쟁력을 갖추고 사회, 경제에 기여할 수 있는 산업으로 정착되어 가기 위해서는 규제 일변도의 법규와 행정제도가 개선되어 활성화되고 현실에 맞게 합리적으로 운영되어야 한다.

8. 마치며 – 사업계획서를 작성하고 나서

강의를 들으면서 느끼는 점은 우리가 일상생활에서 자주 가는 음식점이라도 작용하는 이론이 있다는 것에서 참 많은 영감을 얻었다, 특히 오늘 배운 제품 포지셔닝에 따른 사업전략에 의해서 메뉴전략을 짜고 메뉴 엔지니어링을 통해서 얻은 지식이 크게 도움이 됐다. 지금까지 사업계획을 짜면서 보다 좋게 하려고 노력을 하고 있는 차에 계속되는 강의를 들으면서 수정하고 자료를 넣다 보니 자료가 많이 다듬어 지는 것 같다. 뿐만 아니라 마치 내가 하고 있는 지금의 사업계획서를 보니 흐뭇하기도 하다.

지금까지 강의를 보면서 각종 사업에 따른 전략을 보면서 단순한 외식사업창업이 아닌 경영학 전반에 대해서 축소판을 하는 것 같은 기분으로 지금까지 해왔다. 공헌이익이나 메뉴 믹스를 통해서 매출액을 구하는 회계 활동, 손님을 끌기 위해서 판촉 활동이나 홍보를 하는 마케팅 활동, 음식의 식재료를 관리하는 생산운영관리 그리고 각 직원의 평가와 사기진작을 위한 인사관리를 총체적으로 관리할 뿐만 아니라 투자금 회수와 재정의 재무 활동 세액과 부가세 등을 고려한 세무 활동 등 모든 것을 통해서 지금까지 어렴풋이 알았던 경영학을 확실하게 이해하게 되었다.

창업은 쉬운 것이 아니다 이게 나의 소감이다. 하지만 창업의 실패를 사전 예방하고 성공확률을 높여야 하는 게 창업의 사전계획이 아닌가? 이렇듯 이렇게 과제에 대한 처음 생각은 어렵고 힘들었지만 막상 과제를 마무리 하는 시점에서 이런 소중한 경험을 쌓게 해준 교수님에게 고마운 생각이 든다. 부족한 것이 많지만 앞으로 있을 강의를 보면서 좀 더 높은 수준으로 나의 지식을 얻어 만약 내가 창업한다면 이 자료를 보면서 영감을 얻을 것이라 믿는다.

참고문헌

2001년 국민건강영양조사, 보건복지부

강명주, 소비자심리학, 대명, 2009.

강병남, 강병남의 음식장사 성공전략, 서민사, 2001

권순자 · 권미리 외 3명 저, 식생활관리, 파워북, 2011

권순자 · 권미리 외 3명 저, 식생활관리, 파워북, 2011

김광규, 전략적 소매 마케팅형설출판사, 1998

김기영 · 염진철 저, 외식산업관리론, 현학사, 2013

김기영 · 염진철 저, 외식산업관리론, 현학사, 2013

김미경, 직장인의 식생활 현황 및 간편 영양식의 개발

김상률, '브랜드네이밍', 2007

김영갑 · 권태영, 카페창업을 위한 카페 창업론

김용섭 · 전은경, 소비자가 진화한다, 김영사, 2008.

김윤태 저, 외식산업개론, 대왕사, 2011

김윤태 저, 외식산업개론, 대왕사, 2011

김장희, 무인점포시대의 도래와 과세, 1993

김헌희 · 이대홍, 외식창업실무론, 백산출판사, 1999.

김헌희 · 이대홍, 외식창업실무론, 백산출판사, 1999.

나정기 저, 외식산업의 이해, 백산출판사, 2013

나정기 저, 외식산업의 이해, 백산출판사, 2013

노장오, '브랜드 워크 아웃, 1998

박경환, 상권분석과 점포개발(창업 및 상가투자 프로를 위한), 상상예찬, 2006

박기용 저, 외신산업경영학, 대왕사, 2009

박기용 저, 외신산업경영학, 대왕사, 2009

박상미 · 허경옥, 소득계층에 따른 소비가치, 소비행동, 소비만족도에 관한 연구, 소비문화연구, 제 15권 3호, 2012.

박준형, '브랜드마케팅리포트' , 2002

박형진, 합리적인 소비생활을 위한 소비자 행동에 관한 고찰, 호남대학교 대학원 논문, 2002.

서정, 중국 여성소비자의 화장품 구매행동연구, 배재대학교 대학원 논문, 2009.

석종태, 스포츠센터의 서비스품질, 고객만족, 관계마케팅, 소비행동의 인과관계구조, 대구가톨릭대학교 대학원 박사학위논문, 2006.

설상철, 소매점포 선택모형에의 이미지변수 도입에 관한, 연구, 부산대학교 대학원 박사학위논문, 1995

세계 최고 브랜드에게 배우는 오감브랜딩

스티브 리브킨외, '최고의 브랜드 네임은 어떻게 만들어지는가' , 2006

식음료 관리론, 식음료 원가관리

식음료관리론, 메뉴계획

신경화 · 채경연 · 유양자, 서울시내 직장인의 아침 식습관에 관한 연구, 한국조리 과학회지
알리스, 로라리스. '마케팅반란' , 2003
오아름, 구매동기와 라이프스타일을 통해 본 화훼소비, 충북대학교 대학원 논문, 2009.
윤경식 점포운영 효율화전략 : Hub&Spoke 조흥경제, 1998
윤훈현 역, 소비자행동론, 석정, 2001.
이상화 · 김철호, 그래도 음식장사가 승부가 빠르다, 푸른솔, 2000.
이연정 · 최석현 · 한재숙, 성인의 식생활 태도 및 식품 알레르기
이학식 외, 소비자행동, 법문사, 1997.
임창렬, 브랜드 이미지와 소비자 선택의사결정에 관한 연구, 경희대학교 대학원 논문, 1999.
장미화, 미국은행들의 최근 점포 전략, 2003
정상진 · 이윤나 · 권순자, 일부 지역 초등학생 아침 결식과 식사 관련요인 분석, 대한지역사회영양학회지
정연강, 성공창업을 위한 실전 상권의 법칙, 경향미디어, 2008
정원훈 · 신미경, 결식에 따른 피로도와 뇨성분 변화에 관한 연구, 대한보건협회
정혜경 · 오세영 저, 식생활 문화, 교문사, 2013
정혜경 · 오세영 저, 식생활 문화, 교문사, 2013
조혁근. '브랜드 성공을 위한 상표관리' , 2002
조현수, 살아있는 상권을 잡아라, 굿인포메이션, 2007
창업경영신문 http://www.sbiznews.com
헤리백위드. '보이지 않는 손길' , 더난, 2001
호텔 실무론, 식음료 관리론, 호텔식음료 판매운영의 실제
호텔관리회계제도의 운영개선에 관한 연구, 영업장별 손익관리와 식음료원가관리
호텔실무론, 식음료관리론, 호텔식음료 업장의 운영방안
홍희옥 · 맹원재 저, 현대인의 식생활과 건강, 건국대학교출판사, 2013
홍희옥 · 맹원재 저, 현대인의 식생활과 건강, 건국대학교출판사, 2013

http://biz.chosun.com/site/data/html_dir/2016/06/09/2016060902254.html#csidx31cccfaada9e33fb775155b3c55b283
http://biz.chosun.com/site/data/html_dir/2016/06/09/2016060902254.html#csidxa0e079330d55b10a402650501968d73
http://blog.naver.com/PostView.nhn?blogId=ideamarkman&logNo=221142259740
http://cafe.daum.net/design3778
http://cafe.daum.net/FSIventure
http://cafe.daum.net/MACO/Bbu5
http://jorisa.com/bbs/board.php?bo_table=sub05_03&wr_id=180
http://kin.naver.com
http://www.nextdaily.co.kr/news/article.html
www.bagelkorea.co.kr
www.changupitem.com

www.changuptoday.co.kr
www.changuptuja.net
www.crouton.co.kr
www.daejujubang.com
www.dakchang.co.kr
www.dt.co.kr
www.dunkindonuts.co.kr
www.edaily.co.kr
www.etoday.co.kr
www.fnnews.com
www.gourmetbagel.co.kr
www.hankyung.com
www.i-cc.co.kr
www.kfenews.com
www.lotteria.com
www.mcdonalds.co.kr
www.mk.co.kr
www.munhwa.com
www.omutotomato.com
www.sbc.or.kr
yeah@heraldcorp.com

저자소개

■ 이 강 일

- 숭실대학교 외식경영학과 석사
- 숭실대학교 경영학 박사

현) 숭실대 외식 경영학과 교수
연성대 호텔관광과 겸임교수
AB에듀케이션 공동대표
조은커피 협동조합 이사장
커피풍경 대표

외식창업 컨설팅

2018년 2월 20일 초 판 인쇄
2018년 2월 28일 초 판 발행

저 자 이 강 일
발행인 한 인 환
발행처 도서출판 **기문사**
등 록 1978. 8. 9. NO. 6-0637
주 소 서울시 동대문구 안암로 50-1(용두동) 홍신빌딩 3층
전 화 02) 2265-7214(代)/922-8662~3
팩 스 02) 922-8772

homepage : www.kimoonsa.co.kr
e-mail : book@kimoonsa.co.kr

저자와의 협의하에 인지생략

ISBN : 978-89-7723-786-5 93590

정가 : 20,000원